서울대학교 국어 박사팀 감수   9꿈사 13년 연속 가답안 1위

天衣無縫

천의무봉(天衣無縫)
천사의 옷은 꿰멘 흔적이 없다는 뜻으로, 일부러 꾸민 데 없이
자연스럽고 아름다우면서 완전함을 이르는 말

"2025년에 반영된 新유형"

1차, 2차
예시문제 기반으로
**15개 문제 유형
집중 분석!**

정상국어 특징
- 사고의 단계에 따른 15개 유형 집중 분석!
- 유형별 핵심 이론 + 수준별, 단계적 문제 + 상세한 해설!

정원상 편저

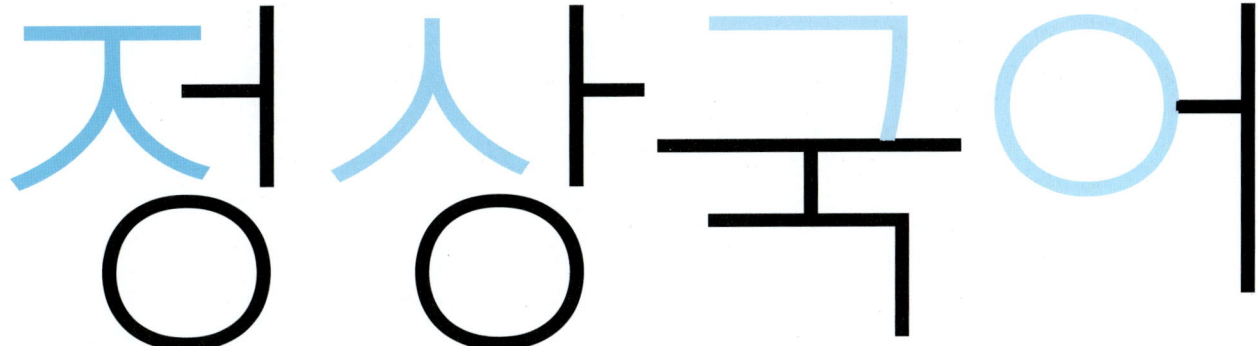

정상국어

에듀피디 동영상강의 www.edupd.com

2025년에 반영된 新유형

정상국어

1판 1쇄 인쇄   2025년 1월 10일
1판 1쇄 발행   2025년 1월 17일

편저자   정원상
발행처   에듀피디
등 록   제300-2005-146
주 소   서울 종로구 대학로 45 임호빌딩 2층 (연건동)

전 화   1600-6690
팩 스   02)747-3113

※ 이 책은 저작권법에 따라 보호받는 저작물이므로 무단전재와 무단복제를 금지하며 책 내용의 전부
  또는 일부를 이용하려면 반드시 저작권자와 에듀피디의 서면 동의를 받아야 합니다.

목 차

1차, 2차 예시문제 기반으로 **15개 문제 유형 집중 분석!**

01 비문학 독해 이론
1. 비문학 독해 '기초' 이론 ··· 016
2. 비문학 독해 '심화' 이론 ··· 019

02 15개 문제 유형
1. '글의 중심 내용' 유형 ··· 025
2. '글의 이해' 유형 ··· 041
3. '글의 순서' 유형 ··· 065
4. '글 수정하기' 유형 ··· 083
5. '글의 빈칸에 들어갈 말' 유형 ··· 101
6. '문맥상 의미' 유형 ··· 123
7. '지시 대상이 같은 것' 유형 ··· 143
8. '대화 분석' 유형 ··· 159
9. '글의 추론' 유형 ··· 173
10. '글의 평가(강화/약화)' 유형 ··· 227
11. '명제' 유형 (반드시 참, P→Q, 모든/어떤) ··· 251
12. '논증' 유형 (전제와 결론) ··· 271
13. '개요 작성' 유형 ··· 301
14. '문법 독해' 유형 ··· 315
15. '공공언어 바로 쓰기 원칙' 유형 ··· 371

부록
15개 영역 심화 50문제 ··· 445

1차, 2차 예시문제를 분석한 15개 문제 유형 분석

- 평가(강화/약화): 5문항 12.5%
- 이해: 4문항 10%
- 추론: 4문항 10%
- 중심 내용: 3문항 7.5%
- 문맥상 의미: 3문항 7.5%
- 논증(전제/결론): 3문항 7.5%
- 지시대상 같은 것: 3문항 7.5%
- 순서: 2문항 5%
- 글 수정: 2문항 5%
- 빈칸: 2문항 5%
- 대화 분석: 2문항 5%
- 명제: 2문항 5%
- 문법 독해: 2문항 5%
- 공공언어 바로쓰기: 2문항 5%
- 개요 작성: 1문항 2.5%

머리말

"변화는 기회다!"

2025년부터 전면 전환된 공무원 국어 시험에 대비하기 위해 『정상국어』 기본서를 전면 개정하였습니다.

지식암기 위주로 출제되었던 기존 9급 공무원 국어 시험을 직무능력 중심으로 바꾸고, 민간 채용과의 호환성을 강화하는 것으로 출제기조가 전환되었습니다.

또한, 단순 암기를 지양하고 지문 기반의 독해 문제를 강화하게 되므로 국어 시험은 기본적인 국어능력과 이해, 추론, 비판력과 같은 종합적 사고력, 그리고 실용적 능력을 검증하게 됩니다.

따라서 인생의 마지막 직업을 위해 도전하는 공무원 시험 수험생분들이 새로운 방향에 맞추어 안심하고 공부할 수 있도록 『정상국어』 기본서를 집필하였습니다. 시험 문제의 난도는 능력 검증을 위해 적정한 난이도로 출제하되, 지나치게 어렵지 않을 것으로 예상되므로 『정상국어』를 통해 선제적, 효율적으로 학습이 가능할 것입니다.

이 교재의 특징은 다음과 같습니다.

1. 인사혁신처가 발표한 1차, 2차 예시문제(총 40문제)를 100% 반영해 이론과 문제를 구성하였습니다. 새로운 유형으로 시험 문제가 바뀌면 사전에 발표한 예시문제가 기준이 됩니다. 따라서 기존 교재의 구성과 이론을 배제하고 새로운 경향에 맞도록 교재를 완전히 탈바꿈하였습니다.
2. 예시문제를 기반으로 사고의 단계와 중요성에 따라 15개 유형으로 분석했습니다. 무작정 PSAT 언어논리 유형을 답습하기보다 기본 유형인 '글의 중심 내용'부터 심화 유형인 '추론, 평가(강화/약화), 명제, 논증' 등까지 차근차근 체계적으로 학습할 수 있도록 구성해 누구나 쉽게 국어 영역에 접근할 수 있도록 하였습니다.
3. '핵심 이론 정리-예시문제-단계별(1단계+2단계+3단계) 문제'로 구성해 이론과 수준별, 단계별 문제를 각 영역별로 공부할 수 있도록 구성하였습니다. 지나치게 어려운 이론이나 문제를 배제하고 철저히 9급 시험에 맞추어 엄선하였고, 관련 있는 PSAT 문제도 3단계에 일부 활용하여 고난도 유형도 대비할 수 있도록 하였습니다.
4. '유형 1. 중심 내용', '유형 2. 이해', '유형 3. 순서'는 지문 독해를 위해 〈문제 속의 문제〉인 '제목' 유형을 빈칸으로 추가하였습니다. 또한, 교재의 맨 마지막 부분은 〈15개 전 영역 심화 50문제〉를 넣어 추가 공부가 가능하도록 하였습니다. 빈칸 연습과 심화 문제를 통해 수험생 스스로 생각하고 주도적으로 학습하는 것이 가능하도록 하였습니다.

2 0 2 5 년에   반영된   新유형   천의무봉   정상국어

5. 모든 문제는 정답뿐만 아니라 오답까지 상세하게 해설하여 동영상으로 공부하는 학생들이 어려움이 없도록 하였습니다. 한 문제도 소홀함이 없도록 꼼꼼하게 검토하였으며, 국어 교재인 만큼 최대한 오타가 없도록 정성을 다하였습니다.

공무원 이론서는 '공부'를 위한 책이 아니라 '합격'이라는 결과를 내기 위한 책이기 때문에 무엇보다도 시험의 경향에 부합해야 합니다. 시험 문제가 이론서 안에 모두 반영되어야 하며, 최신 기출문제를 통해 최근의 경향과 흐름을 파악할 수 있게 해야 합니다.

그래서 『정상국어』는 방대한 내용이 모두 들어 있되, 과유불급(過猶不及)이 되지 않도록 핵심적인 내용이 적재적소에 들어 있도록 했습니다. 『정상국어』는 앞으로 더 완성될 책이 아니라 이미 완성된 책이어야 한다는 점을 마음 깊이 새기며, 무거운 책임감으로 개정서를 출간하게 되었습니다. 99%가 아니라 100%를 채우기 위해 노력했습니다.

제 강의를 들었던 제자들이 『정상국어』 기본서에 대해 가장 많이 평가했던 단어가 '체계적'입니다. '체계적(體系的)'이라는 단어는 '일정한 원리에 따라서 낱낱의 부분이 짜임새 있게 조직되어 통일된 전체를 이루는 것'이라는 뜻입니다. 국어의 전 범위를 아우르되 한 단계 한 단계 발전하는 것을 교재만으로도 느낄 수 있어야 합니다. 『정상국어』는 충분히 그렇게 구성된 책입니다.

한 권의 기본서가 수험생들을 합격으로 이끌 수 있기 때문에, 가장 객관적이고 정확한 과목이 국어이기 때문에, 정확하게 가는 길이 가장 빠른 길이기 때문에, 저 역시 오늘도 성실하고 연구하고 준비하고 있습니다.

오늘도 열정적이면서도 겸손한 마음으로 학생들을 만났고, 강의 후 새벽까지 컴퓨터 앞에 앉아 충혈된 눈으로 자료를 정리하고 내일의 강의를 준비합니다. 지금까지 걸어왔던 저의 30년 강의 인생이 결코 헛되지 않기를 바라며, 공무원의 꿈을 이루는 높은 가르침을 보여 드릴 것을 약속드립니다.

'강사와 수강생'이 아니라 '스승과 제자'로 만나기를 기원합니다.
어떤 시험에도 실력은 변하지 않으므로 『정상국어』를 통해 수험생들이 더욱 지혜롭고, 총명하며, 두려움 없이 매진할 거라 믿습니다.

책의 첫 페이지를 여는 순간 여러분의 꿈이 시작되고,
이 책의 마지막 페이지를 닫는 순간 여러분의 꿈이 이루어질 거라 확신합니다.

天 衣 無 縫
정 상 국 어

교재 특징

『정상국어』가 곧 시험이다!

『정상국어』는 서울대학교 국어 박사 팀과 함께 한 수준 높은 교재로, 스스로 확인하고 밖에서 검증 받은 교재이므로 교재가 곧 시험이 될 만합니다.

체계적인 이론과, 실전 문제, 다양한 예시, 가독성이 높은 편집 등 완벽한 교재가 되도록 노력했습니다.

『정상국어』는 국어를 처음 시작하는 수험생들이 어려움을 느끼지 않도록 체계적으로 구성되어 있습니다.

우선, 알기 쉬운 핵심 이론이 큰 특징입니다.
불필요한 이론은 장황하게 다루지 않았고, 시험에 나올 만한 내용들을 압축적으로 정리하여 보편화하려 했습니다. 원리적 이해를 통한 개념 정리와 함께 시간을 줄이는 비문학 독해 이론, 15개 유형을 잘 푸는 방법, 다양한 핵심 TIP 등을 제시했으며, '교재가 곧 시험'이라는 생각으로 철저히 객관화하였습니다.

다음으로, 기출문제를 이론과 함께 병행해 제시하였습니다.
공부하는 즉시 문제를 확인할 수 있도록 하였으며, 각 영역마다 최근 기출문제가 수록되어 있어 수험생들이 스스로 실력을 진단할 수 있도록 했습니다.

그리고 깔끔하고 세련된 편집으로 가독성을 높였습니다.
공무원 수험서로 신뢰받고 있는 에듀피디에서 교재를 출간함으로써 세련된 편집으로 학생들의 공부에 대한 피로감을 줄이고 효율적인 학습이 되도록 하였습니다.
작은 실수나 오탈자가 없도록 수백 번의 교정을 통해 교재가 발간되었습니다.
학생들의 눈높이에 맞도록 깔끔하게 정리되고 편집되었습니다.
또한, 모든 짝수 페이지 하단에는 긍정적 자극이 되는 명언 총 240개를 각각 수록함으로써 국어다운 감성을 잃지 않고, 수험생들에게 따뜻한 위로를 보내 드리고자 하였습니다.

마지막으로, 서울대학교 국어 박사 팀이 교재를 감수(監修)하였습니다.
『정상국어』 이론서가 나오기까지 서울대학교에서 국어를 전공한 박사 과정 선생님 몇 분에게 큰 도움을 받았습니다. 국어 교재로서 마지막 수준을 높이기 위해 평소에 연구진으로 함께 해 오던 서울대학교

2025년에 반영된 新유형 천의무봉 정상국어

팀이 마무리 도움을 주셨습니다. 국어 교과서 제작 경험을 가진 연구진이기에, 공무원 수험생들에게 실질적이고 수준 높은 교재가 완성되었음을 자부합니다.

결국, 집중도와 효율성을 높인 『정상국어』 이론서가 공무원 수험생들을 조금 더 빨리 합격의 길로 이끌 수 있을 거라 확신합니다.

이 책이 나올 수 있도록 도움을 주신 〈에듀피디〉 식구들, 존경하는 이석철 선생님, 마지막까지 검수해 주신 김현욱 과장님 등 모든 분들께 감사드립니다.

아울러, 묵묵히 내조해 주는 아내와,
최고의 아빠로 인정해 주는 아들 다운이와 딸 고운이,
그리고 한결같이 기도해 주시는 아버지, 하늘나라에서 지켜봐 주시는 어머니
모두 사랑합니다.

천의무봉(天衣無縫) 정원상 씀

"정원상 국어는 한 사람을 가르치지 않습니다.
정원상 국어는 한 세대를 가르칩니다.
교육의 효과는 오래가며,
합격의 영광은 한 세대까지 이어집니다.
좋은 지도자는 세상을 바꾸고
좋은 선생님은 학생의 인생을 바꿉니다.
정원상 국어가 여러분과 함께하겠습니다."

天衣無縫
정상국어

도입

2025년 이후 출제 유형의 변화 및 대비법

01 / 9급 공무원 국어 시험문제 출제기조 전환

1	2025년부터 '암기식' 9급 공무원 국어·영어시험 바뀐다
2	인사혁신처 "암기식 → 직무 능력 중심 개편, 민간 채용과 호환"
3	국어 과목에서는 기본적인 국어 능력과 이해·추론·비판력과 같은 사고력을 검증한다.
4	국어 신유형 = PSAT 언어논리 + NCS 평가 + 수능 등
5	민간 채용과 공무원 채용 시험 간 연관성을 높이겠다는 방침
6	공문서와 보고서 등 직무 관련 소재, 국어학과 국문학 소재, 인문, 사회, 문화, 언어, 예술, 과학, 기술 소재 등 다양한 제시문 활용
7	새로운 출제 기조는 2025년부터 인사혁신처가 출제하는 국가직·지방직 9급 공무원 공채 시험 및 지역 인재 9급 시험에 적용됨
8	시험 난이도 – 전년도와 유사한 수준으로 조절하도록 계획
9	'단순 문제, 단순 선지 방식' → '지문 독해, 추론 후 답 방식'
10	논리 문제 (참/거짓, 전제/결론, 강화/약화 등), 세트형 문제 추가

02 / 공무원 국어 7大 합격 전략

1	전 범위 이론을 1회독 빠르게 정리한다.
2	보편적 논리와 객관적 사고에 대한 자신감을 갖는다. 예 이해, 추론, 비판, 논리, 논증 등
3	시험은 '문제'로 되어 있다. 이론이 부족하더라도 다양한 문제 풀이를 통해 감각을 익힌다.
4	세 가지 이해만 하면 합격할 수 있다. – 문제에 대한 이해, 지문에 대한 이해, 선지에 대한 이해
5	쉬운 유형부터 어려운 유형까지 단계적, 체계적으로 풀면서 결국 고난도를 극복해야 한다.
6	내적인 실력(점수, 시간)과 외적인 실력(정신력, 변수 극복)을 갖추어야 한다.
7	지금 당장 시작해야 한다!

2025년에 반영된 新유형 천의무봉 정상국어

03 / 국어 시험 대비 20大 TIP

1	독해력(讀解力) – 읽기 연습(빠르고, 바르게), '끊어 읽기', 빗금, 기본에 충실, 정독과 통독의 기술 필요.
2	이해력(理解力) – 문제 유형 숙지, 출제 원리 파악.
3	논리력(論理力) – 이치에 맞게 판단. 기초 논리학 알기. 명제논리 알기.
4	분석력(分析力) – 제시문을 나누고 묶기. 스스로 해설 만들기.
5	사고력(思考力) – 최대한 문제와 제시문 중심으로 생각. 객관화 중요.
6	비판력(批判力) – 옳고 그름을 판단하기. '핵심 주장 + 핵심 근거' 파악.
7	시간 조절 능력 – 선택과 집중. 쉬운 문제는 빠르게, 어려운 문제는 최대한 시간 확보. 기호의 앞뒤에 주목.
8	정답 찾기 능력 – '둘 중 하나' 선택 훈련, 매력적인 오답에 주의.
9	실전 연습 – 모의 문제 꾸준히 풀 것, 불필요한 시간 낭비 없도록. 속도 빠르게. 비슷한 유형 반복 풀이 예 명제 논리, 논리 추론 유형.
10	명확한 확신 – 흔들리지 않는 사고.
11	전략 수립 – 문제 + 제시문 + 선택지 + 보기 등 우선순위 파악.
12	오답 노트 – 나만의 취약 영역 확인해 반복 수정. 한 번 어려우면 계속 어렵다.
13	문법 지식은 여전히 필요함 예 어간, 관형사형 어미 등
14	어휘 공부는 꾸준히 해야 함 – 사전적 의미, 문맥적 의미 등.
15	다양한 제시문 읽기 – 인문, 사회, 문화, 언어, 예술, 과학, 기술, 문학 등.
16	직무 관련 소재 – 공문서와 보고서 등 자주 접해야 함.
17	20문제를 25분 전후로 풀 수 있도록 연습해야 함.
18	평균 점수 80~85점대 유지하도록 해야 함.
19	지문의 길이는 최대 700자 전후. 너무 긴 지문 부담 가질 필요 없음.
20	"유형은 반복되고, 고정되어 있다. 자신감을 갖고 연습하자!"

04 / 개정 이론서에 반영된 新유형 문제

1	[2025 대비 예시문제(1차)]
2	[2025 대비 예시문제(2차)]
3	[2024 국가직 9급]
4	[2024 지방직 9급]
5	[2024 지역인재 9급(국가직)]
6	[2024 국가직 7급 PSAT 언어논리]
7	그 이외 추가 관련 기출문제
8	추가 관련 예상 문제

정상국어 최근 합격자 수기 01

2024년 지방직 9급(일행직) 최종 합격자 박O식

- 지원 지역 필기 성적 1등

"정원상 선생님과의 우연이 인연이 되고
마침내 필연이 되어 정말 고맙습니다."

안녕하십니까. 지방직 일방행정직에 최종합격한 박O식입니다.

우선 이 후기는 이 글을 보시는 수험생분께 도움을 드리고자 자진해서 썼으며, 참고사항으로 봐 주시면 고맙겠습니다.

점수는 지방직 국어 100점으로, 5과목 평균 88점 나왔습니다.

제 기본기부터 말씀드리자면 국어, 영어는 실력이 전혀 없었습니다. 심지어 국어는 난독증이 있습니다. 긴 지문을 보면 숨이 막히고 빨리 읽으려고 띄엄띄엄 읽어서 정확성도 꽝이었습니다.

이런 제가 국어 100점을 맞은 이유를 세 가지로 말씀드리겠습니다.

1. 비문학은 어휘력을 전제로 하기 때문에 정원상 선생님의 〈비문학 특강〉 및 〈어휘 특강〉 강의를 다 수강하시면 더욱 효과적입니다. 특히 〈어휘 특강〉 강의 중 어휘의 쓰임을 알기 위해 예문을 통째로 암기하였습니다. 더불어 그 단어를 국어사전 앱에 따로 저장해 놓았습니다. 대부분 강의에서 2음절 한자도 설명해 주시는데 2음절 한자가 어휘력의 밑바탕이라고 생각하여 포기하지 않고 문맥과 쓰임 위주로 열심히 공부하였습니다. 그 다음 한자를 서술어 위주로 암기하였습니다. 2음절 한자가 예문에서 쓰임과 뜻은 정말 중요하다고 생각합니다. 단 여기서 주의하실 점은 독해와 2음절 한자(낱자)가 주객이 전도되어서는 안 된다는 점 말씀드리고 싶습니다.

또한 비문학 강의를 들으실 때 두 번째로 주의할 점은 비문학 강의를 단번에 집중적으로 다 들으셔야 합니다.(비문학 못 하시는 분 해당) 강의를 다 듣고 난 후 감을 유지하기 위해 하루에 1시간 안팎으로 투자를 해야 합니다. 저는 아무래도 난독증을 극복하기 위해 2개월 주기로 비문학 관련 강의(1개)를 꼭 넣었습니다.

합격수기

2. 주제나 제목 문제는 선지를 먼저 10~15초 정도 스캔하고 지문으로 바로 들어갔습니다. 단, 선지 네 개 중에서 공통 단어가 나오는 것은 건지고 선지 네 개가 공통 단어가 없다면 머릿속에서 읽은 선지를 잊고 지문으로 들어갔습니다. 여기서 네 개 선지를 미리 보는 이유는 지문의 글감을 파악하기 위해 먼저 보는 것입니다. 개인적으로 주제 제목 문제를 풀 때 공통 키워드가 없을 때가 풀기 수월했습니다. 왜냐하면 공통 키워드를 하나만 제대로 파악하면 끝나기 때문입니다.

3. 재시생 기준으로 8월부터 한 달에 한 번씩 전국 모의고사를 신청하여 학원에 직접 가서 시험을 치렀습니다. 이 결과를 바탕으로 다섯 과목 중 어떤 것 위주로 공부할지 방향 역할을 제시해 주었습니다. 저는 작년 8월부터 6월 초까지 한 번도 빠짐없이 학원에서 시험을 치렀습니다.

    마지막으로 드리고 싶은 말씀이 있습니다. 정원상 선생님과 공부하며 직접 느낀 인생 좌우명이 되었습니다. "기적은 재능이 아니라 자세에서 비롯된다."입니다. 저는 오랫동안 수험생활을 하며 다섯 과목을 대하는 자세는 변함없이 유지하려고 치열하게 노력했습니다. 뒤로 갈수록 타협하게 되고 게을러지고 회피하려는 자세를 막았습니다. 제가 잘 막을 수 있었던 이유는 제 의지와 정원상 선생님의 근성이었습니다. 항상 매년 쌤과 상담할 때 이런 말씀을 해 주셨습니다. "책상에 앉아서 공부할 때만 공부가 아니다. 모든 순간순간이 인생 공부다." 이것을 통해 더욱 심적으로 성숙해졌고 더 나아가 공직자가 되어서도 이 자세를 유지하며 견고한 버팀목과 자양분이 될 것이라고 굳게 믿고 있습니다.
    그리고 수많은 선생님 중에 정원상 선생님과의 우연이 인연이 되고 마침내 필연이 되어 정말 고맙습니다.

    긴 글을 읽어 주셔서 감사드리고 이 글을 읽고 계시는 분께 최종 합격의 기운이 닿기를 기원합니다. 고맙습니다.

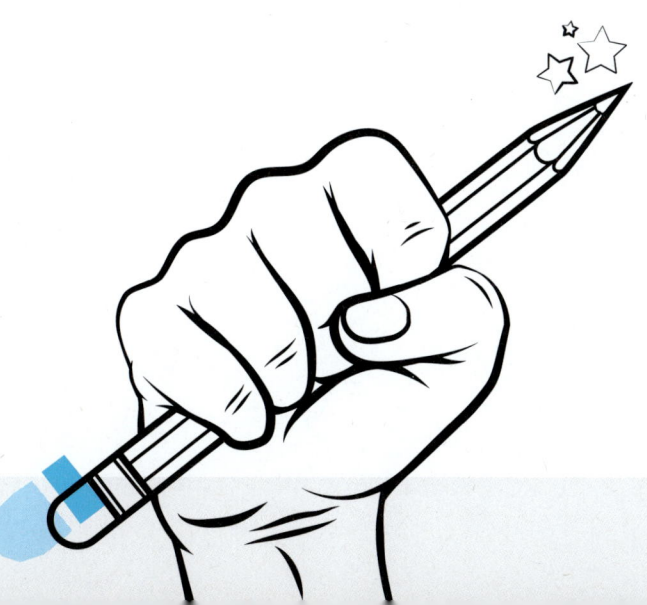

정상국어 최근 합격자 수기 02

2023년 지방직 9급, 군무원 7급 최종 합격자 윤O일(2관왕)

"드디어 참된 스승님을 뵙게 되었습니다."

선생님의 첫 강의를 들을 때부터 사소한 것 하나하나 세심하게 설명해 주시던 모습이 기억에 많이 남습니다. 요점 정리와 암기 위주였던 다른 강사님들과는 다르게 이해 위주로 수업을 하셨고, 덕분에 국어를 가장 어렵게 느껴지게 만드는 첫 부분인 복합어부터 차근차근 처음부터 다시 공부하는 느낌으로 강의를 듣다 보니 마구잡이식으로 공부하여 정리도 제대로 안 되어 있던 지난 국어 지식들이 한 번에 정리되는 느낌을 받았습니다. 이해가 안 되는 문제들을 산더미처럼 쌓아두곤 짐꾼 보따리 풀듯 여쭤 봤었던 걸로 기억합니다.

워낙 질문량이 많아 귀찮으실 법했는데도 전혀 그런 내색하지 않으시고 이해할 때까지 설명해 주셨기에 감동도 많이 받았고, '드디어 참된 스승님을 뵙게 되었구나.'라는 생각이 들어 전공과목보다 비교적 소홀했던 국어에 더욱 매진하게 되어 필기시험에서 합격을 가르는 국어 과목을 안정적인 영역까지 끌어올릴 수 있는 원동력이 되었습니다. 수험 생활의 고독감에 다 포기하고 싶은 심정을 무수히 느꼈었지만, 어느 날 강의 도중에 해 주셨던 말씀인 '지금 외롭다면 잘되고 있는 것이다.'를 머릿속에 새기며 무사히 버틸 수 있었습니다.

제 과거의 경험으로, 고된 수험 생활을 버티고 계신 모든 수험생 여러분들께 감히 말씀드립니다. 암기량도 많고, 이해해야 할 것도 많은 국어 영역에서 정원상 선생님의 강의력은 가히 톱이라고 개인적으로 생각하고 있습니다. 공부 초반에는 많이 어렵지만, 차근차근 선생님의 지도를 따라가다 보면 어느새 국어는 정상의 영역에 도달할 수 있을 거라고 말씀드립니다.

최근 합격자 수기 03

합격수기

2023년 군무원 7급 최종 합격자 김O표

> "교수님께서는 국어를 넘어 삶에 대한
> 올바른 태도를 가르쳐 주셨습니다."

 최종 합격까지 오는 데에 가장 큰 도움을 되어 주셨던 정원상 교수님께 감사드립니다. 작년 10월에 여의도 불꽃축제가 열렸습니다. 그날, 강의실 창밖으로 보이는 폭죽들이 참 애석했습니다. 그러나 수업 끝까지 학생들이 집중할 수 있도록 노력하시는 교수님의 모습을 보면서 마음을 다잡을 수 있었습니다. 폭죽보다 빛나는 눈으로 수업에 임하고자 했던 마음을 힘들 때마다 떠올렸고, 그 결과 이 자리까지 올 수 있었습니다.

정상국어가 도움이 되었던 이유
1. 상세한 설명이 있는 이론서
 강의로는 이해되지 않던 부분들도 이론서를 읽으면서 이해할 수 있었습니다. 특히 규범국어를 공부할 때 이론을 이해하고 나니 원칙과 예외 사례들을 암기하기 편했습니다. 또한 〈주제별 사자성어〉나 〈한글맞춤법에 없는 구별해야 할 단어〉처럼 제가 따로 정리해야 할 것들이 이미 이론서에 있었습니다. 기출문제를 풀고 사전을 찾아 공부하다 보니 하나하나의 자료들에 얼마나 많은 고민과 정성이 들어있는지 느껴졌습니다.

2. 집요한 강의
 자주 나오지 않은 영역들이더라도 구석구석 꼼꼼히 가르쳐 주십니다. 모든 내용에 대해 '기초-기본-심화' 총 3번에 걸쳐서 강의를 들으니 기억에 더 오래 남았습니다. 그 덕에 언어와 국어의 특성, 문장부호처럼 지엽적인 문제가 나와도 자신 있게 풀 수 있었습니다. 매 수업마다 주시는 추가 자료들까지 보고 나니 충분한 대비가 되었습니다.

3. 교수님의 열정
 학창시절과 대학생활, 수험기간을 거치며 많은 교육자들을 만났습니다. 그러나 정말로 학생들을 위하는 선생님은 한 손에 꼽을 정도로 찾기 어려웠습니다. 정원상 교수님은 제 인생에서 손에 꼽을 수 있는 분입니다. 이론서 페이지마다 적혀 있는 격언, 그날의 첫 시간마다 해 주시는 이야기들, 항상 단정하신 옷차림, 강의자료 사이사이에 나오는 직접 찍으신 사진들, 무엇보다 강의에 대한 자부심. 모든 것들이 수강생들을 생각하는 마음에서 나온다고 느껴졌습니다.

 마지막으로 교수님께서는 국어를 넘어 삶에 대한 올바른 태도를 가르쳐 주셨습니다. 교수님처럼 제 일에 대해 당당하게 말할 수 있는 공직자가 되도록 노력하겠습니다.
 감사합니다 정원상 교수님.

비문학 독해 이론

1차, 2차 예시문제를 기반으로 한 **15개 문제 유형 집중 분석!**

공 무 원 국 어   7급 · 9급   시 험 대 비

비문학 독해 이론

01 / **비문학 독해 '기초' 이론**
  1. 비문학 독해 '심화' 이론
  2. 핵심문장 파악 방법
  3. 중심어 포착 방법
  4. 중심어 포착 방법
  5. 일반적 진술과 구체적 진술

02 / **비문학 독해 '심화' 이론**
  1. 문장의 이해
  2. 문단의 이해
  3. 글의 이해

天 衣 無 縫
정 상 국 어

제 1 장 비문학 독해 '기초' 이론

01 비문학 독해 요령

1 지문 읽기 계획을 세운다

1) **지문을 훑어보아 글의 주요 화제, 논제가 무엇인지 확인한다.**
   각 문단의 한두 단어를 보아 지문이 어떤 내용을 다루고 있는지 확인한다.

2) **문제를 먼저 보면서 지문의 내용과 방향을 판단한다.**
   문제를 보고 글의 주요 화제, 논제를 확인하고, 가능하면 글의 흐름을 떠올린다.

3) **문제를 보면서 중점적으로 눈여겨 볼 것이 있으면 밑줄을 그어 표시해 둔다.**
   문항에 화제, 논제, 핵심어 등이 제시되어 있으면 표시를 해 두었다가 본문을 읽어 갈 때 중점적으로 살펴본다.

4) **문제를 보고 지문의 읽기 방법을 결정한다.**
   ① 문단 관련 문제가 있는 경우: 단락의 요지를 간추려 가면서, 전체적인 짜임을 염두에 두면서 탄탄하게 읽는다.
   ② 문단 관련 문제가 없는 경우: 핵심 내용 파악에 초점을 맞춘다.

2 지문을 읽는다

1) 논지의 흐름에 따라 빠르고 정확하게 전체 글을 읽으면서 구체적인 내용은 어디쯤 있는지 확인한다.

2) 중요한 부분에 밑줄을 긋는다.
   (1) 중요하다고 생각되면 무조건 밑줄을 긋는다.
   (2) 기본 구조에 입각하여 밑줄을 긋는다.
      ① 설명문의 기본 구조: 화제 → 부분적 주제
      ② 논설문의 기본 구조: 문제제기 → 주장 및 해결책
   (3) 새로운 내용이 나오면 밑줄을 긋는다.
   (4) 글의 구조적 표지(접속어, 지시어)나 화제, 논제 등이 나오면 밑줄을 긋는다.

3 문제를 푼다

1) 문제와 문제를 통합하여 인식할 필요가 있다.(출제의도 파악이 가능하다)

2) 정답은 확인하기가 쉽지만 오답은 확인하기가 쉽지 않다.
   답지 전체를 읽어보고 의심나는 것(정답인 것 같은 것)부터 검토하여 답을 확정한다.

3) 세부 내용과 관련된 문제(밑줄 친 것)는 다음 순서에 따라 근거를 찾는다.
   ① 그 자체 → ② 앞, 뒤 문장 → ③ 문단 → ④ 전체 글

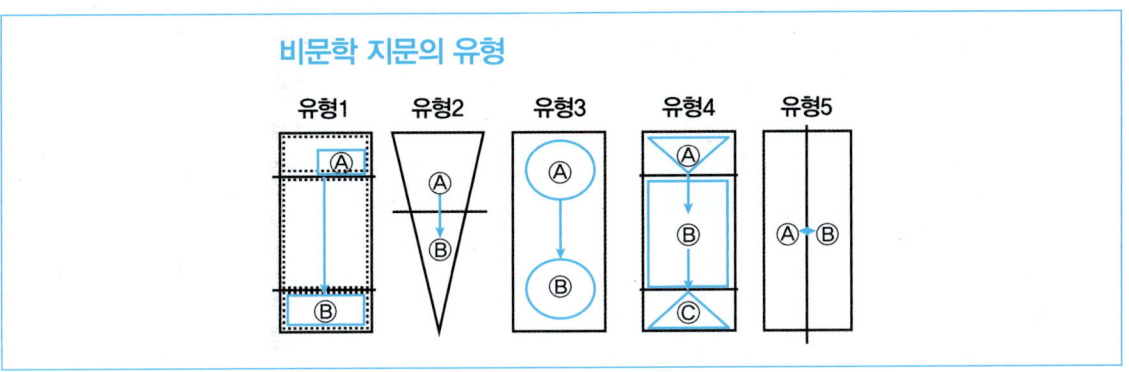

02 핵심 문장 파악 방법

1 핵심 문장은 비유적으로 표현되지 않고 직설적으로 표현된다.
2 핵심 문장은 구체적 진술로 표현되지 않고 일반적 진술로 표현된다.
3 '따라서, 그러므로, 그 결과' 등의 다음에 핵심문장이 나오는 경우가 많다.

03 중심어 포착 방법

1 추상어 중에서 반복되는 말 – 화제어, topic word
2 화제어 중에서 중심되는 말 – 중심어, key word
3 하위 개념어를 포괄하는 상위 개념어 (미술가, 음악가 → 예술가)

04 중심 문장 포착 요령

1 중심어가 집중적으로 해명된 문장
2 추상적 진술(일반적 진술)로 제시됨
3 구체적 진술에 의해 뒷받침됨

05 일반적 진술과 구체적 진술

1 **일반적 진술**

(주제적 진술, 추상적 진술, 중심 내용, 주지): 주제를 담고 있는 진술

2 **구체적 진술**

(특수 진술, 뒷받침 내용): 예시, 부연, 이유 제시, 상세화, 인용 등

제 2 장 비문학 독해 '심화' 이론

01 문장의 이해

1 문장

생각이나 감정을 말과 글로 표현할 때 완결된 내용을 나타내는 최소의 단위이다. 주어와 서술어를 갖추고 있는 것이 원칙이나 때로 이런 것이 생략될 수도 있다.

2 좋은 문장의 요건

1) **평이성:** 쉬운 말, 부드러운 말투를 쓰며, 관념어나 추상어, 상투어는 피한다.

2) **정확성:** 어법, 문법을 지키며 모호성을 띠지 않도록 주의한다.

3) **간결성:** 필요한 단어만 사용하여 간결한 표현을 쓴다. 지시어, 접속어를 사용하여 동어 반복을 피한다.

3 문장의 종류와 효과

1) **홑문장:** 주어와 서술어의 관계가 한 번만 맺어져 있는 문장
   → 강렬한 인상과 간결성·명료성을 준다.

2) **겹문장:** 주어와 서술어의 관계가 두 번 이상 맺어져 있는 문장

   (1) **이어진 문장:** 둘 이상의 홑문장이 연결 어미에 의해 이어져서 이루어진 겹문장
   ① 대등하게 이어진 문장: 균형감이나 차이점을 강조하는 효과
   ② 종속적으로 이어진 문장: 문장의 관계를 분명히 하여, 논리적으로 글을 전개하는 효과

   (2) **안은 문장:** 하나의 홑문장이 절(節)의 형식(명사절, 관형절, 부사절, 서술절, 인용절)으로 바뀌어, 다른 문장 속의 한 성분이 된 겹문장
   → 문장이 너무 길어지면, 문장 구조가 복잡해져 전하고자 하는 내용이 제대로 전달되지 못하는 단점이 있지만, 효과적으로 사용하면 자신의 생각을 논리적으로 전개하는 장점이 있다.

02 문단의 이해

1 문단

통일된 생각을 이루는 문장들의 집합체로, '단락(段落)'이라고도 한다. 하나 이상의 문장이 모여서 통일된 하나의 생각을 나타내는 글의 덩어리이다. 하나의 문단에는 하나의 중심 생각만을 담는 것이 효과적이다.

1) **문단의 짜임**: 소주제문(중심 생각) + 뒷받침 문장

    (1) **소주제문**: 한 문단의 중심적인 생각이나 중심 화제를 담고 있는 문장

    (2) **뒷받침 문장**: 소주제문의 내용을 구체화시키는 문장

2) **문단 구성의 원리**

    (1) **통일성**: 한 문단 안에서 다루어지는 중심 생각은 하나이어야 한다는 것이다. 둘 이상의 중심 생각을 가지고 있는 문단은 전달하려고 하는 바를 효과적으로 전달할 수 없다.

    (2) **일관성**: 하나의 문단을 이루는 여러 문장들이 서로 일관된 질서와 논리에 맞게 긴밀히 결합되어야 한다. 이를 위해서는 다음과 같은 방법을 사용한다.

    ① **접속어의 사용**: 접속어를 사용하여 앞뒤 문장을 연결함으로써, 뒷문장의 앞 문장에 대한 관계를 밝히고, 뒷문장이 나아갈 방향을 예고한다.

    ② **지시어의 사용**: '이, 그, 저', '이러한(이런), 그러한(그런)' 등을 사용하여 앞이나 뒤에 나오는 내용을 다른 용어로 대신하는 방법으로, 이 경우 지시어가 무엇을 가리키는지 분명하게 파악될 수 있어야 한다.

    ③ **동일 어구의 반복**: 주로 그 단락의 핵심 어구를 거듭 사용하여 일관성을 유지하는 방법이다. 이렇게 되면 핵심 주제를 강조하여 전달하는 효과가 있다.

    (3) **완결성**: 하나의 문단이 이상적으로 이루어지려면 중심 내용과 이를 뒷받침해 주는 내용이 있어야 한다. 하나의 문단이나 글은 전체를 포괄하는 내용인 '일반적 진술'과 이를 뒷받침하는 '구체적 진술'로 이루어진다. 이 둘 사이의 관계가 논리적으로 완결성을 갖추어야 효과적으로 중심 내용을 전달할 수 있다.

    > **참고** 소주제문(중심 문장)과 뒷받침 문장(보조 문장)의 관계: 예시, 부연, 이유 제시, 해명, 상술, 비유 등

3) **문단의 구분**

    (1) 전체를 부분으로 나누어 생각하기 위해서다.

    (2) 작은 부분을 더 크게 나누어 생각하기 위해서다.

    (3) 읽는 이가 간간히 쉴 수 있도록 하여 생각할 틈을 주기 위해서다.

4) **문단의 종류 및 문단 간의 논리적 관계**

    (1) **문단의 성격에 따른 종류**

    ① **형식 문단**: 형식적 특징으로 구별되어 있는 문단

    ② **내용 문단**: 내용에 따라 몇 개의 형식 문단을 다시 더 큰 단위로 묶는 문단

(2) 문단의 위상에 따른 종류
　① 주요 문단: 글의 주제가 직접 드러나는 문단
　② 보조 문단: 주요 문단의 내용을 뒷받침하면서 글의 전개에 있어 보조적인 역할을 하는 문단
　　㉠ 도입 문단: 논지를 제시하는 문단으로 전체적인 문제가 무엇이고 어떻게 풀어갈 것인지를 명시
　　㉡ 전개 문단: 논제를 구체적으로 풀어 감.
　　㉢ 상술 문단: 내용을 자세히 풀어서 설명
　　㉣ 전제 문단: 주제를 논의하기 위한 예비 단계로 미리 내세움.
　　㉤ 첨가 문단: 보조적인 내용을 덧붙임.

(3) 문단 간의 논리적 관계
　① 전제와 주지: 주지를 제시하기 전에 주지를 이끌어 낼 만한 논리를 먼저 제시함.
　② 주지와 부연: 주제문에 더하여 이를 보충하는 내용을 제시함.
　③ 주지와 상세화: 주지를 먼저 제시하고 이후에 자세하게 이를 풀어 설명함.
　④ 열거 관계: 주지에 필요한 논거들을 대등하게 나열함.
　⑤ 대조 관계: 한 가지 입장을 보이기 위해 그에 상반되는 사례들을 연결하여 제시함.
　⑥ 인과 관계: 원인과 결과를 동시에 제시하여 과제를 해명함.
　⑦ 비판 관계: 일반적이거나 특정한 견해를 미리 제시하고 이에 대해 부정하여 자신의 의견을 제시함.
　⑧ 해결 관계: 문제가 되는 사태를 먼저 제시하고 이에 대한 해결 방안을 제시함.
　⑨ 전환 관계: 주지에 관련은 되지만 또 다른 측면의 화제를 제시함.
　⑩ 첨가 관계: 앞서 말한 내용을 보충하는 내용을 제시함.

03 글의 이해

1) 주제(主題)와 요지(要旨)

(1) 주제: 필자가 말하고자 하는 근본 의도나 중심 내용

> **주제 파악 방법**
> - 그 글이 '무엇(표현 대상, 제재, 화제)'에 대해 쓴 글인지를 확인한다.
> - '무엇이 어떠하다.(요지)'는 것인지를 또 파악한다.
> - '무엇이 어떠하다.'는 것은 '무엇의 무엇'에 해당하는 것인지를 파악한다.
> - 위의 질문을 되풀이해서 가장 범위가 좁은 것을 주제로 한다.
> - 실용문에서는 겉에 드러난 내용을 중심으로 파악하고, 문학 작품인 경우에는 그 밑바닥에 흐르는 작자의 의도나 사상, 창작 동기 등에 유의하여 표현한다.
> - 주제문이 한 편의 글에서 '무엇'에 대한 답이라면, 주제는 답에 대한 질문이 되므로, 이 둘의 관계를 잘 살핀다.

(2) 요지: 주제를 뒷받침하는 뼈대가 되는 내용으로, 한 편의 글에 진술된 내용의 핵심적인 요점
  ① 글의 처음이나 마지막, 또는 글 전체에 나타나기도 한다.
  ② 하나의 완전한 문장으로 진술한다.
  ③ 대의 핵심 부분의 요약, 또는 결론 문단의 중심문이 요지가 된다.

> **요지 파악 방법**
> • 각 문단의 중심 문장과 뒷받침 문장을 구분하여 내용을 요약한다.
> • 문단 간의 관계를 파악하고, 중심 문단을 찾는다.
> • 중심 문단의 주제 문장을 찾아 이를 중심으로 작성한다.
> • 예시, 인용, 상술, 부연, 삽입, 보충 문단은 중심 문단이 아니다.
> • 자주 반복되어 나오는 어휘나 구절에 유의하여 작성한다.

2) 제목, 제재(소재)

(1) 제목: 글의 소재나 내용, 또는 상징적인 용어로 나타낸 것

(2) 제재와 소재
  ① 제재: 중심 소재, 또는 글의 모든 재료를 포괄할 수 있는 것
  ② 소재: 주제를 나타내기 위한 글의 모든 재료
  ③ '무엇이 어떠함', '무엇을 어떻게 해야 함'의 내용에서 '무엇'에 해당되는 것이 소재나 제재가 된다.
  ④ 제재가 곧 표현의 대상이 되는 '화제'인 경우가 많다.

3) 대의(大意): 한 편의 글에 담긴 개략적 의미

  (1) 각 문단을 나누고 단락별 요지나 주제문을 연결·종합하여 작성한다.
  (2) 중심 문단(또는 주제문)을 중심으로 내용을 압축하여 작성한다.

天衣無縫
정상국어

1 /15개 문제 유형

제 1 유형

1차, 2차 예시문제를 기반으로 한 15개 문제 유형 집중 분석!

新유형 9급 국가직·지방직·지역인재 시험대비

'글의 중심 내용' 유형

01 / 이론 정리

02 / 문제 풀이
　1 관련 예시문제 풀이
　2 관련 추가 문제
　　└ 1단계
　　└ 2단계
　　└ 3단계

天 衣 無 縫
정 상 국 어

제 1 장 이론 정리

> **문제 사례**
> 1. 다음 글의 빈칸에 들어갈 결론으로 가장 적절한 것은? 1차 예시. 9번
> 2. 다음 글의 중심 내용으로 가장 적절한 것은? 2차 예시. 3번
> 3. 다음 글의 핵심 논지로 가장 적절한 것은? 2차 예시. 5번

> **유형 01**
> 몇 개의 문단으로 구성된 한 편의 글을 제시한 후, 글 전체의 내용을 포괄하는 중심 내용을 파악할 수 있는 능력을 평가하는 유형의 문항이다. 이때, '중심 내용'이라는 표현 대신에 '핵심 논지', '결론', '궁극적인 주장', '주제', '말하고자 하는 바', '요지' 등 다양한 표현으로 물을 수 있다. 이 유형의 문항을 풀이할 때, 가장 조심해야 할 점은 글의 내용의 일부에만 해당되거나 글에 나타나지 않은 내용까지 포함한 오답지들을 피해야 한다는 점이다.

1 중심 내용 파악 방법

1. 중심 문장을 파악한다.
대개의 경우 중심 문장은 첫 문장이거나 마지막 문장인 경우가 많다.

2. 핵심어를 찾는다.
문단의 여러 문장에 고루 관계되거나, 여러 번 나오는 단어가 핵심 단어일 가능성이 크다. 핵심어에 대한 필자의 생각이 곧 중심 내용이다.

3. 종합하거나 추상화한다.
중심 문장이 뚜렷이 나타나 있지 않은 경우, 각 문장들의 내용을 종합하거나, 그것들을 나타낼 수 있는 한 단계 높은 문장을 만들어 내면 된다.

4. 문장 간의 관계를 살펴본다.
선후관계, 인과, 전제와 결론 관계를 따지면 중심 문장을 쉽게 찾을 수 있다.

5. 내용을 간추려 본다.
중요하지 않는 내용을 빼 가면서 간추려서, 더 이상 간추릴 수 없을 때, 그것이 중심 문장이다.

6. 필자의 의도를 추리한다.
필자가 어떤 이야기를 하기 위해 이런 내용을 썼는지, 글 전체의 맥락과 관련하여 추리해 본다.

2 "중심 내용과 세부사항은 다르다!"

글에서 제시하는 세부 사항이나 예시는 중심 내용을 뒷받침하는 보조적인 역할을 한다. 이러한 세부 사항이 아닌, 주제를 직접적으로 지지하는 내용이 중심 내용이다.

3 반복되는 핵심어를 찾는다.

핵심어가 직접 드러나는 경우가 많으므로 반복되는 소재를 'A'로 표시해 초점화하는 것이 좋다. 한편, 주제는 글에 직접 드러나는 경우가 많지만 일반화하고 종합해야 하는 경우도 있으므로 정확한 어휘를 토대로 답을 찾아야 한다.

| 제 2 장 | **문제 풀이** |

관련 예시문제 풀이

01 다음 글의 빈칸에 들어갈 결론으로 가장 적절한 것은? [2025 대비 9급 예시문제(1차)]

> 신경과학자 아이젠버거는 참가자들을 모집하여 실험을 진행하였다. 이 실험에서 그의 연구팀은 실험 참가자의 뇌를 'fMRI' 기계를 이용해 촬영하였다. 뇌의 어떤 부위가 활성화되는가를 촬영하여 실험 참가자가 어떤 심리적 상태인가를 파악하려는 것이었다. 아이젠버거는 각 참가자에게 그가 세 사람으로 구성된 그룹의 일원이 될 것이고, 온라인에 각각 접속하여 서로 공을 주고받는 게임을 하게 될 것이라고 알려주었다. 그런데 이 실험에서 각 그룹의 구성원 중 실제 참가자는 한 명뿐이었고 나머지 둘은 컴퓨터 프로그램이었다. 실험이 시작되면 처음 몇 분 동안 셋이 사이좋게 순서대로 공을 주고받지만, 어느 순간부터 실험 참가자는 공을 받지 못한다. 실험 참가자를 제외한 나머지 둘은 계속 공을 주고받기 때문에, 실험 참가자는 나머지 두 사람이 아무런 설명 없이 자신을 따돌린다고 느끼게 된다. 연구팀은 실험 참가자가 따돌림을 당할 때 그의 뇌에서 전두엽의 전대상피질 부위가 활성화된다는 것을 확인했다. 이는 인간이 물리적 폭력을 당할 때 활성화되는 뇌의 부위이다. 연구팀은 이로부터 ＿＿＿＿＿＿는 결론을 내릴 수 있었다.

① 물리적 폭력은 뇌 전두엽의 전대상피질 부위를 활성화한다
② 물리적 폭력은 피해자의 개인적 경험을 사회적 문제로 전환한다
③ 따돌림은 피해자에게 물리적 폭력보다 더 심각한 부정적 영향을 미친다
④ 따돌림을 당할 때와 물리적 폭력을 당할 때의 심리적 상태는 서로 다르지 않다

풀이와 정답   정답 ④

풀이 연구팀은 실험 참가자가 따돌림을 당할 때 그의 뇌에서 전두엽의 전대상피질 부위가 활성화된다는 것을 확인했다. 이는 인간이 물리적 폭력을 당할 때 활성화되는 뇌의 부위이다. 따라서 연구팀이 실험을 통해 알게 된 결론은 따돌림을 당할 때와 물리적 폭력을 당할 때의 심리적 상태는 서로 같다는 것이다.

오답 ①: 빈칸의 앞 내용일 뿐 결론이 아니다.
②, ③: 글에서 알 수 없는 내용이다.

참고 **1-1. 문제 속의 문제**

다음 글의 제목으로 적절한 것은?

신경과학자 아이젠버거는 참가자들을 모집하여 실험을 진행하였다. 이 실험에서 그의 연구팀은 실험 참가자의 뇌를 'fMRI' 기계를 이용해 촬영하였다. 뇌의 어떤 부위가 활성화되는가를 촬영하여 실험 참가자가 어떤 심리적 상태인가를 파악하려는 것이었다. 아이젠버거는 각 참가자에게 그가 세 사람으로 구성된 그룹의 일원이 될 것이고, 온라인에 각각 접속하여 서로 공을 주고받는 게임을 하게 될 것이라고 알려주었다. 그런데 이 실험에서 각 그룹의 구성원 중 실제 참가자는 한 명뿐이었고 나머지 둘은 컴퓨터 프로그램이었다. 실험이 시작되면 처음 몇 분 동안 셋이 사이좋게 순서대로 공을 주고받지만, 어느 순간부터 실험 참가자는 공을 받지 못한다. 실험 참가자를 제외한 나머지 둘은 계속 공을 주고받기 때문에, 실험 참가자는 나머지 두 사람이 아무런 설명 없이 자신을 따돌린다고 느끼게 된다. 연구팀은 실험 참가자가 따돌림을 당할 때 그의 뇌에서 전두엽의 전대상피질 부위가 활성화된다는 것을 확인했다. 이는 인간이 물리적 폭력을 당할 때 활성화되는 뇌의 부위이다. 연구팀은 이로부터 따돌림을 당할 때와 물리적 폭력을 당할 때의 심리적 상태는 서로 다르지 않다는 결론을 내릴 수 있었다.

(   )

정답 (따돌림의 심리적 영향: 뇌의 활성화와 물리적 폭력의 유사성).

02 다음 글의 중심 내용으로 가장 적절한 것은? [2025 대비] 9급 예시문제(2차)

> 플라톤의 『국가』에는 사람들이 살아가면서 가장 중요하게 생각하는 두 가지 요소에 대한 언급이 있다. 우리가 만약 이것들을 제대로 통제하고 조절할 수 있다면 좋은 삶을 살 수 있다고 플라톤은 말하고 있다. 하나는 대다수가 갖고 싶어하는 재물이며, 다른 하나는 대다수가 위험하게 생각하는 성적 욕망이다. 소크라테스는 당시 성공적인 삶을 살고 있다고 사람들에게 잘 알려진 케팔로스에게, 사람들이 좋아하는 재물이 많아서 좋은 점과 사람들이 싫어하는 나이가 많아서 좋은 점은 무엇인지를 물었다. 플라톤은 이 대화를 통해 우리가 어떻게 좋은 삶을 살 수 있는지를 보여준다.
>
> 케팔로스는 재물이 많으면 남을 속이거나 거짓말하지 않을 수 있어서 좋고, 나이가 많으면 성적 욕망을 쉽게 통제할 수 있어서 좋다고 말한다. 물론 재물이 적다고 남을 속이거나 거짓말을 하는 것은 아니며, 나이가 적다고 해서 성적 욕망을 쉽게 통제할 수 없는 것은 아니다. 그렇지만 누구나 살아가면서 이것들로 인해 힘들어하고 괴로워하는 경우가 많다는 것은 분명하다. 삶을 살아가면서 돈에 대한 욕망이나 성적 욕망만이라도 잘 다스릴 수 있다면 낭패를 당하거나 망신을 당할 일이 거의 없을 것이다. 인간에 대한 플라톤의 통찰력과 삶에 대한 지혜는 현재에도 여전히 유효하다.

① 재물욕과 성욕은 과거나 지금이나 가장 강한 욕망이다.
② 재물이 많으면서 나이가 많은 자가 좋은 삶을 살 수 있다.
③ 성공적인 삶을 살려면 재물욕과 성욕을 잘 다스려야 한다.
④ 잘 살기 위해서는 살면서 가장 중요한 것이 무엇인지 알아야 한다.

풀이와 정답   정답 ③

풀이 제시된 글은 인간이 좋은 삶을 살기 위해 반드시 통제하고 조절해야 하는 두 가지 요소, 즉 재물과 성적 욕망에 대해 말하고 있다. 글쓴이는 플라톤의 생각에 동의하면서, 이 재물과 성적 욕망을 잘 다스린다면 인간은 낭패나 망신을 피할 수 있으며, 좋은 삶을 위한 필수적인 관리 대상이라고 주장하고 있다.

오답 ①, ②: 이 글은 글쓴이의 주장이 드러난 논설문이므로 단순히 소개하는 내용은 답이 될 수 없다.
④: 중심 소재가 제시되지 않은 막연한 진술이므로 답이 될 수 없다.

참고 **1-2. 문제 속의 문제**

다음 글의 제목으로 적절한 것은?

> 플라톤의 『국가』에는 사람들이 살아가면서 가장 중요하게 생각하는 두 가지 요소에 대한 언급이 있다. 우리가 만약 이것들을 제대로 통제하고 조절할 수 있다면 좋은 삶을 살 수 있다고 플라톤은 말하고 있다. 하나는 대다수가 갖고 싶어하는 재물이며, 다른 하나는 대다수가 위험하게 생각하는 성적 욕망이다. 소크라테스는 당시 성공적인 삶을 살고 있다고 사람들에게 잘 알려진 케팔로스에게, 사람들이 좋아하는 재물이 많아서 좋은 점과 사람들이 싫어하는 나이가 많아서 좋은 점은 무엇인지를 물었다. 플라톤은 이 대화를 통해 우리가 어떻게 좋은 삶을 살 수 있는지를 보여준다.
>
> 케팔로스는 재물이 많으면 남을 속이거나 거짓말하지 않을 수 있어서 좋고, 나이가 많으면 성적 욕망을 쉽게 통제할 수 있어서 좋다고 말한다. 물론 재물이 적다고 남을 속이거나 거짓말을 하는 것은 아니며, 나이가 적다고 해서 성적 욕망을 쉽게 통제할 수 없는 것은 아니다. 그렇지만 누구나 살아가면서 이것들로 인해 힘들어하고 괴로워하는 경우가 많다는 것은 분명하다. 삶을 살아가면서 돈에 대한 욕망이나 성적 욕망만이라도 잘 다스릴 수 있다면 낭패를 당하거나 망신을 당할 일이 거의 없을 것이다. 인간에 대한 플라톤의 통찰력과 삶에 대한 지혜는 현재에도 여전히 유효하다.

(   )

정답 (플라톤의 『국가』에서 바라본 좋은 삶의 두 요소: 재물과 성적 욕망의 통제).

추가TIP 설명문과 논설문을 구별해야 한다.

설명문은 전문적인 이론, 소개하는 글이 많으므로 분석적으로 읽되, 상식적인 설명이나 쉬운 예시 등은 다 읽지 말고 빨리 넘어가야 한다. 논설문은 글의 끝부분에 글쓴이의 관점이 나오기 때문에 근거와 주장을 구별하여 읽어야 한다.

03 다음 글의 핵심 논지로 가장 적절한 것은? [2025 대비 9급 예시문제(2차)]

> 판타지와 SF의 차별성은 '낯섦'과 '이미 알고 있는 것'이라는 기준을 통해 드러난다. 이 둘은 일반적으로 상반된 의미를 갖는다. 이미 알고 있는 것은 낯설지 않고, 낯선 것은 새로운 것을 의미하기 때문이다.
>
> 판타지와 SF에는 모두 새롭고 낯선 것이 등장하는데, 비근한 예가 현실에 존재하지 않는 괴물의 출현이다. 판타지에서 낯선 괴물이 나오면 사람들은 '저게 뭐지?' 하면서도 그 낯섦을 그대로 받아들인다. 그렇기에 등장인물과 독자 모두 그 괴물을 원래부터 존재했던 것으로 받아들이고, 괴물은 등장하자마자 세계의 일부가 된다. 결국 판타지에서는 이미 알고 있는 것보다 새로운 것이 더 중요한 의미를 갖는다. 이와 달리 SF에서는 '그런 괴물이 어떻게 존재할 수 있지?'라고 의심하고 물어야 한다. SF에서는 인물과 독자들이 작가의 경험적 환경을 공유하기 때문에 괴물은 절대로 자연스럽지 않다. 괴물의 낯섦에 대한 질문은 괴물이 존재하는 세계에 대한 지식, 세계관, 나아가 정체성의 문제로 확장된다. 이처럼 SF에서는 어떤 새로운 것이 등장했을 때 그 낯섦을 인정하면서도 동시에 그것을 자신이 이미 알고 있던 인식의 틀로 끌어들여 재조정하는 과정이 요구된다.

① 판타지와 SF는 모두 새로운 것에 의해 알고 있는 것이 바뀌는 장르이다.
② 판타지와 SF는 모두 알고 있는 것과 새로운 것을 그대로 인정하고 둘 사이의 재조정이 필요한 장르이다.
③ 판타지는 새로운 것보다 알고 있는 것이 더 중요하고, SF는 알고 있는 것보다 새로운 것이 더 중요한 장르이다.
④ 판타지는 알고 있는 것보다 새로운 것이 더 중요하고, SF는 알고 있는 것과 새로운 것 사이의 재조정이 필요한 장르이다.

풀이와 정답   **정답** ④

풀이 제시문의 핵심 논지는 판타지와 SF의 차별성이 '낯섦'과 '이미 알고 있는 것'이라는 기준을 통해 드러난다는 것이다. 판타지에서는 새로운 것이 등장할 때, 예를 들어 현실에 존재하지 않는 괴물이 등장하면, 독자와 등장인물 모두 그 괴물을 자연스럽게 받아들이고, 원래부터 존재했던 것으로 간주한다. 이 경우 새로운 것이 이미 알고 있는 것보다 더 중요한 의미를 갖는다. 반면, SF에서는 새로운 것이 등장할 때, 독자와 등장인물이 그 존재에 대해 의문을 제기한다. 괴물이 어떻게 존재할 수 있는지에 대한 질문이 발생하며, 이는 세계관과 정체성에 대한 문제로 확장된다. SF는 새로운 것을 인식의 틀로 재조정하는 과정을 요구한다. 결론적으로, 이 글에서 판타지는 새로운 것을 수용하는 데 중점을 두고, SF는 알고 있는 것과 새로운 것 사이의 재조정이 필요한 장르라고 말하고 있다.

오답 나머지는 모두 일부는 맞고 일부는 틀린 내용이므로, 적절하지 않다.

참고 3-1. 문제 속의 문제

다음 글의 제목으로 적절한 것은?

판타지와 SF의 차별성은 '낯섦'과 '이미 알고 있는 것'이라는 기준을 통해 드러난다. 이 둘은 일반적으로 상반된 의미를 갖는다. 이미 알고 있는 것은 낯설지 않고, 낯선 것은 새로운 것을 의미하기 때문이다.

판타지와 SF에는 모두 새롭고 낯선 것이 등장하는데, 비근한 예가 현실에 존재하지 않는 괴물의 출현이다. 판타지에서 낯선 괴물이 나오면 사람들은 '저게 뭐지?'하면서도 그 낯섦을 그대로 받아들인다. 그렇기에 등장인물과 독자 모두 그 괴물을 원래부터 존재했던 것으로 받아들이고, 괴물은 등장하자마자 세계의 일부가 된다. 결국 판타지에서는 이미 알고 있는 것보다 새로운 것이 더 중요한 의미를 갖는다. 이와 달리 SF에서는 '그런 괴물이 어떻게 존재할 수 있지?'라고 의심하고 물어야 한다. SF에서는 인물과 독자들이 작가의 경험적 환경을 공유하기 때문에 괴물은 절대로 자연스럽지 않다. 괴물의 낯섦에 대한 질문은 괴물이 존재하는 세계에 대한 지식, 세계관, 나아가 정체성의 문제로 확장된다. 이처럼 SF에서는 어떤 새로운 것이 등장했을 때 그 낯섦을 인정하면서도 동시에 그것을 자신이 이미 알고 있던 인식의 틀로 끌어들여 재조정하는 과정이 요구된다.

(   )

정답 (판타지와 SF의 차별성: 낯섦과 이미 알고 있는 것의 기준).

관련 추가문제

1단계 문제

04 다음 글의 중심 내용으로 가장 적절한 것은? [2024 지방직 9급]

> 범죄소설이 지닌 이데올로기의 뿌리는 죽음에 대한 공포이다. 범죄소설의 탄생은 자본주의의 출현이라는 사회적 조건과 맞물려 있다. 자본주의가 출현하자 죽음을 대하는 태도가 근본적으로 변화했다. 원시사회에서는 죽음이 자연스러운 결과로 받아들여졌다. 죽음은 사람들이 스스로 준비해야 하는 것이면서, 가족과 사회로부터의 관심과 도움이 필요한 것이었다. 그러나 부르주아 사회에서는 인간이 소외되고, 소외된 인간은 노동을 하고 돈을 버는 데 없어서는 안 될 도구인 육체에 얽매이게 된다. 그에 따라 인간은 죽음에 강박관념을 갖게 되었다. 게다가 죽음은 불가피한 삶의 종결이 아니라 파국적 사고라는 견해를 갖게 된다. 죽음은 예기치 않은 사고라고, 강박적으로 바라보게 되면 폭력에 의한 죽음에 몰두하게 되고, 결국에는 살인과 범죄에 몰두하게 된다. 범죄소설에서 죽음은 인간의 운명이나 비극이 아니라 탐구의 대상이 되어버린다.

① 범죄소설은 자본주의의 출현 이후 죽음에 대한 달라진 태도에 기반을 두고 있다.
② 범죄소설은 부르주아 사회의 인간소외와 노동 문제를 다루는 문학 양식이다.
③ 범죄소설은 원시사회부터 이어져 온 죽음에 대한 보편적 공포로부터 생겨났다.
④ 범죄소설은 죽음을 예기치 못한 사고가 아닌 자연스럽고 불가피한 것으로 받아들인다.

풀이와 정답

정답 ①

풀이 글의 첫 부분에서 '범죄소설의 탄생은 자본주의의 출현이라는 사회적 조건과 맞물려 있다.'라는 중심 내용을 직접 제시하였다. 과거 원시사회와 달리 부르주아 사회에서 인간은 죽음에 강박관념을 갖게 되었고, 결국 살인과 범죄에 몰두하게 된다고 말하고 있다. 결국 '범죄소설-자본주의 출현 이후-죽음에 대한 달라진 태도'를 연결하면 주제가 된다.

오답 나머지는 중심 내용이 아니고, 글의 내용과 일치하지도 않는다.

참고 4-1. 문제 속의 문제

> 다음 글의 제목으로 적절한 것은?
>
> 범죄소설이 지닌 이데올로기의 뿌리는 죽음에 대한 공포이다. 범죄소설의 탄생은 자본주의의 출현이라는 사회적 조건과 맞물려 있다. 자본주의가 출현하자 죽음을 대하는 태도가 근본적으로 변화했다. 원시사회에서는 죽음이 자연스러운 결과로 받아들여졌다. 죽음은 사람들이 스스로 준비해야 하는 것이면서, 가족과 사회로부터의 관심과 도움이 필요한 것이었다. 그러나 부르주아 사회에서는 인간이 소외되고, 소외된 인간은 노동을 하고 돈을 버는 데 없어서는 안 될 도구인 육체에 얽매이게 된다. 그에 따라 인간은 죽음에 강박관념을 갖게 되었다. 게다가 죽음은 불가피한 삶의 종결이 아니라 파국적 사고라는 견해를 갖게 된다. 죽음은 예기치 않은 사고라고, 강박적으로 바라보게 되면 폭력에 의한 죽음에 몰두하게 되고, 결국에는 살인과 범죄에 몰두하게 된다. 범죄소설에서 죽음은 인간의 운명이나 비극이 아니라 탐구의 대상이 되어버린다.
>
> (   )

정답 (범죄소설과 죽음: 자본주의 사회에서의 공포와 탐구).

05 빈칸에 들어갈 내용으로 가장 적절한 것은?   [2024 지방직 9급]

> 프랑스에서 포도주는 간단한 식사에서 축제까지, 작은 카페의 대화에서 연회장의 교제에 이르기까지 언제 어디서나 함께한다. 포도주는 계절에 따른 어떤 날씨에도 분위기를 고양시킬 수 있어 추운 계절이 되면 따뜻한 분위기를 연출하고 한여름이 되면 서늘하거나 시원한 그늘을 떠올리는 분위기를 조성한다. 또한 배고프거나 지칠 때, 지루하거나 답답할 때, 심리적으로 불안할 때나 육체적으로 힘든 그 어느 경우에도 프랑스인들은 포도주가 절실하다고 느낀다. 프랑스에서 포도주는 장소와 시간, 상황에 관계없이 음식과 결부될 수 있는 모든 곳에 등장한다.
>
> 포도주가 일상의 세세한 부분에까지 결부된 탓에 프랑스 국민은 이제 포도주가 있어야 할 곳에 포도주가 없다는 사실만으로도 충격을 받는다. 르네 코티는 대통령 임기가 시작될 때 사적인 자리에서 사진을 찍은 적이 있는데 그 사진 속 탁자에는 포도주 대신 다른 술이 놓여 있었다. 이 때문에 온 국민이 들끓고 일어났다. 프랑스 국민에게 그들 자신과도 같은 포도주가 보이지 않는다는 사실은 참을 수 없는 일이었다. 결국 프랑스인에게 포도주란 _____.

① 심신을 치유하는 신성한 물질과 같다.
② 자신들의 정체성을 나타내는 상징과도 같다.
③ 국가의 주요 행사에서 가장 주목받는 음료다.
④ 어느 계절에나 쉽게 분위기를 고양시킬 수 있는 음료다.

풀이와 정답   정답 ②

풀이 빈칸에는 전체의 내용을 정리한 핵심 내용이 들어가야 한다. 글의 첫 문장에 나오는 '프랑스에서 포도주는 언제 어디서나 함께한다.'와 두 번째 단락의 '프랑스 국민에게 포도주는 그들 자신과도 같다.'라는 구절을 정리하면 프랑스인에게 포도주는 자신의 정체성을 나타내는 상징이자 분신과도 같다는 내용이 들어가야 적절하다.

오답 '심신 치유', '국가 행사', '분위기 고양'은 핵심 내용이 아니다. 이 내용들을 모두 부분에 불과하다.

참고 5-1. 문제 속의 문제

> **다음 글의 제목으로 적절한 것은?**
>
> 프랑스에서 포도주는 간단한 식사에서 축제까지, 작은 카페의 대화에서 연회장의 교제에 이르기까지 언제 어디서나 함께한다. 포도주는 계절에 따른 어떤 날씨에도 분위기를 고양시킬 수 있어 추운 계절이 되면 따뜻한 분위기를 연출하고 한여름이 되면 서늘하거나 시원한 그늘을 떠올리는 분위기를 조성한다. 또한 배고프거나 지칠 때, 지루하거나 답답할 때, 심리적으로 불안할 때나 육체적으로 힘든 그 어느 경우에도 프랑스인들은 포도주가 절실하다고 느낀다. 프랑스에서 포도주는 장소와 시간, 상황에 관계없이 음식과 결부될 수 있는 모든 곳에 등장한다.
>
> 포도주가 일상의 세세한 부분에까지 결부된 탓에 프랑스 국민은 이제 포도주가 있어야 할 곳에 포도주가 없다는 사실만으로도 충격을 받는다. 르네 코티는 대통령 임기가 시작될 때 사적인 자리에서 사진을 찍은 적이 있는데 그 사진 속 탁자에는 포도주 대신 다른 술이 놓여 있었다. 이 때문에 온 국민이 들끓고 일어났다. 프랑스 국민에게 그들 자신과도 같은 포도주가 보이지 않는다는 사실은 참을 수 없는 일이었다. 결국 프랑스인에게 포도주란 자신들의 정체성을 나타내는 상징과도 같다.
>
> (   )
>
> 정답 (프랑스 포도주와 그 상징성).

2단계 문제

06 다음 글의 빈칸에 들어갈 내용으로 가장 적절한 것은? [2024 국가직 9급]

> 독자는 글을 읽을 때 생소하거나 이해하기 어려운 단어에 주시하는데, 이때 특정 단어에 눈동자를 멈추는 '고정'이 나타나며, 고정과 고정 사이에는 '이동', 단어를 건너뛸 때는 '도약'이 나타난다. 고정이 관찰될 때는 의미를 이해하려는 시도가 이루어지지만, 이동이나 도약이 관찰될 때는 이루어지지 않는다. 이를 바탕으로, K 연구진은 동일한 텍스트를 활용하여 읽기 능력 하위 집단(A)과 읽기 능력 평균 집단(B)의 읽기 특성을 탐색하는 연구를 진행하였다. 독서 횟수는 1회로 제한하되 독서 시간은 제한하지 않았다.
>
> 그 결과, 눈동자의 평균 고정 빈도에서 A 집단은 B 집단에 비해 약 2배 많은 수치를 보였다. 그런데 총 고정 시간을 총 고정 빈도로 나눈 평균 고정 시간은 B 집단이 A 집단에 비해 더 높게 나타났다. 읽기 후 독해 검사에서 B 집단은 A 집단보다 평균 점수가 높았고, 독서 과정에서 눈동자가 이전으로 돌아가거나 이전으로 건너뛰는 현상은 모두 관찰되지 않았다. 연구진은 이를 종합하여 읽기 능력이 부족한 독자는 읽기 능력이 평균인 독자에 비해 난해하다고 느끼는 단어들이 _____는 결론을 내렸다.

① 더 많지만 난해하다고 느끼는 각각의 단어를 이해하는 과정에 들이는 평균 시간은 더 적다
② 더 많고 난해하다고 느끼는 각각의 단어를 이해하는 과정에 들이는 평균 시간도 더 많다
③ 더 적지만 난해하다고 느끼는 각각의 단어를 이해하는 과정에 들이는 평균 시간은 더 많다
④ 더 적고 난해하다고 느끼는 각각의 단어를 이해하는 과정에 들이는 평균 시간도 더 적다

풀이와 정답 　　　　　　　　　　　　　　　　　　　　　　　　　**정답** ①

풀이 빈칸에는 '읽기 능력이 부족한 독자'에게서 나타난 결론이 들어가야 한다. 연구 결과에 의하면 평균 점수가 낮은 A 집단은 B 집단에 비해 이해하기 어려운 단어에 주시하는 눈동자의 평균 고정 빈도가 높지만, 의미를 이해하려고 시도하는 평균 고정 시간은 낮게 나타났다. 이것으로 보아 읽기 능력이 부족한 A 집단의 독자는 난해하다고 느끼는 단어들이 더 많지만, 그 단어를 이해하는 과정에 들이는 평균 시간은 더 적다고 볼 수 있다.

오답 ③: 읽기 능력이 우수한 B 집단의 독자에게서 나타나는 특징이므로 상반되는 내용이다.

참고 6-1. 문제 속의 문제

다음 글의 제목으로 적절한 것은?

　독자는 글을 읽을 때 생소하거나 이해하기 어려운 단어에 주시하는데, 이때 특정 단어에 눈동자를 멈추는 '고정'이 나타나며, 고정과 고정 사이에는 '이동', 단어를 건너뛸 때는 '도약'이 나타난다. 고정이 관찰될 때는 의미를 이해하려는 시도가 이루어지지만, 이동이나 도약이 관찰될 때는 이루어지지 않는다. 이를 바탕으로, K 연구진은 동일한 텍스트를 활용하여 읽기 능력 하위 집단(A)과 읽기 능력 평균 집단(B)의 읽기 특성을 탐색하는 연구를 진행하였다. 독서 횟수는 1회로 제한하되 독서 시간은 제한하지 않았다.

　그 결과, 눈동자의 평균 고정 빈도에서 A 집단은 B 집단에 비해 약 2배 많은 수치를 보였다. 그런데 총 고정 시간을 총 고정 빈도로 나눈 평균 고정 시간은 B 집단이 A 집단에 비해 더 높게 나타났다. 읽기 후 독해 검사에서 B 집단은 A 집단보다 평균 점수가 높았고, 독서 과정에서 눈동자가 이전으로 돌아가거나 이전으로 건너뛰는 현상은 모두 관찰되지 않았다. 연구진은 이를 종합하여 읽기 능력이 부족한 독자는 읽기 능력이 평균인 독자에 비해 난해하다고 느끼는 단어들이 더 많지만 난해하다고 느끼는 각각의 단어를 이해하는 과정에 들이는 평균 시간은 더 적다는 결론을 내렸다.

(　　　　　　　　　　　　　　　　　　　　　)

정답 (읽기 능력에 따른 독자의 눈동자 움직임 특성: 고정, 이동, 도약의 분석).

3 단계 문제

07 다음 글의 빈칸에 들어갈 내용으로 가장 적절한 것은? [2024 국가직 7급 PSAT 언어논리]

> 여행가들은 종종 여행으로 세계에 대한 새로운 지식을 얻었을 뿐만 아니라 차별과 편견을 제거할 수 있었다고 말한다. 이 깨달음은 신경과학자들 덕분에 사실로 입증되었다. 신경과학자들은 여행이 뇌의 전측대상피질(ACC)을 자극한다는 것을 알아냈다. ACC는 자신이 가진 세계 모델을 기초로 앞으로 들어올 지각 정보의 기대치를 결정하고 새로 들어오는 지각 정보들을 추적한다. 새로 들어온 정보가 기대치에 맞지 않으면 ACC는 경보를 발령하고, 이 정보에 대한 판단을 지연시켜 새로운 정보를 분석할 시간을 제공한다. 정보에 대한 판단이 지연되면, 그에 대한 말과 행동 또한 미뤄진다. ACC의 경보가 발령되면 우리는 어색함을 느끼고 멈칫한다. 결국 ACC는 주변 환경을 더 면밀히 관찰하라고 촉구한다.
>
> 우리의 뇌는 의식적으로든 반사적으로든 끊임없이 판단을 내린다. 이와 관련하여 인지과학자들은 판단을 늦출수록 판단의 정확성이 높아진다는 사실을 발견했다. 오랜 시간을 들여 더 많은 관련 정보를 파악하는 것이 정확한 판단의 핵심이기 때문이다. 최후의 순간까지 정보에 대한 판단을 유보할수록 정확한 판단을 내릴 가능성이 커진다.
>
> 낯선 장소를 방문할 때 우리는 늘 어색함을 느낀다. 음식, 지리, 날씨 등 모든 게 기존의 세계 모델과 일치하지 않기 때문이다. 여행은 ACC를 자극하고, ACC의 경보 발령으로 우리는 신속한 판단이나 반사적 행동을 자제하게 된다. 따라서 더 이질적인 문화를 경험하면, 우리의 뇌는 _____.

① ACC를 덜 활성화시킨다
② 더 적은 정보를 처리한다
③ 주변 환경에 더 친숙해진다
④ 기존의 세계 모델을 더 확신한다
⑤ 정보에 대한 판단을 더 지연시킨다

풀이와 정답 | **정답** ⑤

풀이 첫 번째 단락에 의하면, 여행은 뇌의 전측대상피질(ACC)을 자극한다. 새로 들어온 정보가 기대치에 맞지 않으면 ACC는 경보를 발령하고, 이 정보에 대한 판단을 지연시켜 새로운 정보를 분석할 시간을 제공한다. 즉, 여행은 ACC를 자극하고, ACC의 경보 발령으로 우리는 신속한 판단이나 반사적 행동을 자제하고 지연함으로써 판단의 정확성이 높아진다. 따라서 '여행→뇌의 ACC 자극→판단 지연→정확한 판단'으로 연결되는 ⑤번이 적절하다.

오답 ①: ACC를 더 활성화시킨다(O)(첫 번째 단락).
②: 더 많은 정보를 처리한다(O)(첫 번째 단락).
③: 주변 환경에 더 어색해진다(O)(첫 번째 단락).
④: 기존의 세계 모델과 일치하지 않는다(O)(세 번째 단락).

참고 **7-1. 문제 속의 문제**

다음 글의 제목으로 적절한 것은?

여행가들은 종종 여행으로 세계에 대한 새로운 지식을 얻었을 뿐만 아니라 차별과 편견을 제거할 수 있었다고 말한다. 이 깨달음은 신경과학자들 덕분에 사실로 입증되었다. 신경과학자들은 여행이 뇌의 전측대상피질(ACC)을 자극한다는 것을 알아냈다. ACC는 자신이 가진 세계 모델을 기초로 앞으로 들어올 지각 정보의 기대치를 결정하고 새로 들어오는 지각 정보들을 추적한다. 새로 들어온 정보가 기대치에 맞지 않으면 ACC는 경보를 발령하고, 이 정보에 대한 판단을 지연시켜 새로운 정보를 분석할 시간을 제공한다. 정보에 대한 판단이 지연되면, 그에 대한 말과 행동 또한 미뤄진다. ACC의 경보가 발령되면 우리는 어색함을 느끼고 멈칫한다. 결국 ACC는 주변 환경을 더 면밀히 관찰하라고 촉구한다.

우리의 뇌는 의식적으로든 반사적으로든 끊임없이 판단을 내린다. 이와 관련하여 인지과학자들은 판단을 늦출수록 판단의 정확성이 높아진다는 사실을 발견했다. 오랜 시간을 들여 더 많은 관련 정보를 파악하는 것이 정확한 판단의 핵심이기 때문이다. 최후의 순간까지 정보에 대한 판단을 유보할수록 정확한 판단을 내릴 가능성이 커진다.

낯선 장소를 방문할 때 우리는 늘 어색함을 느낀다. 음식, 지리, 날씨 등 모든 게 기존의 세계 모델과 일치하지 않기 때문이다. 여행은 ACC를 자극하고, ACC의 경보 발령으로 우리는 신속한 판단이나 반사적 행동을 자제하게 된다. 따라서 더 이질적인 문화를 경험하면, 우리의 뇌는 정보에 대한 판단을 더 지연시킨다.

( )

정답 (여행이 뇌의 판단 과정을 변화시키는 방식).

제 2 유형 / 15개 문제 유형

1차, 2차 예시문제를 기반으로 한 15개 문제 유형 집중 분석!

新유형 9급 국가직·지방직·지역인재 시험대비

'글의 이해' 유형

01 / 이론 정리

02 / 문제 풀이
    ① 관련 예시문제 풀이
    ② 관련 추가 문제
        └ 1단계
        └ 2단계
        └ 3단계

天 衣 無 縫
정 상 국 어

제 1 장 이론 정리

문제 사례

1. 다음 글을 이해한 내용으로 가장 적절한 것은?   (1차 예시. 6번)
2. 다음 글을 이해한 내용으로 가장 적절한 것은?   (2차 예시. 20번)
3. 다음 글을 이해한 내용으로 적절하지 않은 것은?   (1차 예시. 15번)
4. 다음 글을 이해한 내용으로 적절하지 않은 것은?   (2차 예시. 2번)

유형 02

'이해(理解)'는 '잘 알아서 받아들임'을 뜻한다. 모든 국어 시험 문항에서 가장 자주 출제되는 유형으로, 제시된 글의 세부 정보를 정확하게 객관적, 사실적으로 이해하여, 보기로 구성된 정보들과 비교할 수 있는 능력을 평가하는 유형의 문항이다. 이러한 유형의 문항에 대비하기 위해서는 제시된 글을 가능한 짧은 시간 안에 꼼꼼하게 이해할 수 있어야 한다.

여기에서 중요한 것은 '기억'이 아니라 '이해'이다. 글의 모든 내용을 암기하고 기억할 수는 없으니 '개념-핵심-근거'를 토대로 논리적으로 연결할 수 있어야 한다.

또한, 이해 문제를 풀 때는 선지의 답이 지문 어디에 있는지를 찾는데 그치지 말고 '이 문제와 선지를 왜 제시했을까?'를 고민해 보아야 한다. 그러다 보면 같은 의도를 다른 방식으로 서술한 선지들을 많이 만날 수 있게 된다. 즉, 한 번의 생각으로 여러 개의 선지를 해결할 수 있게 된다.

참고로, 답지로 제시되는 정보들은 제시문의 정보와 비슷한 의미를 지니되 다른 표현으로 바꾸는 경우가 많으니 변형된 어휘나 표현들에 주의하는 것도 이러한 유형의 문항을 푸는 좋은 방법이다.

1 '글의 이해' 문제를 잘 푸는 방법

1. 글의 구조 파악하기

글의 전체적인 구조를 이해해야 한다. 서론, 본론, 결론의 흐름을 파악하면 중요한 정보와 주제를 쉽게 찾을 수 있다.

2. 주제와 요지 찾기

글의 주제와 요지를 파악하는 것이 중요하다. 주제는 글이 전달하고자 하는 핵심 내용을 의미하며, 요지는 그 내용을 간결하게 정리한 것이다.

3. 세부사항 주의 깊게 읽기

글에서 제시된 주요 세부 사항에 주의를 기울여야 한다. 주장, 예시, 통계, 인용 등은 문제의 답을 찾는 데 중요한 역할을 한다. 특히 강조된 부분이나 반복되는 내용을 주의 깊게 읽는다.

"그럴 수도 있고, 그럴 때도 있다."

4. 문맥 이해하기

특정 단어나 구절이 문맥에서 어떻게 사용되는지를 이해해야 한다. 문맥을 고려하면 오독(誤讀)을 줄이고 정확한 해석이 가능하다.

5. 질문 유형 파악하기

문제의 유형을 파악하고, 각 유형에 맞는 접근법을 사용해야 한다. 예를 들어, 세부사항 확인, 주장의 근거 파악 등에 따라 전략을 달리할 수 있다.

6. 두 번 빠르게 읽기

어려운 지문이라면 내용을 한 번에 다 확인할 수 없는 경우도 있다. 그럴 때는 당황하지 말고 두 번 읽으면서 빠르게 확인해도 된다. 단, 두 번 읽었을 때에는 바로 정답이 도출될 수 있도록 최대한 집중해야 한다.

7. 정확한 답변 선택하기

선택지를 하나씩 읽으면서 글의 내용과 비교하되, 여러 선택지 중에서 가장 적합한 답변을 선택해야 한다. 종종 비슷한 답변이 있을 수 있으니, 정확한 의미를 고려하여 선택한다. 또한, 선택지 중 글의 내용과 반대되는 내용이나 논리적 오류가 있는지를 찾아보아야 한다. 적절하지 않은 선택지는 일반적으로 글의 주제나 주장과 모순된다.

8. 선택지의 키워드 잘 찾기

선택지 중 'A보다 B', 'A와 달리 B', 'A이다/A가 아니다', '비교', '변화', '관련', '인과' 등의 말이 나올 때에는 주의해서 읽어야 한다. 복합적인 정보이거나 부정 서술어가 있을 때는 정답일 가능성이 높다.

9. 끊어 읽기, 범주 정확하게 대응하기

선택지의 키워드는 하나가 아니라 둘 이상인 경우들이 많으니 문장을 끊어 읽되, 앞뒤 정보를 정확하게 대응해야 한다. 범주가 어긋나지 않도록 주의해야 한다. 예 A→A'(O), B→B'(O) / A→B'(X), B→A'(X)

10. 시간 관리

문제를 푸는 데 시간을 적절히 배분해야 한다. 글을 읽는 데 너무 많은 시간을 소요하지 않도록 주의해야 한다. 어려운 문제는 잠시 뒤로 미루고, 자신 있는 문제부터 푸는 것도 좋은 전략이다.

2 비문학 독해 시간 줄이는 방법

1. **미리보기**

   글의 첫 문장, 마지막 문장을 빠르게 읽어 내용을 파악해야 한다. 이는 전체적인 흐름을 이해하는 데 도움이 된다.

2. **키워드 찾기**

   각 문단에서 핵심 키워드나 구문을 찾아내야 한다. 중요한 정보에 집중하면 빠르게 이해할 수 있다.

3. **질문 유형 파악**

   비문학 독해에서 자주 출제되는 질문 유형을 익히고, 각 유형에 맞는 답변 전략을 세워야 한다.

4. **요약하기**

   각 문단의 요점을 한두 문장으로 요약하는 연습을 해 본다. 이는 내용을 더 빠르게 이해하는 데 도움이 된다.

5. **시간 관리**

   각 문제에 할당할 시간을 정하고, 그 시간을 초과하지 않도록 연습해야 한다. 예를 들어, 1문제당 1분 이내로 풀어보는 것이다.

6. **연습 문제 풀기**

   다양한 비문학 독해 문제를 풀어보며, 시간 안에 문제를 푸는 연습을 해야 한다. 꾸준하면서 반복적인 연습이 중요하다.

7. **독해 속도 향상**

   평소에 독서를 많이 하여 독해 속도를 향상시켜야 한다. 다양한 주제의 글을 읽는 것이 도움이 된다.

8. **어휘력 필수**

   빠르고 바른 독해를 위해서는 어휘력이 매우 중요하다. 사전적 의미, 문맥적 의미, 예문 활용 등 기본에 충실한 공부를 해야 한다.

"극기(克己)에 대한 열정이야말로 가장 아름답다."

제2장 문제 풀이

관련 예시문제 풀이

08 다음 글을 이해한 내용으로 가장 적절한 것은? [2025 대비 9급 예시문제(1차)]

> 이육사의 시에는 시인의 길과 투사의 길을 동시에 걸었던 작가의 면모가 고스란히 담겨 있다. 가령, 「절정」은 크게 두 부분으로 나누어지는데, 투사가 처한 냉엄한 현실적 조건이 3개의 연에 걸쳐 먼저 제시된 후, 시인이 품고 있는 인간과 역사에 대한 희망이 마지막 연에 제시된다.
>
> 우선, 투사 이육사가 처한 상황은 대단히 위태로워 보인다. 그는 "매운 계절의 채찍에 갈겨 / 마침내 북방으로 휩쓸려" 왔고, "서릿발 칼날진 그 위에 서" 바라본 세상은 "하늘도 그만 지쳐 끝난 고원"이어서 가냘픈 희망을 품는 것조차 불가능해 보인다. 이러한 상황은 "한발 제겨 디딜 곳조차 없다"는 데에 이르러 극한에 도달하게 된다. 여기서 그는 더 이상 피할 수 없는 존재의 위기를 깨닫게 되는데, 이때 시인 이육사가 나서면서 시는 반전의 계기를 마련한다.
>
> 마지막 4연에서 시인은 3연까지 치달아 온 극한의 위기를 담담히 대면한 채, "이러매 눈감아 생각해" 보면서 현실을 새롭게 규정한다. 여기서 눈을 감는 행위는 외면이나 도피가 아니라 피할 수 없는 현실적 조건을 새롭게 반성함으로써 현실의 진정한 면모와 마주하려는 적극적인 행위로 읽힌다. 이는 다음 행, "겨울은 강철로 된 무지갠가 보다"라는 시구로 이어지면서 현실에 대한 새로운 성찰로 마무리된다. 이 마지막 구절은 인간과 역사에 대한 희망을 놓지 않으려는 시인의 안간힘으로 보인다.

① 「절정」에는 투사가 처한 극한의 상황이 뚜렷한 계절의 변화로 드러난다.
② 「절정」에서 시인은 투사가 처한 현실적 조건을 외면하지 않고 새롭게 인식한다.
③ 「절정」은 시의 구성이 두 부분으로 나누어지면서 투사와 시인이 반목과 화해를 거듭한다.
④ 「절정」에는 냉엄한 현실에 절망하는 시인의 면모와 인간과 역사에 대한 희망을 놓지 않으려는 투사의 면모가 동시에 담겨 있다.

풀이와 정답 정답 ②

풀이 제시된 글은 이육사는 시인이자 투사라고 말한다. '투사 이육사'가 처한 상황은 '한발 디딜 곳조차 없는' 극한적인 현실이었다. 이때 '시인 이육사'는 자신의 존재를 담담하게 대면한 채 '이러매 눈감아 생각해' 보면서 현실을 새롭게 규정한다. 마지막에는 현실에 대한 새로운 성찰로 마무리된다.

오답 ①: '겨울'이라는 계절은 있지만 '계절의 변화'는 드러나지 않는다.
③: '반목(反目. 서로서로 시기하고 미워함)'과 '화해'가 드러나지 않는다.
④: 냉엄한 현실에 대한 위태로워하는 투사의 면모와 희망을 놓지 않으려는 시인의 면모가 동시에 담겨 있다.

참고 이육사, 〈절정〉

> 매운 계절의 채찍에 갈겨
> 마침내 북방으로 휩쓸려오다.
>
> 하늘도 그만 지쳐 끝난 고원
> 서릿발 칼날진 그 위에 서다.
>
> 어데다 무릎을 꿇어야 하나
> 한 발 재겨 디딜 곳조차 없다.
>
> 이러매 눈감아 생각해 볼밖에
> 겨울은 강철로 된 무지갠가 보다.

참고 8-1. 문제 속의 문제

다음 글의 제목으로 적절한 것은?

이육사의 시에는 시인의 길과 투사의 길을 동시에 걸었던 작가의 면모가 고스란히 담겨 있다. 가령, 「절정」은 크게 두 부분으로 나누어지는데, 투사가 처한 냉엄한 현실적 조건이 3개의 연에 걸쳐 먼저 제시된 후, 시인이 품고 있는 인간과 역사에 대한 희망이 마지막 연에 제시된다.

우선, 투사 이육사가 처한 상황은 대단히 위태로워 보인다. 그는 "매운 계절의 채찍에 갈겨 / 마침내 북방으로 휩쓸려" 왔고, "서릿발 칼날진 그 위에 서" 바라본 세상은 "하늘도 그만 지쳐 끝난 고원"이어서 가냘픈 희망을 품는 것조차 불가능해 보인다. 이러한 상황은 "한발 제겨 디딜 곳조차 없다"는 데에 이르러 극한에 도달하게 된다. 여기서 그는 더 이상 피할 수 없는 존재의 위기를 깨닫게 되는데, 이때 시인 이육사가 나서면서 시는 반전의 계기를 마련한다.

마지막 4연에서 시인은 3연까지 치달아 온 극한의 위기를 담담히 대면한 채, "이러매 눈감아 생각해" 보면서 현실을 새롭게 규정한다. 여기서 눈을 감는 행위는 외면이나 도피가 아니라 피할 수 없는 현실적 조건을 새롭게 반성함으로써 현실의 진정한 면모와 마주하려는 적극적인 행위로 읽힌다. 이는 다음 행, "겨울은 강철로 된 무지갠가 보다"라는 시구로 이어지면서 현실에 대한 새로운 성찰로 마무리된다. 이 마지막 구절은 인간과 역사에 대한 희망을 놓지 않으려는 시인의 안간힘으로 보인다.

(   )

정답 (이육사의 시에서 드러나는 투사와 시인으로서 정체성).

09 다음 글을 이해한 내용으로 가장 적절한 것은?　　　　　　　　　　　　　[2025 대비 9급 예시문제(2차)]

> 언어의 형식적 요소에는 '음운', '형태', '통사'가 있으며, 언어의 내용적 요소에는 '의미'가 있다. 음운, 형태, 통사 그리고 의미 요소를 중심으로 그 성격, 조직, 기능을 탐구하는 학문 분야를 각각 '음운론', '문법론'(형태론 및 통사론 포괄), 그리고 '의미론'이라고 한다. 그 가운데서 음운론과 문법론은 언어의 형식을 중심으로 그 체계와 기능을 탐구하는 반면, 의미론은 언어의 내용을 중심으로 체계와 작용 방식을 탐구한다.
>
> 이처럼 언어학은 크게 말소리 탐구, 문법 탐구, 의미 탐구로 나눌 수 있는데, 이때 각각에 해당하는 음운론, 문법론, 의미론은 서로 관련된다. 이를 발화의 전달 과정에서 살펴보자. 화자의 측면에서 언어를 발신하는 경우에는 의미론에서 문법론을 거쳐 음운론의 방향으로, 청자의 측면에서 언어를 수신하는 경우에는 반대의 방향으로 작용한다. 의사소통의 과정상 발신자의 측면에서는 의미론에, 수신자의 측면에서는 음운론에 초점이 놓인다. 의사소통은 화자의 생각, 느낌, 주장 등을 청자와 주고받는 행위이므로, 언어 표현의 내용에 해당하는 의미는 이 과정에서 중심적 요소가 된다.

① 언어는 형식적 요소가 내용적 요소보다 다양하다.
② 언어의 형태 탐구는 의미 탐구와 관련되지 않는다.
③ 의사소통의 첫 단계는 언어의 형식을 소리로 전환하는 것이다.
④ 언어를 발신하고 수신하는 과정에서 통사론은 활용되지 않는다.

풀이와 정답　　　　　　　　　　　　　　　　　　　　　　　　　　　　　　정답 ①

풀이 글의 첫 문장에 의하면, 언어의 형식적 요소에는 '음운', '형태', '통사'가 있으며, 언어의 내용적 요소에는 '의미'가 있다고 제시되어 있다. 이것으로 보아 언어의 형식적 요소가 내용적 요소보다 더 많은 다양성을 지닌다고 할 수 있다.

오답 ②: 언어의 형태 탐구는 의미 탐구와 관련된다.(O)(두 번째 단락)
　　　③: 의사소통의 과정에서 언어 표현의 내용에 해당하는 의미가 중심적 요소가 된다.(O)(두 번째 단락)
　　　④: 언어를 발신하고 수신하는 과정에서 통사론은 활용된다.(O)(두 번째 단락)

참고 9-1. 문제 속의 문제

> 다음 글의 제목으로 적절한 것은?
>
> > 언어의 형식적 요소에는 '음운', '형태', '통사'가 있으며, 언어의 내용적 요소에는 '의미'가 있다. 음운, 형태, 통사 그리고 의미 요소를 중심으로 그 성격, 조직, 기능을 탐구하는 학문 분야를 각각 '음운론', '문법론'(형태론 및 통사론 포괄), 그리고 '의미론'이라고 한다. 그 가운데서 음운론과 문법론은 언어의 형식을 중심으로 그 체계와 기능을 탐구하는 반면, 의미론은 언어의 내용을 중심으로 체계와 작용 방식을 탐구한다.
> >
> > 이처럼 언어학은 크게 말소리 탐구, 문법 탐구, 의미 탐구로 나눌 수 있는데, 이때 각각에 해당하는 음운론, 문법론, 의미론은 서로 관련된다. 이를 발화의 전달 과정에서 살펴보자. 화자의 측면에서 언어를 발신하는 경우에는 의미론에서 문법론을 거쳐 음운론의 방향으로, 청자의 측면에서 언어를 수신하는 경우에는 반대의 방향으로 작용한다. 의사소통의 과정상 발신자의 측면에서는 의미론에, 수신자의 측면에서는 음운론에 초점이 놓인다. 의사소통은 화자의 생각, 느낌, 주장 등을 청자와 주고받는 행위이므로, 언어 표현의 내용에 해당하는 의미는 이 과정에서 중심적 요소가 된다.
>
> 　　　　　　　　　　　(　　　　　　　　　　　　　　　　　)
>
> **정답** (언어학의 형식적 요소와 내용적 요소: 음운론, 문법론, 의미론의 상호작용).

10 다음 글을 이해한 내용으로 적절하지 않은 것은? [2025 대비 9급 예시문제(1차)]

> 한국 신화에 보이는 신과 인간의 관계는 다른 나라의 신화와 견주어 볼 때 흥미롭다. 한국 신화에서 신은 인간과의 결합을 통해 결핍을 해소함으로써 완전한 존재가 되고, 인간은 신과의 결합을 통해 혼자 할 수 없었던 존재론적 상승을 이룬다.
>
> 한국 건국신화에서 주인공인 신은 지상에 내려와 왕이 되고자 한다. 천상적 존재가 지상적 존재가 되기를 바라는 것인데, 인간들의 왕이 된 신은 인간 여성과의 결합을 통해 자식을 낳음으로써 결핍을 메운다. 무속신화에서는 인간이었던 주인공이 신과의 결합을 통해 신적 존재로 거듭나게 됨으로써 존재론적으로 상승하게 된다. 이처럼 한국 신화에서 신과 인간은 서로의 존재를 필요로 한다는 점에서 상호의존적이고 호혜적이다.
>
> 다른 나라의 신화들은 신과 인간의 관계가 한국 신화와 달리 위계적이고 종속적이다. 히브리 신화에서 피조물인 인간은 자신을 창조한 유일신에 대해 원초적 부채감을 지니고 있으며, 신이 지상의 모든 일을 관장한다는 점에서 언제나 인간의 우위에 있다. 이러한 양상은 북유럽이나 바빌로니아 등에 퍼져 있는 신체 화생 신화에도 유사하게 나타난다. 신체 화생 신화는 신이 죽음을 맞게 된 후 그 신체가 해체되면서 인간 세계가 만들어지게 된다는 것인데, 신의 희생 덕분에 인간 세계가 만들어질 수 있었다는 점에서 인간은 신에게 철저히 종속되어 있다.

① 히브리 신화에서 신과 인간의 관계는 위계적이다.
② 한국 무속신화에서 신은 인간을 위해 지상에 내려와 왕이 된다.
③ 한국 건국신화에서 신은 인간과의 결합을 통해 완전한 존재가 된다.
④ 한국 신화에 보이는 신과 인간의 관계는 신체 화생 신화에 보이는 신과 인간의 관계와 다르다.

풀이와 정답 정답 ②

풀이 두 번째 단락에 의하면, ②번은 한국 무속신화가 아니라 한국 건국신화에 대한 설명이므로 적절하지 않다. 참고로, 한국 무속신화에서는 인간이었던 주인공이 신과의 결합을 통해 신적 존재로 상승하게 된다.

오답 ①, ④: 세 번째 단락. ③: 첫 번째 단락.

참고 10-1. 문제 속의 문제

다음 글의 제목으로 적절한 것은?

한국 신화에 보이는 신과 인간의 관계는 다른 나라의 신화와 견주어 볼 때 흥미롭다. 한국 신화에서 신은 인간과의 결합을 통해 결핍을 해소함으로써 완전한 존재가 되고, 인간은 신과의 결합을 통해 혼자 할 수 없었던 존재론적 상승을 이룬다.

한국 건국신화에서 주인공인 신은 지상에 내려와 왕이 되고자 한다. 천상적 존재가 지상적 존재가 되기를 바라는 것인데, 인간들의 왕이 된 신은 인간 여성과의 결합을 통해 자식을 낳음으로써 결핍을 메운다. 무속신화에서는 인간이었던 주인공이 신과의 결합을 통해 신적 존재로 거듭나게 됨으로써 존재론적으로 상승하게 된다. 이처럼 한국 신화에서 신과 인간은 서로의 존재를 필요로 한다는 점에서 상호의존적이고 호혜적이다.

다른 나라의 신화들은 신과 인간의 관계가 한국 신화와 달리 위계적이고 종속적이다. 히브리 신화에서 피조물인 인간은 자신을 창조한 유일신에 대해 원초적 부채감을 지니고 있으며, 신이 지상의 모든 일을 관장한다는 점에서 언제나 인간의 우위에 있다. 이러한 양상은 북유럽이나 바빌로니아 등에 퍼져 있는 신체 화생 신화에도 유사하게 나타난다. 신체 화생 신화는 신이 죽음을 맞게 된 후 그 신체가 해체되면서 인간 세계가 만들어지게 된다는 것인데, 신의 희생 덕분에 인간 세계가 만들어질 수 있었다는 점에서 인간은 신에게 철저히 종속되어 있다.

(   )

정답 (한국 신화에서 신과 인간의 상호의존적 관계와 다른 문화의 위계적 관계 비교).

11 다음 글을 이해한 내용으로 적절하지 않은 것은? [2025 대비 9급 예시문제(2차)]

> 조선시대 기록을 보면 오늘날 급성전염병에 속하는 병들의 다양한 명칭을 확인할 수 있는데, 전염성, 고통의 정도, 질병의 원인, 몸에 나타난 증상 등 작명의 과정에서 주목한 바는 각기 달랐다.
> 예를 들어, '역병(疫病)'은 사람이 고된 일을 치르듯[役] 병에 걸려 매우 고통스러운 상태를 말한다. '여역(厲疫)'이란 말은 힘들다[疫]는 뜻에다가 사납다[厲]는 의미가 더해져 있다. 현재의 성홍열로 추정되는 '당독역(唐毒疫)'은 오랑캐처럼 사납고[唐], 독을 먹은 듯 고통스럽다[毒]는 의미가 들어가 있다. '염병(染病)'은 전염성에 주목한 이름이고, 마찬가지로 '윤행괴질(輪行怪疾)' 역시 수레가 여기저기 옮겨 다니듯 한다는 뜻으로 질병의 전염성을 크게 강조한 이름이다.
> '시기병(時氣病)'이란 특정 시기의 좋지 못한 기운으로 인해 생기는 전염병을 말하는데, 질병의 원인으로 나쁜 대기를 들고 있는 것이다. '온역(溫疫)'에 들어 있는 '온(溫)'은 이 병을 일으키는 계절적 원인을 가리킨다. 이밖에 '두창(痘瘡)'이나 '마진(痲疹)' 따위의 병명은 피부에 발진이 생기고 그 모양이 콩 또는 삼씨 모양인 것을 강조한 말이다.

① '온역'은 질병의 원인에 주목하여 붙여진 이름이다.
② '역병'은 질병의 전염성에 주목하여 붙여진 이름이다.
③ '당독역'은 질병의 고통스러운 정도에 주목하여 붙여진 이름이다.
④ '마진'은 질병으로 인해 몸에 나타난 증상에 주목하여 붙여진 이름이다.

풀이와 정답

정답 ②

풀이 두 번째 단락에 의하면, '역병'은 고통의 정도에 주목하여 붙여진 이름이다. 같은 예로, '여역(厲疫)', '당독역(唐毒疫)' 등이 있다. 참고로, 질병의 전염성에 주목하여 붙여진 이름은 '염병(染病)', '윤행괴질(輪行怪疾)' 등이 있다.

오답 ①: 세 번째 단락. ③: 두 번째 단락. ④: 세 번째 단락.

참고 11-1. 문제 속의 문제

> 다음 글의 제목으로 적절한 것은?
>
> > 조선시대 기록을 보면 오늘날 급성전염병에 속하는 병들의 다양한 명칭을 확인할 수 있는데, 전염성, 고통의 정도, 질병의 원인, 몸에 나타난 증상 등 작명의 과정에서 주목한 바는 각기 달랐다.
> > 예를 들어, '역병(疫病)'은 사람이 고된 일을 치르듯[役] 병에 걸려 매우 고통스러운 상태를 말한다. '여역(厲疫)'이란 말은 힘들다[疫]는 뜻에다가 사납다[厲]는 의미가 더해져 있다. 현재의 성홍열로 추정되는 '당독역(唐毒疫)'은 오랑캐처럼 사납고[唐], 독을 먹은 듯 고통스럽다[毒]는 의미가 들어가 있다. '염병(染病)'은 전염성에 주목한 이름이고, 마찬가지로 '윤행괴질(輪行怪疾)' 역시 수레가 여기저기 옮겨 다니듯 한다는 뜻으로 질병의 전염성을 크게 강조한 이름이다. '시기병(時氣病)'이란 특정 시기의 좋지 못한 기운으로 인해 생기는 전염병을 말하는데, 질병의 원인으로 나쁜 대기를 들고 있는 것이다. '온역(溫疫)'에 들어 있는 '온(溫)'은 이 병을 일으키는 계절적 원인을 가리킨다. 이밖에 '두창(痘瘡)'이나 '마진(痲疹)' 따위의 병명은 피부에 발진이 생기고 그 모양이 콩 또는 삼씨 모양인 것을 강조한 말이다.
>
> (   )

정답 (조선시대 전염병 명칭의 유래와 의미 분석).

관련 추가 문제

추가 TIP 글을 이해한다는 의미는 무엇일까?

  글을 이해한다는 의미는 글의 내용을 파악하고, 그 안에 담긴 메시지나 주제를 인식하며, 저자의 의도와 감정을 깨달아 아는 것을 포함한다. 또한, 글의 구조와 문맥을 분석하여 정보 간의 관계를 이해하고, 글쓴이가 말하고자 하는 숨은 의도까지 정확하게 파악하는 능력도 포함된다. 즉, 단순히 문자를 읽는 것을 넘어, 그 의미를 깊이 있게 분석하고 활용하는 과정이라고 할 수 있다.

1단계 문제

12 다음 글을 이해한 내용으로 적절하지 않은 것은?   [2024 지방직 9급]

>   몸의 곳곳에 분포한 통점이 자극을 받아서 통각 신경을 통해 뇌로 통증 신호를 전달할 때 통증을 느낀다. 통점을 구성하는 세포의 세포막에는 통로라는 구조가 있다. 이 통로를 통해 세포의 안과 밖으로 여러 물질들이 오가면서 세포 사이에 다양한 신호를 전달한다.
>   통점의 세포에서 인식한 통증 신호는 통각 신경을 통해 뇌로 전달된다. 재미있는 사실은 통각 신경이 다른 감각 신경에 비해서 매우 가늘어 신호를 느리게 전달한다는 것이다. 예를 들어 몸길이가 30m인 흰긴수염고래는 꼬리에 통증이 생기면 최대 1분 후에 아픔을 느낀다.
>   통각 신경이 다른 감각 신경에 비해 가는 이유는 더 많이 배치되기 위해서다. 피부에는 $1cm^2$당 약 200개의 통점이 빽빽이 분포하는데, 통각 신경이 굵다면 이렇게 많은 수의 통점이 배치될 수 없다. 이렇게 통점이 빽빽이 배치되어야 아픈 부위를 정확하게 알 수 있다. 반면 내장 기관에는 통점이 $1cm^2$당 4개에 불과해 아픈 부위를 정확하게 알기 어렵다. 폐암과 간암이 늦게 발견되는 것도 폐와 간에 통점이 거의 없기 때문이다.

① 통로는 여러 물질들이 세포의 안팎으로 오가며 신호를 전달하는 구조이다.
② 통증을 느끼지 못하게 되면, 치명적인 질병에 걸려도 질병의 발견이 늦을 수 있다.
③ 통각 신경은 다른 감각 신경에 비해서 매우 가늘기 때문에, 신호의 전달이 빠르다.
④ 아픈 부위가 어디인지를 정확하게 알기 위해서는, 통점이 빽빽하게 배치되어야 한다.

풀이와 정답   **정답** ③

풀이 글의 두 번째 단락에 의하면, 통각 신경은 다른 감각 신경에 비해서 매우 가늘기 때문에, 신호의 전달이 느리다고 제시되어 있다. 따라서 ③번은 상반된 내용이므로 적절하지 않다.
오답 ①: 첫 단락. ②: 마지막 단락. ④: 마지막 단락.

참고 12-1. 문제 속의 문제

> **다음 글의 제목으로 적절한 것은?**
>
> 몸의 곳곳에 분포한 통점이 자극을 받아서 통각 신경을 통해 뇌로 통증 신호를 전달할 때 통증을 느낀다. 통점을 구성하는 세포의 세포막에는 통로라는 구조가 있다. 이 통로를 통해 세포의 안과 밖으로 여러 물질들이 오가면서 세포 사이에 다양한 신호를 전달한다.
>
> 통점의 세포에서 인식한 통증 신호는 통각 신경을 통해 뇌로 전달된다. 재미있는 사실은 통각 신경이 다른 감각 신경에 비해서 매우 가늘어 신호를 느리게 전달한다는 것이다. 예를 들어 몸길이가 30m인 흰긴수염고래는 꼬리에 통증이 생기면 최대 1분 후에 아픔을 느낀다.
>
> 통각 신경이 다른 감각 신경에 비해 가는 이유는 더 많이 배치되기 위해서다. 피부에는 1cm^2당 약 200개의 통점이 빽빽이 분포하는데, 통각 신경이 굵다면 이렇게 많은 수의 통점이 배치될 수 없다. 이렇게 통점이 빽빽이 배치되어야 아픈 부위를 정확하게 알 수 있다. 반면 내장 기관에는 통점이 1cm^2당 4개에 불과해 아픈 부위를 정확하게 알기 어렵다. 폐암과 간암이 늦게 발견되는 것도 폐와 간에 통점이 거의 없기 때문이다.
>
> (   )
>
> 정답 (통각 신경의 구조와 통증 인식).

13 다음 글을 이해한 내용으로 가장 적절한 것은?   [2023 지방직 7급]

> 고려시대에는 여러 차례의 전란을 겪으며 서적의 손실이 많았다. 이로 인해 서적을 대량으로 찍어낼 필요가 생겼고, 그 결과 자연스레 금속활자가 등장하게 되었다. 고려인은 청동을 녹여서 불상이나 범종 등을 만드는 기술이 탁월했다. 이러한 고려인에게 금속활자를 제조하는 일은 어려운 일이 아니었다.
>
> 고려인은 금속활자를 만들 때, 진흙에 가까운 고운 모래를 사용했다. 이 모래를 상자 속에 가득 채우고, 그 위에 목활자를 찍어 눌러서 틀을 완성했다. 그런 다음 황동 액체를 부어 금속활자를 만들었다. 이러한 과정에서 주목할 만한 것은 바로 고운 모래를 사용했다는 것이다. 그 모래는 황동 액체를 부을 때 거품이 생기는 것을 방지함으로써 활자가 파손되거나 조잡해지는 것을 막는 역할을 했다. 이렇게 만들어진 금속활자를 사용하여 인쇄할 때는 목활자의 경우와 달리 유성먹이 필요했다. 하지만 고려인은 이미 유성먹에 대해 잘 알고 있었기 때문에 금속활자를 사용한 인쇄도 큰 어려움 없이 해낼 수 있었다.

① 고려인은 범종을 만들 때 황동을 사용했다.
② 고려인은 금속활자를 만들 때 목활자를 사용했다.
③ 고려인은 금속활자를 만들 때 황동 틀을 사용했다.
④ 고려인은 금속활자를 만들 때 목활자와 달리 유성먹을 사용했다.

| 풀이와 정답 | 정답 ② |

풀이 두 번째 단락의 첫 문장에 의하면, 고려인은 금속활자를 만들 때 고운 모래를 상자 속에 가득 채우고, 그 위에 목활자를 찍어 눌러서 틀을 완성했다고 나와 있다. 따라서 ②번의 '고려인은 금속활자를 만들 때 목활자를 사용했다.'는 설명은 적절하다.

오답 ①: 고려인은 범종을 만들 때 <u>청동</u>을 사용했다.(처음 부분)
③: 고려인은 금속활자를 만들 때 <u>모래 상자 틀</u>을 사용했다.(중간 부분)
④: 고려인은 <u>인쇄할 때</u> 목활자와 달리 유성먹을 사용했다.

참고 목활자(木活字): 나무로 만든 활자.

참고 13-1. 문제 속의 문제

다음 글의 제목으로 적절한 것은?

고려시대에는 여러 차례의 전란을 겪으며 서적의 손실이 많았다. 이로 인해 서적을 대량으로 찍어낼 필요가 생겼고, 그 결과 자연스레 금속활자가 등장하게 되었다. 고려인은 청동을 녹여서 불상이나 범종 등을 만드는 기술이 탁월했다. 이러한 고려인에게 금속활자를 제조하는 일은 어려운 일이 아니었다.

고려인은 금속활자를 만들 때, 진흙에 가까운 고운 모래를 사용했다. 이 모래를 상자 속에 가득 채우고, 그 위에 목활자를 찍어 눌러서 틀을 완성했다. 그런 다음 황동 액체를 부어 금속활자를 만들었다. 이러한 과정에서 주목할 만한 것은 바로 고운 모래를 사용했다는 것이다. 그 모래는 황동 액체를 부을 때 거품이 생기는 것을 방지함으로써 활자가 파손되거나 조잡해지는 것을 막는 역할을 했다. 이렇게 만들어진 금속활자를 사용하여 인쇄할 때는 목활자의 경우와 달리 유성먹이 필요했다. 하지만 고려인은 이미 유성먹에 대해 잘 알고 있었기 때문에 금속활자를 사용한 인쇄도 큰 어려움 없이 해낼 수 있었다.

(   )

정답 (고려시대 금속활자의 발전과 인쇄 기술).

14 다음 글을 이해한 내용으로 가장 적절한 것은?   [2023 지방직 7급]

> 　조선시대에는 국가 체제를 정비하면서 무속을 탄압했다. 도성 내에 무당의 거주와 무업 행위를 금하고, 무당에게 세금을 부과하며, 의료기관인 동서활인서에서도 봉사하게 하였다. 이 중에서 무세(巫稅)는 고려 후기부터 확인되지만, 정식 세금으로 제도화해서 징수한 것은 조선시대부터였다. 제도적 차원에서 실시한 무세 징수로 인해 무당에게는 많은 변화가 일어났다.
> 　무세 징수의 효과는 컸지만, 본래의 의도와 다른 결과를 유발하기도 하였다. 무속을 근절한다는 명목에서 징수한 세금이 관에서 사용됨에 따라 오히려 관에서 무당을 하나의 직업으로 인정하게 되었던 것이다. 하지만 세금으로 인해 무당의 위세와 역할은 크게 축소되기에 이르렀다. 무당이 국가적 차원의 의례를 주관하던 전통은 사라졌고, 성황제를 비롯한 고을 굿은 음사(淫祀)로 규정되어 중단되었다.

① 무당은 관이 원래 의도했던 바와 다른 결과도 얻었다.
② 무당은 치유 능력을 인정받아 의료기관에서 일하였다.
③ 무당은 고려와 조선에 걸쳐 제도 내에서 세금을 납부하였다.
④ 무당은 국가 의례에서 배제되어 고을 의례를 주관하면서 권위가 약화되었다.

풀이와 정답   정답 ①

풀이 두 번째 단락에 의하면, 무당에게 세금을 징수하면서 본래의 의도와 다른 결과를 유발하기도 하였다. 우선, 무속을 근절한다는 명목에서 징수한 세금이 관에서 사용됨에 따라 오히려 무당을 하나의 직업으로 인정하게 되었다. 반면, 세금으로 인해 무당의 위세와 역할은 크게 축소되기에 이르렀다.

오답 ②: 조선시대에 무당을 탄압하는 방법으로 무당을 의료기관에서 봉사하게 하였다는 것일 뿐이다. 치유 능력을 인정받았다는 것이 아니다.
③: 정식 세금으로 제도화해서 무당에게 세금을 징수한 것은 조선시대부터이다.
④: 무당은 국가 의례와 고을 의례에서 모두 배제되어 권위가 약화되었다.

참고 14-1. 문제 속의 문제

다음 글의 제목으로 적절한 것은?

> 　조선시대에는 국가 체제를 정비하면서 무속을 탄압했다. 도성 내에 무당의 거주와 무업 행위를 금하고, 무당에게 세금을 부과하며, 의료기관인 동서활인서에서도 봉사하게 하였다. 이 중에서 무세(巫稅)는 고려 후기부터 확인되지만, 정식 세금으로 제도화해서 징수한 것은 조선시대부터였다. 제도적 차원에서 실시한 무세 징수로 인해 무당에게는 많은 변화가 일어났다.
> 　무세 징수의 효과는 컸지만, 본래의 의도와 다른 결과를 유발하기도 하였다. 무속을 근절한다는 명목에서 징수한 세금이 관에서 사용됨에 따라 오히려 관에서 무당을 하나의 직업으로 인정하게 되었던 것이다. 하지만 세금으로 인해 무당의 위세와 역할은 크게 축소되기에 이르렀다. 무당이 국가적 차원의 의례를 주관하던 전통은 사라졌고, 성황제를 비롯한 고을 굿은 음사(淫祀)로 규정되어 중단되었다.

(　　　　　　　　　　　　　　　　　　　)

정답 (조선시대 무세 징수의 영향과 무속의 변화).

2 단계 문제

15 다음 글에서 알 수 있는 내용이 아닌 것은? [2024 지방직 9급]

> '저작권'이란 인간의 사상이나 감정을 창의적으로 표현한 저작물을 보호하기 위해 저작자에게 부여한 권리를 말한다. 저작물은 '인간의 사상 또는 감정을 표현한 창작물'이며 저작자란 '저작 행위를 통해 저작물을 창작해 낸 사람'을 가리킨다. 그러므로 숨겨져 있던 다른 사람의 저작물을 발견했거나 발굴해 낸 사람, 저작물 작성을 의뢰한 사람, 저작에 관한 아이디어나 조언을 한 사람, 저작을 하는 동안 옆에서 도와주었거나 자료를 제공한 사람 등은 저작자가 될 수 없다. 저작물에는 1차적 저작물뿐만 아니라 2차적 저작물과 편집 저작물도 포함되어 있으므로 2차적 저작물 또는 편집 저작물의 작성자 또한 저작자가 된다.
>
> 저작권 보호와 관련하여 "거인의 어깨 위 난쟁이는 거인보다 멀리 볼 수 있다."라는 말이 있다. '거인'이란 현재의 저작자들보다 앞서 창작 활동을 통해 저작물을 남긴 선배 저작자를 가리키는 것인데, 이 말은 창작자는 다른 사람이 만들어 놓은 저작물을 모방하거나 인용할 수밖에 없다는 점을 강조한 것이다. 다만, 난쟁이가 거인의 어깨 위에 올라서는 특권을 누리기 위해서는 거인으로부터 허락을 받아야 하거나 거인에게 그에 따르는 대가를 지불해야 한다는 뜻도 내포하고 있다는 사실을 잊지 말아야 할 것이다.
>
> 창작물을 저작한 사람에게 저작권이라는 권리를 부여해서 보호하는 이유는 '저작물은 문화 발전의 원동력이 되므로 좋은 저작물이 많이 나와야 그 사회가 문화적으로 풍요로워질 수 있기 때문'이라고 할 수 있다. 그런데 만일 저작자에게 아무런 권리를 부여하지 않는다면 저작자가 장기간 노력해서 창작한 저작물을 누구든지 아무런 대가를 치르지 않고도 마음대로 이용하게 될 것이므로, 저작자로서는 창작 행위를 계속하지 않을 가능성이 높다.

① 저작물의 개념과 저작자의 정의
② 1차적 저작물과 2차적 저작물의 차이
③ 저작물에 대해 창작자가 지녀야 할 태도
④ 저작권을 보호해야 하는 이유

풀이와 정답 정답 ②

풀이 '1차적 저작물과 2차적 저작물의 차이'에 대한 언급은 없다. 첫 번째 단락의 끝부분에 의하면 저작물에는 1차적 저작물뿐만 아니라 2차적 저작물도 포함된다는 설명만 있을 뿐 둘 사이의 차이점에 대해서는 알 수 없다.
오답 ①: 첫 번째 단락(O). ③: 두 번째 단락(O). ④: 세 번째 단락(O).

참고 15-1. 문제 속의 문제

다음 글의 제목으로 적절한 것은?

'저작권'이란 인간의 사상이나 감정을 창의적으로 표현한 저작물을 보호하기 위해 저작자에게 부여한 권리를 말한다. 저작물은 '인간의 사상 또는 감정을 표현한 창작물'이며 저작자란 '저작 행위를 통해 저작물을 창작해 낸 사람'을 가리킨다. 그러므로 숨겨져 있던 다른 사람의 저작물을 발견했거나 발굴해 낸 사람, 저작물 작성을 의뢰한 사람, 저작에 관한 아이디어나 조언을 한 사람, 저작을 하는 동안 옆에서 도와주었거나 자료를 제공한 사람 등은 저작자가 될 수 없다. 저작물에는 1차적 저작물뿐만 아니라 2차적 저작물과 편집 저작물도 포함되어 있으므로 2차적 저작물 또는 편집 저작물의 작성자 또한 저작자가 된다.

저작권 보호와 관련하여 "거인의 어깨 위 난쟁이는 거인보다 멀리 볼 수 있다."라는 말이 있다. '거인'이란 현재의 저작자들보다 앞서 창작 활동을 통해 저작물을 남긴 선배 저작자를 가리키는 것인데, 이 말은 창작자는 다른 사람이 만들어 놓은 저작물을 모방하거나 인용할 수밖에 없다는 점을 강조한 것이다. 다만, 난쟁이가 거인의 어깨 위에 올라서는 특권을 누리기 위해서는 거인으로부터 허락을 받아야 하거나 거인에게 그에 따르는 대가를 지불해야 한다는 뜻도 내포하고 있다는 사실을 잊지 말아야 할 것이다.

창작물을 저작한 사람에게 저작권이라는 권리를 부여해서 보호하는 이유는 '저작물은 문화 발전의 원동력이 되므로 좋은 저작물이 많이 나와야 그 사회가 문화적으로 풍요로워질 수 있기 때문'이라고 할 수 있다. 그런데 만일 저작자에게 아무런 권리를 부여하지 않는다면 저작자가 장기간 노력해서 창작한 저작물을 누구든지 아무런 대가를 치르지 않고도 마음대로 이용하게 될 것이므로, 저작자로서는 창작 행위를 계속하지 않을 가능성이 높다.

(   )

정답 (저작권의 정의와 저작권 보호의 중요성).

16 다음 글을 이해한 내용으로 가장 적절한 것은? [2023 지방직 7급]

　우리 옛 문헌은 한문이든 한글이든 지금과 같은 가로쓰기가 아닌 세로쓰기로 되어 있었다. 물론 외국인이 펴낸 대역사전이나 한국어 문법서의 경우, 알파벳을 쓰기 위해 가로쓰기를 택했다. 1880년에 리델이 편찬한 「한불자전」이나 1897년에 게일이 편찬한 「한영자전」은 모두 가로쓰기 책이다. 다만 푸칠로가 편찬한 「로조사전」은 러시아 문자는 가로로, 그에 대응되는 우리말 단어는 세로로 쓴 독특한 형태이다.
　우리나라 사람이 쓴 최초의 가로쓰기 책은 1895년에 이준영, 정현, 이기영, 이명선, 강진희가 편찬한 국한 대역사전 「국한회어(國漢會語)」이다. 국문으로 된 표제어를 한문으로 풀이한 것은, 국한문혼용체의 사용 빈도가 높아진 시대적 분위기가 반영된 것이다. 서문에는 글자와 행의 기술 방식, 표제어 배열 방식 등을 설명하고, 이 방식이 알파벳을 사용하는 서양의 서적을 본뜬 것이라는 사실을 밝혀 놓았다. 주시경의 가로쓰기 주장이 1897년에 나온 것을 고려하면, 「국한회어」의 가로쓰기는 획기적이다. 1897년에 나온 「독립신문」은 띄어쓰기를 했으되 세로쓰기를 했고, 1909년에 발간된 지석영의 「언문」, 1911년에 편찬 작업을 시작한 국어사전 「말모이」 정도가 가로쓰기를 했다.

① 「한불자전」, 「로조사전」, 「언문」, 「말모이」는 가로쓰기 책이다.
② 1895년경에는 가로쓰기 사용이 늘어나는 분위기가 조성되었다.
③ 가로쓰기가 시행되면서 국한문혼용과 띄어쓰기가 활성화되었다.
④ 「국한회어」는 가로쓰기 방식으로 표기한 서양 책의 영향을 받았다.

풀이와 정답

정답 ④

풀이 「국한회어」(1895)는 최초의 가로쓰기 방식의 책으로, 행의 기술 방식이 알파벳을 사용하는 서양의 서적을 본뜬 것이다. 따라서 가로쓰기 방식으로 표기한 서양 책의 영향을 받았다는 진술은 적절하다.
오답 ①: 「한불자전」, 「언문」, 「말모이」는 가로쓰기 책이고, 「로조사전」은 세로쓰기 책이다.
②: 1895년에 나온 「국한회어」의 가로쓰기는 획기적이었다.
③: 「국한회어」는 국한혼용으로 된 가로쓰기 책이지만, 그로 인해 띄어쓰기가 활성화된 것은 아니다.

참고 16-1. 문제 속의 문제

다음 글의 제목으로 적절한 것은?

　우리 옛 문헌은 한문이든 한글이든 지금과 같은 가로쓰기가 아닌 세로쓰기로 되어 있었다. 물론 외국인이 펴낸 대역사전이나 한국어 문법서의 경우, 알파벳을 쓰기 위해 가로쓰기를 택했다. 1880년에 리델이 편찬한 「한불자전」이나 1897년에 게일이 편찬한 「한영자전」은 모두 가로쓰기 책이다. 다만 푸칠로가 편찬한 「로조사전」은 러시아 문자는 가로로, 그에 대응되는 우리말 단어는 세로로 쓴 독특한 형태이다.
　우리나라 사람이 쓴 최초의 가로쓰기 책은 1895년에 이준영, 정현, 이기영, 이명선, 강진희가 편찬한 국한 대역사전 「국한회어(國漢會語)」이다. 국문으로 된 표제어를 한문으로 풀이한 것은, 국한문혼용체의 사용 빈도가 높아진 시대적 분위기가 반영된 것이다. 서문에는 글자와 행의 기술 방식, 표제어 배열 방식 등을 설명하고, 이 방식이 알파벳을 사용하는 서양의 서적을 본뜬 것이라는 사실을 밝혀 놓았다. 주시경의 가로쓰기 주장이 1897년에 나온 것을 고려하면, 「국한회어」의 가로쓰기는 획기적이다. 1897년에 나온 「독립신문」은 띄어쓰기를 했으되 세로쓰기를 했고, 1909년에 발간된 지석영의 「언문」, 1911년에 편찬 작업을 시작한 국어사전 「말모이」 정도가 가로쓰기를 했다.

(　　　　　　　　　　　　　)

정답 (한국 문헌의 가로쓰기 도입과 그 역사적 맥락).

17 다음 글을 이해한 내용으로 가장 적절한 것은?   [2024 국가직 9급]

> A가 주장한 다중지능이론은 기존 지능이론의 대안으로 제시되었다. 그는 기존 지능이론이 언어지능이나 논리수학지능 등 인간의 인지 능력에만 초점을 맞추고 있다고 비판하면서 이뿐 아니라 신체와 정서, 대인 관계의 능력까지 포괄한 총체적 지능 개념을 창안해 냈다. 다중지능이론은 뇌과학 연구에 일정 부분 영향을 받았는데, 뇌과학 연구에 따르면 인간의 좌뇌는 분석적, 논리적 능력을 담당하고, 우뇌는 창조적, 감성적 능력을 담당한다. 다중지능이론에서는 좌뇌의 능력에만 초점을 둔 기존의 지능 검사에 대해 반쪽짜리 검사라고 혹평한다.
>
> 그런데 다중지능이론에 대해 비판적인 연구자들은 다음과 같은 점들을 지적한다. 우선, 다중지능이론에서 주장하는 새로운 지능의 종류들이 기존 지능이론에서 주목했던 지능의 종류들과 상호 독립적일 수 있는가 하는 점이다. 그들에 따르면, 전자는 후자의 하위 영역에 속해 있고, 둘 사이에는 유의미한 상관관계가 있으므로 서로 독립적일 수 없으며, 따라서 '다중'이라는 개념이 성립하지 않는다. 다음으로, 다중지능을 정확하게 측정할 수 있는 도구가 만들어질 수 있겠는가 하는 점이다. 그들은 지능이라는 말이 측정 가능한 인지 능력을 전제하는 것인데, 다중지능이론이 설정한 새로운 종류의 지능들을 정확하게 측정할 수 있는 도구가 만들어지기는 어려울 것이라 주장한다.

① 논리수학지능은 다중지능이론의 지능 개념에 포함되지 않는다.
② 대인 관계의 능력과 관련된 지능을 정확하게 측정할 수 있는 도구의 개발 가능성에 대해 회의적인 사람들이 있다.
③ 다중지능이론에서는 인간의 우뇌에서 담당하는 능력과 관련된 지능보다 좌뇌에서 담당하는 능력과 관련된 지능에 더 많이 주목한다.
④ 다중지능이론에 대해 비판적인 연구자들은 인간의 모든 지능 영역들이 상호 독립적이라는 이유에서 '다중' 개념이 성립하지 않는다고 주장한다.

풀이와 정답

정답

풀이 A가 주장한 다중지능이론에 의하면 대인 관계의 능력까지 포괄한 총체적 지능 개념을 창안해 냈다. 그런데 이 이론에 대해 비판적인 연구자들은 다중지능을 정확하게 측정할 수 있는 도구가 만들어지기 어려울 것이라고 지적하였다. 따라서 ②번은 글을 이해한 내용으로 적절하다.

오답 ①: 논리수학지능은 다중지능이론의 지능 개념에 포함된다.
③: 다중지능이론에서는 좌뇌의 능력에만 초점을 둔 기존의 지능 검사에 대해 반쪽짜리 검사라고 혹평한다. 따라서 다중지능이론에서는 좌뇌와 우뇌의 능력을 모두 중요하게 여기며, 우뇌보다 좌뇌에서 담당하는 능력과 관련된 지능에 더 많이 주목하는 것이 아니다.
④: 다중지능이론에 대해 비판적인 연구자들은 인간의 모든 지능 영역들이 상호 독립적일 수 없다는 이유에서 '다중' 개념이 성립하지 않는다고 주장한다.

참고 **17-1. 문제 속의 문제**

다음 글의 제목으로 적절한 것은?

A가 주장한 다중지능이론은 기존 지능이론의 대안으로 제시되었다. 그는 기존 지능이론이 언어지능이나 논리수학지능 등 인간의 인지 능력에만 초점을 맞추고 있다고 비판하면서 이뿐 아니라 신체와 정서, 대인 관계의 능력까지 포괄할 총체적 지능 개념을 창안해 냈다. 다중지능이론은 뇌과학 연구에 일정 부분 영향을 받았는데, 뇌과학 연구에 따르면 인간의 좌뇌는 분석적, 논리적 능력을 담당하고, 우뇌는 창조적, 감성적 능력을 담당한다. 다중지능이론에서는 좌뇌의 능력에만 초점을 둔 기존의 지능 검사에 대해 반쪽짜리 검사라고 혹평한다.

그런데 다중지능이론에 대해 비판적인 연구자들은 다음과 같은 점들을 지적한다. 우선, 다중지능이론에서 주장하는 새로운 지능의 종류들이 기존 지능이론에서 주목했던 지능의 종류들과 상호 독립적일 수 있는가 하는 점이다. 그들에 따르면, 전자는 후자의 하위 영역에 속해 있고, 둘 사이에는 유의미한 상관관계가 있으므로 서로 독립적일 수 없으며, 따라서 '다중'이라는 개념이 성립하지 않는다. 다음으로, 다중지능을 정확하게 측정할 수 있는 도구가 만들어질 수 있겠는가 하는 점이다. 그들은 지능이라는 말이 측정 가능한 인지 능력을 전제하는 것인데, 다중지능이론이 설정한 새로운 종류의 지능들을 정확하게 측정할 수 있는 도구가 만들어지기는 어려울 것이라 주장한다.

(   )

정답 (다중지능이론의 개념과 비판).

3 단계 문제

18 다음 글의 내용과 부합하는 것은? [2024 국가직 7급 PSAT 언어논리]

> 현재 서울의 청량리 근처에는 홍릉이라는 곳이 있다. 을미사변으로 일본인들에게 시해된 명성황후의 능이 조성된 곳이다. 고종은 홍릉을 자주 찾아 참배했는데, 그때마다 대규모로 가마꾼을 동원하는 등 불편이 작지 않았다. 개항 직후 우리나라에 들어와 경인철도회사를 운영하던 미국인 콜브란은 이 점을 거론하며 서대문에서 청량리까지 전차 노선을 부설해야 한다고 주장했다.
> 이전부터 전기와 전차 사업에 관심이 많았던 고종은 콜브란의 주장을 받아들여 전차 사업을 목적으로 하는 회사를 설립하기로 결심했다. 고종은 황실이 직접 회사를 설립하는 대신 민간인인 김두승과 이근배로 하여금 농상공부에 회사를 만들겠다는 청원서를 내도록 권유했다. 이에 따라 김두승 등은 전기회사 설립 청원서를 농상공부에 제출한 뒤 허가를 받아 한성전기회사를 설립했다. 한성전기회사는 서울 시내 각지에 전기등을 설치하는 한편 전차 노선 부설 사업을 추진했다. 한성전기회사는 당초 남대문에서 청량리까지 전차 노선을 부설하기로 했으나 당시 부설 중이던 경인철도의 종착역이 서대문역으로 정해졌기 때문에 이와 연결하기 위해 계획을 수정해 서대문에서 청량리까지 부설하기로 변경했다. 이후, 변경된 계획대로 전차 노선이 부설되었으며, 1899년 5월에 정식 개통식이 거행되었다.
> 한성전기회사는 고종이 단독 출자한 자본금을 바탕으로 설립되고 운영되었지만, 전차 노선 부설에 필요한 공사비가 부족해지자 회사 재산을 담보로 콜브란으로부터 부족분을 빌려 공사를 마무리할 수 있었다. 콜브란은 1902년에 그 상환 기일이 돌아오자 회사 운영을 지원하기 위해 상환 기일을 2년 연장해 주었다. 이후 1904년 상환 기일이 다가오자, 고종은 콜브란과 협의하여 채무액의 절반인 75만 원만 상환하고 나머지 금액만큼의 회사 자산을 콜브란에게 넘겨주었다. 이로써 콜브란은 고종과 함께 회사의 대주주가 되어 경영에 참여할 수 있게 되었다. 이때 고종과 콜브란은 한성전기회사를 한미전기회사로 재편하였고, 한미전기회사가 전차 및 전기등 사업을 이어받았다.

① 한성전기회사가 경인철도회사보다 먼저 설립되었다.
② 전차 노선의 시작점은 원래 서대문이었으나 나중에 남대문으로 바뀌었다.
③ 한성전기회사가 전차 노선을 부설하는 데 부족한 자금은 미국인 콜브란이 빌려주었다.
④ 서울 시내에 처음으로 전차 노선을 부설한 회사는 황실이 주도해 농상공부가 설립하였다.
⑤ 서울 시내에서 전기등 설치 사업을 벌인 한미전기회사는 김두승과 이근배의 출자로 설립되었다.

풀이와 정답 정답 ③

풀이 마지막 단락에 의하면, 한성전기회사는 고종이 단독 출자한 자본금을 바탕으로 설립되고 운영되었지만, 공사비가 부족해지자 미국인 콜브란으로부터 부족분을 빌려 공사를 마무리할 수 있었다. 따라서 ③번은 글의 내용과 부합한다.

오답 ① : 경인철도회사가 한성전기회사보다 먼저 설립되었다.
② : 전차 노선의 시작점은 원래 남대문이었으나 나중에 서대문으로 바뀌었다.
④ : 서울 시내에 처음으로 전차 노선을 부설한 회사는 황실이 직접 설립하는 대신 민간인인 김두승과 이근배로 하여금 설립하도록 권유했다.
⑤ : 서울 시내에서 전기등 설치 사업을 벌인 한성전기회사는 김두승과 이근배에 의해 설립되었다. (=고종과 콜브란은 한성전기회사를 한미전기회사로 재편하였고, 한미전기회사가 전차 및 전기등 사업을 이어받았다.)

참고 18-1. 문제 속의 문제

다음 글의 제목으로 적절한 것은?

현재 서울의 청량리 근처에는 홍릉이라는 곳이 있다. 을미사변으로 일본인들에게 시해된 명성황후의 능이 조성된 곳이다. 고종은 홍릉을 자주 찾아 참배했는데, 그때마다 대규모로 가마꾼을 동원하는 등 불편이 작지 않았다. 개항 직후 우리나라에 들어와 경인철도회사를 운영하던 미국인 콜브란은 이 점을 거론하며 서대문에서 청량리까지 전차 노선을 부설해야 한다고 주장했다.

이전부터 전기와 전차 사업에 관심이 많았던 고종은 콜브란의 주장을 받아들여 전차 사업을 목적으로 하는 회사를 설립하기로 결심했다. 고종은 황실이 직접 회사를 설립하는 대신 민간인인 김두승과 이근배로 하여금 농상공부에 회사를 만들겠다는 청원서를 내도록 권유했다. 이에 따라 김두승 등은 전기회사 설립 청원서를 농상공부에 제출한 뒤 허가를 받아 한성전기회사를 설립했다. 한성전기회사는 서울 시내 각지에 전기등을 설치하는 한편 전차 노선 부설 사업을 추진했다. 한성전기회사는 당초 남대문에서 청량리까지 전차 노선을 부설하기로 했으나 당시 부설 중이던 경인철도의 종착역이 서대문역으로 정해졌기 때문에 이와 연결하기 위해 계획을 수정해 서대문에서 청량리까지 부설하기로 변경했다. 이후, 변경된 계획대로 전차 노선이 부설되었으며, 1899년 5월에 정식 개통식이 거행되었다.

한성전기회사는 고종이 단독 출자한 자본금을 바탕으로 설립되고 운영되었지만, 전차 노선 부설에 필요한 공사비가 부족해지자 회사 재산을 담보로 콜브란으로부터 부족분을 빌려 공사를 마무리할 수 있었다. 콜브란은 1902년에 그 상환 기일이 돌아오자 회사 운영을 지원하기 위해 상환 기일을 2년 연장해 주었다. 이후 1904년 상환 기일이 다가오자, 고종은 콜브란과 협의하여 채무액의 절반인 75만 원만 상환하고 나머지 금액만큼의 회사 자산을 콜브란에게 넘겨주었다. 이로써 콜브란은 고종과 함께 회사의 대주주가 되어 경영에 참여할 수 있게 되었다. 이때 고종과 콜브란은 한성전기회사를 한미전기회사로 재편하였고, 한미전기회사가 전차 및 전기등 사업을 이어받았다.

(   )

정답 (고종과 콜브란의 한성전기회사 설립 및 한미전기회사 재편 과정).

19 다음 글에서 알 수 있는 것은?

[2024 국가직 7급 PSAT 언어논리]

미국 헌법의 전문은 "우리 미합중국의 사람들은"이라는 구절로 시작한다. 여기서 '사람들'에 해당하는 대한민국 헌법상의 용어는 헌법 제정 주체로서의 '국민'이다. 대한민국 헌법의 전문은 "유구한 역사와 전통에 빛나는 우리 대한국민은"으로 시작한다. 이 구절들에서 '사람들'과 '국민'은 맥락상 동일한 의미를 지닌다. 그러나 이 단어들의 사전적 의미 사이에는 간극이 크다. '사람'은 보편적 인간을, '국민'은 국가의 구성원을 의미하기 때문이다. 그래서 '인민'이 '국민'보다 더 적절한 표현이라는 주장이 종종 제기되는데, 사실 대한민국의 제헌헌법 초안에서는 이 단어가 사용되었다.

대한민국 역사에서 '인민'은 개화기부터 통용된 자연스러운 말이며 정부 수립 전까지의 헌법 관련 문헌들 대부분에 빈번히 등장한다. 법학자 유진오가 기초한 제헌헌법의 초안도 "유구한 역사와 전통에 빛나는 우리들 조선 인민은"으로 시작한다. 그러나 '인민'은 공산당의 용어인데 어째서 그러한 말을 쓰려고 하느냐는 공박을 당했고, '인민'은 결국 제정된 제헌헌법에서 '국민'으로 대체되었다.

이에 유진오는 '인민'이 예부터 흔히 사용되어 온 말로 '국민'으로 환원될 수 없는 의미를 지니며, 미국 헌법에서도 국적을 가진 자들로 한정될 수 없는 경우에 '사람들'이 사용되었다고 지적했다. 또한 '국민'은 국가의 구성원이라는 점이 강조된 국가 우월적 표현이기 때문에, 국가조차도 함부로 침범할 수 없는 자유와 권리의 주체로서의 보편적 인간까지 함의하기에는 적절하지 못하다고 비판했다.

'인민'이 모두 '국민'으로 대체되면서 대한민국 헌법에서 혼란의 여지가 생긴 것은 사실이다. '국민'이 국적을 가진 자뿐만 아니라 천부인권을 지니는 보편적 인간까지 지칭하게 되었기 때문이다. 예를 들어 대한민국으로 여행을 온 외국인은 전자에 해당하지 않지만 후자에 속하는 것이 명백하다. 따라서 선거권, 사회권 등 국적을 기반으로 하는 권리까지 주어지는 것은 아니지만, 헌법상의 평등권, 자유권 등 기본적 인권은 보장되는 것이다. 이에 향후 헌법 개정이 있다면 그 기회에 보편적 인간을 의미하는 경우의 '국민'을 '사람들'로 바꾸자는 제안도 있다.

① 대한민국 역사에서 '인민'은 분단 후 공산주의 사상이 금기시되면서 사용되기 시작한 말이다.
② 대한민국으로 여행을 온 외국인은 대한민국 헌법상의 자유권을 보장받지 못한다.
③ 미국 헌법에서 '사람들'은 보편적 인간이 아니라 미국 국적을 가진 자를 의미한다.
④ 법학자 유진오는 '국민'이 보편적 인간을 의미하기에는 적절하지 않다고 비판했다.
⑤ 대한민국 제헌헌법에서는 '인민'이 사용되었으나 비판을 받아 이후의 개정을 통해 헌법에서 삭제되었다.

풀이와 정답

정답 ④

풀이 세 번째 단락에 의하면, 법학자 유진오는 '국민'은 국가 우월적 표현이기 때문에, 보편적 인간까지 함의하기에는 적절하지 못하다고 비판했다. 이에 유진오는 '국민'보다 '인민'이 더 적절한 표현이라고 보기도 했었다. 따라서 ④번은 글에서 알 수 있는 설명이다.

오답 ①: 대한민국 역사에서 '인민'은 개화기부터 통용된 자연스러운 말이며 정부 수립 전까지의 헌법 관련 문헌들 대부분에 빈번히 등장한다. 그러나 분단 후 공산주의 사상이 금기시되면서 '인민'은 '국민'으로 대체되었다.
②: 대한민국으로 여행을 온 외국인은 천부인권을 가진 보편적 인간이므로 대한민국 헌법상의 자유권을 보장받는다.
③: 미국 헌법에서 '사람들'은 미국 국적을 가진 자만이 아니라 보편적 인간을 의미한다.
⑤: 대한민국 제헌헌법의 초안에서는 '인민'이 사용되었으나 비판을 받아 이후의 제정된 제헌헌법에서 '국민'으로 대체되었다.

참고 19-1. 문제 속의 문제

다음 글의 제목으로 적절한 것은?

미국 헌법의 전문은 "우리 미합중국의 사람들은"이라는 구절로 시작한다. 여기서 '사람들'에 해당하는 대한민국 헌법상의 용어는 헌법 제정 주체로서의 '국민'이다. 대한민국 헌법의 전문은 "유구한 역사와 전통에 빛나는 우리 대한국민은"으로 시작한다. 이 구절들에서 '사람들'과 '국민'은 맥락상 동일한 의미를 지닌다. 그러나 이 단어들의 사전적 의미 사이에는 간극이 크다. '사람'은 보편적 인간을, '국민'은 국가의 구성원을 의미하기 때문이다. 그래서 '인민'이 '국민'보다 더 적절한 표현이라는 주장이 종종 제기되는데, 사실 대한민국의 제헌헌법 초안에서는 이 단어가 사용되었다.

대한민국 역사에서 '인민'은 개화기부터 통용된 자연스러운 말이며 정부 수립 전까지의 헌법 관련 문헌들 대부분에 빈번히 등장한다. 법학자 유진오가 기초한 제헌헌법의 초안도 "유구한 역사와 전통에 빛나는 우리들 조선 인민은"으로 시작한다. 그러나 '인민'은 공산당의 용어인데 어째서 그러한 말을 쓰려고 하느냐는 공박을 당했고, '인민'은 결국 제정된 제헌헌법에서 '국민'으로 대체되었다.

이에 유진오는 '인민'이 예부터 흔히 사용되어 온 말로 '국민'으로 환원될 수 없는 의미를 지니며, 미국 헌법에서도 국적을 가진 자들로 한정될 수 없는 경우에 '사람들'이 사용되었다고 지적했다. 또한 '국민'은 국가의 구성원이라는 점이 강조된 국가 우월적 표현이기 때문에, 국가조차도 함부로 침범할 수 없는 자유와 권리의 주체로서의 보편적 인간까지 함의하기에는 적절하지 못하다고 비판했다.

'인민'이 모두 '국민'으로 대체되면서 대한민국 헌법에서 혼란의 여지가 생긴 것은 사실이다. '국민'이 국적을 가진 자뿐만 아니라 천부인권을 지니는 보편적 인간까지 지칭하게 되었기 때문이다. 예를 들어 대한민국으로 여행을 온 외국인은 전자에 해당하지 않지만 후자에 속하는 것이 명백하다. 따라서 선거권, 사회권 등 국적을 기반으로 하는 권리까지 주어지는 것은 아니지만, 헌법상의 평등권, 자유권 등 기본적 인권은 보장되는 것이다. 이에 향후 헌법 개정이 있다면 그 기회에 보편적 인간을 의미하는 경우의 '국민'을 '사람들'로 바꾸자는 제안도 있다.

(   )

정답 (대한민국 헌법의 '국민'과 미국 헌법의 '사람들'의 의미 비교: '인민'의 역사적 맥락과 헌법적 혼란).

제 3 유형 / 15개 문제 유형

1차, 2차 예시문제를 기반으로 한 15개 문제 유형 집중 분석!

新유형 9급 국가직·지방직·지역인재 시험대비

'글의 순서' 유형

01 / 이론 정리

02 / 문제 풀이
    1 관련 예시문제 풀이
    2 관련 추가 문제
       └ 1단계
       └ 2단계
       └ 3단계

天衣無縫
정상국어

제 1 장 이론 정리

> **문제 사례**
> 1. (가)~(라)를 맥락에 맞추어 가장 적절하게 나열한 것은? (1차 예시. 7번)
> 2. (가)~(다)를 맥락에 맞게 순서대로 나열한 것은? (2차 예시. 7번)

> **유형 03**
> 전체 글을 구성하는 여러 개의 문단들을 흩트려 놓고, 이들을 자연스럽고 올바르게 배열할 것을 요구하는 유형의 문항이다. 이러한 유형의 문항에 접근하기 위해서는 전체 글에서 말하고자 하는 핵심 내용의 파악은 물론, 각 문단 사이의 논리적 관계도 파악할 수 있어야 한다. 이때, 각 문단의 첫머리에 제시되는 접속어를 파악하거나 각 문단의 핵심 주제어를 찾는 방법이 도움이 된다.

1 '글의 순서' 문제를 잘 푸는 방법

1. **전체 주제 파악**: 주어진 지문을 처음부터 끝까지 읽으면서 전체적인 주제를 먼저 파악해야 한다. 각 문장과 문단이 어떤 내용을 전달하는지 파악하는 것이 중요하다. 이를 통해 문단 간의 관계를 이해하는 데 도움이 된다.

2. **핵심 키워드 파악하기**: 각 문장에서 주제나 핵심 키워드를 찾아보아야 한다. 비슷한 주제를 가진 문장끼리 묶는 것이 좋다.

3. **글 전체의 흐름 배열**: 일반적으로 서론에서 중심소재를 소개하고, 본론에서 세부 사항을 설명하며, 결론에서 주제를 요약하는 구조가 많기 때문에 이를 염두에 두고 배열한다. 이 과정을 통해 어떤 내용이 먼저 나와야 할지, 어떤 내용이 뒤에 나와야 할지를 판단할 수 있다.

4. **의미적 흐름 고려하기**: 문장들이 자연스럽게 이어지는지, 의미적으로 연결되는지를 살펴보아야 한다. 무엇보다 문장이 매끄럽게 이어져야 한다. 아울러, 논리적, 연쇄적인 흐름이 있는지 확인한다.

5. **문장 간의 연결 고리 찾기**: 각 문장이나 문단이 어떻게 연결되는지를 생각해 보아야 한다. 주어, 서술어, 목적어 등의 문법적 요소를 통해 문장 간의 관계를 파악할 수 있다.

6. **시간적 순서 고려**: 사건이나 설명이 시간에 따라 진행되는 경우, 시간적 순서를 고려하여 문장을 배열해야 한다. 예를 들어, 원인과 결과 관계가 있는 경우 원인을 먼저 제시하고 결과를 나중에 배치한다. 그 이외에도 '과거-오늘날', '통시적인 연도', '통념-반박', '전제-결론' 등 대체로 시간적 흐름에 맞게 순서를 배열하면 된다.

7. **접속어 및 지시어 활용**: '그러나(하지만, 반면)', '따라서', '이러한', '이와 같이' 등과 같은 말들을 주의 깊게 살펴보아야 한다. 이러한 단어들은 문장 간의 논리적 관계를 나타내며, 순서를 결정하는 데 큰 도움이 된다.

8. **배경 지식 활용**: 순서 문제에 활용된 글은 학문적으로 검증된 명저(名著)인 경우가 많다. 특정 주제에 대한 배경 지식이 있다면, 그 지식을 활용해 문장이나 단락의 순서를 예측할 수 있다. 관련된 정보를 이미 알고 있는 경우, 문제를 푸는 데 유리하다.
9. **연습 문제 풀기**: 다양한 비문학 순서 문제를 풀어보는 것이 중요하다. 실제 시험과 유사한 문제를 풀면서 감을 익히고, 해설을 통해 이해도를 높여야 한다.
10. **시간 관리**: 시험에서는 시간이 제한적이므로, 문제를 푸는 데 너무 많은 시간을 쏟지 않도록 주의해야 한다. 빠르게 읽고, 핵심적인 정보만을 추출하는 연습이 필요하다.

2 순서 문제를 푸는 10大 TIP

① **선(先) 선택지 → 후(後) 글(시간 절약).**
선택지에서 가장 먼저 나온 기호와 가장 마지막에 나온 기호의 확률을 통해 선택의 우선순위를 정한다.

② **일반적 진술 → 구체적 진술(A → A′).**
일반적 진술은 대체로 짧고, 구체적 진술은 긴 편이다. '일반화 → 구체화'의 순서는 역행되는 경우가 거의 없으니 길이도 힌트가 된다.

③ **단어의 연쇄적 흐름(A → AB → BC → CD).**
앞 문장의 서술어는 뒤 문장의 주어가 되는 경우가 많으니 머리와 꼬리에 주의해서 읽어야 한다.

④ **A+A′+B+B′+C+C′.**
'일반화A+구체화A′+일반화B+구체화B'' 등의 형태로 전개된다. 각각의 일반화와 구체화를 통해 서로 묶어 주는 것이 좋다.

⑤ **전체의 주제를 먼저 찾을 것**
맨 처음이나 맨 끝에 주제가 있다.

⑥ **서술어 중심으로 읽을 것**
주어는 소재이고, 서술어는 주제이다.

⑦ **첫 문장과 끝 문장 찾기**

⑧ **끝에서부터 거꾸로 시작하기 (A+B+C → 따라서 ABC)**

⑨ **지시어** 예 이, 그, 저, 이러한, 그러한, 저러한 등

⑩ **접속어** 예 그리고, 그러나, 그런데, 그러므로 등

제 2 장 문제 풀이

관련 예시문제 풀이

20 (가)~(라)를 맥락에 맞추어 가장 적절하게 나열한 것은?   [2025 대비 9급 예시문제(1차)]

> (가) 다음으로 시청자의 마음을 사로잡을 수 있는 참신한 인물을 창조해야 한다. 특히 주인공은 장애를 만나 새로운 목표를 만들고, 그것을 이루는 과정에서 최종적으로 영웅이 된다. 시청자는 주인공이 목표를 이루는 데 적합한 인물로 변화를 거듭할 때 그에게 매료된다.
> (나) 스토리텔링 전략에서 제일 먼저 해야 할 일이 로그라인을 만드는 것이다. 로그라인은 '장애, 목표, 변화, 영웅'이라는 네 가지 요소를 담아야 하며, 3분 이내로 압축적이어야 한다. 이를 통해 스토리의 목적과 방향이 마련된다.
> (다) 이 같은 인물 창조의 과정에서 스토리의 주제가 만들어진다. '사랑과 소속감, 안전과 안정, 자유와 자발성, 권력과 책임, 즐거움과 재미, 인식과 이해'는 수천 년 동안 성별, 나이, 문화를 초월하여 두루 통용된 주제이다.
> (라) 시청자가 드라마나 영화에 대해 시청 여부를 결정하는 데 걸리는 시간은 8초에 불과하다. 제작자는 이 짧은 시간 안에 시청자를 사로잡을 수 있는 스토리텔링 전략이 필요하다.

① (나) - (가) - (라) - (다)
② (나) - (다) - (가) - (라)
③ (라) - (나) - (가) - (다)
④ (라) - (나) - (다) - (가)

풀이와 정답　　　　　　　　　　　　　　　　　　　　　　　　　　　　　　　　　　　**정답** ③

풀이 제시된 글은 '시청자를 사로잡을 수 있는 두 가지 방법'에 대해 말하고 있다. (라)는 첫 번째 '스토리텔링 전략'으로 시작해 (나)에서 구체화하고 있고, (가)는 두 번째 '인물 창조 과정'이며, (다)에서 구체화하고 있다. 결국, '일반화A-구체화A-일반화B-구체화B"의 순서대로 나열되어 있으므로 '(라)-(나)-(가)-(다)'가 적절하다.

21 (가)~(다)를 맥락에 맞게 순서대로 나열한 것은? [2025 대비 9급 예시문제(2차)]

> 북방에 사는 매는 덩치가 크고 사냥도 잘한다. 그래서 아시아에서는 몽골 고원과 연해주 지역에 사는 매들이 인기가 있었다.
>
> (가) 조선과 일본의 단절된 관계는 1609년 기유조약이 체결되면서 회복되었다. 하지만 이때는 조선과 일본이 서로를 직접 상대했던 것이 아니라 두 나라 사이에 끼어있는 대마도를 매개로 했다. 대마도는 막부로부터 조선의 외교·무역권을 위임받았고, 조선은 그러한 대마도에게 시혜를 베풀어줌으로써 일본과의 교린 체계를 유지해 나가려고 했다.
> (나) 일본에서 이 북방의 매에 접근할 수 있는 길은 한반도를 통하는 것 외에는 없었다. 그래서 한반도와 일본 간의 교류에 매가 중요한 물품으로 자리 잡았던 것이다. 하지만 임진왜란으로 인하여 교류는 단절되었다.
> (다) 이러한 외교관계에 매 교역이 자리하고 있었다. 대마도는 조선과의 공식적, 비공식적 무역을 통해서도 상당한 이익을 취했다. 따라서 조선후기에 이루어진 매 교역은 경제적인 측면과 정치·외교적인 성격이 강했다.

① (가) - (다) - (나) ② (나) - (가) - (다)
③ (나) - (다) - (가) ④ (다) - (나) - (가)

풀이와 정답   정답 ②

풀이 글의 맨 첫 문단은 '북방에 사는 매'로 시작하는 '도입(화제 제시)' 부분이다. 이 제재로 이어지는 (나)가 먼저 나와야 한다. (나)는 조선과 일본 간 매 교역이 나타난 배경으로 전개하고 있다. 그 후 (가)에서 임진왜란으로 교류가 단절되었다가 대마도를 매개로 두 나라의 관계가 회복되었다고 구체화하고 있다. 마지막으로, 결론 부분에 해당하는 (다)에서 매 교역은 경제적 측면과 정치, 외교적인 성격이 강했다고 정리하고 있다. 따라서 글의 순서는 '(나)-(가)-(다)'가 되어야 한다.

참고 글의 제목: <조선과 일본 간 매 교역의 역사와 외교적 의미>.

관련 추가 문제

1단계 문제

22 (가)~(다)를 맥락에 따라 가장 자연스럽게 배열한 것은? [2023 지방직 9급]

> 독서는 아이들의 전반적인 뇌 발달에 큰 영향을 미친다.
> (가) 그에 따르면 뇌의 전두엽은 상상력을 관장하는데, 책을 읽으면 상상력이 자극되어 전두엽을 많이 사용하게 된다.
> (나) A 교수는 책을 읽을 때와 읽지 않을 때의 뇌 변화를 연구해서 세계적인 명성을 얻었다.
> (다) 이처럼 책을 많이 읽으면 전두엽이 훈련되어 전반적인 뇌 발달의 가능성이 높아지는데, 그 결과는 교육 현장에서 실증된 바 있다.
>
> 독서를 많이 한 아이는 학교에서 더 좋은 성적을 낼 뿐 아니라 언어 능력도 발달한다는 사실이 밝혀진 것이다.

① (나) - (가) - (다)
② (나) - (다) - (가)
③ (다) - (가) - (나)
④ (다) - (나) - (가)

풀이와 정답 정답 ①

풀이 제시문은 '뇌 발달에 긍정적 영향을 미치는 독서의 중요성'에 대한 글이다. 첫 문장이 전체의 주제문이며, (나)와 (가)의 'A 교수 연구'가 구체적 진술로 이어진다. 그리고 (다)에서 (가)의 '전두엽 사용'이 이어지며 '교육 현장의 증명'이 마지막 문장의 '학교'로 연결된다. 기호뿐만 아니라 기호의 앞뒤 문장의 내용까지 고려해야 한다. 따라서 정답은 '(나)-(가)-(다)'이다.

"나무를 향해 쏜 화살은 나무까지 올라가고, 태양을 향해 쏜 화살은 나무보다 더 멀리 날아간다!" - 주자 -

23 다음 글의 전개 순서로 가장 자연스러운 것은? [2023 지방직 7급]

> (가) 시가 마음을 담아내는 것이므로 시의 내용은 다양할 수밖에 없다. 사람의 마음은 매우 다양하기 때문이다.
> (나) 그러나 인간이라면 누구나 갖게 되는 마음이 있기에 자주 등장하는 내용도 있다. 대표적인 것이 바로 그리움이다.
> (다) 시는 사람의 내면에만 담아 둘 수 없는 간절한 마음을 말이나 글로 표현할 때 탄생한다는 견해가 있다. 이에 따르면 시를 감상하는 것은 시에 담긴 마음을 읽어 내는 것이다.
> (라) 그리움이 담겨 있는 시가 많은 것은 그리움이 그만큼 간절한 마음이기 때문이다. 이렇게 볼 때, 동서고금을 막론하고 그리움을 노래하는 시가 많은 것은 어쩌면 당연한 일이다.

① (가) - (나) - (라) - (다)
② (가) - (다) - (나) - (라)
③ (다) - (가) - (나) - (라)
④ (다) - (나) - (가) - (라)

풀이와 정답

정답 ③

풀이 글은 〈시의 특징과 내용〉에 대해 말하고 있다. '시는 사람의 다양한 마음을 담아내는 것이다.'라는 내용이 '(다)(일반화 A)-(가)(구체화 A)'이며, '시에 자주 등장하는 보편적인 마음인 그리움이다.'라는 내용이 '(나)(일반화 B)-(라)(구체화 B)'이다. 따라서 글의 순서는 '(다)-(가)-(나)-(라)'가 된다.

24 다음 중 (가)~(다)를 문맥에 맞는 순서대로 나열한 것은?

[2022 군무원 9급]

> 최근 수십 년간 세계 각국의 정부들은 공격적인 환경보호 조치들을 취해 왔다. 대기오염과 수질오염, 살충제와 독성 화학물질의 확산, 동식물의 멸종 위기 등을 우려한 각국의 정부들은 인간의 건강을 증진하고 인간 활동이 야생 및 원시 지역에서 만들어 낸 해로운 결과를 줄이기 위해 상당한 자원을 투자해 왔다.
> (가) 그러나 이러한 규제 노력 가운데는 막대한 비용을 헛되이 낭비한 것들도 상당수에 달하며, 그중 일부는 해결하고자 했던 문제를 오히려 악화시키기도 했다.
> (나) 이 중 많은 조치들이 커다란 성과를 거두었다. 이를테면 대기오염을 줄이려는 노력으로 수십만 명의 조기 사망과 수백만 가지의 질병을 예방할 수 있었다.
> (다) 예를 들어, 새로운 대기 오염원을 공격적으로 통제할 경우, 기존의 오래된 오염원의 수명이 길어져서 적어도 단기적으로는 대기오염을 가중시킬 수 있다.

① (나) → (가) → (다)
② (나) → (다) → (가)
③ (다) → (가) → (나)
④ (다) → (나) → (가)

풀이와 정답

정답 ①

풀이 글의 첫 단락에서 '환경보호를 위한 각국 정부의 조치'로 시작하고 있다. 이어진 (나)에서 '해로운 결과를 줄이기 위한 노력의 성과'를 긍정적으로 보며 구체화하고 있다. 반면, 부정적 측면으로 나타난 결과도 있음을 제기하며 반대 상황을 언급한 (가)가 나와야 하고, 이러한 예시를 설명한 (다)로 이어지게 된다. 따라서 글의 순서는 '(나)→(가)→(다)'가 된다. 글 전체로는 'A→A'→B→B'의 구성으로 되어 있다.

25 (가)~(라)의 전개 순서로 가장 자연스러운 것은? [2024 지역인재 9급(국가직)]

> (가) 방언도 다 그것대로 훌륭한 체계를 갖추고 있을 뿐 아니라 때에 따라서는 더 훌륭한 체계를 갖추고 있을 수도 있다.
> (나) 표준어가 특별 대접을 받은 방언이라 하여 표준어가 다른 방언보다 언어학적으로 더 우위에 있는 언어는 아니다. 이 점은 일반인들이 흔히 하는 오해로서, 방언은 체계가 없고 조잡한 언어이며 표준어는 올바르고 우수한 언어라고 생각하는 것이다.
> (다) 그러나 문명국의 언어가 더 체계적이고 미개국의 언어가 덜 체계적이라고 하는 사고가 잘못된 것임이 밝혀졌듯이 방언이 표준어보다 체계가 없고 덜 우수한 언어라는 생각 역시 잘못된 생각이다.
> (라) 표준어가 다른 방언보다 좋은 체계를 갖춘 언어라서가 아니라 가령 행정, 교통, 문화 등의 중심지에서 쓰이는 조건 등으로 그만큼 영향력이 크고 보급이 쉬운 이점이 있어 표준어의 자격을 얻게 된다는 점을 바로 인식할 필요가 있다.

① (나) - (라) - (다) - (가)
② (나) - (다) - (가) - (라)
③ (라) - (다) - (가) - (나)
④ (라) - (나) - (가) - (다)

풀이와 정답

정답

풀이 제시된 글은 방언과 표준어의 관계를 재조명하고, 언어의 체계성과 우열에 대한 일반적인 오해를 바로잡는 데 중점을 두고 있다. (나)는 일반인들이 하는 오해로 글을 시작하고 있고, (다)에서 앞의 통념을 비판하고 있다. 그리고 (가)에서 방언의 가치를 설명하면서 전개한 후, 마지막 (라)에서 표준어의 자격과 영향력을 정리하고 있다. 따라서 글의 순서는 '(나)-(다)-(가)-(라)'가 된다.

참고 글의 제목: <표준어와 방언의 동등성: 언어의 체계와 우수성에 대한 오해>

2 단계 문제

26 (가)~(라)를 맥락에 따라 가장 자연스럽게 배열한 것은? [2024 국가직 9급]

> 약물은 질병을 치료하거나 예방할 목적으로 사용되는 의약품이다. 우리 주변에는 약물이 오남용되는 경우가 있다.
> (가) 더구나 약물은 내성이 있어 이전보다 더 많은 양을 사용하기 마련이므로 피해는 점점 커지게 된다.
> (나) 오남용은 오용과 남용을 합친 말로서 오용은 본래 용도와 다르게 사용하는 일, 남용은 함부로 지나치게 사용하는 일을 가리킨다.
> (다) 그러므로 약물을 사용할 때는 반드시 의사나 약사와 상의하고 설명서를 확인하여 목적에 맞게 적정량을 사용해야 한다.
> (라) 약물을 오남용하면 신체적 피해는 물론 정신적 피해를 입을 수 있다.

① (나) - (다) - (라) - (가)
② (나) - (라) - (가) - (다)
③ (라) - (가) - (나) - (다)
④ (라) - (다) - (나) - (가)

풀이와 정답

정답 ②

풀이 제시문은 약물을 사용할 때 오남용하지 말고 적정량을 사용해야 한다고 말하고 있다. '약물이 오남용되는 경우'로 글을 시작하고 있으며, '오남용의 개념'을 설명한 (나)가 먼저 나와야 한다. 그런 후 '오남용의 문제점'을 말한 (라)와 (가)로 연결되며, 글의 주제인 '약물 사용할 때 주의해야 할 점'으로 마무리하면 된다. 따라서 글의 순서는 '(나)-(라)-(가)-(다)'가 적절하다.

27 (가)~(라)의 말하기 전략으로 적절하지 않은 것은? [2023 지역인재 9급(국가직)]

> (가) 지난달 제 친구는 퇴근 후 오토바이를 타고 집으로 돌아가다가 사고를 당했습니다. 그 친구는 어떻게 사고가 일어났는지도 기억하지 못할 정도로 심한 뇌진탕을 입어 2개월 동안 병원에서 치료를 받았습니다.
> (나) 매년 2천여 명이 오토바이를 타다가 머리를 다쳐 심각한 정도의 두뇌 손상을 입고 고생합니다. 오토바이 사망 사고 원인의 80%가 두뇌 손상입니다. 콘크리트 지면에서는 30 cm 이하의 높이에서도 뇌진탕을 일으킬 수 있습니다.
> (다) 오토바이를 타는 사람은 헬멧을 착용하여 머리를 보호할 수 있습니다. 헬멧의 착용은 두뇌 손상의 위험을 90% 정도 줄여 줍니다. 저는 헬멧을 쓰는 것이 보기에도 좋지 않고 거추장스럽다고 여겼습니다. 그렇지만 친구의 사고 후 헬멧을 쓰는 것이 현명한 일이라고 생각하여 오토바이를 탈 때면 항상 헬멧을 착용합니다.
> (라) 만약 오토바이를 타는 모든 사람이 헬멧을 착용한다면 오토바이 사고로 인한 신체 피해를 75% 줄일 수 있습니다. 여러분은 오토바이가 주는 즐거움과 편리함을 안전하게 누릴 수 있게 됩니다. 안전을 위해서 헬멧을 반드시 착용하시기 바랍니다.

① (가)는 실제 사건을 사례로 들어 청자의 주의를 끌고 있다.
② (나)는 통계 정보를 제시하여 문제의 심각성을 부각하고 있다.
③ (다)는 헬멧을 썼을 때의 긍정적인 면보다 부정적인 면을 강조하고 있다.
④ (라)는 문제 해결 방안에 따른 청자의 이익과 청자에게 요구하는 행동을 명확하게 제시하고 있다.

풀이와 정답

정답 ③

풀이 (다)는 헬멧을 썼을 때의 부정적인 면보다 긍정적인 면을 강조하고 있다. 보기에 좋지 않고 거추장스러운 면보다 안전을 위해서 헬멧을 쓰는 것이 현명한 일이라고 생각해 오토바이를 탈 때면 항상 헬멧을 착용한다고 했다. 따라서 ③번은 상반된 설명이므로 적절하지 않다.

오답 나머지는 모두 적절한 설명이다.

28 (가)~(라)의 전개 순서로 가장 자연스러운 것은?

[2023 지역인재 9급(국가직)]

> (가) 자기 재물을 혼자서 쓰는 것은 형체가 있는 재물을 형체가 있는 것으로 쓰는 것이요, 남에게 재물을 베푸는 것은 형체가 있는 재물을 형체가 없는 마음으로 쓰는 것이다.
> (나) 그렇다면 형체가 있는 것을 마음껏 쓰면서도 닳아 없어지지 않게 하는 방법으로는 남에게 베푸는 것만 한 것이 없을 테니, 이는 어째서인가?
> (다) 그런데 형체가 있는 것을 형체로 쓰면 다 닳아 없어지기에 이르나, 형체가 있는 것을 마음으로 쓰면 변하거나 없어지는 법이 없다.
> (라) 형체가 있는 것이 이미 다른 사람의 집에 있으니 도둑이 훔쳐갈까 염려하지도 않고, 불에 타 없어질까 걱정하지도 않으며, 소나 말에 실어 운반해야 하는 수고로움도 없다.
>
> 재물을 씀으로써 얻는 아름다운 이름은 죽고 난 뒤에도 없어지지 않고 천년토록 전해질 것이니, 천하에 이같이 큰 이익은 없다.

① (가) - (나) - (다) - (라)
② (가) - (다) - (나) - (라)
③ (라) - (가) - (나) - (다)
④ (라) - (나) - (가) - (다)

풀이와 정답

정답 ②

풀이 (가)는 '형체가 있는 재물'에 대해 화제를 시작하는 도입 부분이고, 이어지는 (다)는 '마음으로 남에게 베푸는 일의 가치'를 말한 주지 단락이다. 그리고 (나)는 그 이유에 대한 의문, (라)는 이유를 풀어서 밝히고 있다. 마지막으로, (라)에 이어지는 단락이 마무리 내용이 된다. 따라서 글의 순서는 '(가)-(다)-(나)-(라)'가 된다.

참고 출전: 정약용, <유배지에서 보낸 편지>(고전 수필)

29 다음 문장이 들어가기에 가장 적절한 곳을 (가)~(라)에서 고르면? [2024 국가직 9급]

> 나라에 위기가 닥쳤을 때 제 몸을 희생해 가며 나라 지키기에 나섰으되 역사책에 이름 한 줄 남기지 못한 이들이 이순신의 일기에는 뚜렷하게 기록된 것이다.

> 『난중일기』의 진면목은 7년 동안 전란을 치렀던 이순신의 인간적 고뇌가 가감 없이 드러나 있다는 데 있다. (가) 왜군이라는 외부의 적은 물론이고 임금과 조정의 끊임없는 경계와 의심이라는 내부의 적과도 싸우며, 영웅이기 이전에 한 사람의 인간으로서 느낀 극심한 심리적 고통이 잘 나타나 있다. (나) 전란 중 겪은 원균과의 갈등도 적나라하게 드러나 있어 그가 완벽한 인간이 아니라 감정에 휘둘리는 보통의 인간이었음을 보여 준다. (다) 그뿐만 아니라 이순신은 『난중일기』에서 사랑하는 가족의 이름과 함께 휘하 장수에서부터 병졸들과 하인, 백성들의 이름까지도 언급하고 있다. (라) 『난중일기』의 위대함은 바로 여기에 있다.

① (가)
② (나)
③ (다)
④ (라)

풀이와 정답

정답 ④

풀이 제시된 문장 중 '역사책에 이름 한 줄 남기지 못한 이들이 이순신의 일기에는 뚜렷하게 기록된 것이다.'를 통해 (라)에 들어가야 한다는 것을 알 수 있다. (라)의 앞부분에 나오는 '병졸들과 하인, 백성들의 이름까지도 언급하고 있다.'에 이어지는 진술로 적절하다.

3 단계 문제

30 (가)~(라)의 전개 순서로 가장 자연스러운 것은? [2024 지방직 9급]

> 청소년 노동자를 바라보는 시각에는 양극단이 존재한다. '경제적으로 어려운 아이들'이라는 시각과 '지나치게 돈을 좋아하는 아이들'이라는 시각이 그것이다.
> (가) 이런 시각은 비행만을 강조하기에 청소년들이 스스로 노동하고 있다는 사실을 부끄러워하거나 다른 사람들에게 숨기는 경우도 많이 발생한다.
> (나) 전자는 청소년이 노동을 선택하는 이유를 '생계비 마련' 하나만으로 축소해 버리고 피해자로만 바라본다는 점에서 문제가 있다.
> (다) 그러다 보니 생활비 마련뿐만 아니라 의미 있는 시간 활용, 부모의 눈치를 보지 않는 독립적인 생활, 진로 탐색 등 노동을 선택하는 복합적인 이유가 삭제돼 버린다.
> (라) 후자의 시각은 청소년 노동을 학생의 본분을 저버린 그릇된 행위로 만들어 버림으로써, 문제의 원인을 노동 현장의 구조적 문제가 아니라 '청소년이 노동하고 있다는 사실' 자체로 돌려 버린다.
> 두 시각 모두 도달하게 되는 결론은 청소년을 노동에서 빨리 구원해야 한다는 것이다.

① (나) – (가) – (다) – (라)
② (나) – (가) – (라) – (다)
③ (나) – (다) – (라) – (가)
④ (나) – (라) – (다) – (가)

풀이와 정답 정답 ③

풀이 글은 청소년 노동자를 바라보는 양극단의 시각을 소개하면서 시작하고 있다. 그중 전자(前者)에 해당하는 '(나)(A)→(다)(A)'가 먼저 나오고, 후자(後者)에 해당하는 '(라)(B)→(가)(B)'가 나중에 나오면 된다. 따라서 글의 순서는 '(나)-(다)-(라)-(가)'이다.

31. 다음 글에서 (가)~(다)의 순서를 자연스럽게 배열한 것은?

[2023 국가직 9급]

> 빅데이터가 부각된다는 것은 기업들이 빅데이터의 가치를 받아들이기 시작했다는 뜻이다. 여기에는 기업들이 데이터를 바라보는 시각이 변한 측면도 있다.
> (가) 기업들은 고객이 판촉 활동에 어떻게 반응하고 평소에 어떻게 행동하며 사물에 대해 어떤 태도를 보이는지 알기 위해 많은 돈을 투자해 마케팅 조사를 해 왔다.
> (나) 그런 상황에서 기업들은 SNS나 스마트폰 등 새로운 데이터 소스로부터 그러한 궁금증과 답답함을 해결할 수 있다는 것을 알게 되었다. 페이스북에 올리는 광고에 친구가 '좋아요'를 한 것에서 기업들은 궁금증과 답답함을 해결할 수 있다.
> (다) 그런데 기업들의 그런 노력이 효과가 있는 경우도 있었으나 아쉬운 점도 많았다. 쉬운 예로, 기업들은 많은 광고비를 쓰지만 그 돈이 구체적으로 어느 부분에서 효과를 내는지는 알지 못했다.
> 결국 데이터가 있는 곳에서 기업들은 점점 더 고객의 취향에 집중할 수 있게 되었으며, 이에 따라 기업들은 소셜 미디어의 빅데이터를 중요한 경영 수단으로 수용하기 시작한 것이다.

① (가) - (나) - (다)
② (가) - (다) - (나)
③ (나) - (가) - (다)
④ (다) - (나) - (가)

풀이와 정답

정답 ②

풀이 제시된 글의 주제는 〈빅데이터를 바라보는 기업들의 시각 변화〉이다. 도입 이후에 나오는 (가)는 '기업들의 과거 마케팅 전략', (다)는 '이러한 노력의 한계', (나)는 '데이터 소스를 통한 해결'의 순서대로 배열해야 한다. 따라서 글의 순서는 '(가)-(다)-(나)'가 된다.

※ 다음 글을 읽고 물음에 답하시오.   [2023 군무원 9급]

(가) 공감은 상대방의 생각과 느낌을 자신의 생각과 느낌처럼 받아들이고 이해하는 것이다. (나) 상대방이 나를 분석하거나 판단하지 않고, 있는 그대로 나의 감정을 이해하고 있다고 느끼게 될 때 사람들은 그 상대방을 나를 이해하는 사람, 나를 알아주는 사람으로 여기게 된다. 판단 기준과 가치관이 다른 사람의 생각과 느낌을 공감을 하면서 이해하는 것은 여간 어려운 일이 아니다. (다) 사람은 누구나 자신의 느낌과 생각을 바탕으로 말하고 판단하고 일을 결정하게 되므로, 상대방의 입장을 헤아리고 그의 느낌과 생각을 내가 그렇게 생각하고 느끼는 것처럼 이해하기가 어렵다. (라) 상대방의 말투, 표정, 자세를 관찰하면서 그와 같은 관점, 심정, 분위기 또는 태도로 맞추는 것도 공감에 도움이 된다.

32 아래 내용을 위 글의 (가)~(라)에 넣을 때 가장 적절한 위치는?

　　공감의 출발은 상대방의 이야기를 경청하면서 상대방의 감정과 느낌이 어떠했을까를 헤아리며 그것을 이해하도록 노력하는 것이다. 그리고 상대방의 입장을 이해한다는 것을 언어적, 비언어적으로 표현하는 것이 중요하다.

① (가)　　　　　　　　　② (나)
③ (다)　　　　　　　　　④ (라)

풀이와 정답　　　　　　　　　　　　　　　　　　정답 ④

풀이 네모의 내용 중 '상대방의 입장을 이해한다'와 '비언어적으로 표현한다'를 통해 (라)에 들어간다는 것을 알 수 있다. (라)의 앞부분에 '상대방의 입장을 이해하기가 어렵다'가 있고, (라)의 뒷부분에 '상대방의 말투, 표정, 자세'가 이어서 나오기 때문이다.

33 다음 글의 전개 순서로 가장 자연스러운 것은? [2022 지방직 7급]

> (가) 젊은이들 가운데 약삭빠르고 방탕하여 어딘가에 얽매이는 것을 싫어하는 자들이 이 말을 듣고 제 세상 만난 듯 기뻐하여 앉고 서고 움직이는 예절을 마음에 내키는 대로 한다.
> (나) 성인께서도 사람을 가르치실 때 먼저 겉모습부터 단정히 해야만 바야흐로 자신의 마음을 안정시킬 수 있다고 하시었다. 세상에 비스듬히 눕고 기대서서 멋대로 말하고 멋대로 보면서 주경존심(主敬存心)※ 할 수 있는 사람은 없다.
> (다) 근래 어떤 자가 반관(反觀)※으로 이름을 떨쳐 겉모습을 단정하게 꾸미는 것을 가식이요, 허위라고 한다.
> (라) 나도 예전에 이 병에 깊이 걸렸던 터라 늙어서까지 예절을 익히지 못했으니 비록 후회해도 고치기가 어렵다.
> (마) 지난번 너를 보니 옷깃을 가지런히 하여 똑바로 앉는 것을 즐기지 않아 장중하고 엄숙한 기색을 조금도 볼 수 없었는데, 이는 내 병통이 한 바퀴 돌아 네가 된 것이다.
>
> — 정약용, 「두 아들에게 부침」에서 —
>
> ※ 주경존심(主敬存心): 공경하는 마음을 간직함.
> ※ 반관(反觀): 남들이 하는 대로 보지 않고 거꾸로 보거나 반대로 생각하는 것.

① 가 – 나 – 다 – 라 – 마
② 나 – 라 – 마 – 다 – 가
③ 다 – 가 – 라 – 마 – 나
④ 마 – 라 – 가 – 나 – 다

제 4 유형 / 15개 문제 유형

1차, 2차 예시문제를 기반으로 한 **15개 문제 유형 집중 분석!**

新유형 9급 국가직·지방직·지역인재 시험대비

'글 수정하기' 유형

01 / 이론 정리

02 / 문제 풀이
　1 관련 예시문제 풀이
　2 관련 추가 문제
　　└ 1단계
　　└ 2단계
　　└ 3단계

天衣無縫
정상국어

제1장 이론 정리

> **문제 사례**
> 1. 다음 글의 ㉠~㉣ 중 어색한 곳을 찾아 가장 적절하게 수정한 것은? (1차 예시. 13번)
> 2. 다음 글의 ㉠~㉣ 중 어색한 곳을 찾아 가장 적절하게 수정한 것은? (2차 예시. 4번)

> **유형 04**

'글 수정하기' 유형은 주어진 문장에서 어색한 부분이나 잘못된 표현을 찾아 수정하는 유형의 문항이다. 문제의 난도가 높지 않으니 문장 간의 관계와 일관성을 고려하여 문제를 풀면 된다. 글의 내용과 상반되는 내용의 문장이 섞여 있는 경우 앞뒤 관계를 통해 찾아내면 된다. 비교와 대조의 글이라면 A-A', B-B'와 같이 일반화, 구체화가 일관되게 연결되어야 하고, 긍정과 부정의 글이라면 서술어 부분에 함정이 없는지 꼼꼼하게 보아야 한다. 최근에는 제시문이 비문학 글뿐만 아니라 공문서, 안내문 등 실용문이 활용되기도 한다. 결국, 문장의 구조를 분석하고, 전체의 흐름을 고려하여 읽는 연습을 하면 글 수정하기 유형의 문항을 푸는 데에 도움이 된다.

1 '글 수정하기' 문제를 잘 푸는 방법

1. 전체 맥락 파악하기

문제를 풀기 전에 주어진 글의 전체 내용을 빠르게 읽고, 주제와 흐름을 이해해야 한다. 각 문장이 어떻게 연결되는지 아는 것이 중요하다.

2. 어색한 부분 분석하기

각 ㉠~㉣의 문장을 개별적으로 분석한다. 문법적 오류, 어색한 표현, 의미가 모호한 부분 등을 찾아본다.

3. 대체(代替) 표현 고려하기

어색하다고 판단된 부분을 수정할 때, 어떤 단어 또는 표현이 더 적절할지를 생각해 본다. 유의어를 활용하거나, 문장의 구조를 바꿔 더 자연스럽게 만들 수 있는 방법을 고민한다.

4. 문맥에 맞는지 확인하기

수정한 표현이 글의 전체적인 맥락과 잘 어울리는지, 문법적으로도 올바른지를 다시 한번 확인한다.

5. 정답 선택

㉠~㉣을 분석한 후, 가장 적절한 수정을 선택한다. 여러 선택지가 있는 경우, 다른 선택지들과 비교하여 가장 자연스럽고 명확한 것을 고른다.

6. 스스로 피드백

문제를 풀고 나서 스스로 피드백을 해 보아야 한다. 왜 특정 선택지가 정답이었는지, 다른 선택지가 왜 틀렸는지 분석하는 과정이 중요하다. 이를 통해 비슷한 문제를 만났을 때 더 나은 판단을 할 수 있다.

7. 연습을 통한 숙련도 향상

다양한 문제를 풀어보며 경험을 쌓는 것이 중요하다. 기출 문제나 연습 문제를 통해 자주 접해보는 것이 좋다.

2 '글 수정하기' 유형에 대비하는 전략

1. 문맥 파악하기

주어진 문장을 읽고 전체 문맥을 이해하는 것이 중요하다. 문장의 의미와 흐름을 파악하면 어떤 부분이 어색한지, 또는 수정이 필요한지를 쉽게 알 수 있다. 문맥에 맞지 않는 표현이나 내용이 있는지 주의 깊게 살펴보아야 한다.

2. 문법과 표현의 정확성 확인

문법적 오류를 찾기 위해 다음과 같은 사항을 확인한다.
① **주어와 술어의 일치**: 주어와 술어가 맞는지 확인한다.
② **관형어나 부사어의 위치**: 수식어와 피수식어의 관계를 정확하게 확인한다.
③ **시제 일치**: 시제가 일관되게 유지되는지 확인한다.
④ **조사 사용**: 조사가 올바르게 사용되었는지 검토한다.

3. 어휘 선택 검토

어휘의 적절성을 확인한다. 특정 상황이나 맥락에 맞지 않거나 의미가 다른 단어가 사용되었을 수 있다. 평소에 사전을 통해 정확한 의미를 찾아보는 습관을 갖고, 다양한 예문을 통해 문맥에 맞는 어휘를 사용하는 연습을 한다.

4. 문장 구조 분석

문장의 구조가 자연스러운지 확인한다. 너무 긴 문장이나 불필요하게 복잡한 구조는 독자의 이해를 방해할 수 있다. 이럴 경우 문장을 간결하게 수정하거나, 필요한 경우 문장을 나누는 것이 좋다.

5. 여러 번 읽어보기

문장을 여러 번 읽어보는 것이 좋다. 처음 읽을 때는 이해가 잘 되지 않았던 부분도 반복해서 읽으면 새로운 시각으로 접근할 수 있다. 연습할 때 문장을 소리 내어 읽어 보면 어색한 부분을 발견하는 데에 도움이 된다.

6. 수정된 문장 검토

수정한 문장을 다시 읽어보며 자연스러운지 확인한다. 수정 후에도 의미가 변하지 않았는지, 문맥과 잘 어울리는지를 체크한다. 수정된 문장이 원래의 의도를 잘 전달하는지 평가해야 한다.

7. 기출 문제 분석

기출문제를 통해 어떤 유형의 문제가 자주 출제되는지 분석한다. 자주 나오는 어법이나 표현을 익히고, 이를 바탕으로 연습하면 실력을 더욱 향상시킬 수 있다.

8. 시간 관리 연습

시험에서는 제한된 시간 내에 문제를 풀어야 하므로, 시간 관리도 중요하다. 연습할 때는 시간 제한을 두고 문제를 푸는 연습을 통해 실전 감각을 키워 보아야 한다.

3 '글 수정하기' 문제에서 자주 나오는 함정

1. 문맥에 맞지 않는 어휘

특정 어휘가 문맥에 맞지 않거나 적절하지 않은 경우 혼동을 일으킬 수 있다.

2. 문법적 오류를 간과

문법적으로 틀린 부분이 있지만, 표현이 자연스러워 보이거나 자주 사용되는 경우가 있다. 이런 경우, 문법적 오류를 쉽게 간과할 수 있다.

3. 중복 표현

중복되거나 유사한 의미의 표현이 사용되어 문장이 불필요하게 길어지는 경우이다.

4. 시제의 불일치

문장에서 여러 시제가 혼합되어 사용되는 경우, 독자가 혼란스러워질 수 있다. 예를 들어, 과거와 현재 시제가 혼용되어 사용되는 경우, 이를 일관성 있게 수정해야 한다.

5. 주어와 술어의 불일치

주어와 술어가 일치하지 않는 경우도 자주 발생한다.

6. 불필요한 수식어

문장에서 불필요하게 많은 수식어가 사용되어 의미가 모호해지는 경우이다. 이럴 경우, 수식어를 줄이거나 삭제하여 더 명확한 표현으로 바꿀 필요가 있다.

7. 부적절한 연결어

문장 간의 논리적 관계를 명확히 하지 못하는 접속어나 지시어의 사용이 있다.

제 2 장 문제 풀이

관련 예시문제 풀이

34 다음 글의 ㉠~㉣ 중 어색한 곳을 찾아 가장 적절하게 수정한 것은? [2025 대비 9급 예시문제(1차)]

> 수명을 늘릴 수 있는 여러 방법 중 가장 좋은 방법은 노화 문제를 해결하는 것이다. 이 방법은 인간이 젊고 건강한 상태로 수명을 연장할 수 있다는 점에서 ㉠ <u>늙고 병든 상태에서 단순히 죽음의 시간을 지연시킨다는</u> 기존 발상과 근본적으로 다르다. ㉡ <u>노화가 진행된 상태를 진행되기 전의 상태로 되돌린다거나</u> 노화가 시작되기 전에 노화를 막는 장치가 개발된다면, 젊음을 유지한 채 수명을 늘리는 것은 충분히 가능하다.
> 그러나 노화 문제와 관련된 현재까지의 연구는 초라하다. 이는 대부분 연구가 신약 개발의 방식으로만 진행되어 왔기 때문이다. 현재 기준에서는 질병 치료를 목적으로 개발한 신약만 승인받을 수 있는데, 식품의약국이 노화를 ㉢ <u>질병으로 본 탓에 노화를 멈추는 약은 승인받을 수 없었다</u>. 노화를 질병으로 보더라도 해당 약들이 상용화되기까지는 아주 오랜 시간이 필요하다.
> 그런데 노화 문제는 발전을 거듭하고 있는 인공지능 덕분에 신약 개발과는 다른 방식으로 극복될 수 있을지 모른다. 일반 사람들에 비해 ㉣ <u>노화가 더디게 진행되는 사람들의 유전자 자료를 데이터화하면 그들에게서 노화를 지연시키는</u> 생리적 특징을 추출할 수 있는데, 이를 통해 유전자를 조작하는 방식으로 노화를 막을 수 있다.

① ㉠: 늙고 병든 상태에서 담담히 죽음의 시간을 기다린다
② ㉡: 노화가 진행되기 전의 신체를 노화가 진행된 신체
③ ㉢: 질병으로 보지 않은 탓에 노화를 멈추는 약은 승인받을 수 없었다
④ ㉣: 노화가 더디게 진행되는 사람들의 유전자 자료를 데이터화하면 그들에게서 노화를 촉진

풀이와 정답

정답 ③

풀이 ⓒ은 '질병으로 본 탓에'가 어색하므로 '질병으로 보지 않은 탓에'로 고쳐야 적절하다. ⓒ의 전후에 의하면 '질병 치료를 목적으로 개발한 신약만 승인받을 수 있는데, 노화를 멈추는 약은 승인받을 수 없었다'고 나와 있다. 이것을 통해 노화를 질병으로 보지 않았다는 것을 알 수 있다.

오답 나머지는 모두 글의 내용이 적절하므로 고칠 필요가 없다.

참고 텔로미어(telomere): 세포의 염색체 말단부가 풀어지지 않도록 보호하는 단백질 성분의 핵산 서열을 지칭하며, 세포가 한 번 분열할 때마다 텔로미어의 길이가 짧아지며 그에 따라 세포는 점차 노화되어 죽게 된다.

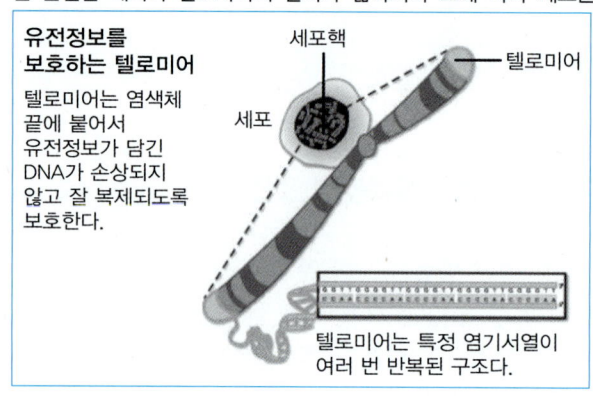

출처: 한국의약통신

35 다음 글의 ㉠~㉣ 중 어색한 곳을 찾아 가장 적절하게 수정한 것은? [2025 대비 9급 예시문제(2차)]

언어는 랑그와 파롤로 구분할 수 있다. 랑그는 머릿속에 내재되어 있는 추상적인 언어의 모습으로, 특정한 언어공동체가 공유하고 있는 기호체계를 가리킨다. 반면에 파롤은 구체적인 언어의 모습으로, 의사소통을 위해 랑그를 사용하는 개인적인 행위를 의미한다.

언어학자들은 흔히 ㉠ 랑그를 악보에 비유하고, 파롤을 실제 연주에 비유하곤 하는데, 악보는 고정되어 있지만 실제 연주는 그 고정된 악보를 연주하는 사람에 따라 달라지기 마련이다. 그러니까 ㉡ 랑그는 여러 상황에도 불구하고 변하지 않고 기본을 이루는 언어의 본질적인 모습에 해당한다. 한편 '책상'이라는 단어를 발음할 때 사람마다 발음되는 소리는 다르기 때문에 '책상'에 대한 발음은 제각각일 수밖에 없다. 여기서 ㉢ 실제로 발음되는 제각각의 소리값이 파롤이다.

랑그와 파롤 개념과 비슷한 것으로 언어능력과 언어수행이 있다. 자기 모국어에 대해 사람들이 내재적으로 가지고 있는 지식이 언어능력이고, 사람들이 실제로 발화하는 행위가 언어수행이다. ㉣ 파롤이 언어능력에 대응한다면, 랑그는 언어수행에 대응한다.

① ㉠: 랑그를 실제 연주에 비유하고, 파롤을 악보에 비유하곤
② ㉡: 랑그는 여러 상황에 맞춰 변화하는 언어의 본질적인 모습
③ ㉢: 실제로 발음되는 제각각의 소리값이 랑그
④ ㉣: 랑그가 언어능력에 대응한다면, 파롤은 언어수행에 대응

풀이와 정답

정답 ④

풀이 제시문은 〈언어능력인 랑그와 언어수행인 파롤〉에 대해 설명하고 있다. 그런데 글의 ㉣은 앞 내용과 상반된 설명이므로 ④번처럼 '랑그=언어능력', '파롤=언어수행'으로 구분해 수정해야 한다.

오답 글쓴이는 랑그를 '추상적인 언어인 기호체계이며, 악보, 변하지 않는 언어의 본질적인 모습, 언어 지식, 언어능력'이라고 보았다. 반면, 파롤을 '구체적인 언어의 모습, 개인적인 행위, 실제 연주, 제각각의 소릿값, 발화하는 행위, 언어수행'이라고 보았다.

참고

1. 랑그(langue. 프랑스어): 각 개인의 머릿속에 저장된 사회 관습적인 언어의 체계. 스위스의 언어학자 소쉬르의 용어로, 개인의 언어 사용에 상대하여 사회가 채용한 제약을 통틀어 이른다.
2. 파롤(parole. 프랑스어): 특정한 개인에 의하여 특정한 장소에서 실제로 발음되는 언어의 측면. 스위스의 언어학자 소쉬르가 사용한 용어이다.

관련 추가 문제

1단계 문제

36 ㉠~㉣을 고쳐 쓴 것으로 적절하지 않은 것은? [2024 지방직 9급]

> 얼마 전 나는 유명 축구 선수의 성공 과정을 담은 다큐멘터리 프로그램을 시청했다. 방송을 본 대부분의 사람들은 ㉠<u>괴로운 고난</u>을 이겨낸 그 선수의 노력과 집념에 감동을 받았을 것이다. ㉡<u>그러므로</u> 나는 그 선수의 가족과 훈련 트레이너 등 주변 사람들에게 더 큰 감명을 받았다. 선수의 가족들은 선수가 전지훈련을 가거나 원정 경기를 할 때 묵묵히 뒤에서 응원하는 역할을 했고, 훈련 트레이너는 선수의 체력 증진은 물론 컨디션 조절 등에도 많은 역할을 하고 있었다. ㉢<u>나는 그런 훈련 트레이너가 되는 과정이 궁금해졌다.</u> 비록 사람들의 관심이 최고의 자리에 오른 그 선수에게로 향하는 것은 당연한 ㉣<u>일로</u>, 나는 그 가족과 훈련 트레이너의 도움이 주목받지 못하는 것 같아서 안타까웠다.

① ㉠은 의미가 중복되므로 '고난'으로 고친다.
② ㉡은 앞뒤 문장의 연결을 고려하여, '그러나'로 바꾼다.
③ ㉢은 글 전체의 흐름을 고려하여 삭제한다.
④ ㉣은 부사와의 호응을 고려하여, '일이라면'으로 수정한다.

풀이와 정답   정답 ④

풀이 ㉣은 문장 맨 앞의 부사 '비록'과의 호응을 고려하여, '일이지만', '일일지라도' 등으로 수정해야 한다. '비록'은 '아무리 그러하더라도'를 뜻하며, '-ㄹ지라도', '-지만' 등과 같은 어미가 붙는 용언과 함께 쓰인다. 참고로, '일이라면'은 '만약'이라는 부사가 나올 때 호응이 자연스럽다.

오답 ①: '괴로운 고난(苦難)'은 의미가 중복되므로 '고난'으로 고쳐야 한다.
②: 선수에게 감동을 받은 것이 아니라 주변 사람들에게 더 큰 감명을 받은 것이므로 역접의 '그러나'로 바꿔야 한다. 참고로, '그러므로'는 인과 관계에 쓰는 접속어이다.
③: '트레이너가 되는 과정'은 문맥상 불필요하므로 삭제해야 한다.

37 ㉠~㉣ 중 어색한 곳을 찾아 수정하는 방안으로 가장 적절한 것은? [2023 지방직 9급]

조선 후기에 서학으로 불린 천주학은 '학(學)'이라는 말에서도 짐작할 수 있듯이 ㉠<u>종교적인 관점에서보다 학문적인 관점에서</u> 받아들여졌다. 당시의 유학자 중 서학 수용에 적극적인 이들까지도 서학을 무조건 따르자고 ㉡<u>주장하지는 않았는데</u>, 서학은 신봉의 대상이 아니라 분석의 대상이었기 때문이다. 그들은 조선 사회를 바로잡고 발전시키기 위해 새로운 학문과 지식이 필요하다고 생각했지만, 외부에서 유입된 사유 체계에는 양명학이나 고증학 등도 있어서 서학이 ㉢<u>유일한 대안은 아니었다</u>. 그들은 서학을 검토하며 어떤 부분은 수용했지만, 반대로 어떤 부분은 ㉣<u>지향했다</u>.

① ㉠: '학문적인 관점에서보다 종교적인 관점에서'로 수정한다.
② ㉡: '주장하였는데'로 수정한다.
③ ㉢: '유일한 대안이었다'로 수정한다.
④ ㉣: '지양했다'로 수정한다.

풀이와 정답

정답 ④

풀이 ㉣의 앞부분에 나오는 '수용했지만, 반대로'의 구절을 통해 '받아들이지 않았다'는 의미의 단어가 와야 한다. 따라서 ㉣은 '더 높은 단계로 오르기 위하여 어떠한 것을 하지 아니함'을 뜻하는 '지양(止揚)(그칠 지, 오를 양)'으로 고쳐야 한다. 참고로, '지향(志向)(뜻 지, 향할 향)'은 '어떤 목표로 뜻이 쏠리어 향함. 또는 그 방향이나 그쪽으로 쏠리는 의지'를 뜻하며, '평화 통일 지향' 등으로 쓰인다.

오답 나머지는 고칠 필요가 없다.

2단계 문제

38 다음 글을 퇴고할 때, ㉠~㉢ 중 어법상 수정할 필요가 있는 것은? [2024 국가직 9급]

> 주지하듯이 ㉠<u>기후 위기는 날이 갈수록 심각해지고 있다.</u> 극지방의 빙하가 녹고, 유럽에는 사상 최악의 폭염과 가뭄이 발생하고 그 반대편에서는 감당하기 어려울 정도의 폭우가 쏟아져 많은 사람이 고통받고 있다. ㉡<u>우리의 삶을 지속적으로 위협하는</u> 이러한 기상 재해 앞에서 기후학자로서 자괴감이 든다. 무엇이 문제인지, 상황이 얼마나 심각한지 잘 알고 있으면서도 지구의 위기를 그저 바라만 볼 수밖에 없다.
>
> 그러나 우리가 기후 문제에 관심을 가지고 적극적으로 대처한다면 아직 희망이 있다. 크게는 신재생 에너지와 관련하여 ㉢<u>국가 정책 수립과 국제 협약을 체결하기 위해</u> 힘을 기울여야 한다. 작게는 일상생활에서 불필요한 소비를 줄이고 에너지 절약을 습관화해야 한다. 만시지탄(晩時之歎)일 수는 있겠으나, ㉣<u>지구가 파국으로 치닫는 것을 막을 기회는 아직 남아 있다.</u> 우리 모두 힘을 모아 지구의 위기를 극복하여야 한다.

① ㉠
② ㉡
③ ㉢
④ ㉣

풀이와 정답   정답 ③

풀이 ㉢은 문장 성분의 접속이 적절하지 않다. 이런 경우를 '서술어의 잘못된 생략' 또는 '부당한 공유'라고 한다. ㉢의 '국가 정책 수립'은 서술어 없이 명사로만 나열되어 있고, '국제 협약을 체결하다'는 '목적어+서술어'로 이루어져 있으므로 잘못된 경우이다. 따라서 '국가 정책을 수립하고 국제 협약을 체결하기 위해' 또는 '국가 정책 수립과 국제 협약 체결을 위해'로 고치는 것이 적절하다.

오답 나머지는 어법상 수정할 필요가 없다.

39 ㉠~㉣을 문맥에 맞게 수정하는 방안으로 적절한 것은?

[2023 국가직 9급]

> 난독(難讀)을 해결하려면 정독을 해야 한다. 여기서 말하는 정독은 '뜻을 새겨 가며 자세히 읽음', 즉 '정교한 독서'라는 뜻으로 한자로는 '精讀'이다. '精讀'은 '바른 독서'를 의미하는 '正讀'과 ㉠ 소리는 같지만 뜻이 다르다. 무엇이 정교한 것일까? 모든 단어에 눈을 마주치면서 제대로 인식하는 것이다. 이와 같은 ㉡ 정독(精讀)의 결과로 생기는 어문 실력이 문해력이다. 문해력이 발달하면 결국 독서 속도가 빨라져, '빨리 읽기'인 속독(速讀)이 가능해진다. 빨리 읽기는 정독을 전제로 할 때 빛을 발한다. 짧은 시간에 같은 책을 제대로 여러 번 읽을 수 있기 때문이다. 그래서 문해력의 증가는 '정교하고 빠르게 읽기', 즉 ㉢ 정속독(正速讀)에서 일어나게 되어 있다. 정독이 생활화되면 자기도 모르게 정속독의 경지에 오르게 된다. 그런 경지에 오른 사람들은 뭐든지 확실히 읽고 빨리 이해한다. 자연스레 집중하고 여러 번 읽어도 빠르게 읽으므로 시간이 여유롭다. ㉣ 정독이 빠진 속독은 곧 빼먹고 읽는 습관, 즉 난독의 일종임을 잊지 말아야 한다.

① ㉠을 '다르게 읽지만 뜻이 같다'로 수정한다.
② ㉡을 '정독(正讀)'으로 수정한다.
③ ㉢을 '정속독(精速讀)'으로 수정한다.
④ ㉣을 '속독이 빠진 정독'으로 수정한다.

풀이와 정답

정답 ③

풀이 ㉢의 앞부분에 나오는 '정교하고 빠르게 읽기'를 통해 '정속독(精速讀)'이 맞는 표기임을 알 수 있다. 따라서 한자를 '正(바를 정)'이 아니라 '精(정교할 정)'으로 수정해야 한다.

오답 ①: '정독(精讀)'과 '정독(正讀)'은 소리는 같지만 뜻이 다른 동음이의어이다. 따라서 ㉠을 수정할 필요가 없다.
②: '정교한 독서'에 대한 설명이므로 ㉡'정독(精讀)'을 수정할 필요가 없다.
④: '빼먹고 읽는 습관'은 '정독이 빠진 속독'에 해당하므로 ㉣은 수정할 필요가 없다.

40 다음 글의 고쳐 쓸 부분을 지적한 것으로 가장 적절하지 <u>않은</u> 것은? [2020 경찰직 9급(1차)]

> 　요즈음 청소년들의 외적인 체격은 과거에 비해 월등히 좋아졌으나, 그에 비해 영양 상태는 균형을 갖추지 못해 문제가 되고 있다. ㉠ <u>이러한 식습관은 청소년의 영양 불균형 문제를 더 심화한다.</u> 어른들 못지않게 바쁜 요즘 청소년들의 건강을 위해서는 올바른 식습관이 필수적이다.
> 　우선 규칙적으로 식사하는 습관을 지니도록 한다. 세 끼를 제때 챙겨 먹되, 특히 아침 식사를 거르지 않도록 한다. ㉡ <u>한 전문 조사 기관의 자료를 보면 직장인들의 24.1퍼센트는 아예 아침을 먹지 않는다고 한다.</u> 아침 식사를 하면 집중력이 좋아질 뿐만 아니라 공복감을 줄여 점심에 폭식을 하지 않게 되고 간식도 적게 먹게 된다.
> 　또한, 영양소를 균형 있게 섭취하도록 한다. 패스트푸드 등은 고열량, 저영양 식품으로 영양 불균형을 초래하고 비만을 유발한다. 따라서 ㉢ <u>편식 않는 습관과 고루 섭취하는 균형 있는 식사를 해야 한다.</u>
> 　㉣ <u>마지막으로 꾸준한 운동이 필요하다. 심폐 지구력과 근력을 키우는 운동을 30분에서 1시간 정도 주 3회 이상 꾸준히 하도록 한다. 꾸준한 운동은 여드름 예방에 효과적이기 때문에 피부가 고와지는 데 도움을 준다.</u>
> 　평소 생활 속에서 올바른 식습관을 지닐 수 있도록 노력하고, 즐겁고 긍정적인 생각을 하면서 식사해야 한다. 이러한 올바른 식습관은 우리의 건강을 지켜 주고 삶의 행복과 만족도를 높여 준다.

① ㉠ '이러한 식습관'이 지시하는 내용을 구체적으로 서술해야 한다.
② ㉡ 청소년의 식습관에 관한 자료로서 직장인의 조사 결과는 맞지 않다.
③ ㉢ '편식 않는 습관'이 어색하므로 '편식을 하지 않는 습관'으로 고친다.
④ ㉣ 문단 전체가 통일성을 해치므로 삭제하거나 글의 주제에 맞게 고친다.

풀이와 정답　　　　　　　　　　　　　　　　　　　　　　　　　　　　　　　　　　　정답 ③

풀이 ㉢은 중간 부분의 서술어가 부당하게 생략된 문장이다. 즉, '편식 않는 습관'에 해당하는 서술어가 '해야 한다'는 아니다. '편식하지 않는 습관'으로 고쳐도 여전히 비문이 된다. 따라서 '편식 않는 습관을 통해' 등으로 고쳐야 한다.

오답 ④: 글의 주제는 '청소년들의 올바른 식습관을 위한 노력'인데, ㉣의 '꾸준한 운동'은 주제에 어울리지 않는다.

3단계 문제

41 다음 글의 ㉠~㉤을 문맥에 맞게 수정한 것으로 가장 적절한 것은? [2024 국가직 7급 PSAT 언어논리]

『논어』「자한」편 첫 문장은 일반적으로 "공자께서는 이익, 천명, 인(仁)에 대해서 드물게 말씀하셨다."라고 해석된다. 그런데 『논어』 전체에서 인이 총 106회 언급되었다는 사실과 이 문장 안에 포함된 '드물게(罕)'라는 말은 상충하는 것처럼 보인다. 이러한 충돌을 해결하기 위한 시도는 크게 두 가지 방향에서 이루어졌다. 먼저 해당 한자의 의미를 ㉠ 기존과 다르게 해석하여 이 문장에 대한 일반적 해석을 변경하는 방식으로 이를 해결하려는 시도가 있다. 하지만 이와 다른 방식으로 충돌을 해결할 수 있다고 믿었던 이들도 있다. 그들은 이 문장의 일반적 해석을 바꾸지 않고 다음과 같은 방법들로 문제를 풀려고 시도했다.

첫째, 어떤 이들은 정도를 나타내는 표현이 상대성을 가질 수 있다는 점에 주목했다. 사실, '드물게'라는 것이 과연 어느 정도의 횟수를 의미하는지는 분명하지 않다. '드물다'는 표현은 동일 선상에 있는 다른 것과의 비교를 염두에 둔 것이다. 따라서 ㉡ 인이 106회 언급되었다고 해도 다른 것에 비해서는 드물다고 평가할 수 있다.

둘째, 다른 이들은 텍스트의 형성 과정에 주목했다. 『논어』는 발화자와 기록자가 서로 다른데, 공자 사후 공자의 제자들은 각자가 기억하는 스승의 말이나 스승에 대한 그간의 기록을 모아서 『논어』를 편찬하였다. 이를 염두에 둔다면 다음과 같은 상황을 상상할 수 있다. 공자는 인에 대해 실제로 드물게 말했다. 공자가 인을 중시하면서도 그에 대해 드물게 언급하다 보니 제자들이 자주 물을 수밖에 없었다. 그 대화의 결과들을 끌어모은 것이 『논어』인 까닭에, 『논어』에는 ㉢ 인에 대한 기록이 많아질 수밖에 없었다.

셋째, ㉣ 이 문장을 기록한 제자의 개별적 특성에 주목했던 이들도 있다. 즉, 다른 제자들은 인에 대해 여러 차례 들었지만, 이 문장의 기록자만 드물게 들었을 수 있다. 공자는 질문하는 제자가 어떤 사람인지에 따라 각 제자에게 주는 가르침을 달리했다. 그렇다면 '드물게'는 이 문장을 기록한 제자의 어떤 특성 때문에 나타난 결과일 수 있다.

넷째, 어떤 이들은 시간의 변수를 도입했다. 기록자가 공자의 가르침을 돌아보면서 ㉤ 이 문장을 기록한 시점 이후에 공자는 정말로 인에 대해 드물게 말했는지도 모른다. 그리고 그 뒤 어느 시점부터 공자가 빈번하게 인에 대해 설파하기 시작했으며, 『논어』에 보이는 인에 대한 106회의 언급은 그 결과일 수 있다.

① ㉠을 "기존과 동일하게 해석하여 이 문장에 대한 일반적 해석을 준수하는 방식"으로 고친다.
② ㉡을 "인이 106회 언급되었다면 다른 어떤 것에 비해서도 드물다고 평가할 수 없다"로 고친다.
③ ㉢을 "인에 대한 기록이 적어질 수밖에 없었다"로 고친다.
④ ㉣을 "『논어』를 편찬한 공자 제자들의 공통적 특성"으로 고친다.
⑤ ㉤을 "이 문장을 기록했던 시점까지"로 고친다.

풀이와 정답   **정답** ⑤

풀이 '이전까지'와 '이후부터'로 시간이 대비되어야 하므로 ㉤을 '이 문장을 기록했던 시점까지'로 고치는 것이 적절하다. 공자는 인(仁)에 대해 '이 시점까지 드물게' 말했지만, 그 뒤 '어느 시점부터 빈번하게' 설파했다는 것이 문맥에 맞는 표현이다. '까지'는 어떤 일이나 상태 따위에 관련되는 범위의 끝임을 나타내는 보조사이며, 흔히 앞에는 시작을 나타내는 '부터'와 짝을 이룬다.

오답 나머지는 기존의 ㉠~㉣이 적절하므로 고칠 필요가 없다.

42 ㉠~㉣을 문맥을 고려하여 수정한 것으로 가장 적절한 것은? [2022 지방직 7급]

> 농촌의 모습을 주된 소재로 삼는 A 드라마에 결혼이주여성이 등장한다는 것은 그녀들이 직면한 여러 문제들을 다룰 기회가 마련되었다는 점에서 일단은 긍정적이다. 하지만 ㉠그녀들이 농촌에 정착하는 과정에서 경험하게 되는 다양한 문제들을 단순화할 수 있는 위험성도 내포하고 있다.
> 이 드라마에는 모문화와 이문화 사이의 차이로 인해 힘겨워하는 여성, 민족적 정체성에 혼란을 겪는 여성, 아이의 출산과 양육 문제로 갈등을 겪는 여성 등이 등장한다. 문제는 이 드라마에서 이러한 갈등의 원인을 제대로 규명하는 것보다는 ㉡부부간의 사랑이나 가족애를 통해 극복하는 낭만적인 해결 방식을 주로 선택한다는 데에 있다.
> 예를 들어, ○○화에서는 여성 주인공이 아이의 태교 문제로 내적 갈등을 겪다가 결국 자신의 생각을 포기함으로써 그 갈등이 해소된 것처럼 마무리된다. 태교에 대한 문화적 차이가 주된 원인이었지만, 이 드라마에서는 그것에 주목하기보다 ㉢남편과 갈등을 일으키는 여성 주인공의 모습을 부각하여 사랑과 이해에 기반한 순종과 순응을 결혼이주여성이 갖추어야 할 덕목으로 묘사한 것이다.
> 이 드라마에서 ㉣이러한 강요된 선택과 해소되지 않은 심적 갈등이 사실대로 재현되지 않음으로써 실질적인 원인은 은폐되고 여성의 일방적인 양보와 희생을 통해 해당 문제들이 성급히 봉합된다. 이는 어디까지나 한국인의 시선으로만 결혼이주여성과 다문화가정을 바라보고 있기 때문이다.

① ㉠을 "그녀들이 농촌에 정착하는 과정에서 경험하게 되는 다양한 문제들을 탐색할 수 있는 가능성도"로 고친다.
② ㉡을 "시댁 식구를 비롯한 한국인들과의 온정적인 소통을 통해 극복하는 구체적인 해결 방식"으로 고친다.
③ ㉢을 "남편의 의견을 따르는 여성 주인공의 모습"으로 고친다.
④ ㉣을 "이러한 억압적 상황과 해소되지 않은 외적 갈등이 여과 없이 노출됨으로써"로 고친다.

풀이와 정답 정답 ③

풀이 ㉢의 뒷부분에 나오는 '순종과 순응을 결혼이주여성이 갖추어야 할 덕목'이라는 구절을 통해 ③번처럼 '남편의 의견을 따르는'으로 고치는 것이 적절하다.

오답 나머지는 모두 기존 내용이 문맥에 맞으므로 고칠 필요가 없다.

43 다음 대화의 ㉠에 따라 〈안내〉를 수정한 것으로 적절하지 않은 것은? [2023 국가직 7급 PSAT 언어논리]

> 갑: 지금부터 회의를 시작하겠습니다. 이 자리는 A시 시민안전보험의 안내문을 함께 검토하기 위한 자리입니다. A시 시민안전보험의 내용을 시민들에게 효과적으로 전달하기 위해서 수정 및 보완이 필요한 부분이 있다면 자유롭게 말씀해 주시기 바랍니다.
>
> 을: 시민안전보험의 혜택을 누릴 수 있는 대상이 더 정확하게 표현되면 좋겠습니다. 단순히 A시에서 생활하는 사람이 아닌 A시에 주민으로 등록한 사람이라는 점이 명확하게 드러나야 한다고 생각합니다.
>
> 병: 2024년도부터는 시민안전보험의 보장 항목이 기존의 8종에서 10종으로 확대되었습니다. 보장 항목을 안내하면서 새롭게 추가된 두 가지 항목인 개 물림 사고와 사회재난 사망 사고를 포함하면 좋겠습니다.
>
> 정: 시민안전보험의 보험 기간뿐만 아니라 청구 기간에 대한 정보도 필요합니다. 보험 기간 내에 발생한 사고에 대해서 사고 발생 시점을 기준으로 할 때 보험금을 언제까지 청구할 수 있는지에 대한 안내가 추가되면 좋을 것 같습니다.
>
> 무: 보험금을 어디로 그리고 어떻게 청구할 수 있는지에 대한 구체적 정보도 부족합니다. 시민안전보험에 관심을 가진 시민이라면 연락처 정보만으로는 부족하다고 여길 것 같습니다. 안내문에 보험금 청구에 필요한 대표적인 서류들을 제시하면 어떨까요?
>
> 갑: 좋은 의견을 개진해주셔서 감사합니다. 참고로 최근 민간 기업과의 업무 협약을 통해 A시 누리집뿐만 아니라 코리아톡 앱을 통해서도 A시 시민안전보험에 관한 정보를 확인할 수 있게 되어 이 점 역시 이번에 안내할 계획입니다. 그럼 ㉠ <u>오늘 회의에서 논의된 내용을 반영하여 안내문을 수정하도록 하겠습니다.</u> 감사합니다.

〈안 내〉

우리 모두의 안전은 2024년 A시 시민안전보험 가입으로!
○ 가입 대상: A시 구성원 누구나
○ 보험 기간: 2024. 1. 1.~2024. 12. 31.
○ 보장 항목: 대중교통 이용 중 상해·후유장애 등 총 8종의 사고 보장
○ 청구 방법: B보험사 통합상담센터로 문의
○ 참고 사항: 자세한 관련 내용은 A시 누리집을 통해서도 확인 가능

① 가입 대상을 'A시에 주민으로 등록한 사람 누구나'로 수정한다.
② 보험 기간을 '2024. 1. 1.~2024. 12. 31. (보험 기간 내 사고 발생일로부터 3년 이내 보험금 청구 가능)'로 수정한다.
③ 보장 항목을 '대중교통 이용 중 상해·후유장애, 개 물림 사고, 사회재난 사망 사고 등 총 10종의 사고 보장'으로 수정한다.
④ 청구 방법을 '청구 절차 및 필요 서류는 B보험사 통합상담센터(Tel. 15××−××××)로 문의'로 수정한다.
⑤ 참고 사항을 '자세한 관련 내용은 A시 누리집 및 코리아톡 앱을 통해서도 확인 가능'으로 수정한다.

풀이와 정답

정답 ④

풀이 '무'는 보험금 청구를 위한 구체적 정보가 부족하다고 지적하고 있다. 그렇기에 '연락처 정보'만이 아니라 '보험금 청구에 필요한 대표적인 서류들'을 제시해 달라고 요청하고 있다. 그런데 ④번에는 연락처 정보만 제시되어 있으므로 〈안내〉에 수정하지 않은 내용이 그대로 나온 경우이다. 따라서 ④번은 적절하지 않다.

오답 ①: 혜택을 누릴 수 있는 대상이 더 정확하게 표현되어야 한다고 요청한 '을'의 의견이 잘 반영되었다.
②: 보험 청구 기간에 대한 정보가 추가로 필요하다고 요청한 '정'의 의견이 잘 반영되었다.
③: 보장 항목이 10종으로 확대되었기에 〈안내〉에 추가되어야 한다고 요청한 '병'의 의견이 잘 반영되었다.
⑤: 참고 사항에 '코리아톡 앱'을 통해서도 정보를 확인할 수 있기에 〈안내〉에 추가되어야 한다고 말한 '갑'의 의견이 잘 반영되었다.

天 衣 無 縫
정 상 국 어

제 5 유형 / 15개 문제 유형

1차, 2차 예시문제를 기반으로 한 **15개 문제 유형 집중 분석!**

新유형 9급 국가직·지방직·지역인재 시험대비

'글의 빈칸에 들어갈 말' 유형

01 / 이론 정리

02 / 문제 풀이
  1 관련 예시문제 풀이
  2 관련 추가 문제
      └ 1단계
      └ 2단계
      └ 3단계

天 衣 無 縫
정 상 국 어

제1장 이론 정리

> **문제 사례**
> 1. 다음 글의 ㉠~㉢에 들어갈 말을 적절하게 나열한 것은? (1차 예시. 4번)
> 2. 다음 빈칸에 들어갈 말로 가장 적절한 것은? (2차 예시. 6번)

> **유형 05**
> '글의 빈칸에 들어갈 말'은 글의 흐름을 파악하여 빈칸에 알맞은 단어나 짧은 구를 추론하는 유형의 문항이다. 무엇보다도 글의 주제와 관련된 통일성, 문장 간의 흐름을 통한 일관성을 고려해야 한다. 빈칸의 앞뒤 관계를 살피고 논리적 흐름에 비추어 정답을 유추해 보고, 선택한 답을 빈칸에 넣고 흐름이 자연스러운지 확인해야 한다. 빈칸 주변에 정답의 단서가 직간접적으로 있으므로 그 단서들을 통해 빈칸의 내용을 추론해 보아야 한다. 일반적으로는 빈칸이 있는 부분 단락만 읽어도 정답이 도출되는 경우가 많으니 문장 간의 논리적 관계를 따져 보면 충분히 풀 수 있다. 빈칸에는 'A+B+C'와 같은 대등한 어휘 중 일부가 들어가기도 하고, 문맥을 통해 도출해야 하는 어휘, 구절, 문장이 들어가기도 한다. 따라서 대등, 인과, 역접, 전제와 결론, 일반화와 구체화(예시, 근거, 부연) 등 글의 흐름을 고려해 빈칸에 들어갈 말을 넣으면 된다.

1 '글의 빈칸에 들어갈 말' 문제를 잘 푸는 방법

1. 문맥 이해하기

빈칸이 있는 문장의 앞뒤 문맥을 충분히 읽고 이해해야 한다. 문맥이 주는 의미를 파악하는 것이 중요하다.

2. 키워드 찾기

문장에서 중요한 키워드나 주제를 찾아보아야 한다. 빈칸이 들어갈 부분과 관련된 단어들이 어떤 것인지 생각해 보면 된다.

3. 선택지 분석

주어진 선택지를 하나씩 분석해야 한다. 각 선택지가 문맥에 어떻게 들어맞는지를 고려해야 한다. 의미가 맞는지, 문법적으로 올바른지 확인한다.

4. 어휘의 의미 이해하기

빈칸에 들어갈 수 있는 단어의 의미를 고려해야 한다. 유사한 의미를 가진 단어들 중에서 선택하는 것이 좋다.

5. **의미 연관성 확인**

   빈칸에 들어갈 말이 문장 전체의 의미와 잘 연결되는지 확인해야 한다. 문장이 흐름에 어울려야 한다.

6. **반대 의미 고려하기**

   빈칸에 들어갈 말이 반대 의미를 가진 경우도 있으므로, 문맥상 대비되는 의미가 필요할 수도 있다.

7. **전체적인 흐름 고려하기**

   빈칸을 채운 후 전체 문장을 다시 읽어보면서 문장이 자연스럽고 일관성이 있는지 확인해야 한다.

8. **문법적 요소 확인하기**

   문장의 구조에 따라 필요한 품사(명사, 동사, 형용사 등)를 확인해 보아야 한다. 문법적으로 맞는 단어를 선택해야 한다.

9. **연습**

   다양한 문제를 많이 풀어보는 것이 중요하다. 기출문제나 모의고사를 통해 다양한 유형의 문제를 접해 보아야 한다.

2 비문학 독해를 위해 어휘력 키우는 방법

1. **다양한 비문학 지문 읽기**

   인문, 사회, 과학, 역사 등 다양한 주제의 글을 읽어 보아야 한다. 각 분야에서 자주 사용되는 다양한 어휘와 표현을 접할 수 있다.

2. **어휘 노트 작성**

   읽으면서 모르는 단어나 중요한 단어를 기록하고, 그 의미와 예문을 함께 적어 보아야 한다. 주기적으로 복습하는 것이 좋다.

3. **문맥적 흐름 이해하기**

   단어의 의미를 문맥 속에서 파악하는 연습을 해야 한다. 주변 문장의 의미를 고려하여 단어를 유추하는 능력을 기르는 것이 중요하다.

4. **정기적인 독서 습관**

   매일 일정 시간을 정해 독서를 습관으로 만들어 보아야 한다. 꾸준한 독서를 통해 어휘력을 자연스럽게 향상시킬 수 있다.

참고 어휘력 기르기

<'적(的) 어휘' 100>

번호	어휘	의미
1	물리적(物理的)	① 물질의 원리에 기초한 것 ② 신체와 관련되어 있거나 신체를 써서 폭력을 행사하는 것
2	형이상학적(形而上學的)	형이상학에 관련되거나 바탕을 둔 것(= 정신적 = 철학적 = 고차원적)
3	형이하학적(形而下學的)	형이하학에 관련되거나 바탕을 둔 것(= 물질적 = 경험적 = 저차원적)
4	보편적(普遍的)	① 두루 널리 미치는 것 ② 모든 것에 공통되거나 들어맞는 것
5	특수(特殊)적(성)	일반적이고 보편적인 것과 다른 성질의 것
6	고식적(姑息的)	근본적인 대책을 세우지 아니하고 임시변통으로 하는 것
7	고답적(高踏的)	속세에 초연하며 현실과 동떨어진 것을 고상하게 여기는 것
8	통시적(通時的)	어떤 시기를 종적으로 바라보는. 또는 그런 것
9	공시적(共時的)	어떤 시기를 횡적으로 바라보는. 또는 그런 것
10	통사적(統辭的)	문장 구조와 같은 것 예 통사적 구성
11	현학적(衒學的)	학식이 있음을 자랑하는. 또는 그런 것
12	관조적(觀照的)	고요한 마음으로 사물이나 현상을 관찰하거나 비추어 보는 것
13	달관적(達觀的)	세상의 근심, 걱정, 시름 등에서 멀리 벗어나, 그것을 이미 초월한 듯한 경지에 이른 듯한 느낌을 주는 것
14	우의적(寓意的)	다른 사물에 빗대어 비유적인 뜻을 나타내는 것
15	우회적(迂廻的)	곧바로 가지 않고 멀리 돌아서 가는 것
16	우화적(寓話的)	인격화한 동식물이나 기타 사물을 주인공으로 등장시켜 그들의 행동 속에 풍자와 교훈의 뜻을 나타내는 또는 그런 것
17	우호적(友好的)	개인끼리나 나라끼리 서로 사이가 좋은 것
18	비약적(飛躍的)	① 지위나 수준 따위가 갑자기 빠른 속도로 높아지거나 향상되는 것 ② 논리나 사고방식 따위가 그 차례나 단계를 따르지 아니하고 뛰어넘는 것
19	연역적(演繹的)	일반적인 사실이나 원리를 전제로 하여 개별적인 사실이나 보다 특수한 다른 원리를 이끌어 내는 것
20	귀납적(歸納的)	개별적인 특수한 사실이나 원리로부터 일반적이고 보편적인 명제 및 법칙을 유도해 내는 것

번호	어휘	의미
21	사변적(思辨的)	생각으로 사물의 옳고 그름을 가려내는 것
22	사유적(思惟的)	대상을 두루 생각하는 것
23	사상적(思想的)	어떠한 사물에 대하여 구체적으로 사고하거나 생각하는 것
24	사색적(思索的)	어떤 것에 대하여 깊이 생각하고 이치를 따지는 것
25	연속적(連續的)	연달아 이어지는 것
26	연쇄적(連鎖的)	서로 연결되어 관련이 있는 것
27	파생적(派生的)	사물이 어떤 근원으로부터 갈려 나와 생기는 것
28	탐미적(耽美的)	아름다움을 추구하여 거기에 빠지거나 깊이 즐기는 것
29	낙관적(樂觀的)	앞으로의 일 따위가 잘되어 갈 것으로 여기는 것
30	비관적(悲觀的)	앞으로의 일이 잘 안될 것이라고 보는 것
31	낙천적(樂天的)	세상과 인생을 즐겁고 좋은 것으로 여기는 것
32	직서적(直敍的)	상상이나 감상 따위를 덧붙이지 아니하고 있는 그대로 서술하는 것
33	반어적(反語的)	표현의 효과를 높이기 위하여 실제와 반대되게 말을 하는 것
34	역설적(逆說的)	어떤 주장이나 이론이 겉보기에는 모순되는 것 같으나 그 속에 중요한 진리가 함축되어 있는 것
35	사실적(寫實的)	사물을 있는 그대로 그려 내는 또는 그런 것
36	추상적(抽象的)	① 어떤 사물이 직접 경험하거나 지각할 수 있는 일정한 형태와 성질을 갖추고 있지 않은 것 ② 구체성이 없이 사실이나 현실에서 멀어져 막연하고 일반적인 것
37	급진적(急進的)	변화나 발전의 속도가 급하게 이루어지는 것
38	점진적(漸進的)	조금씩 앞으로 나아가는 것
39	피상적(皮相的)	본질적인 현상은 추구하지 아니하고 겉으로 드러나 보이는 현상에만 관계하는 것
40	지엽적(枝葉的)	본질적이거나 중요하지 아니하고 부차적인 것

번호	어휘	의미
41	개략적(槪略的)	내용을 대강 추려 줄이는 것
42	개괄적(槪括的)	중요한 내용이나 줄거리를 대강 추려 내는 것
43	숙명적(宿命的)	이미 정해진 운명에 의한 것
44	당위적(當爲的)	마땅히 그렇게 하거나 되어야 하는 것
45	선험적(先驗的)	경험에 앞서서 인식의 주관적 형식이 인간에게 있다고 주장하는 것. 대상에 관계되지 않고 대상에 대한 인식이 선천적으로 가능함을 밝히려는 인식론적 태도를 말함 ↔ 경험적
46	생득적(生得的)	태어날 때부터 가지고 난 것 = 선천적(先天的) ↔ 후천적
47	미온적(微溫的)	태도가 미적지근한 것
48	열정적(熱情的)	어떤 일에 열렬한 애정을 가지고 열중하는 것
49	광의적(廣義的)	어떤 말의 개념을 정의할 때에, 넓은 의미의 것
50	협의적(狹義的)	어떤 말의 개념을 정의할 때에, 좁은 의미의 것
51	가시적(可視的)	눈으로 볼 수 있는 것
52	현시적(顯示的)	나타내 보이는 것
53	암시적(暗示的)	명확히 드러내지 않고 넌지시 알리는 것
54	현재적(顯在的)	겉으로 나타나 있는 것 참고 현재적(現在的): 과거도 미래도 아닌 지금의 시간에 관계된 것
55	잠재적(潛在的)	겉으로 드러나지 않고 숨은 상태로 존재하는 것
56	의타적(依他的)	남에게 의지(依支)하거나 의뢰(依賴)하는 것
57	의지적(意志的)	어떠한 일을 이루고자 하는 마음이 있는 것
58	의존적(依存的)	무엇에 기대는 성질이 있는 것
59	이타적(利他的)	자기의 이익보다는 다른 이의 이익을 더 꾀하는 것
60	이기적(利己的)	자기 자신의 이익만을 꾀하는 것

번호	어휘	의미
61	교조적(敎條的)	역사적 환경이나 구체적 현실과 관계없이 어떠한 상황에서도 절대로 변하지 않는 진리인 듯 믿고 따르는 것 = 독단적
62	간헐적(間歇的)	얼마 동안의 시간 간격을 두고 되풀이하여 일어나는 것
63	주기적(週期的)	일정한 간격을 두고 되풀이하여 진행하거나 나타나는 것
64	정기적(定期的)	기한이나 기간이 일정하게 정하여져 있는 것
65	적층적(積層的)	한 개인의 창작물이 아닌, 여러 사람의 이야기가 합쳐짐. 또는 그런 것
66	맹목적(盲目的)	주관이나 원칙이 없이 덮어놓고 행동하는 것
67	상대적(相對的)	서로 맞서거나 비교되는 관계에 있는 것
68	절대적(絕對的)	① 아무런 조건이나 제약이 붙지 아니하는 것 ② 비교하거나 상대될 만한 것이 없는 것
69	진보적(進步的)	사회의 변화와 발전을 추구하는 것
70	보수적(保守的)	새로운 것이나 변화를 반대하고 전통적인 것을 옹호하며 유지하려는 것
71	진취적(進取的)	적극적으로 나아가 일을 이룩하는 것
72	퇴영적(退嬰的)	뒤로 물러나서 가만히 틀어박히려는 성질이 있는 것
73	실질적(實質的)	실제로 있는 본바탕과 같거나 그것에 근거하는 것
74	형식적(形式的)	사물이 외부로 나타나 보이는 모양을 위주로 하는 것
75	주술적(呪術的)	주술(불행이나 재해를 막으려고 주문을 외거나 술법을 부리는 일)에 관련된 것
76	골계적(滑稽的)	익살을 부리는 가운데 어떤 교훈을 주는 것
77	해학적(諧謔的)	익살스럽고도 품위가 있는 말이나 행동이 있는 것
78	풍자적(諷刺的)	풍자(현실의 부정적 현상이나 모순 따위를 빗대어 비웃으면서 씀)의 성격을 띤 것
79	냉소적(冷笑的)	쌀쌀한 태도로 업신여기어 비웃는 것
80	이질적(異質的)	성질이 다른 것 ↔ 동질적

번호	어휘	의미
81	의고적(擬古的)	옛것을 본뜨는 또는 그런 것
82	복고적(復古的)	과거의 사상이나 전통으로 되돌아가려는 것
83	목가적(牧歌的)	농촌처럼 소박하고 평화로우며 서정적인 것
84	향토적(鄕土的)	고향이나 시골의 정취가 담긴 것
85	잠정적(暫定的)	임시로 정하는 것 ↔ 확정적
86	염세적(厭世的)	세상을 싫어하고 모든 일을 어둡고 부정적인 것으로 보는 것
87	총체적(總體的)	있는 것들을 모두 하나로 합치거나 묶은 것
88	단편적(斷片的)	전반에 걸치지 않고 한 부분에 국한된 것
89	항구적(恒久的)	변하지 아니하고 오래가는 것 = 영구적(永久的)
90	일시적(一時的)	짧은 한때의 것
91	위계적(位階的)	위치나 계층 등의 등급이 있는 것
92	지향적(志向的)	어떤 목표나 목적을 향하여 나아가는 것
93	구도적(求道的)	진리나 종교적인 깨달음의 경지를 구하는 것
94	궁극적(窮極的)	더할 나위 없는 지경에 도달하는 것
95	극단적(極端的)	길이나 일의 진행이 끝까지 미쳐 더 나아갈 데가 없는 것
96	절충적(折衷的)	서로 다른 의견이나 생각 따위가 조절되어 알맞게 되는 것
97	감각적(感覺的)	감각을 자극하는 것 (감각: 눈, 코, 귀, 혀, 살갗을 통하여 바깥의 어떤 자극을 알아차림)
98	포괄적(包括的)	일정한 대상이나 현상 따위를 어떤 범위나 한계 안에 모두 끌어넣는 것
99	파격적(破格的)	일정한 격식을 깨뜨리는 것
100	혁신적(革新的)	묵은 풍속, 관습, 조직, 방법 따위를 완전히 바꾸어 새롭게 하는 것

제2장 문제 풀이

관련 예시문제 풀이

44 다음 글의 ㉠~㉢에 들어갈 말을 적절하게 나열한 것은?   [2025 대비 9급 예시문제(1차)]

> 소설과 현실의 관계를 온당하게 살피기 위해서는 세계의 현실성, 문제의 현실성, 해결의 현실성을 구별해야 한다. 우리가 살고 있는 이 입체적인 시공간에서 특히 의미 있는 한 부분을 도려내어 서사의 무대로 삼을 경우 세계의 현실성이 확보된다. 그 세계 안의 인간이 자신을 둘러싼 세계와 고투하면서 당대의 공론장에서 기꺼이 논의해 볼 만한 의제를 산출해 낼 때 문제의 현실성이 확보된다. 한 사회가 완강하게 구조화하고 있는 '가능한 것'과 '불가능한 것'의 좌표를 흔들면서 특정한 선택지를 제출할 때 해결의 현실성이 확보된다.
> 최인훈의 「광장」은 밀실과 광장 사이에서 고뇌하는 주인공의 모습을 통해 '남(南)이냐 북(北)이냐'라는 민감한 주제를 격화된 이념 대립의 공론장에 던짐으로써 ㉠ 을 확보하였다. 작품의 시공간으로 당시 남한과 북한을 소설적 세계로 선택함으로써 동서 냉전 시대의 보편성과 한반도 분단 체제의 특수성을 동시에 포괄할 수 있는 ㉡ 도 확보하였다. 「광장」에서 주인공이 남과 북 모두를 거부하고 자살을 선택하는 결말은 남북으로 상징되는 당대의 이원화된 이데올로기를 근저에서 흔들었다. 이로써 ㉢ 을 확보할 수 있었다.

	㉠	㉡	㉢
①	문제의 현실성	세계의 현실성	해결의 현실성
②	문제의 현실성	해결의 현실성	세계의 현실성
③	세계의 현실성	문제의 현실성	해결의 현실성
④	세계의 현실성	해결의 현실성	문제의 현실성

풀이와 정답

정답 ①

풀이 제시된 글은 '소설과 현실의 관계'를 설명하며 세 가지 현실성을 구별하고 있다. ㉠의 앞 내용으로 보아 '논의해 볼 만한 의제를 산출한 경우'이므로 ㉠에는 '문제의 현실성'이 들어가야 한다. 그리고 ㉡의 앞 내용으로 보아 '우리가 살고 있는 입체적인 시공간의 부분을 무대로 삼은 경우'이므로 ㉡에는 '세계의 현실성'이 들어가야 한다. 마지막으로, ㉢의 앞 내용으로 보아 '한 사회가 구조화하고 있는 좌표를 흔드는 경우'이므로 ㉢에는 '해결의 현실성'이 들어가야 한다.

45 다음 빈칸에 들어갈 말로 가장 적절한 것은?   [2025 대비 9급 예시문제(2차)]

> 로빈후드는 14세기 후반인 1377년경에 인기를 끈 작품 〈농부 피어즈〉에 최초로 등장한다. 로빈후드 이야기는 주로 숲을 배경으로 전개된다. 숲에 사는 로빈후드 무리는 사슴고기를 중요시하는데 당시 숲은 왕의 영지였고 사슴 밀렵은 범죄였다. 왕의 영지에 있는 사슴에 대한 밀렵을 금지하는 법은 11세기 후반 잉글랜드를 정복한 윌리엄 왕이 제정한 것이므로 아마도 로빈후드 이야기가 그 이전 시기로까지 거슬러 올라가지는 않을 것이다. 또한 이야기에서 셔우드 숲을 한 바퀴 돌고 로빈후드를 만났다고 하는 국왕 에드워드는 1307년에 즉위하여 20년간 재위한 2세일 가능성이 있다. 1세에서 3세까지의 에드워드 국왕 가운데 이 지역의 순행 기록이 있는 사람은 에드워드 2세뿐이다. 이러한 근거를 토대로 추론할 때, 로빈후드 이야기의 시대 배경은 아마도 ☐☐☐☐ 일 가능성이 가장 크다.

① 11세기 후반
② 14세기 이전
③ 14세기 전반
④ 14세기 후반

풀이와 정답   정답 ③

풀이 제시된 글에 의하면 로빈후드 이야기의 시대 배경은 14세기 전반, 즉 1300년대 초반일 가능성이 가장 크다고 추론할 수 있다. 이는 로빈후드가 등장한 작품 〈농부 피어즈〉가 14세기 후반인 1377년경에 인기를 끌었고, 그 전후로 밀렵과 왕의 영지에 대한 법이 중요하게 다루어졌기 때문이다. 또한, 국왕 에드워드 2세와 관련된 기록이 있는 점도 이 시기를 뒷받침하는 요소로 작용한다. 따라서 로빈후드 이야기는 14세기 전반을 배경으로 한 것으로 추정할 수 있다.

오답 ①: 11세기 후반에 처음으로 왕의 영지에 있는 사슴에 대한 밀렵을 금지하는 법이 제정되었다. 따라서 그 이전으로 배경이 거슬러 올라가지 않을 뿐만 아니라, 금지하는 법이 제정되자마자 소설이 나왔을 리도 없다고 판단할 수 있다. 그리고 글의 중간 이후에 나오는 '또한' 이후의 내용을 보았을 때 ①번은 적절하지 않다.

참고 글의 제목: <로빈후드 이야기의 시대 배경 분석: 14세기 전반일 가능성>.

관련 추가 문제

1단계 문제

46 다음 중 ㉠~㉢에 알맞은 말을 순서대로 나열한 것은? [2022 군무원 9급]

> 먼 곳의 물체를 볼 때 물체에서 반사되어 나온 빛이 눈 속으로 들어가면서 각막과 수정체에 의해 굴절되어 망막의 앞쪽에 초점을 맺게 되면 망막에는 초점이 맞지 않는 상이 맺힘으로써 먼 곳의 물체가 흐리게 보인다. 이것을 근시라고 한다.
> 근시인 눈에서 보고자 하는 물체가 눈에 가까워지면 망막의 (㉠)에 맺혔던 초점이 (㉡)으로 이동하여 망막에 초점이 맺혀 흐리게 보이던 물체가 선명하게 보인다. 그리고 이 지점보다 더 가까운 곳의 물체는 조절 능력에 의하여 계속 잘 보인다.
> 이와 같이 근시는 먼 곳의 물체는 잘 안 보이고 가까운 곳의 물체는 잘 보이는 것을 말한다. 근시의 정도가 심하면 심할수록 눈 속에 맺히는 초점이 망막으로부터 (㉢)으로 멀어져 가까운 곳의 잘 보이는 거리가 짧아지고 근시의 정도가 약하면 꽤 먼 곳까지 잘 볼 수 있다.

   ㉠ ㉡ ㉢
① 앞쪽 – 뒤쪽 – 앞쪽
② 뒤쪽 – 앞쪽 – 앞쪽
③ 앞쪽 – 뒤쪽 – 뒤쪽
④ 뒤쪽 – 앞쪽 – 뒤쪽

| 풀이와 정답 | 정답 ① |

풀이 첫 단락에 의하면 근시(近視)는 망막의 앞쪽에 초점을 맺게 되면서 먼 곳의 물체가 흐리게 보이는 것을 말한다. 따라서 물체를 선명하게 보기 위해서는 망막의 ㉠앞쪽에 맺혔던 초점이 ㉡뒤쪽으로 이동해야 한다. 그리고 근시의 정도가 심할수록 망막으로부터 ㉢앞쪽으로 멀어져 가까운 곳의 잘 보이는 거리가 짧아지게 된다.

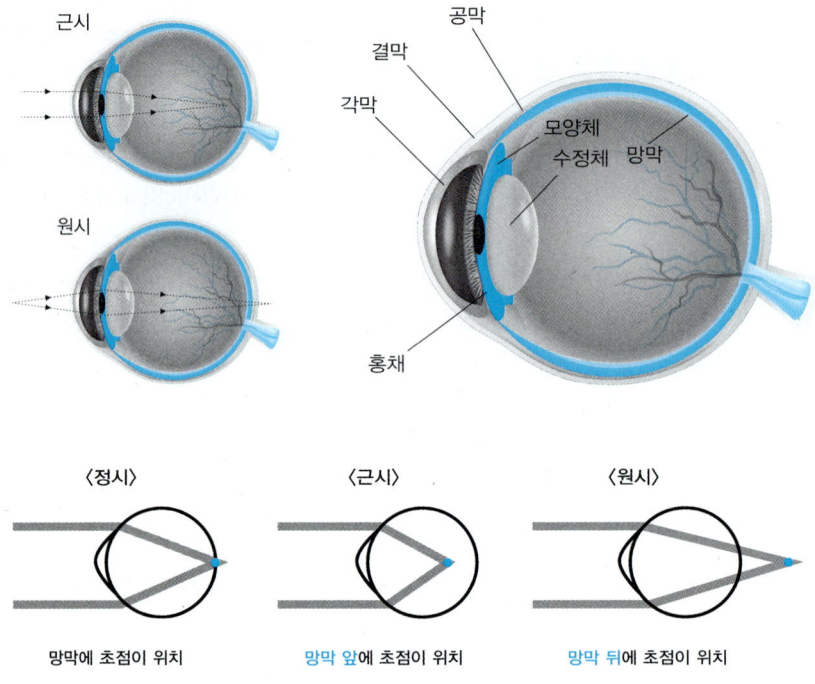

112 "눈부신 유혹을 견디면 눈부신 성공을 거둘 수 있다!"

47 (가)에 들어갈 말로 적절한 것은? [2022 지방직(간호) 8급]

「호질(虎叱)」은 『열하일기』에 수록된 박지원의 대표적인 한문 소설로, ___(가)___ 수법으로 인간 사회가 지닌 문제점과 특히 지배층의 위선을 비판함으로써 색다른 재미와 교훈을 함께 주고 있다. 「호질」의 내용은 크게 세 부분으로 나눌 수 있다. 첫째는 범이 자신의 몸에 붙어 사는 창귀들과 함께 먹잇감을 의논하는 부분이다. 둘째는 학식과 명망을 갖춘 북곽 선생과 열녀로 소문난 과부 동리자가 밤에 남몰래 밀회를 즐기다가 동리자의 아들들에게 발각되어 수모를 당하는 부분으로, 양반 지배층의 위선과 가식을 폭로하고 있다. 셋째는 범이 북곽 선생을 만나 질타하는 부분으로, 범의 질책은 바로 작품의 제목이자 주제이기도 하다. 범은 살기 위해 목숨을 구걸하는 북곽 선생을 앞에 두고 인간의 부도덕함과 이기심, 서로를 죽이는 잔인함 등을 비판하고 그와 비교되는 범의 덕성을 얘기한다.

① 의고적(擬古的)
② 고답적(高踏的)
③ 우화적(寓話的)
④ 사실적(寫實的)

풀이와 정답 정답 ③

풀이 박지원의 「호질(虎叱)」은 호랑이를 의인화하여 도학자의 위선을 신랄하게 꾸짖는 내용의 소설이다. (가)에 들어갈 말은 '우화적(寓話的)(맡길 우, 말 화, 적 적)'이며, '인격화한 동식물이나 기타 사물을 주인공으로 등장시켜 그들의 행동 속에 풍자와 교훈의 뜻을 나타내는 또는 그런 것'을 뜻한다.

오답 ① 의고적(擬古的): 옛것을 본뜨는 또는 그런 것. 예 의고적인 문체.
② 고답적(高踏的): 속세에 초연하며 현실과 동떨어진 것을 고상하게 여기는 또는 그런 것. 예 세상 물정 모르는 고답적인 선비.
④ 사실적(寫實的): 사물을 있는 그대로 그려 내는 또는 그런 것.

48 다음 글의 (가)와 (나)에 들어갈 말로 적절한 것은?

[2024 국가직 9급]

> 채식주의자는 고기, 생선, 유제품, 달걀 섭취 여부에 따라 다섯 가지로 나뉜다. 완전 채식주의자는 이들 모두를 섭취하지 않으며, 페스코 채식주의자는 고기는 섭취하지 않지만 생선은 먹으며, 유제품과 달걀은 개인적 선호에 따라 선택적으로 섭취한다. 남은 세 가지 채식주의자는 고기와 생선 모두를 먹지 않되 유제품과 달걀 중 어떤 것을 먹느냐의 여부로 결정된다. 이들의 명칭은 라틴어의 '우유'를 의미하는 '락토(lacto)'와 '달걀'을 의미하는 '오보(ovo)'를 사용해 정해졌는데, 예를 들어, 락토오보 채식주의자는 고기와 생선은 먹지 않으나 유제품과 달걀은 먹는다. 락토 채식주의자는 (가) 먹지 않으며, 오보 채식주의자는 (나) 먹지 않는다.

① (가): 달걀은 먹지만 고기와 생선과 유제품은
　(나): 고기와 생선과 달걀은 먹지만 유제품은
② (가): 달걀은 먹지만 고기와 생선과 유제품은
　(나): 유제품은 먹지만 고기와 생선과 달걀은
③ (가): 유제품은 먹지만 고기와 생선과 달걀은
　(나): 고기와 생선과 유제품은 먹지만 달걀은
④ (가): 유제품은 먹지만 고기와 생선과 달걀은
　(나): 달걀은 먹지만 고기와 생선과 유제품은

풀이와 정답　　　　　　　　　　　　　　　　　　　　　　　　　　**정답** ④

풀이 제시문에 의하면, 채식주의자는 일반적으로 고기와 생선을 먹지 않는데 유제품과 달걀 중 어느 것을 먹느냐의 여부에 따라 종류가 달라진다. 그중 락토 채식주의자는 라틴어에서 '우유'를 의미하는 '락토'를 사용했으므로 우유와 같은 유제품은 먹는 사람들이다. 반면, 오보 채식주의자는 라틴어에서 '달걀'을 의미하는 '오보'를 사용했으므로 달걀은 먹는 사람들이다.

오답 페스코 채식주의자에 한해 생선을 먹는다. 하지만 나머지 채식주의자는 고기와 생선을 먹지 않는다. 따라서 고기와 생선을 먹는다고 말한 ①번과 ③번은 이미 답이 될 수 없다.

2단계 문제

49 다음 글에서 ㉠, ㉡에 들어갈 알맞은 말은? [2020 군무원 7급]

> 일의 시간은 오늘날 시간 전체를 잠식해 버렸다. 우리는 휴가 때뿐만 아니라 잠잘 때에도 일의 시간을 데리고 간다. 지쳐 버린 성과 주체는 마비되는 것처럼 그렇게 잠이 든다. 긴장의 이완 역시 노동력의 재충전에 기여한다는 점에서 일의 한 양태에 지나지 않는다. 이른바 ㉠ 도, 다른 시간을 만들어 내지도 못한다. 그것 역시 가속화된 일의 시간이 낳은 결과일 뿐이다. 일반적으로 받아들여지고 있는 견해와는 달리, ㉡ 는 오늘날 당면한 시간의 위기, 시간의 질병을 극복할 수 없다. 오늘날 필요한 것은 다른 시간, 일의 시간이 아닌 새로운 시간을 생성하는 시간 혁명이다.

① ㉠: 빠르게 살기   ㉡: 빠르게 살기
② ㉠: 느리게 살기   ㉡: 느리게 살기
③ ㉠: 빠르게 살기   ㉡: 느리게 살기
④ ㉠: 느리게 살기   ㉡: 빠르게 살기

풀이와 정답 정답 ②

풀이 글쓴이는 일의 시간에 쫓기듯 살아가는 현대인의 삶을 언급하며 이른바 '느리게 살기' 역시 대안이 될 수 없다고 말한다. 오늘날 시간의 위기를 극복하기 위해서 새로운 시간을 생성하는 시간 혁명이 필요하다고 주장하고 있다. 따라서 ㉠과 ㉡ 모두 '느리게 살기'가 들어가야 한다.

참고 제시문: 한병철, <시간의 향기>(2013)

50 다음 글의 (   )에 들어갈 말로 적절하지 않은 것은?

[2021 군무원 7급]

> 이 시인은 사람들의 관심 밖에 놓여 있는 미미한 대상을 정밀하게 관찰하고 거기에 시적 의미를 부여함으로써 (①) 풍경을 서정적 수채화로 변형시킨다. 대상을 정확히 관찰한다는 점에서는 (②)인데, 서정의 윤기를 입힌다는 점에서 그는 분명 로맨티스트이다. 대상의 배면에서 전해오는 사물의 축축한 습기라든가 무정한 듯 펼쳐진 정경에서 배어나오는 생의 슬픔 같은 것을 즐겨 그려내는데, 생의 (③)에서 떠나 있는 듯한 그 애잔한 질감이 결국은 생의 문제와 결부되어 있음을 느끼게 하는 데 그의 특색이 있다. 그의 시집은 아련한 빛의 파문 속에 명멸하는 따스하면서도 (④) 생의 영상들을 쌓아놓았다.

① 평범한 ② 모럴리스트
③ 현장 ④ 서글픈

풀이와 정답

정답 ②

풀이 ②번에는 '리얼리스트(realist)'가 들어가야 한다. 괄호 앞의 내용 중 '미미한 대상을 정밀하게 관찰', '평범한 풍경을 변형', '대상을 정확히 관찰'한다는 내용을 통해 시인이 사실주의자, 현실주의자임을 알 수 있다. 참고로, '모럴리스트(moralist)'는 도덕주의자, '로맨티스트(romantist)'는 낭만주의자를 뜻한다.

참고 01 제시된 글은 박형준 시인의 시집 《춤》(2005)에 대한 이숭원의 평론집(2015) 내용의 일부이다. 박형준은 서정주 시인의 제자이기도 하다. 평론의 내용에는 '생의 이면에 대한 상징적 해석'이라는 부제목이 붙어 있다.

참고 02 박형준, 〈춤〉(2005). 주제: 자유를 향한 압박감과 역동성

> 근육은 날자마자
> 고독으로 오므라든다
>
> 날개 밑에 부풀어 오르는 하늘과
> 전율 사이
> 꽃이 거기 있어서
>
> 絕海孤島(절해고도),
> 내리꽂혔다
> 솟구친다
> 근육이 오르라졌다
> 퍼지는 이 쾌감
>
> 살을 상상하는 동안
> 발톱이 점점 바람 무늬로 뒤덮인다
> 발아래 움켜쥔 고독이
> 무게가 느껴지지 않아서
>
> 상공에 날개를 활짝 펴고
> 외침이 절해를 찢어놓으며
> 서녘 하늘에 날라다 퍼낸 꽃물이 몇 동이일까
>
> 천 길 절벽 아래
> 꽃 파도가 인다

51 다음 글의 ㉠~㉣에 들어갈 말을 바르게 연결한 것은? [2021 국회직 9급]

> 유전자의 (㉠)을/를 이용하여 먼 과거까지 들여다볼 방법이 있다. 한 종의 유전자 풀은 과거 특정 환경에서 살아남은 서로 (㉡) 카르텔이다. 이는 그 환경에 일종의 (㉢)을 남긴다. 지식이 있는 유전학자라면 한 동물의 (㉣)로부터 그 조상이 살았던 환경을 읽어 낼 수 있을 것이다.
> 원칙대로라면, 두더지의 DNA는 축축하고 깜깜하며, 지렁이 냄새, 딱정벌레 애벌레 냄새로 가득한 지하 세계를 드러내야 한다. 우리가 읽어낼 줄만 안다면 아라비아낙타의 DNA에는 고대의 사막, 모래바람, 사구, 목마름이 코딩되어 있을 것이다.

	㉠	㉡	㉢	㉣
①	사상	협력하는	음각 도장	유전체
②	정보	경쟁하는	양각 도장	유전체
③	사상	경쟁하는	음각 도장	생태
④	정보	협력하는	음각 도장	유전체
⑤	사상	협력하는	양각 도장	생태

풀이와 정답

정답 ④

풀이 ㉠에는 첫 번째 줄 '유전자 풀(遺傳子pool. 유성 생식을 하는 생물 집단 전체의 유전 정보)'을 통해 '정보(情報)'가 들어가고, 한 종의 유전자는 서로 협력(協力)(=㉡)하는 카르텔(Kartell. 독점 협정. 독일어)이다. ㉢에는 유전자 정보를 깊이 새기고 남긴다는 의미인 '음각 도장(陰刻圖章)'이 들어가야 한다. '음각(陰刻)'은 미술 조각에서, 평평한 면에 글자나 그림 따위를 안으로 들어가게 새기는 일. 또는 그런 조각을 뜻하며, '도장(圖章)'은 일정한 표적으로 삼기 위하여 개인, 단체, 관직 따위의 이름을 나무, 뼈, 뿔, 수정, 돌, 금 따위에 새겨 문서에 찍도록 만든 물건을 뜻한다. 마지막으로, 한 동물의 유전체(遺傳體. 낱낱의 생물체)(=㉣)에는 유전자의 정보가 있으므로 그 조상이 살았던 환경이 나타난다.

참고 디엔에이(DNA): 유전자의 본체. 배열 순서에 유전 정보가 들어 있어 그 정보에 해당하는 단백질을 만든다.

3 단계 문제

52 다음 글의 (가)와 (나)에 들어갈 말을 짝지은 것으로 가장 적절한 것은? [2024 국가직 7급 PSAT 언어논리]

> 진공 상태에서 금속이나 반도체 물질에 높은 전압을 가하면 그 표면에서 전자가 방출된다. 방출된 전자가 형광체에 충돌하면 빛이 발생하는데, 이 빛을 이용하여 디스플레이를 만들 수 있다. 이런 디스플레이를 만들기 위해, 금속이나 반도체 물질로 만들어진 원기둥 형태의 나노 구조체가 기판에 고밀도로 존재하도록 제작하는 기술이 개발되고 있다.
>
> 고밀도의 나노 구조체가 있는 기판을 제작하려는 것은 나노 구조체의 밀도가 높을수록 단위 면적당 더 많은 양의 전자가 방출될 것이라는 가설 H_1에 근거하고 있다. 그러나 기판의 단위 면적당 방출되는 전자의 양은 나노 구조체의 밀도가 일정 수준 이상으로 높아지면 오히려 줄어들게 될 것이라는 가설 H_2를 주장하는 과학자들의 수가 많아지고 있다. 이는 나노 구조체가 너무 조밀하게 모여 있으면 나노 구조체 각각에 가해지는 실제 전압이 오히려 감소한다는 사실에 기반을 두고 있다.
>
> 과학자 L은 가설 H_1과 가설 H_2를 확인하기 위한 원기둥 형태의 금속 재질의 나노 구조체 X가 있는 기판을 제작하였다. 이 기판에 동일 거리에서 동일 전압을 가하여 다음의 실험을 수행하였다.
>
> 〈실험〉
> 실험 1: X가 있는 기판 A와 A보다 면적이 두 배이고 X의 개수가 네 배인 기판 B를 제작하였다. 이때 단위 면적당 방출된 전자의 양은 기판 A와 기판 B가 같았다.
> 실험 2: 단위 면적당 방출된 전자의 양은, 기판 C에 10,000개의 X가 있을 때보다 20,000개의 X가 있을 때 더 많았고, 기판 C에 20,000개의 X가 있을 때보다 30,000개의 X가 있을 때 더 적었다.
>
> 두 실험 중 실험 1은 가설 H_1을 ___(가)___, 실험 2는 가설 H_2를 ___(나)___.

	(가)	(나)
①	강화하고	강화한다
②	강화하고	약화한다
③	약화하지 않고	약화한다
④	약화하고	약화한다
⑤	약화하고	강화한다

풀이와 정답　　　　　　　　　　　　　　　　　　　　　　　　　정답 ⑤

풀이 실험 1에 의하면 기판 B는 기판 A의 밀도보다 두 배 높은데 방출되는 전자의 양은 같다. '기판 B는 기판 A보다 면적이 두 배이고 X의 개수가 네 배인데, 단위 면적당 방출된 전자의 양은 기판 A와 기판 B가 같다.'는 것을 통해 알 수 있다. 결국 실험 1은 나노 구조체의 밀도가 높을수록 단위 면적당 더 많은 양의 전자가 방출될 것이라는 가설 H_1과 일치하지 않은 결과이므로 가설 H_1을 약화한다.

또한, 실험 2에 의하면 기판의 단위 면적당 방출되는 전자의 양은 나노 구조체의 밀도가 일정 수준 이상으로 높아지면 오히려 줄어든 결과를 보여 준다. '기판 C에 20,000개의 나노 구조체 X가 있을 때보다 30,000개의 X가 있을 때 더 적었다.'는 것을 통해 알 수 있다. 결국 실험 2는 가설 H_2를 지지하는 결과이므로 가설 H_2를 강화한다.

53 다음 글의 맥락을 고려할 때 빈칸에 들어갈 말로 가장 적절한 것은? [2023 지방직 9급]

> 능숙한 필자와 미숙한 필자는 글쓰기 과정 중 '계획하기'에서 뚜렷한 차이를 보인다. 전자는 이 과정에 오랜 시간 공을 들이는 반면, 후자는 그렇지 않다. 글쓰기에서 계획하기는 글쓰기의 목적 수립, 주제 선정, 예상 독자 분석 등을 포함한다. 이 중 예상 독자 분석이 중요한 이유는 ☐☐☐☐ 때문이다. 글을 쓸 때 독자의 수준에 비해 너무 어려운 개념과 전문용어를 사용한다면 독자가 글을 이해하기 어렵게 된다. 글쓰기는 필자가 글을 통해 자신의 메시지를 독자에게 전달하는 행위라는 점을 고려하면 계획하기 단계에서 반드시 예상 독자를 분석해야 한다.

① 계획하기 과정이 글쓰기 전체 과정의 첫 단계이기
② 글에 어려운 개념이나 전문용어를 어느 정도 포함해야 하기
③ 필자의 메시지를 독자에게 효과적으로 전달하는 데 도움이 되기
④ 독자의 배경지식 수준을 고려해야 글의 목적과 주제가 결정되기

풀이와 정답   **정답** ③

풀이 예상 독자 분석이 중요한 이유는 빈칸 바로 뒤에 나온다. 독자의 수준에 맞는 개념과 용어를 사용해야 필자의 메시지를 독자에게 효과적으로 전달할 수 있다고 보았다. 독자의 수준을 고려한 글쓰기를 해야 한다는 것이 핵심 내용이다.

오답 ④: 독자의 수준을 고려할 수는 있지만 그로 인해 글의 목적과 주제가 결정되는 것은 아니다. 글의 목적과 주제는 계획하기 과정에서 필요하기는 하지만 독자와는 관련이 없다.

54 맥락을 고려할 때, ㉠~㉣에 들어갈 말로 가장 적절하게 묶인 것은?

[2020 군무원 7급]

영화를 보면 어떤 물체를 3차원 입체 스캐너에 집어넣고 레이저를 이용해서 쓰윽 스캔을 한 뒤 기계가 왔다 갔다 왕복운동을 하면, 무에서 유를 창조하듯 스캐닝 했던 물체와 똑같은 물체가 만들어지는 (㉠)이 나온다. 공상과학 영화에서나 나오는 이런 허구 같은 상황, 그것이 실제로 일어났다. 물체를 3차원 스캔하거나 3D 모델링 프로그램으로 설계해서 입체 모형으로 만들어내는 이 마법 같은 기계인 3D 프린터가 어느새 우리 생활 속으로 들어왔다.

3D 프린터가 가장 많이 사용되는 곳은 (㉡) 생산이다. 그간 제품을 개발할 때에는 금형을 만들어서 샘플을 찍어내거나 수작업으로 모형을 만들어냈고, 이후에 수정하거나 설계를 변경하게 되면 엄청난 시간과 비용이 소요되었다. 그러나 3D 프린터로 샘플을 만들어 문제점과 개선점을 확인한 후에 금형을 만들고 제품을 생산하면, 비용 절감은 물론 개발 기간 단축에도 큰 도움이 된다.

3D 프린터는 (㉢)으로도 유용하게 사용되고 있다. 인체에 무해한 종류의 금속이나 플라스틱 수지 또는 인공뼈 소재를 이용해서 유실된 뼈 부분을 대신하는 용도로 사용되고 있으며, 아주 복잡하고 위험한 수술 전에 실제와 거의 동일한 인체 구조물로 미리 연습을 하도록 돕기도 한다. 또한 큰 사고로 얼굴의 일부가 크게 손상되거나 유실된 환자를 위해 정교하게 제작된 일종의 부분 가면을 만드는 것도 가능하다.

아직은 3D 프린터가 일반 가정이나 우리의 실생활에 깊게 들어왔다고 보기에는 다소 이르지만 (㉣) 우리 생활에 정말로 녹아든 시대가 올 것이다. 그러나 한국의 3D 프린터 산업은 여전히 걸음마 단계이다. 정부와 대기업의 관심도 아직 미진하여 교육기관의 3D 프린터 도입은 전혀 준비되지 않았다. 더 늦기 전에 우리도 처음 큰 한걸음을 내딛어 경쟁력을 갖춰 나가야 한다.

	㉠	㉡	㉢	㉣
①	상황,	완제품,	산업용,	언젠가
②	상황,	시제품,	산업용,	조만간
③	장면,	완제품,	의료용,	언젠가
④	장면,	시제품,	의료용,	조만간

풀이와 정답

정답 ④

풀이 ㉠에는 '장면(場面)'이 들어가야 한다. '어떤 장소에서 겉으로 드러난 면이나 벌어진 광경'을 뜻한다. ㉡에는 '시제품(試製品)'이 들어가야 한다. '시험 삼아 만들어 본 제품'을 뜻한다. 바로 뒤에 이어지는 '샘플'을 통해 알 수 있다. ㉢에는 '의료용(醫療用)'이 들어가야 한다. 바로 뒤에 이어지는 '인공뼈 소재, 수술, 큰 사고' 등을 통해 알 수 있다. ㉣에는 '조만간(早晚間)'이 들어가야 한다. '앞으로 곧'을 뜻한다. 바로 뒤의 '시대가 올 것이다'를 통해 알 수 있다.

오답 상황(狀況): 일이 되어 가는 과정이나 형편.
완제품(完製品): 일정한 조건에 알맞게 제작 공정을 완전히 마친 제품.
산업용(産業用): 생산하거나 재생산하는 데에 쓰임.
언젠가: ㉠ 미래의 어느 때에 가서는. ㉡ 이전의 어느 때에.

天衣無縫
정상국어

제 6 유형 / 15개 문제 유형

1차, 2차 예시문제를 기반으로 한 **15개 문제 유형 집중 분석!**

新유형 9급 국가직·지방직·지역인재 시험대비

'문맥상 의미' 유형

01 / 이론 정리

02 / 문제 풀이
1 관련 예시문제 풀이
2 관련 추가 문제
  └ 1단계
  └ 2단계
  └ 3단계

天衣無縫
정상국어

제 1 장 이론 정리

> **문제 사례**
> 1. 문맥상 ㉠의 의미와 가장 가까운 것은? (1차 예시. 11번)
> 2. 밑줄 친 표현이 문맥상 ㉠의 의미와 가장 가까운 것은? (2차 예시. 12번)
> 3. ㉠~㉣과 바꿔 쓸 수 있는 유사한 표현으로 적절하지 않은 것은? (1차 예시. 16번)

유형 06

'문맥상 의미' 유형은 주어진 문맥에서 특정 단어나 구의 의미를 파악하고, 그 의미와 가장 유사한 선택지를 찾는 유형의 문항이다. 이러한 문제를 해결하기 위해서는 우선, 기호가 포함된 문장을 주의 깊게 읽고, 전체 문맥을 이해해야 한다. 그리고 기호가 어떤 의미로 사용되었는지 분석한다. 이때, 기호가 속한 문장이나 문단의 주제를 고려한다. 그 후 주어진 선택지들을 검토하여, 기호의 의미와 가장 유사한 것을 찾는다. 마지막으로, 각 선택지의 의미를 기호와 비교하여 가장 적합한 답을 선택하면 된다.

이런 유형의 문제를 풀 때는 문맥을 잘 이해하고, 단어의 다양한 의미를 고려하는 것이 중요하다. 무엇보다도, 문맥상 의미도 사전적 의미에서 비롯된 다의적이고 확장된 의미이므로 객관적으로 의미를 파악해야 한다.

시험에는 사전에 있는 예문이 그대로 활용되는 경우가 많으니 국어사전을 생활화하는 습관을 가져야 한다.

1 '문맥상 의미' 문제를 잘 푸는 방법

1. 문맥의 함축적 의미 파악
문제에서 주어진 문장을 전체적으로 읽고, 문맥에서 단어가 어떤 의미로 사용되는지를 파악하는 것이 중요하다.

2. 밑줄 친 단어 분석하기
밑줄 친 단어의 의미를 생각해 보고, 그 단어가 문장에서 어떤 역할을 하는지 분석해 본다. 이 단어가 긍정적인 의미인지, 부정적인 의미인지, 또는 중립적인 의미인지 고려해야 한다.

3. 대체(代替) 단어 찾기
밑줄 친 단어를 대체할 수 있는 다른 단어를 찾아보아야 한다. 이 단어가 문맥에 잘 어울리는지 확인한다.

4. 자연스러운 표현 선택
대체 단어를 선지에 대입하여 가장 자연스럽고 적절한 표현을 선택한다.

5. 동의어 및 반의어 찾기

   주어진 문장에서 특정 단어의 동의어나 반의어를 찾아본다. 문맥에 따라 적절한 단어를 선택해야 한다.

6. 어휘의 종류 고려

   순우리말보다는 한자어에서 대체 단어를 찾는 것이 좋다. 한자어는 개념 구분이 명확하여 혼동을 줄일 수 있다.

7. 문장 구조 분석

   밑줄 단어와 호응하거나 꾸며주는 성분을 고려하고, 문장 구조를 비교하는 것도 도움이 된다.

8. 재확인하기

   선택한 답이 문맥에 잘 맞는지 다시 한번 확인한다. 다른 선택지와 비교하여 왜 이 선택지가 가장 적합한지 설명할 수 있어야 한다.

2 국어의 다의어(多義語) 문제를 잘 푸는 방법

1. 다의어(多義語)란?

   하나의 단어가 여러 가지 의미를 가지는 경우를 말한다. 중심 의미와 주변 의미가 있다. 예를 들어, '다리'는 원래 '사람이나 짐승의 몸통 아래에 붙어서 몸을 받치며 서거나 걷거나 뛰게 하는 부분'을 가리키지만, '책상 다리', '지겟다리'처럼 '물건의 하체 부분'을 가리키기도 하는데, 이러한 단어를 이른다.

2. 의미 간의 연관성

   다의어는 의미 간에 연관성이 있어야 하며, 이를 통해 문맥에 맞는 의미를 선택해야 한다.

3. 문맥 파악하기

   문제에서 주어진 문장을 잘 읽고, 문맥을 파악하여 어떤 의미로 사용되었는지를 이해하는 것이 중요하다.

4. 기본 의미 추론하기

   다의어의 중심 의미(기본 의미)를 먼저 생각해 보고, 그 의미가 문장에서 어떻게 사용되는지를 분석한다. 이 과정에서 상위 의미를 고려하는 것도 도움이 된다.

5. 다양한 예문 활용하기

   다양한 예문을 통해 다의어의 사용 예를 익히고, 문제를 풀어 보는 것이 좋다. 예문을 통해 각 의미의 차이를 명확히 할 수 있다.

6. 유의어와 구분

   다의어와 유의어(類義語)를 혼동하지 않도록 주의해야 한다. 유의어는 의미가 비슷한 단어들로, 다의어와는 개념이 다르다.

7. 동음이의어와 구분

동음이의어(同音異義語)는 발음이 같지만 의미가 다른 단어를 말한다. 예를 들어, '눈'은 시각 기관[眼. 눈 안]을 의미하기도 하고, 눈이 내리는 것[雪. 눈 설]을 의미하기도 한다. 다의어와는 달리 동음이의어는 우연히 발음이 같은 경우이므로 의미 간의 연관성이 없다. 또한, 동음이의어는 한글은 같지만 한자가 다르며, 일반적으로 장단음의 차이도 있다.

8. 문맥에 따른 구분

동음이의어도 문맥에 따라 의미가 달라지므로, 문제를 풀 때 문맥을 잘 파악하는 것이 중요하다.

3 다의어와 동음이의어의 차이

1. 다의어(多義語)

한 단어에 여러 개의 의미가 결합되어 있는 관계

> • **다의어의 중심적 의미와 주변적 의미**
> ① **중심적 의미**: 가장 기본적이고 핵심적인 의미
> 　예 먹다: 음식 따위를 입을 통하여 배 속에 들여보내다.
> ② **주변적 의미**: 중심적 의미에서 확장되어 사용된 의미
> 　예 먹다: 담배나 아편 따위를 피우다. 연기나 가스 따위를 들이마시다. 어떤 마음이나 감정을 품다. 일정한 나이에 이르거나 나이를 더하다. 욕, 핀잔 따위를 듣거나 당하다. 등

2. 동음이의어(同音異義語)

소리는 같으나 그 의미는 다른 어휘, 다의어와는 다름
① 배1 : 사람이나 동물의 몸에서 위장, 창자, 콩팥 따위의 내장이 들어 있는 곳으로 가슴과 엉덩이 사이의 부위
② 배2 : 사람이나 짐 따위를 싣고 물 위로 떠다니도록 나무나 쇠로 만든 물건
③ 배3 : 배나무의 열매

깊이보기

- **동음이의어** : 소리는 같지만 의미적으로 관련이 없는 단어이다. 사전에 다른 표제어로 실린다.

| 국립국어원 표준국어대사전에 실린 동음이의어 '배'

> **배01**
> 「명사」
> 1. 『의학』 사람이나 동물의 몸에서 위장, 창자, 콩팥 따위의 내장이 들어 있는 곳으로 가슴과 엉덩이 사이의 부위
> 2. 『동물』 절족동물, 특히 곤충에서 머리와 가슴이 아닌 부분. 여러 마디로 되어 있으며 숨구멍, 항문 따위가 있다.
>
> **배02**
> 「명사」
> 사람이나 짐 따위를 싣고 물 위로 떠다니도록 나무나 쇠로 만든 물건. 모양과 쓰임에 따라 보트, 나룻배, 기선(汽船), 군함(軍艦), 화물선, 여객선, 유조선 따위로 나눈다. ≒선박02(船舶)
> 1. 선척02(船隻), 주선03(舟船)
>
> **배03**
> 「명사」
> 배나무의 열매 ≒생리02(生梨), 이자08(梨子) [〈비〈두시-초〉]

- **다의어** : 소리가 같고, 중심적 의미에서 파생된 의미를 지니고 있기 때문에 의미도 서로 밀접한 관련이 있다. 사전에 같은 표제어 밑에 다른 번호로 실린다.

| 국립국어원 표준국어대사전에 실린 다의어 '먹다'

> **먹다02** [-따] [먹어, 먹으니, 먹는[멍-]]
> 「동사」
> [1] […을]
> 1. 음식 따위를 입을 통하여 배 속에 들여보내다.
> 2. 담배나 아편 따위를 피우다.
> 3. 연기나 가스 따위를 들이마시다.
> 4. 어떤 마음이나 감정을 품다.
> 5. 일정한 나이에 이르거나 나이를 더하다.
> 6. 겁, 충격 따위를 느끼게 된다.
> 7. 욕, 핀잔 따위를 듣거나 당하다.~

한편, 원래는 다의어 관계였으나 오랜 시간이 지나 그 어원이 언중들에게 잊어지면서 지금은 동음이의어 처럼 여겨지는 단어도 있을 수 있다.

관련 예상 문제

01 〈보기〉의 내용 중 밑줄 친 '쓰다'의 쓰임이 다의 관계를 보이는 것은?

〈보기〉
ㄱ. 연습장에 붓글씨를 <u>쓰다</u>.
ㄴ. 그는 억울하게 누명을 <u>썼다</u>.
ㄷ. 공원묘지에 묘를 <u>쓰다</u>.
ㄹ. 그는 아무에게나 반말을 <u>쓴다</u>.
ㅁ. 입맛이 <u>써서</u> 맛있는 게 없다.
ㅂ. 아르바이트를 하는 데 시간을 많이 <u>썼다</u>.

① ㄱ - ㄷ ② ㄴ - ㅁ
③ ㄷ - ㄹ ④ ㄹ - ㅂ

풀이와 정답

정답 ④

풀이 '쓰다'는 다양한 동음이의어와 다의어가 있다. 'ㄹ'의 '반말을 쓰다'는 '어떤 말이나 언어를 사용하다'는 뜻이고, 'ㅂ'의 '시간을 쓰다'는 '어떤 일을 하는 데 시간이나 돈을 들이다'는 뜻이다. 이것은 모두 '쓰다'가 '이용하다(=用)'의 다의어로 쓰인 경우이다.

오답 ㄱ: '붓글씨를 <u>쓰다</u>[=書]'는 '도구로 획을 그어서 일정한 글자의 모양이 이루어지게 하다'는 뜻이다.
ㄴ: '누명을 <u>쓰다</u>[=冠]'는 '사람이 죄나 누명 따위를 가지거나 입게 되다'는 뜻이다.
ㄷ: '묘를 <u>쓰다</u>'는 '시체를 묻고 무덤을 만들다'는 뜻이다.
ㅁ: '입맛이 <u>쓰다</u>[=苦]'는 '입맛이 없다'는 뜻이다.

02 〈보기〉와 같은 의미 관계로 짝지어진 것은?

〈보기〉
㉠ 힘을 <u>쓰다</u>.　㉡ 모자를 <u>쓰다</u>.

① ─ 친구와 같이 윷을 <u>놀았다</u>.
　 └ 철수가 놀고 있는 우리에게 방해를 <u>놀았다</u>.

② ─ 친구들과 공을 차면서 <u>놀았다</u>.
　 └ 싱크대의 나사가 헐거워져서 <u>논다</u>.

③ ─ 그 사람이 곗돈을 <u>먹고</u> 달아났다고 한다.
　 └ 그 일은 나이를 <u>먹고</u> 할 일이 아니다.

④ ─ 귀가 <u>먹어서</u> 잘 들리지 않는다.
　 └ 마음을 <u>먹어서</u> 이렇게 하는 것이다.

풀이와 정답

정답 ④

풀이 ㉠과 ㉡은 우연히 소리가 같지만 뜻이 다른 동음이의 관계이다. ㉠의 '쓰다[用]'는 '힘이나 노력 따위를 들이다'는 뜻이고, ㉡의 '쓰다[冠]'는 '모자 따위를 머리에 얹어 덮다'는 뜻이다. 이와 같은 동음이의 관계가 ④번이다. '(귀가) 먹다'는 '귀나 코가 막혀서 제 기능을 하지 못하게 되다. 또는 그렇게 되게 하다'는 뜻이고, '(마음을) 먹다'는 '어떤 마음이나 감정을 품다'는 뜻이다.

오답 나머지는 모두 다의 관계이다. 하나의 중심 의미에서 주변 의미로 확대된 경우이다.
① : '(윷을) 놀다'는 '어떤 놀이를 하여 이기고 짐을 겨루다'는 뜻이고, '(방해를) 놀다'는 '작용이나 역할을 하다'는 뜻이다.
② : '(공을 차면서) 놀다'는 '놀이나 재미있는 일을 하며 즐겁게 지내다'는 뜻이고, '(나사가) 놀다'는 '고정되어 있던 것이 헐거워 이리저리 움직이다'는 뜻이다.
③ : '(곗돈을) 먹다'는 '남의 재물을 다루거나 맡은 사람이 그 재물을 부당하게 자기의 것으로 만들다'는 뜻이고, '(나이를) 먹다'는 '일정한 나이에 이르거나 나이를 더하다'는 뜻이다.

03 밑줄 친 단어의 의미 관계가 〈보기〉의 ㉠, ㉡과 유사한 것은?

> • 민수는 점심을 많이 먹어서 ㉠ 배가 불렀다.
> • 바다를 향해 힘차게 나아가는 ㉡ 배를 보아라.

① 철수는 다방면으로 발이 넓다.
　그는 발을 재촉하며 걸었다.
② 고향으로 가는 길이 수월했다.
　그 문제는 풀어낼 길이 없다.
③ 심한 운동을 해서 다리에 쥐가 났다.
　영희는 아슬아슬하게 다리를 건넜다.
④ 그는 손을 힘껏 뻗어 물건을 집었다.
　이번 일은 손이 부족하여 힘이 든다.

풀이와 정답

정답 ③

풀이 〈보기〉의 '배'는 소리는 같지만 의미가 다른 '동음이의 관계'이다. ㉠은 신체의 '배'이고, ㉡은 물 위에 떠다니는 '배'이다. ③번 역시 신체의 '다리'와 건너는 '다리'는 의미가 다른 '동음이의 관계'이다.

오답 나머지는 모두 중심 의미에서 주변 의미로 확장된 '다의 관계'이다.
①: '발이 넓다'의 '발'은 '활동하는 범위'를 뜻한다.
②: '길'은 각각 '노정(路程)'과 '방법'을 뜻한다.
④: '손이 부족하다'는 '일손'을 뜻한다.

04 다음의 밑줄 친 부분이 〈보기〉의 ㉠과 가장 유사한 의미로 쓰인 것은?

> 그는 집에 갈 때 자동차를 ㉠ <u>타지</u> 않고 걸어서 간다.

① 그는 남들과는 다른 비범한 재능을 <u>타고</u> 태어났다.
② 그는 가야금을 발가락으로 <u>탈</u> 줄 아는 재주가 있다.
③ 그는 어릴 적부터 남들 앞에 서면 부끄럼을 잘 <u>탔다</u>.
④ 그는 감시가 소홀한 야밤을 <u>타서</u> 먼 곳으로 갔다.

풀이와 정답　　　　　　　　　　　　　　　　　　　　**정답** ④

풀이 〈보기〉의 '타다'는 '이용하다'는 뜻이며, ④번과 의미가 유사한 다의 관계에 있다. 나머지는 모두 동음이의어이므로 적절하지 않다.

오답 ①: 선천적으로 지니다.
　　② : 악기로 소리를 내다.
　　③ : 감정이나 느낌을 느끼다.

제2장 문제 풀이

관련 예시 문제

55 문맥상 ⊙의 의미와 가장 가까운 것은? [2025 대비 9급 예시문제(1차)]

> 고소설에서 주인공은 적대자에 의해 원점에서 분리되어 고난을 겪는다. 그들의 목표는 상실한 원점을 회복하는 것, 즉 그곳에서 향유했던 이상적 상태로 ⊙ 돌아가는 것이다. 주인공과 적대자 사이의 갈등이 전개되는 시간을 서사적 현재라 한다면, 주인공이 도달해야 할 종결점은 새로운 미래가 아니라 다시 도래할 과거로서의 미래이다. 이러한 시공간의 배열을 '회귀의 크로노토프'라고 한다.

① 전쟁은 연합군의 승리로 돌아갔다.
② 사과가 한 사람 앞에 두 개씩 돌아간다.
③ 그는 잃어버린 동심으로 돌아가고 싶었다.
④ 그녀는 자금이 잘 돌아가지 않는다며 걱정했다.

풀이와 정답 　　　　　　　　　　　　　　　　　　　　　　　　　**정답** ③

풀이 '(이상적 상태로) 돌아가다'는 '원래의 있던 곳으로 다시 가거나 다시 그 상태가 되다'를 뜻한다. ③번의 '(동심으로) 돌아가다'와 의미가 가장 가깝다. 문맥상 '회귀(回歸. 제자리로 돌아오거나 돌아감)'로 바꿀 수 있다.

오답 ①: 일이나 형편이 어떤 상태로 끝을 맺다.
　　　②: 차례나 몫, 승리, 비난 따위가 개인이나 단체, 기구, 조직 따위의 차지가 되다.
　　　④: 돈이나 물건 따위의 유통이 원활하다.

참고 크로노토프(chronotope): 문학에서 예술적으로 표현된 시간과 공간이 본질적으로 서로 연관되어 있는 특성.

56 밑줄 친 표현이 문맥상 ㉠의 의미와 가장 가까운 것은?

[2025 대비 9급 예시문제(2차)]

> 방각본 출판은 책을 목판에 새겨 대량으로 찍어내는 방식이다. 방각본 출판업자는 작품의 종류를 늘리기보다는 시장성이 좋은 작품을 집중적으로 출판하였다. 또한 작품의 규모가 커서 분량이 많은 경우에는 생산 비용이 ㉠<u>올라가</u> 책값이 비싸지기 때문에 자연스럽게 분량이 적은 작품을 선호하였다.

① 습도가 <u>올라가는</u> 장마철에는 건강에 유의해야 한다.
② 내가 키우던 반려견이 하늘나라로 <u>올라갔다</u>.
③ 그녀는 승진해서 본사로 <u>올라가게</u> 되었다.
④ 그는 시험을 보러 서울로 <u>올라갔다</u>.

풀이와 정답

정답 ①

풀이 ①번은 주변 의미 중 다의어. '값이나 통계 수치, 온도, 물가가 높아지거나 커지다.' 집값이 <u>오르다</u>.
오답 나머지는 중심 의미 중 다의어.
②: ('하늘', '하늘나라' 따위와 함께 쓰여) '죽다'를 비유적으로 이르는 말.
③: 지방 부서에서 중앙 부서로, 또는 하급 기관에서 상급 기관으로 자리를 옮기다.
④: 지방에서 중앙으로 가다.

57 ㉠~㉣과 바꿔 쓸 수 있는 유사한 표현으로 적절하지 않은 것은? [2025 대비 9급 예시문제(1차)]

> ○ 한국 신화에 보이는 신과 인간의 관계는 다른 나라의 신화와 ㉠ <u>견주어</u> 볼 때 흥미롭다.
> ○ 한국 건국신화에서 주인공인 신은 지상에 내려와 왕이 되고자 한다. 천상적 존재가 지상적 존재가 되기를 ㉡ <u>바라는</u> 것인데, 인간들의 왕이 된 신은 인간 여성과의 결합을 통해 자식을 낳음으로써 결핍을 메운다.
> ○ 무속신화에서는 인간이었던 주인공이 신과의 결합을 통해 신적 존재로 ㉢ <u>거듭나게</u> 됨으로써 존재론적으로 상승하게 된다.
> ○ 다른 나라의 신화들은 신과 인간의 관계가 한국 신화와 달리 위계적이고 종속적이다. 북유럽이나 바빌로니아 등에 ㉣ <u>퍼져</u> 있는 신체 화생 신화에도 유사하게 나타난다.

① ㉠: 비교해
② ㉡: 희망하는
③ ㉢: 복귀하게
④ ㉣: 분포되어

풀이와 정답

정답 ③

풀이 '(신적 존재로) 거듭나다'는 '지금까지의 방식이나 태도를 버리고 새롭게 시작하다.'를 뜻하므로 '재생(再生)하다', '변화하다' 등으로 바꿔 쓰는 것이 의미상 유사하다. 참고로, '복귀(復歸)하다'는 '본디의 자리나 상태로 되돌아가다.'를 뜻하며, '군부대에 복귀하다.' 등으로 쓰인다.

오답 ① 비교(比較)하다: 둘 이상의 사물을 견주어 서로 간의 유사점, 차이점, 일반 법칙 따위를 고찰하다.
② 희망(希望)하다: 어떤 일을 이루거나 하기를 바라다.
④ 분포(分布)되다: 일정한 범위에 흩어져 퍼져 있다.

관련 추가 문제

1단계 문제

58 다음은 다의어 '알다'의 뜻풀이 중 일부이다. ㉠~㉣의 예로 적절하지 않은 것은? [2024 국가직 9급]

> ㉠ 어떤 일을 할 능력이나 소양이 있다.
> ㉡ 다른 사람과 사귐이 있거나 인연이 있다.
> ㉢ 어떤 일에 대하여 관여하거나 관심을 가지다.
> ㉣ 어떤 일을 어떻게 할지 스스로 정하거나 판단하다.

① ㉠: 그 외교관은 무려 7개 국어를 할 줄 안다.
② ㉡: 이 두 사람은 서로 알고 지낸 지 오래이다.
③ ㉢: 그 사람이 무엇을 하든 내가 알 바 아니다.
④ ㉣: 나는 그 팀이 이번 경기에서 질 줄 알았다.

풀이와 정답

정답 ④

풀이 ㉣의 '스스로 정하거나 판단하다'를 뜻하는 예는 '네 일은 네가 알아서 해라.' 등이 있다. 한편, ④번 '질 줄 알았다'의 '알다'는 '어떠한 사실에 대하여 그러하다고 믿거나 생각하다.'를 뜻한다. 따라서 ㉣의 뜻과 ④번의 예시는 연결이 적절하지 않다.

오답 나머지는 뜻풀이와 예시의 연결이 적절하다.

59 밑줄 친 단어와 의미가 같은 것은?

[2024 지방직 9급]

> 아이가 말을 참 잘 <u>듣는다</u>.

① 이 약은 나에게 잘 <u>듣는다</u>.
② 학교에 가면 선생님 말씀을 잘 <u>들어라</u>.
③ 이번 학기에는 여섯 과목을 <u>들을</u> 계획이다.
④ 브레이크가 말을 <u>듣지</u> 않아 사고가 날 뻔했다.

풀이와 정답

정답 ②

풀이 밑줄 친 '듣다'는 '('말', '말씀' 따위를 목적어로 하여) 다른 사람의 말을 받아들여 그렇게 하다.'를 뜻한다. ②번과 의미가 같다. 비슷한 예로, '왜 그렇게 말을 안 듣니?' 등이 있다.

오답 ①: 주로 약 따위가 효험을 나타내다.
③: 수업이나 강의 따위에 참여하여 어떤 내용을 배우다.
④: 기계, 장치 따위가 정상적으로 움직이다.

2단계 문제

60 ㉠~㉣과 바꿔 쓸 수 있는 표현으로 적절하지 않은 것은? [2024 지역인재 9급(국가직)]

> 백석의 시 「노루」의 공간적 배경은 산골이다. '집터를 츠고'의 '츠다'는 집터를 '치다'의 평안도 ㉠ 방언으로, 집터를 마련하기 위해 땅을 파내거나 ㉡ 평탄하게 고른다는 말이다. 백석의 시에서는 ㉢ 회귀하고 싶은 이상향의 이미지가 발견된다. 또한 ㉣ 상실한 것을 잊어버리지 않아야 할 것으로 이야기한다.

① ㉠ - 사투리로
② ㉡ - 줄을 맞추어
③ ㉢ - 돌아가고
④ ㉣ - 잃어버린

풀이와 정답

정답 ②

풀이 ㉡의 '(땅을) 평탄하게 (고르다)'는 문맥상 '집터'나 '땅'과 관련된 단어이므로 '평평하게' 또는 '판판하게'로 바꿔 쓰는 것이 적절하다. '평평(平平)하다'는 '바닥이 고르고 판판하다.'를 뜻한다. 참고로, '줄을 맞추다'는 '조율(調律)하다' 등의 단어와 어울린다.

오답 ①: '방언(方言)'은 '어느 한 지방에서만 쓰는, 표준어가 아닌 말'을 뜻하며, '사투리'와 바꿔 쓸 수 있다.
③: '회귀(回歸)하다'는 '한 바퀴 돌아 제자리로 돌아오거나 돌아가다.'를 뜻한다.
④: '상실(喪失)하다'는 '어떤 것을 아주 잃거나 사라지게 하다.'를 뜻한다.

61 ㉠~㉣과 바꿔 쓸 수 있는 유사한 표현으로 적절하지 않은 것은? [2023 지방직 9급]

> ○ 서구의 문화를 ㉠맹종하는 이들이 많다.
> ○ 안일한 생활에서 ㉡탈피하여 어려운 일에 도전하고 싶다.
> ○ 회사의 생산성을 ㉢제고하기 위해 노력하자.
> ○ 연못 위를 ㉣부유하는 연잎을 바라보며 여유를 즐겼다.

① ㉠: 무분별하게 따르는
② ㉡: 벗어나
③ ㉢: 끌어올리기
④ ㉣: 헤엄치는

풀이와 정답 정답 ④

풀이 ㉣은 '떠다니는'으로 고쳐야 한다. '부유(浮遊)(뜰 부, 놀 유)하다'는 '물 위나 물속, 또는 공기 중에 떠다니다.'를 뜻한다. 참고로, '헤엄치다'에 해당하는 한자어는 '유영(游泳)(헤엄칠 유, 헤엄칠 영)하다'이며, '금붕어가 어항 속에서 유영하고 있다.' 등의 형태로 쓰인다.

오답 ① 맹종(盲從)(눈멀 맹, 따를 종)하다: 옳고 그름을 가리지 않고 남이 시키는 대로 덮어놓고 따르다.
② 탈피(脫皮)(벗을 탈, 가죽 피)하다: (껍질이나 가죽을 벗기다) 일정한 상태나 처지에서 완전히 벗어나다.
③ 제고(提高)(끌 제, 높을 고)하다: 쳐들어 높이다.

3단계 문제

62 밑줄 친 '보다'의 활용형이 지닌 의미가 나머지 셋과 다른 것은? [2022 군무원 9급]

① 어쩐지 그의 행동을 실수로 볼 수가 없었다.
② 손해를 보면서 물건을 팔 사람은 없다.
③ 그는 상대를 만만하게 보는 나쁜 버릇이 있다.
④ 날씨가 좋을 것으로 보고 우산을 놓고 나왔다.

풀이와 정답

정답 ②

풀이 ②번의 '보다'는 주변적 의미 중 '어떤 일을 당하거나 겪거나 얻어 가지다.'를 뜻한다. '이익을 보다.' 등에 쓰인다.
오답 나머지는 부사어 뒤에 쓰여, 주변적 의미 중 '대상을 평가하다'를 뜻한다. '여기다'와 의미가 비슷하다.
참고 '보다'의 중심 의미는 '눈으로 대상의 존재나 형태적 특징을 알다.'이다.

63 밑줄 친 단어가 다의어 관계로 묶인 것은? [2022 지방직 7급]

① 무를 강판에 <u>갈아</u> 즙을 내었다.
　 고장 난 전등을 새것으로 <u>갈아</u> 끼웠다.
② 안개에 <u>가려서</u> 앞이 잘 안 보인다.
　 음식을 <u>가리지</u> 말고 골고루 먹어야 한다.
③ 긴장이 되면 입술이 바짝바짝 <u>탄다</u>.
　 벽난로에서 장작불이 활활 <u>타고</u> 있다.
④ 이 경기에서 <u>지면</u> 결승 진출이 좌절된다.
　 모닥불이 <u>지면</u> 한기가 느껴지기 시작한다.

풀이와 정답

정답 ③

풀이 '(장작불이) 타다'는 '불씨나 높은 열로 불이 붙어 번지거나 불꽃이 일어나다.'를 뜻하는 중심 의미이다. '(입술이) 타다'는 '물기가 없어 바싹 마르다.'를 뜻하는 주변 의미이다. 결국, 하나의 표제어에서 확장된 의미로 쓰인 경우이므로 다의어 관계이다.

오답 나머지는 모두 별개의 표제어인 동음이의 관계이다.
① : '(무를) 갈다'는 '잘게 부수기 위하여 단단한 물건에 대고 문지르거나 단단한 물건 사이에 넣어 으깨다.'를 뜻하고, '(전등을) 갈다'는 '이미 있는 사물을 다른 것으로 바꾸다.'를 뜻한다.
② : '(안개에) 가리다'는 '보이거나 통하지 못하도록 막히다.'를 뜻하고, '(음식을) 가리다'는 '음식을 골라서 먹다.'를 뜻한다.
④ : '(경기에서) 지다'는 '내기나 시합, 싸움 따위에서 재주나 힘을 겨루어 상대에게 꺾이다.'를 뜻하고, '(모닥불이) 지다'는 '불이 타 버려 사위어 없어지거나 빛이 희미하여지다.'를 뜻한다.

天衣無縫
정상국어

제 7 유형

7/15개 문제 유형

1차, 2차 예시문제를 기반으로 한 15개 문제 유형 집중 분석!

新유형 9급 국가직·지방직·지역인재 시험대비

'지시 대상이 같은 것' 유형

01 / 이론 정리

02 / 문제 풀이
   1 관련 예시문제 풀이
   2 관련 추가 문제
      └ 1단계
      └ 2단계
      └ 3단계

天衣無縫
정상국어

제 1 장 이론 정리

문제 사례

1. 문맥상 ㉠~㉣ 중 지시 대상이 같은 것만으로 묶인 것은? (1차 예시. 19번)
2. 윗글의 ㉠~㉥ 중 지시하는 바가 같은 것끼리 짝 지은 것은? (2차 예시. 18번)
3. ㉠~㉣ 중 문맥상 (가)에 해당하는 의미로 사용되지 않은 것은? (2차 예시. 10번)

유형 07

'지시 대상이 같은 것' 유형은 주어진 지시어들이 어떤 대상을 가리키는지를 정확하게 파악하고, 그 대상을 올바르게 묶은 것을 찾는 유형의 문항이다. 무엇보다도 각 지시어가 가리키는 대상을 정확히 이해하는 것이 핵심이며, 주어진 정보의 해석을 돕는 문맥을 잘 파악하는 것이 중요하다. 또한, 지시어와 관련된 키워드를 같은 기호로 묶어 표시하면 문제를 풀 때 훨씬 편리하다. 연습 때는 각 기호의 앞뒤 문맥을 통해 순차적으로 하나씩 확인해 보는 것이 정확한 방법이 된다. 하지만 실제 시험에서는 선택지를 먼저 보면서 지시 대상이 확실히 같은 몇 가지를 찾아 소거(消去)해 가면 시간을 줄일 수 있다.

1 '지시 대상이 같은 것' 문제를 잘 푸는 방법

1. 글의 지시어 이해하기

㉠, ㉡, ㉢ 등으로 표시된 지시어가 무엇을 가리키는지 정확히 이해해야 한다. 지시어는 주로 명사, 대명사, 또는 특정 개념을 지칭한다.

2. 문맥 파악하기

지시어가 사용된 문맥을 잘 파악해야 한다. 지시어가 가리키는 대상이 문장에서 어떻게 설명되고 있는지를 살펴보아야 한다.

3. 유사성 찾기

각 지시어가 가리키는 대상을 비교하여 유사한 점이나 공통점을 찾아보아야 한다. 예를 들어, 같은 주제, 같은 성격, 같은 범주에 속하는지 등을 고려해야 한다.

4. 선택지 분석하기

주어진 선택지를 하나씩 분석하여 각 지시어와의 관계를 확인해야 한다. 선택지에서 지시어가 가리키는 대상을 명확히 연결할 수 있는지 검토해야 한다.

5. 반복적인 확인

   각 지시어와 선택지 간의 관계를 여러 번 확인하여 확신이 서지 않는 경우에는 다른 선택지를 고려해 보아야 한다.

6. 시간 관리

   문제를 풀 때 시간을 효율적으로 관리해야 한다. 각 문제에 너무 많은 시간을 소모하지 않도록 주의해야 한다.

2 'ㄱ~ㄹ 중 문맥상 (가)에 해당하는 의미' 문제를 잘 푸는 방법

1. 문맥 이해하기

   주어진 문장의 전체적인 의미를 파악해야 한다. 문맥이란 단어가 사용된 상황이나 주변 문장들을 포함하므로, 문맥을 잘 이해하는 것이 중요하다.

2. 단어의 여러 의미 파악하기

   특정 단어는 여러 가지 의미를 가질 수 있다. 문제에서 제시된 단어의 다양한 의미를 알고, 문맥에 맞는 의미를 선택해야 한다.

3. 선택지 분석하기

   각 선택지를 하나씩 읽고, 문맥에 맞는지 확인한다. 선택지의 의미가 문장 전체와 어떻게 연결되는지를 고려해야 한다.

4. 예문 활용하기

   비슷한 문맥에서 해당 단어가 어떻게 사용되는지를 생각해 보거나, 예문을 떠올려보는 것도 도움이 된다.

5. 문장 구조 분석하기

   문장의 주어, 서술어, 목적어 등을 분석하여, 어떤 의미가 자연스럽게 연결되는지를 살펴본다.

3 문맥의 중요성

1. 문맥(文脈): 글이나 문장에 표현된 의미의 앞뒤 연결.

2. 의미의 명확성

   문맥은 단어와 구의 의미를 명확하게 해 준다. 같은 단어라도 문맥에 따라 다른 의미로 해석될 수 있기 때문에, 문맥이 없으면 오해가 발생할 수 있다.

3. 의사소통의 효율성

문맥이 제공하는 배경 정보는 의사소통을 더 원활하게 만들어 준다. 상대방이 어떤 상황에서 말을 하고 있는지를 이해함으로써, 더 효과적으로 대화할 수 있다.

4. 감정과 느낌 전달

문맥은 말하는 사람의 감정이나 의도를 전달하는 데 중요한 역할을 한다. 특정 단어가 긍정적이거나 부정적인 느낌을 가질 수 있으며, 이는 문맥에 따라 달라질 수 있다.

5. 문학적 요소

문학 작품에서는 문맥이 주제, 상징, 캐릭터의 발전 등을 이해하는 데 필수적이다. 문맥을 통해 독자는 작품의 깊은 의미를 파악할 수 있다.

6. 결론적으로, 문맥은 언어의 의미를 풍부하게 하고, 의사소통을 효과적으로 하며, 다양한 해석을 가능하게 하는 중요한 요소이다.

제2장 문제 풀이

관련 예시 문제

64 문맥상 ㉠~㉣ 중 지시 대상이 같은 것만으로 묶인 것은?   [2025 대비 9급 예시문제(1차)]

> 영국의 유명한 원형 석조물인 스톤헨지는 기원전 3,000년경 신석기시대에 세워졌다. 1960년대에 천문학자 호일이 스톤헨지가 일종의 연산장치라는 주장을 하였고, 이후 엔지니어인 톰은 태양과 달을 관찰하기 위한 정교한 기구라고 확신했다. 천문학자 호킨스는 스톤헨지의 모양이 태양과 달의 배열을 나타낸 것이라는 의견을 제시해 관심을 모았다.
>
> 그러나 고고학자 앳킨슨은 ㉠그들의 생각을 비난했다. 앳킨슨은 스톤헨지를 세운 사람들을 '야만인'으로 묘사하면서, ㉡이들은 호킨스의 주장과 달리 과학적 사고를 할 줄 모른다고 주장했다. 이에 호킨스를 옹호하는 학자들이 진화적 관점에서 앳킨슨을 비판하였다. ㉢이들은 신석기시대보다 훨씬 이전인 4만 년 전의 사람들도 신체적으로 우리와 동일했으며 지능 또한 우리보다 열등했다고 볼 근거가 없다고 주장했다.
>
> 하지만 스톤헨지의 건설자들이 포괄적인 의미에서 현대인과 같은 지능을 가졌다고 해도 과학적 사고와 기술적 지식을 가지지는 못했다. ㉣그들에게는 우리처럼 2,500년에 걸쳐 수학과 천문학의 지식이 보존되고 세대를 거쳐 전승되어 쌓인 방대하고 정교한 문자 기록이 없었다. 선사시대의 생각과 행동이 우리와 똑같은 식으로 전개되지 않았으리라는 점은 매우 중요하다. 지적 능력을 갖췄다고 해서 누구나 우리와 같은 동기와 관심, 개념적 틀을 가졌으리라고 생각하는 것은 잘못이다.

① ㉠, ㉢   ② ㉡, ㉣
③ ㉠, ㉡, ㉢   ④ ㉠, ㉡, ㉣

풀이와 정답   정답

풀이 '㉡, ㉣'은 '스톤헨지를 세운 기원전 3,000년경 신석기시대의 사람들'을 가리킨다.
오답 ㉠은 '천문학자들(호일, 톰, 호킨스)'에 해당하고, ㉢은 '호킨스를 옹호하는 학자들'에 해당한다.

65 윗글의 ㉠~㉥ 중 지시하는 바가 같은 것끼리 짝 지은 것은?

[2025 대비 9급 예시문제(2차)]

일반적으로 한 나라의 문학, 즉 '국문학'은 "그 나라의 말과 글로 된 문학"을 지칭한다. 그래서 우리나라에서 국문학에 대한 근대적 논의가 처음 시작될 무렵에는 국문학에서 한문으로 쓰인 문학을 배제하자는 주장이 있었다. 국문학 연구가 점차 전문화되면서, 한문문학 배제론자와 달리 한문문학을 배제하는 데 있어 신축성을 두는 절충론자의 입장이 힘을 얻었다. 절충론자들은 국문학의 범위를 획정하는 데 있어 종래의 국문학의 정의를 기본 전제로 하되, 일부 한문문학을 국문학으로 인정하자고 주장했다. 즉 한문으로 쓰여진 문학을 국문학에서 완전히 배제하지 않고, ㉠ 전자 중 일부를 ㉡ 후자의 주변부에 위치시키는 것으로 국문학의 영역을 구성한 것이다. 이에 따라 국문학을 지칭할 때에는 '순(純)국문학'과 '준(準)국문학'으로 구별하게 되었다. 작품에 사용된 문자의 범주에 따라서 ㉢ 전자는 '좁은 의미의 국문학', ㉣ 후자는 '넓은 의미의 국문학'이라고도 칭할 수 있다.

하지만 이런 절충안을 취하더라도 순국문학과 준국문학을 구분하는 데에는 논자마다 차이가 있다. 어떤 이는 국문으로 된 것은 ㉤ 전자에, 한문으로 된 것은 ㉥ 후자에 귀속시켰다. 다른 이는 훈민정음 창제 이전과 이후로 나누어 국문학의 영역을 구분하였다. 훈민정음 창제 이전의 문학은 차자표기건 한문표기건 모두 국문학으로 인정하고, 창제 이후의 문학은 국문문학만을 순국문학으로 규정하고 한문문학 중 '국문학적 가치'가 있는 것을 준국문학에 귀속시켰다.

① ㉠, ㉢
② ㉡, ㉣
③ ㉡, ㉥
④ ㉢, ㉤

풀이와 정답

정답 ④

풀이 '㉢, ㉤'은 종래의 국문학의 정의를 기본 전제로 하는 입장이며, '순(純)국문학=좁은 의미의 국문학'을 지시한다.

오답 ㉠: 한문문학, ㉡: 국문학.
㉣, ㉥: 일부 한문문학을 국문학에 포함하자는 입장이며, '넓은 의미의 국문학=준(準)국문학'을 지시한다.

66 ㉠~㉢ 중 문맥상 (가)에 해당하는 의미로 사용되지 않은 것은? [2025 대비 9급 예시문제(2차)]

> 생물은 자신의 종에 속하는 개체들과 의사소통을 한다. 꿀벌은 춤을 통해 식량의 위치를 같은 무리의 동료들에게 알려주며, 녹색원숭이는 포식자의 접근을 알리기 위해 소리를 지른다. 침팬지는 고통, 괴로움, 기쁨 등의 감정을 표현할 때 각각 다른 ㉠ 소리를 낸다.
> 말한다는 것을 단어에 대해 ㉡ 소리 낸다는 의미로 보게 되면, 침팬지가 사람처럼 말하도록 하는 것은 불가능하다. 침팬지는 인간과 게놈의 98%를 공유하고 있지만, 발성 기관에 차이가 있다.
> 인간의 발성 기관은 아주 정교하게 작용하여 여러 ㉢ 소리를 낼 수 있는데, 초당 십여 개의 (가) 소리를 쉽게 만들어 낸다. 이는 성대, 후두, 혀, 입술, 입천장을 아주 정확하게 통제할 수 있기 때문에 가능한 것이다. 침팬지는 이만큼 정확하게 통제를 하지 못한다. 게다가 인간의 발성 기관은 유인원의 그것과 현저하게 다르다. 주요한 차이는 인두의 길이에 있다. 인두는 혀 뒷부분부터 식도에 이르는 통로로 음식물과 공기가 드나드는 길이다. 인간의 인두는 여섯 번째 목뼈에까지 이른다. 반면에 대부분의 포유류에서는 인두의 길이가 세 번째 목뼈를 넘지 않으며 개의 경우는 두 번째 목뼈를 넘지 않는다. 다른 동물의 인두에 비해 과도하게 긴 인간의 인두는 공명 상자 기능을 하여 세밀하게 통제되는 ㉣ 소리를 만들어 낸다.

① ㉠
② ㉡
③ ㉢
④ ㉣

풀이와 정답   정답 ①

풀이 (가)는 '인간의 발성 기관에서 나오는 소리', '단어에 대한 소리', '정교하고 세밀한 소리'를 의미한다. 반면, ㉠은 '같은 개체들과의 의사소통을 위한 단순한 신호'를 뜻하므로 (가)와 다르다.

관련 추가 문제

1단계 문제

67 ㉠~㉣ 중 지시하는 대상이 다른 하나는? [2023 지역인재 9급(국가직)]

> 이때 전우치가 구름 속에서 도술을 행하여 몸을 왕연희로 바꾸고 궐문을 나오니, 하인들이 마부와 말을 대령했다가 모시고 왕연희의 집으로 돌아갔다. ㉠<u>그</u>는 바로 내당으로 들어가 왕연희의 부인과 말을 주고받았으나, 집안 사람 누구도 전우치인 줄 전혀 알지 못했다.
>
> 이때 진짜 왕연희가 궐에서 나와 하인을 찾았으나 아무도 없었다. 이상하게 여겨 동료의 말을 빌려 타고 집에 돌아오니 하인들이 문 앞에 있었다. 왕연희가 크게 화를 내면서 집에 와 있는 까닭을 묻자 하인들이 말하기를, "소인들이 아까 상공을 모셔왔는데 어찌 또 상공이 계십니까?" 하고 얼굴을 찬찬히 살펴보았다. … (중략) …
>
> 왕연희가 아무것도 모르고 침실로 들어가니, 과연 다른 왕연희가 부인과 이야기를 나누고 있었다. 왕연희가 크게 화를 내며 꾸짖어 말하기를, "㉡<u>너</u>는 어떤 놈이기에 감히 사대부 집에 들어와 내 부인과 말을 주고받고 있느냐?" 하고 종들에게 호령했다. "㉢<u>저 놈</u>을 빨리 결박하라!"
>
> 이에 전우치가 말하기를, "웬 놈이 내 얼굴을 하고 내당에 들어와 부인을 겁탈하려 하니, 이런 변이 어디 있느냐?" 하고 하인에게 호령하여, "㉣<u>저 놈</u>을 빨리 몰아 내쳐라."라고 하였다.

① ㉠
② ㉡
③ ㉢
④ ㉣

풀이와 정답   정답 ④

풀이 ㉣은 왕연희를 지시하고, 나머지는 전우치를 지시한다. ㉣은 전우치가 호통을 치는 대상이다.

참고 작자 미상, 〈전우치전〉(조선 후기)

1. 종류: 고전 소설, 영웅 소설, 군담 소설
2. 성격: 전기적, 사회 비판적
3. 시점: 전지적 작가 시점
4. 특징: 실존 인물의 생애를 소재로 쓴 소설임
5. 주제: 전우치의 빈민 구제와 의로운 행동

68 다음 중 지시하는 대상이 다른 하나는? [2024 군무원 7급]

> 　형님이 손가락으로 가리키는 곳에서 갑자기 수많은 새떼 무리가 일제히 솟구쳐 올랐다. 수백 마리, 아니 수천 마리는 족히 됨 직했다. 그 날갯짓 소리가 아련히 들려오는 듯했다.
> 　"우리 인간이란 게 알구 보믄 저 하찮은 ㉠ 미물보다도 더 매욱할 때가 있는 것 아임둥? ㉡ 저네들이 그토록 자유롭게 넘나들던 철조망을 반세기가 넘도록 치우지 못하고 있다가 이제야……. 하지만 봅세. 저 새들이야 날개가 있으니까니 통일 전에도 저 녹슨 철조망 위를 맘대로 넘나들었을 거 아임둥? 하지만서두 우리 ㉢ 인간들이 철조망을 걷어치우니깐 허공을 나는 ㉣ 그들의 날갯짓이 더 자유로워 보이지 않소?"
> 　나는 그의 말뜻을 어렴풋이나마 이해할 만했다.
> 　　　　　　　　　　　　　　　　　　　　　　　　　　　　　- 김소진, 〈목마른 뿌리〉

① ㉠ 미물 ② ㉡ 저네들
③ ㉢ 인간들 ④ ㉣ 그들

풀이와 정답　　　　　　　　　　　　　　　　　　　　　　　정답 ③

풀이 ㉢은 '(우리) 인간들'이고, 나머지는 '(날갯짓 하며 날아가는) 새떼 무리'를 가리킨다. 철조망에 가로막힌 '인간'이 자유롭게 날아가는 '새들'과 대비되고 있다.

2단계 문제

69 ㉠과 ㉡에 대한 설명으로 가장 적절한 것은? [2024 지방직 9급]

> (가) [중모리] 그 때여 승상 부인은 심 소저를 이별허시고 애석함을 못 이기어, 글 지어 쓴 심 소저의 ㉠<u>화상</u> 족자를 침상으 걸어두고 때때로 증험허시더니, 일일은 족자 빛이 홀연히 검어지며 귀에 물이 흐르거늘, 승상 부인 기가 맥혀, "아이고, 이것 죽었구나! 아이고, 이를 어쩔끄나?" 이렇듯이 탄식헐 적, 이윽고 족자 빛이 완연히 새로우니, "뉘라서 건져내어 목숨이나 살았느냐? 그러허나 창해 먼먼 길의 소식이나 알겠느냐?"
>
> - 작자 미상, 「심청가」에서 -
>
> (나) [중중모리] 화공 불러들여 토끼 ㉡<u>화상</u>을 그린다. … (중략) … 거북 연적 오징어로 먹 갈아, 천하 명산 승지간의 경개 보든 눈 그리고, 난초 지초 왼갖 향초 꽃 따먹던 입 그리고, 두견 앵무 지지 울 제 소리 듣던 귀 그리고, 봉래방장 운무 중에 내 잘 맡던 코 그리고, 만화방창 화림 중 뛰어가던 발 그리고, 대한 엄동 설한풍 어한허든 털 그리고, 신농씨 상백초 이슬 떨던 꼬리라. 두 눈은 도리도리, 두 귀는 쫑긋, 허리 늘씬허고, 꽁지 묘똑허여. … (중략) … "아나, 엿다. 별주부야. 네가 가지고 나가거라."
>
> - 작자 미상, 「수궁가」에서 -

① ㉠은 분노의 정서를 유발하는 반면, ㉡은 유쾌한 정서를 유발한다.
② ㉠은 대상이 처한 상황을 암시하며, ㉡은 대상의 외양을 드러낸다.
③ ㉠과 ㉡은 현실 공간을 배경으로 일상적인 사건을 전개해 나간다.
④ ㉠과 ㉡은 역사적 인물과 사건을 인용하여 대상을 묘사하고 있다.

풀이와 정답 정답 ②

풀이 '화상(畫像)'은 '사람의 얼굴을 그림으로 그린 형상'이다. ㉠은 심 소저의 족자 빛이 검었다가 새로워지는 형상이므로 심 소저가 죽지 않고 살게 된 상황을 암시한다. 그리고 ㉡은 토끼의 눈, 입, 귀, 코, 발 등 외양을 해학적으로 드러낸 그림이다.

오답 ①: ㉠ 분노(X), ㉡ 유쾌(O).
③: ㉠ 현실 공간(O), ㉡ 현실 공간(X).
④: ㉠과 ㉡ 모두 역사적 인물과 사건(X).

70 ㉠~㉣ 중 문맥적 성격이 다른 하나는? [2021 군무원 9급]

> 정 씨 옆에 앉았던 노인이 두 사람의 행색과 무릎 위의 배낭을 눈여겨 살피더니 말을 걸어왔다.
> "어디 일들 가슈?" / "아뇨, 고향에 갑니다." / "고향이 어딘데……." / "삼포라구 아십니까?" / "어 알지, 우리 아들놈이 거기서 도자를 끄는데……." / "삼포에서요? 거 어디 공사 벌릴데나 됩니까? 고작해야 ㉠고기잡이나 하구 ㉡감자나 매는데요." / "어허! 몇 년 만에 가는거요?" / "십 년."
> 노인은 그렇겠다며 고개를 끄덕였다.
> "말두 말우. 거긴 지금 육지야. 바다에 방둑을 쌓아 놓구, 트럭이 수십 대씩 돌을 실어 나른다구." / "뭣 땜에요?" / "낸들 아나. 뭐 관광 호텔을 여러 채 짓는담서, 복잡하기가 말할 수 없네." / "동네는 그대로 있을까요?" / "그대루가 뭐요. 맨 천지에 공사판 사람들에다 장까지 들어섰는 걸." / "그럼 ㉢나룻배두 없어졌겠네요." / "바다 위로 ㉣신작로가 났는데, 나룻배는 뭐에 쓰오. 허허, 사람이 많아지니 변고지. 사람이 많아지면 하늘을 잊는 법이거든."
> 작정하고 벼르다가 찾아가는 고향이었으나, 정 씨에게는 풍문마저 낯설었다. 옆에서 잠자코 듣고 있던 영달이가 말했다.
> "잘 됐군. 우리 거기서 공사판 일이나 잡읍시다."
> 그때에 기차가 도착했다. 정 씨는 발걸음이 내키질 않았다. 그는 마음의 정처를 방금 잃어버렸던 때문이었다. 어느 결에 정 씨는 영달이와 똑같은 입장이 되어 버렸다.
> 기차는 눈발이 날리는 어두운 들판을 향해서 달려갔다.
>
> — 황석영, 「삼포 가는 길」 —

① ㉠ ② ㉡
③ ㉢ ④ ㉣

풀이와 정답 정답 ④

풀이 ㉣ '신작로'는 변해 버린 고향의 모습으로, '산업화, 개발화'를 의미하며, 고향 상실과 관련된다. 참고로, 지문 속에서 비슷한 의미로 쓰인 어휘는 '도자(=불도저), 방둑(표준어는 '방죽'), 트럭, 관광호텔, 공사판' 등이 있다.

오답 나머지는 전형적인 농어촌의 모습을 지닌 개발되기 전 고향을 의미하며, 주인공 정 씨에게는 마음의 안식처가 되는 곳이다.

3 단계 문제

71 ㉠~㉣의 의미를 풀어 쓴 것으로 적절한 것은? [2020 지방직 9급]

> 2004년 1월 태국에서는 한 소년이 극심한 폐렴 증세로 사망했다. 소년의 폐는 완전히 망가져 흐물흐물해져 있었다. 분석 결과, 이전까지 인간이 감염된 적 없는 인플루엔자 바이러스가 원인으로 밝혀졌다. 소년은 공식적으로 고병원성 조류 인플루엔자 바이러스, H5N1의 첫 사망자가 되었다. 계절 독감으로 익숙한 인플루엔자 바이러스가 이렇게 치명적일 수 있었던 것은 인간의 면역 반응 때문이다. 인류 역사상 단 한 번도 만나본 적 없는 새로운 바이러스가 침입하자 면역계가 과민 반응을 일으켜 도리어 인체에 해를 끼친 것이다. 이런 현상을 '사이토카인 폭풍'이라 부른다. 사이토카인 폭풍은 면역 능력이 강한 젊은 층일수록 더 세게 일어난다.
>   만약 집에 ㉠좀도둑이 들었다면 작은 손해를 각오하고 인기척을 내 도둑 스스로 도망가게 하는 것이 상책이다. 그런데 만약 ㉡몽둥이를 들고 도둑과 싸우려 든다면 도둑은 ㉢강도로 돌변한다. 인체가 H5N1에 감염되면 똑같은 일이 벌어진다. 처음으로 새가 아닌 다른 숙주 몸속에 들어온 바이러스는 과민 반응한 면역계와 죽기 살기로 싸운다. 그 결과 50%가 넘는 승률로 바이러스가 승리한다. 그러나 ㉣승리의 대가는 비싸다. 숙주가 죽어 버렸기 때문에 바이러스 역시 함께 죽어야만 한다. 이것이 바로 악명을 떨치면서도 조류 독감의 사망 환자 수가 전 세계에서 400명을 넘기지 않는 이유다. 이 질병이 아직 사람 사이에서 감염되는 사례가 나타나지 않은 이유도 바이러스가 인체라는 새로운 숙주에 적응하지 못했기 때문으로 추정할 수 있다.

① ㉠: 면역계의 과민 운동
② ㉡: 계절 독감
③ ㉢: 치명적 바이러스
④ ㉣: 극심한 폐렴 증세

풀이와 정답 정답 ③

풀이 ㉢의 '(돌변하는) 강도'는 '치명적인 피해를 주는 바이러스'에 해당한다. 지문에서는 인체에 해를 끼치는 '조류 인플루엔자 바이러스(=H5N1)'이다.

오답 ① ㉠은 '계절 독감'을 뜻한다. 작은 손해를 끼치는 바이러스에 해당한다.
② ㉡은 '면역계의 과민 반응'을 뜻한다. 몽둥이를 들고 싸우려고 하는 상황에 해당한다.
④ ㉣은 숙주뿐만 아니라 바이러스도 죽음을 맞이하게 된 것을 뜻한다.

72 밑줄 친 부분에서 행위의 주체가 같은 것으로만 묶은 것은? [2020 지방직 9급]

> 금와왕이 이상히 여겨 유화를 방 안에 가두어 두었더니 햇빛이 방 안을 비추는데 ㉠몸을 피하면 다시 쫓아와서 비추었다. 이로 해서 태기가 있어 알[卵] 하나를 낳으니, 크기가 닷 되들이만 했다. 왕이 그것을 버려서 개와 돼지에게 주게 했으나 모두 먹지 않았다. 다시 길에 ㉡내다 버리게 했더니 소와 말이 피해서 가고 들에 내다 버리니 새와 짐승들이 덮어 주었다. 왕이 쪼개 보려고 했으나 아무리 해도 쪼개지지 않아 그 어미에게 돌려주었다. 어미가 이 알을 천으로 싸서 따뜻한 곳에 놓아두었더니 한 아이가 ㉢껍질을 깨고 나왔는데, 골격과 외모가 영특하고 기이했다. 겨우 일곱 살이 되었을 때, 이미 기골이 뛰어나서 범인(凡人)과 달랐다. 스스로 활과 화살을 만들어 쏘았는데 백발백중이었다. 나라 풍속에 ㉣활 잘 쏘는 사람을 주몽이라고 하므로 그 아이를 '주몽'이라 했다.
> 금와왕에게는 일곱 아들이 있어 항상 주몽과 함께 놀았는데, 재주가 주몽을 따르지 못했다. 맏아들 대소가 왕에게 말했다. "주몽은 사람의 자식이 아닙니다. 일찍 ㉤없애지 않는다면 후환이 있을까 두렵습니다." 왕이 듣지 않고 주몽을 시켜 말을 기르게 하니 주몽은 좋은 말을 알아보고 적게 먹여서 여위게 기르고, 둔한 말을 ㉥잘 먹여서 살찌게 했다.

① ㉠, ㉡
② ㉡, ㉣
③ ㉢, ㉥
④ ㉣, ㉤

풀이와 정답   정답 ③

풀이 〈주몽 신화〉의 부분 중 동일한 주체('누가')를 묻고 있다. ㉢'껍질을 깨고 나왔는데'와 ㉥'잘 먹여서 살찌게 한다'의 주체는 '주몽'이다.

오답 ㉠은 '유화', ㉡과 ㉤은 '금와왕', ㉣은 활을 잘 쏘는 '어떤 사람'이 행위의 주체이다.

참고 〈주몽 신화(朱蒙神話)〉(설화)
  갈래: 난생 설화, 건국 신화
  성격: 서사적, 영웅적, 신성성
  제재: 고구려의 건국 경위
  주제: 주몽의 탄생과 고구려의 건국 내력

73 다음 글의 ㉠~㉣ 중 내포하는 의미가 다른 것은?   [2021 군무원 7급]

> 나는 시방 위험(危險)한 짐승이다.
> 나의 손이 닿으면 너는
> ㉠미지(未知)의 까마득한 어둠이 된다.
>
> 존재(存在)의 흔들리는 가지 끝에서
> 너는 ㉡이름도 없이 피었다 진다.
>
> 눈시울에 젖어드는 이 무명(無名)의 어둠에
> 추억(追憶)의 한 접시 불을 밝히고
> 나는 한밤내 운다.
>
> 나의 울음은 차츰 ㉢아닌 밤 돌개바람이 되어
> 탑(塔)을 흔들다가
> 돌에까지 스미면 금(金)이 될 것이다.
>
> …… ㉣얼굴을 가리운 나의 신부(新婦)여.
>
> – 김춘수의 〈꽃을 위한 서시〉

① ㉠
② ㉡
③ ㉢
④ ㉣

풀이와 정답

정답 ③

풀이 ㉢의 '돌개바람'과 앞부분의 '나의 울음'은 모두 '사물의 본질에 도달하려고 하는 화자의 간절한 노력'을 의미한다. 인식을 위한 노력이라는 점에서 긍정적인 의미이다. 반면, 나머지는 '존재의 본질이 드러나지 않은 상황'이므로 부정적 의미가 된다.

오답 ④: '나의 신부'는 소중한 본질적 존재라는 점에서 긍정적이지만 '얼굴을 가리운 나의 신부'는 결국 실체를 드러내지 않았다는 점에서 부정적이다.

참고 김춘수, 〈꽃을 위한 서시〉(1959)

> 1. 갈래: 자유시, 서정시, 존재론적 시
> 2. 성격: 주지적, 관념적, 철학적, 상징적
> 3. 주제: ① 존재의 본질 인식에 대한 염원 ② 꽃의 참모습을 인식하지 못하는 안타까움
> 4. 특징
>   ① 존재론적 입장에서 사물의 본질을 추구함
>   ② 심오한 철학적 문제를 구체적인 시어를 통해 구상화함
> 5. 구성
>   ① 1~2연: 인식 이전의 상태
>   ② 3~4연: 인식을 위한 노력
>   ③ 5연: 인식 실패의 안타까움

天衣無縫
정상국어

제 8 유형

8/15개 문제 유형

1차, 2차 예시문제를 기반으로 한 15개 문제 유형 집중 분석!

新유형 9급 국가직·지방직·지역인재 시험대비

'대화 분석' 유형

01 / 이론 정리

02 / 문제 풀이
1. 관련 예시문제 풀이
2. 관련 추가 문제
   └ 1단계
   └ 2단계
   └ 3단계

天衣無縫
정상국어

제 1 장 이론 정리

문제 사례

1. 다음 대화를 분석한 내용으로 가장 적절한 것은? (1차 예시. 17번)
2. 갑~병의 주장을 분석한 내용으로 적절한 것만을 〈보기〉에서 모두 고르면? (2차 예시. 13번)

유형 08

'대화 분석' 유형은 갑, 을, 병 등 각 화자가 말하는 의도나 목적을 정확하게 파악하고, 분석하는 유형의 문항이다. 대화의 각 발언이 어떤 상황에서 이루어졌는지, 어떤 입장으로 말하는지 잘 살펴보아야 한다. 논점에 대한 찬반, 대립, 공통점, 차이점 등의 문제가 많이 출제되며, 각 화자가 말하는 핵심 내용과 근거를 빠르게 찾아야 한다. 비슷한 주장을 하는 사람끼리 묶거나 대립되는 주장을 하는 사람과 구별하면서 범주화하는 것이 좋다. 주어진 선택지를 먼저 본 후 대화와 비교하여 일치 여부를 확인하면 효율적으로 문제를 풀 수 있다.

1 '대화 분석' 문제를 잘 푸는 방법

1. **대화의 화제와 주제 파악하기**

   '무엇'에 관한 내용인지 중심 화제와 주제를 먼저 파악해야 한다. 대화 속에서 중요한 단어나 구절을 찾아내 그것이 어떤 의미를 가지는지 분석한다.

2. **대화의 목적 파악하기**

   정보 전달, 찬반 대립, 원인 분석, 문제 해결, 감정 표현 등 대화의 목적과 성격을 파악하는 것이 핵심이다.

3. **대화의 흐름 파악하기**

   대화의 각 발언이 어떤 상황에서 이루어졌는지, 감정이나 태도가 어떻게 변화하는지 주의 깊게 살펴보아야 한다.

4. **화자의 의도 이해하기**

   각 화자가 말하는 의도를 분석한다. 100% 옹호, 100% 대립, 일부 옹호, 일부 대립, 질문, 종합, 요청 등을 정확하게 파악하는 것이 중요하다.

5. **선택지 검토하기**

   주어진 선택지를 하나씩 검토하면서 대화 내용과 가장 잘 연결되는 선택지를 찾는다. 이때, 선택지의 내용을 대화와 비교하여 일치 여부를 확인해야 한다.

6. 논리적 사고

대화의 논리적 연결성을 따져보며, 앞뒤 관계가 맞는지 확인한다. 논리적 비약이 있는 선택지는 제외한다.

7. 종합적 분석

이러한 다양한 관점을 통해 대화를 종합적으로 분석하면 문제를 더욱 효과적으로 풀 수 있다.

2 대화에서 대립되는 주장을 이해하기 위한 효과적인 방법

1. 각 주장 파악하기

각 주장을 명확히 이해해야 한다. 각자의 의견이 무엇인지 간단명료하게 요약하면 주장의 핵심을 파악하기 쉬워진다.

2. 근거 분석하기

각 주장이 제시하는 근거와 예시를 찾아보아야 한다. 근거가 어떤 논리로 주장을 지지하는지 분석하면 대립의 원인을 더 잘 이해할 수 있다.

3. 논리적 관계 분석

각 주장 간의 관계를 분석한다. 대립하는 주장인지, 보완하는 주장인지, 아니면 같은 방향을 지향하는 주장인지 파악해야 한다.

4. 주장 비교하기

두 주장 간의 유사점과 차이점을 정리한다. 주장이 서로 모순되는지, 혹은 서로 강화하는지 확인한다. 이를 통해 대립의 본질을 명확히 알 수 있다.

5. 상황 맥락 고려하기

주장이 제기된 상황이나 배경을 살펴보아야 한다. 맥락에 따라 주장의 의미가 달라질 수 있다.

6. 결론 도출하기

분석한 내용을 바탕으로 두 주장이 대립하는지 여부를 결론짓는다. 이때 논리적 근거를 제시할 수 있으면 더욱 좋다.

제 2 장 문제 풀이

관련 예시 문제

74 다음 대화를 분석한 내용으로 가장 적절한 것은? [2025 대비 9급 예시문제(1차)]

> 갑: 전염병이 창궐했을 때 마스크를 착용하는 것은 당연한 일인데, 그것을 거부하는 사람이 있다니 도대체 이해가 안 돼.
> 을: 마스크 착용을 거부하는 사람들을 무조건 비난하지 말고 먼저 왜 그러는지 정확하게 이유를 파악하는 것이 필요해.
> 병: 그 사람들은 개인의 자유가 가장 존중받아야 하는 기본권이라고 생각하기 때문일 거야.
> 갑: 개인의 자유로운 선택이 타인의 생명을 위협한다면 기본권이라 하더라도 제한하는 것이 보편적 상식 아닐까?
> 병: 맞아. 개인이 모여 공동체를 이루는데 나의 자유만을 고집하면 결국 사회는 극단적 이기주의에 빠져 붕괴하고 말 거야.
> 을: 마스크를 쓰지 않는 행위를 윤리적 차원에서만 접근하지 말고, 문화적 차원에서도 고려할 필요가 있어. 어떤 사회에서는 얼굴을 가리는 것이 범죄자의 징표로 인식되기도 해.

① 화제에 대해 남들과 다른 측면에서 탐색하는 사람이 있다.
② 자신의 의견이 반박되자 질문을 던져 화제를 전환하는 사람이 있다.
③ 대화가 진행되면서 논점에 대한 찬반 입장이 바뀌는 사람이 있다.
④ 사례의 공통점을 종합하여 자신의 주장을 강화하는 사람이 있다.

풀이와 정답 정답 ①

풀이 마스크 착용을 거부하는 사람들을 '갑'과 '병'은 비난하고 있다. 반면, '을'은 이유를 정확하게 파악하는 것이 우선이며, 문화적 차원에서도 고려할 필요가 있다고 의견을 제기하고 있다.

오답 '의견이 반박되자 화제 전환', '찬반 입장', '공통점 종합'은 대화에서 나타나지 않는다.

75 갑~병의 주장을 분석한 내용으로 적절한 것만을 〈보기〉에서 모두 고르면? [2025 대비 9급 예시문제(2차)]

> 갑: 오늘날 사회는 계급 체계가 인간의 생활을 전적으로 규정하지 않는다. 실제로 많은 사람이 사회 이동을 경험하며, 전문직 자격증에 대한 접근성 또한 증가하였다. 인터넷은 상향 이동을 위한 새로운 통로를 제공하고 있다. 이에 따라서 전통적인 계급은 사라지고, 이제는 계급이 없는 보다 유동적인 사회질서가 새로 정착되었다.
>
> 을: 지난 30년 동안 양극화는 더 확대되었다. 부가 사회 최상위 계층에 집중되는 것에 대한 우려가 커지고 있다. 과거 계급 불평등은 경제 전반의 발전을 위해 치를 수밖에 없는 일시적 비용이었다고 한다. 하지만 경제 수준이 향상된 지금도 이 불평등은 해소되지 않고 있다. 오늘날 세계화와 시장 규제 완화로 인해 빈부 격차가 심화되고 계급 불평등이 더 고착되었다.
>
> 병: 오랫동안 지속되었던 계급의 전통적 영향력은 확실히 약해지고 있다. 하지만 현대사회에서 계급 체계는 여전히 경제적 불평등의 핵심으로 남아 있다. 사회 계급은 아직도 일생에 걸쳐 개인의 삶에 큰 영향을 미친다. 특정 계급의 구성원이라는 사실은 수명, 신체적 건강, 교육, 임금 등 다양한 불평등과 관련된다. 이는 계급의 종말이 사실상 실현될 수 없는 현실적이지 않은 주장이라는 점을 보여 준다.

〈보기〉

ㄱ. 갑의 주장과 을의 주장은 대립하지 않는다.
ㄴ. 을의 주장과 병의 주장은 대립하지 않는다.
ㄷ. 병의 주장과 갑의 주장은 대립하지 않는다.

① ㄱ
② ㄴ
③ ㄱ, ㄷ
④ ㄴ, ㄷ

풀이와 정답 정답 ②

풀이 제시된 글은 '계급 체계와 불평등 문제'에 대한 각각의 견해이다. 갑은 '오늘날은 계급이 없는 유동적인 사회이다.'라고 말하고 있다. 반면, 을과 병은 '오늘날 계급 체계가 사라지지 않았고, 여전히 경제적 불평등이 존재하고 있다.'라고 말한다. 따라서 을의 주장과 병의 주장은 대립하지 않으며, 서로 비슷한 입장에 있다고 할 수 있다.

오답 ㄱ.: 갑의 주장과 을의 주장은 대립한다.(O)
ㄷ.: 병은 '오랫동안 지속되었던 계급의 전통적 영향력은 확실히 약해지고 있다.'라고 하면서 갑의 주장에 대해 일부 인정하기도 한다. 하지만 전체적으로 '경제적 불평등'을 지적하며, 계급의 종말은 사실상 실현될 수 없는 것이라고 본다. 따라서 '병의 주장과 갑의 주장은 전체적으로 대립한다.'고 분석해야 한다.

참고 글의 제목: 〈현대 사회의 계급 체계에 대한 다양한 견해〉.

관련 추가 문제

1단계 문제

76 다음 대화를 분석한 내용으로 가장 적절한 것은? [2024 국가직 9급]

> 갑: 고대 노예제 사회나 중세 봉건 사회는 타고난 신분에 따라 사회적 지위가 결정되는 계급사회였지만, 현대 사회는 계급사회가 아니라고 많이들 말해. 그런데 과연 그런지 의문이야.
> 을: 현대 사회는 고대나 중세만큼은 아니지만 귀속지위가 성취지위를 결정하는 면이 없다고 할 수 없어. 빈부 격차에 따라 계급이 나뉘고 그에 따른 불평등이 엄연히 존재하잖아. '금수저', '흙수저'라는 유행어에서 볼 수 있듯 빈부 격차가 대물림되면서 개인의 계급이 결정되고 있어.
> 병: 현대 사회가 빈부 격차로 인해 계급이 나누어지는 것처럼 보인다고 해서 계급사회라고 단정할 수는 없어. 계급사회라고 말하려면 계급 체계 자체가 인간의 생활을 전적으로 규정할 수 있어야 하는데, 오늘날 각종 문화나 생활 방식 전체를 특정한 계급 논리만으로는 설명할 수 없어. 따라서 현대 사회를 계급사회로 보기는 어려워.
> 갑: 현대 사회의 문화가 다양하다는 것은 맞아. 하지만 인간 생활의 근간은 결국 경제 활동이고, 경제적 계급 논리로 현대 사회의 문화를 충분히 설명하고 규정할 수 있어. 또한 현대 사회에서 인간의 사회적 지위는 부모의 경제력과 직결되기 때문에 계급사회라고 말할 수 있어.

① 갑은 을의 주장 중 일부는 수용하고 일부는 반박한다.
② 을의 주장은 갑의 주장과 대립하지 않는다.
③ 갑과 병은 상이한 전제에서 유사한 결론을 도출하고 있다.
④ 병의 주장은 갑의 주장과는 대립하지 않지만 을의 주장과는 대립한다.

풀이와 정답   **정답** ②

풀이 대화의 핵심은 '현대 사회는 계급사회인가 아닌가'이다. '갑'은 화제를 제시하며 이야기를 시작한 후, 경제 논리로 볼 때 현대 사회를 계급사회라고 본다. '을'도 현대 사회에 불평등이 존재하기 때문에 계급사회로 본다. 반면, '병'은 계급 체계가 나누어져 있지는 않으므로 현대 사회를 계급사회로 볼 수 없다고 말한다. 결국, 갑과 을은 주장이 유사하고, 병과 주장이 상이하다. 따라서 '을의 주장은 갑의 주장과 대립하지 않는다.'라는 ②번은 적절한 분석이다.

오답 ①: 갑은 을이 아니라 병의 주장 중 일부는 수용('맞아')하고 일부는 반박('하지만')한다.
③: 갑과 병은 유사한 결론이 아니라 다른 결론을 도출하고 있다.
④: 병의 주장은 갑과 을의 주장과 모두 대립한다.

77 다음 대화에 대한 설명으로 적절하지 않은 것은?

[2023 지방직 7급]

> 학생 대표: 학교에 외부인이 아무 때나 드나들면, 소음이나 교통사고 등 예기치 못한 문제가 발생할 수 있습니다. 주민들의 학교 체육 시설 이용 시간을 오후 5시 이후로 제한했으면 합니다.
> 주민 대표: 학생들의 수업권과 안전이 우선적으로 보장되어야 한다는 데 동의합니다. 그런데 많은 주민들이 아침에 운동하기를 선호하니 오전 9시 이전까지는 체육 시설 이용을 허용하면 어떨까요? 학생들의 수업 시간과 겹치지 않으면 수업권 보장과 안전에 큰 문제가 없으리라 봅니다.
> 학 교 장: 알겠습니다. 주민들이 체육 시설 이용 시간을 잘 준수한다면 9시 이전에도 시설 이용을 허용하도록 하겠습니다. 이용 시간에 대해 주민들에게 잘 안내해 주시기를 부탁드립니다.
> 주민 대표: 네. 주민 홍보 앱을 활용해서 널리 알리겠습니다. 하나 더 제안할 것이 있는데, 수업이 없는 방학 동안은 주민들이 체육 시설을 시간 제한 없이 이용할 수 있도록 해 주시면 좋겠습니다.

① 상대의 의견을 조건부로 수용하고 있다.
② 자신의 의견을 질문 형식으로 제안하고 있다.
③ 자신의 의견을 제안하기 전에 근거를 먼저 밝히고 있다.
④ 상대의 의견을 반박하여 새로운 제안의 근거를 확보하고 있다.

풀이와 정답

정답 ④

풀이 대화의 양상은 상대와 의견을 서로 조율하면서 제안하고 수용하고 있다. 그러나 반박(反駁. 어떤 의견, 주장, 논설 따위에 반대하여 말함)하는 부분은 나타나지 않으므로 ④번은 적절하지 않다.

오답 ①: '학교장' 부분. ②: '주민 대표' 부분. ③: '학생 대표' 부분.

2 단계 문제

78 다음 대화를 분석한 내용으로 적절하지 않은 것은? [2023 지방직 9급]

> 은지: 최근 국민 건강 문제와 관련해 '설탕세' 부과 여부가 논란인데, 나는 설탕세를 부과해야 한다고 생각해. 그러면 당 함유 식품의 소비가 감소하게 되고, 비만이나 당뇨병 등의 질병이 예방되니까 국민 건강 증진에 도움이 되기 때문이야.
> 운용: 설탕세를 부과하면 당 소비가 감소한다고 믿을 만한 근거가 있니?
> 은지: 세계보건기구 보고서를 보면 당이 포함된 음료에 설탕세를 부과하면 이에 비례해 소비가 감소한다고 나와 있어.
> 재윤: 그건 나도 알아. 그런데 설탕세 부과가 질병을 예방한다는 것은 타당하지 않아. 여러 연구 결과를 보면 당 섭취와 질병 발생은 유의미한 상관관계가 없어.

① 은지는 첫 번째 발언에서 화제를 제시하고 있다.
② 운용은 은지의 주장에 반대하고 있다.
③ 은지는 두 번째 발언에서 자신의 주장에 대한 근거를 제시하고 있다.
④ 재윤은 은지가 제시한 주장의 근거를 부정하고 있다.

풀이와 정답 정답 ②

풀이 운용은 설탕세를 부과해야 한다는 은지의 주장에 반대하는 것이 아니라 '당 소비가 감소한다'는 근거가 있냐고 묻고 있다.
오답 ④: 재윤은 설탕세 부과가 질병을 예방한다는 은지의 근거에 대해 '유의미한 상관관계가 없다'고 부정하고 있다.

79 다음 대화를 분석한 내용으로 적절하지 않은 것은? [2024 지방직 9급]

> 박 과 장: 오늘은 우리 시에서 후원하는 '벚꽃 축제'의 홍보 방법을 논의하겠습니다. 타 지역 사람들이 축제에 찾아오게 하는 홍보 방법을 제안해 주세요.
> 김 주무관: 지역 주민들이 SNS로 정보도 얻고 소통도 하니까 우리도 SNS를 통해 홍보하는 것은 어떨까요? 지역 주민들이 많이 가입한 SNS를 선별해서 홍보하면 입소문이 날 테니까요.
> 이 주무관: 파급력을 생각하면 지역 주민보다는 대중이 널리 이용하는 라디오 광고로 홍보하는 방법이 좋을 것 같습니다. 라디오는 다양한 연령과 계층이 듣기 때문에 광고 효과가 더 클 것입니다.
> 윤 주무관: 어떤 홍보든 간에 가장 쉬운 방법이 제일 좋습니다. 우리 기관의 누리집에 홍보 자료를 올리는 방법을 추천합니다.
> 박 과 장: 네, 윤 주무관의 생각에 저도 동의합니다. 우리 기관의 누리집에 홍보 자료를 올리면 시간도 적게 들고 홍보 효과도 크겠네요.

① 축제의 홍보 방안에 대해 구성원들이 토의하는 과정을 보여 주고 있다.
② 김 주무관은 지역 주민들이 SNS를 즐겨 이용한다는 사실을 근거로 제시하고 있다.
③ 이 주무관은 라디오 광고가 SNS보다 홍보 효과가 클 것이라고 추측하고 있다.
④ 박 과장은 김 주무관, 이 주무관, 윤 주무관의 제안을 비교하여 의견을 절충하고 있다.

풀이와 정답

정답 ④

풀이 박 과장은 윤 주무관의 제안에 동의하고 있다. 그러나 각 주무관들의 제안을 비교하거나 의견을 절충하지 않았다. 참고로, '절충(折衷)'은 '서로 다른 사물이나 의견, 관점 따위를 알맞게 조절하여 서로 잘 어울리게 함'을 뜻한다.

오답 나머지는 모두 '벚꽃 축제의 홍보 방법'에 토의 내용으로 적절하다.

3단계 문제

80 다음 대화의 ⊙으로 적절한 것만을 〈보기〉에서 모두 고르면?   [2024 국가직 7급 PSAT 언어논리]

> 갑: 현재 지방자치단체들에서는 아동학대 피해자들을 위해 아동보호 전문기관과 연계하여 적극적인 보호조치를 취하는 대응체계를 구축하고 있는데요. 그럼에도 불구하고 아동학대로부터 제대로 보호 받지 못하는 피해자들이 여전히 많은 이유는 무엇일까요?
> 을: 제 생각에는 신속한 보호조치가 미흡한 것 같습니다. 현행 대응체계에서는 신고가 접수된 이후부터 실제 아동학대로 판단되어 보호조치가 취해지기까지 긴 시간이 소요됩니다. 신고를 해 놓고 보호조치를 기다리는 동안 또다시 학대를 받는 아동이 많은 것은 아닐까요?
> 병: 글쎄요. 저는 다른 이유가 있다고 생각합니다. 현행 대응체계에서는 일단 아동학대 신고가 접수되면 실제 아동학대로 판단될 수 있는 사례인지를 조사합니다. 그 결과 아동학대로 판단되지 않은 사례에 대해서는 보호조치가 취해지지 않는데요. 당장은 직접적인 학대 정황이 포착되지 않아 아동학대로 판단되지 않았으나, 실제로는 아동학대였던 경우가 많았을 것이라고 생각합니다.
> 정: 옳은 지적이긴 합니다. 하지만 저는 더 근본적인 문제가 있다고 생각합니다. 아동학대가 가까운 친인척에 의해 발생한다는 점, 그리고 피해자가 아동이라는 점 등으로 인해 신고 자체가 어려운 경우가 많습니다. 애당초 신고를 하기 어려우니 보호조치가 취해질 가능성 또한 낮은 것이지요.
> 갑: 모두들 좋은 의견 감사합니다. 오늘 회의에서 제시하신 의견을 뒷받침할 수 있는 ⊙ 자료 조사를 수행해 주세요.

〈보 기〉

ㄱ. 을의 주장을 뒷받침하기 위해, 신고가 접수된 시점과 아동학대 판단 후 보호조치가 시행된 시점 사이에 아동학대가 재발한 사례의 수를 조사한다.
ㄴ. 병의 주장을 뒷받침하기 위해, 아동학대로 판단되지 않은 신고 사례 가운데 보호조치가 취해지지 않은 사례가 차지하는 비중을 조사한다.
ㄷ. 정의 주장을 뒷받침하기 위해, 아동학대 피해자 가운데 친인척과 동거하지 않으며 보호조치를 받지 못한 사례의 수를 조사한다.

① ㄱ
② ㄴ
③ ㄱ, ㄷ
④ ㄴ, ㄷ
⑤ ㄱ, ㄴ, ㄷ

풀이와 정답

정답 ①

풀이 '을'은 아동학대 신고가 접수된 시점과 아동학대 판단 후 보호조치가 취해지기까지 긴 시간이 소요된다는 점을 지적하고 있다. 이 주장을 뒷받침하기 위해 두 시점 사이에 아동학대가 재발한 사례의 수를 조사한다는 'ㄱ'은 적절한 자료가 된다. 따라서 〈보기〉의 'ㄱ'은 옳다.

오답

'ㄴ': 병의 주장을 뒷받침하기 위해, 당장은 직접적인 학대 정황이 포착되지 않아 아동학대로 판단되지 않았으나, 실제로는 아동학대였던 비중을 조사한다.(O) **참고** '아동학대로 판단되지 않은 신고 사례 가운데 보호조치가 취해지지 않은 경우'는 현행 대응체계가 그렇다는 것일 뿐, 병의 주장이 아니다.

'ㄷ': 정의 주장을 뒷받침하기 위해, 신고되지 않은 아동학대 피해자 가운데 친인척에 의해 발생한 사례의 수를 조사한다.(O) **참고** '친인척과 동거 여부'는 전혀 관계가 없다.

81 다음 대화의 ㉠으로 적절한 것만을 〈보기〉에서 모두 고르면? [2023 국가직 7급 PSAT 언어논리]

> 갑: 최근 전동킥보드, 전동휠 등 개인형 이동장치 사고가 급증하고 있습니다. 도대체 무엇 때문에 이러한 현상이 나타나는 것일까요? 이에 대해 여러분은 어떤 의견을 가지고 있나요?
> 을: 원동기 면허만 있으면 19세 미만 미성년자도 개인형 이동장치를 이용할 수 있습니다. 하지만 원동기 면허가 없는 사람들도 많이 이용하고 있습니다. 안전 의식이 부족한 이용자가 증가해 사고가 더 많이 발생하는 것이지요.
> 병: 저는 개인형 이동장치의 경음기 부착 여부가 사고 발생 확률에 유의미한 영향을 미친다고 생각합니다. 현재 상당수의 개인형 이동장치는 경고음을 낼 수 있는 경음기가 부착되어 있지 않기 때문에 개인형 이동장치가 빠른 속도로 달려와도 주변에서 이를 인지하지 못하는 경우가 많습니다. 이것이 사고가 발생하는 주요한 원인이라고 생각합니다.
> 정: 저는 개인형 이동장치를 이용할 수 있는 인프라가 부족하다는 점이 가장 큰 원인이라고 생각합니다. 개인형 이동장치 이용자들은 안전한 운행이 가능한 도로를 원하고 있으나, 그러한 개인형 이동장치 전용도로를 갖춘 지역은 드뭅니다. 이처럼 인프라 수요를 공급이 따라가지 못해 사고가 발생하는 것입니다.
> 갑: 여러분 좋은 의견 제시해 주셔서 감사합니다. 그렇다면 말씀하신 의견을 검증하기 위해 ㉠ 필요한 자료를 조사해 주세요.

〈보 기〉

ㄱ. 미성년자 중 원동기 면허 취득 비율과 19세 이상 성인 중 원동기 면허 취득 비율
ㄴ. 경음기가 부착된 개인형 이동장치 1대당 평균 사고 발생 건수와 경음기가 부착되지 않은 개인형 이동장치 1대당 평균 사고 발생 건수
ㄷ. 개인형 이동장치 등록 대수가 가장 많은 지역의 개인형 이동장치 사고 발생 건수와 개인형 이동장치 등록 대수가 가장 적은 지역의 개인형 이동장치 사고 발생 건수

① ㄱ
② ㄴ
③ ㄱ, ㄷ
④ ㄴ, ㄷ
⑤ ㄱ, ㄴ, ㄷ

풀이와 정답

정답 ②

풀이 의견을 검증하기 위해 필요한 자료는 주장을 뒷받침하는 근거여야 한다. 대화 중 '병'은 개인형 이동장치에 경음기를 부착하면 사고 발생 확률이 낮아진다고 말한다. 이 의견을 검증하기 위해서는 'ㄴ'처럼 경음기 부착 여부와 사고 발생 건수에 대한 자료가 필요하다. 그래야만 사고 발생 확률이 유의미한지 알아볼 수 있다. 따라서 'ㄴ'은 필요한 자료로 적절하다.

오답
'ㄱ': '미성년자 중 원동기 면허 취득 비율'과 '19세 이상 성인 중 원동기 면허 취득 비율' 자료는 굳이 필요가 없다. 안전 의식 부재를 지적한 '을'의 의견을 검증하기 위해서는 '원동기 면허가 있는 사람들의 개인형 이동장치 사고 발생률'과 '원동기 면허가 없는 사람들의 개인형 이동장치 사고 발생률'과 같은 자료가 필요하다. 따라서 'ㄱ'은 적절하지 않다.
'ㄷ': '개인형 이동장치 등록 대수가 많거나 적은 지역' 자료는 굳이 필요가 없다. 이용 인프라 부족을 지적한 '정'의 의견을 검증하기 위해서는 '개인형 이동장치 전용도로를 갖춘 지역에서의 사고 발생률'과 '개인형 이동장치 전용도로를 갖추지 못한 지역에서의 사고 발생률'과 같은 자료가 필요하다. 따라서 'ㄷ'은 적절하지 않다.

天衣無縫
정상국어

제 9 유형 / 15개 문제 유형

1차, 2차 예시문제를 기반으로 한 **15개 문제 유형 집중 분석!**

新유형 9급 국가직·지방직·지역인재 시험대비

'글의 추론' 유형

01 / 이론 정리

02 / 문제 풀이
　　1 관련 예시문제 풀이
　　2 관련 추가 문제
　　　　└ 1단계
　　　　└ 2단계
　　　　└ 3단계

天 衣 無 縫
정 상 국 어

제 1 장 이론 정리

문제 사례

1. 다음 글에서 추론한 내용으로 가장 적절한 것은? (1차 예시. 10번)
2. 다음 글에서 추론한 내용으로 가장 적절한 것은? (2차 예시. 8번)
3. 다음 글에서 추론한 내용으로 가장 적절한 것은? (2차 예시. 9번)
4. 다음 글에서 추론한 내용으로 가장 적절한 것은? (2차 예시. 11번)

유형 09

'추론' 유형은 가장 고차원적인 사고를 요구하는 문항으로, 다른 유형의 문항들에 비해 변별력이 높은 유형의 문항이다. 제시된 글의 전체 내용이나 세부 내용에 대한 이해를 바탕으로, 다른 사례들에 적용하고, 보다 상위의 사실을 추론하고, 전제를 찾는 등의 다양한 유형이 출제될 수 있다. 그런데 가장 중요한 점은 제시된 글의 내용을 정확하게 이해해야 한다는 점이다. 추론의 근거는 지문 속에 있으니 왜곡하거나, 비약하거나, 지나치게 확대 해석하지 않도록 주의해야 한다.

추론 유형은 대체로 크게 세 가지가 있다. 첫째, 글에서 직접적으로 언급되지 않았지만 맥락상 추론할 수 있는 내용을 묻는 '암시된 내용 추론' 유형이 있다. 둘째, 글쓴이의 의도나 글의 목적을 추론하는 '의도와 목적 추론' 유형이 있다. 셋째, 글의 내용을 바탕으로 논리적인 결론을 도출하는 '결론 도출 추론' 유형이 있다.

1 '글의 추론' 문제를 잘 푸는 방법

1. 전체 맥락 이해하기

글의 주제와 중심 내용을 파악한다. 서두, 본문, 결말을 통해 글의 구조를 이해해야 한다. 또한, 각 단락의 첫 문장과 마지막 문장, 반복되는 키워드와 개념을 확인하는 것이 중요하다.

2. 키워드 찾기

반복되는 중요한 단어나 구문을 찾아내어 글의 핵심 정보를 정리한다. 이는 추론의 기초가 된다.

3. 문장 간 관계 파악하기

각 문장이 어떻게 연결되는지 살펴본다. 특히, 인과 관계, 대조 관계 등을 분석하면 더 깊이 있는 이해가 가능하다.

4. 추론의 근거 확인하기

주어진 선택지 중에서 근거가 명확한 것을 선택한다. 배경 지식으로 풀어서는 안 된다. 추론의 근거는 모두 지문 속에 있다. 또한, 글에서 직접 언급되지 않더라도 합리적인 추론이 가능한지 고려해야 한다.

5. 선택지 분석하기

각 선택지가 글의 내용과 얼마나 일치하는지를 비교한다. 유사한 표현이나 반대되는 내용은 배제해야 한다.

6. 재확인하기

답안을 선택한 후, 다시 한 번 글을 읽고 선택한 답이 적절한지 확인한다.

2 추론 문제를 풀 때 필요한 독해 전략

1. 예측하기

글을 읽기 전에 제목이나 첫 문장을 보고 내용을 예측해 보아야 한다. 이를 통해 읽는 동안 집중력을 높일 수 있다.

2. 질문 만들기

글을 읽으면서 자연스럽게 질문을 만들어 보아야 한다. '이 문장은 왜 중요한가?', '글쓴이는 무엇을 전달하려고 하는가?' 등의 질문이 도움이 된다.

3. 주요 핵심 내용과 세부 사항 구분하기

글의 핵심 내용과 세부 사항을 명확히 구분하여 정리한다. 핵심 내용이나 핵심 주장에 집중하면 추론할 때 유리하다.

4. 마인드맵 활용하기

마인드맵(mind map)은 마음속에 지도를 그리듯이 줄거리를 이해하며 정리하는 방법을 말한다. 글의 구조와 내용을 시각적으로 정리하는 마인드맵을 만들어 보아야 한다. 문장이나 문단 간의 관계를 이해하는 데 도움이 된다.

5. 요약하기

각 단락을 읽고 요약하는 연습을 한다. 요약을 통해 글의 핵심 내용을 명확히 파악할 수 있다.

6. 비판적 사고 활용하기

글의 주장이나 결론에 대해 비판적으로 분석해 보아야 한다. 반대 의견이나 다른 관점을 고려하는 것이 중요하다.

7. 단어의 의미 파악하기

모르는 단어나 표현이 있을 경우, 문맥을 통해 의미를 추론해 보아야 한다. 이는 전체 이해도를 높이는 데 도움이 된다.

3 비문학 추론을 위한 이론

1. **논리적 사고 이론**
   ① **연역적 추론**: 일반적인 원칙이나 법칙을 바탕으로 구체적인 결론을 도출하는 과정이다. 주어진 전제를 바탕으로 논리적으로 결론을 도출하는 방법이다.
   ② **귀납적 추론**: 여러 개의 구체적인 사례나 증거를 바탕으로 일반적인 결론을 도출하는 과정이다. 예를 들어, 여러 사례를 통해 특정 패턴을 발견하고 이를 일반화하는 방법이다.

2. **비판적 사고 이론**
   ① **비판적 사고**: 주어진 정보를 객관적으로 평가하고 논리적으로 분석하는 과정이다. 비판적 사고를 통해 정보의 신뢰성, 타당성, 논리적 일관성을 평가할 수 있다.
   ② **논증 분석**: 글에서 제시된 논증을 분석하고 그 타당성과 논리적 구조를 평가하는 과정이다. 주장의 근거가 충분히 제시되었는지, 논리적으로 일관성이 있는지를 판단한다.

3. **언어 이해 이론**
   ① **의미론**: 단어와 문장의 의미를 이해하고 해석하는 과정이다. 비문학 지문의 주요 단어와 구절의 의미를 정확히 파악하는 것이 중요하다.
   ② **화용론(話用論)**: 문맥 속에서 언어가 어떻게 사용되는지를 이해하는 과정이다. 상황에 따른 의미 변화를 이해하고 추론하는 데 도움이 된다.

4. **구조 분석 이론**
   ① **구조 분석**: 글의 구조를 이해하고 분석하는 과정이다. 비문학 글은 일반적으로 서론, 본론, 결론의 구조를 가지고 있으며, 이를 파악하면 글의 흐름을 더 잘 이해할 수 있다.
   ② **정보의 조직화**: 글에서 정보가 어떻게 조직되고 배열되는지를 이해하는 과정이다. 중요한 정보와 부수적인 정보를 구분하고, 정보 간의 관계를 파악하는 데 도움이 된다.

5. **상황 모형 이론**
   독자가 글을 읽으면서 머릿속에 상황을 시각화하고 이를 바탕으로 추론하는 과정이다. 문맥을 이해하고 글의 의미를 더 깊이 파악하는 데 도움이 된다.

6. **스키마 이론**
   독자가 이미 가지고 있는 배경 지식과 경험(스키마)을 바탕으로 새로운 정보를 이해하고 추론하는 과정이다. 스키마가 잘 형성되어 있을수록 독해 능력이 향상된다.

4 논증(論證)의 요소

1) 논증의 개념
① 논증은 쉽게 말하면, 어떤 주장을 논리적으로 증명하여 주장의 정당성을 입증하는 과정을 통해 독자를 설득하는 진술 방식이다.
② 다시 말해, 객관적인 논거를 통해 자신이 표현하고자 하는 주장이 참임을 밝혀 나가는 과정이다.

2) 논증의 특징
① 논증은 독자에게 '논리'로 호소하는 진술 방식이기 때문에 주장의 쟁점이 명확하게 명시되어야 한다.
② 무엇을 논증할 것인가, 즉 논증의 대상이 되는 것을 '명제'라고 하는데, 이러한 명제는 일관성이 있어야 하고, 모호하거나 막연하게 진술되지 않아야 한다.
③ 자신이 내세우는 명제가 참임을 밝히기 위해 '논거'를 제시하여야 하는데, 논증 과정에서 가장 중요한 것은 확실한 논거를 제시하는 일이다.

3) 논증의 요소: 명제+논거 ⇨ 추론

(1) 명제(命題)
자신의 주장을 명시적으로 내세운 논리적 진술로, 대체로 평서형으로 진술한다. 전체 글 속에서는 일종의 주제문으로 드러나며, 명료하게 진술되어야 한다.
① **사실 명제**: 객관적인 사실을 토대로 그 사실에 대한 정오(正午)를 분명하게 판단할 수 있는 성격의 명제이다.
　예 3·1 운동은 1919년에 일어났다. 돌고래는 어류에 속한다.(거짓)
② **가치 명제**: 특정 사건이나 문제에 대해 호오(好惡)의 정도를 따져 가치 판단을 내릴 수 있는 성격의 명제이다.
　예 한글은 세계에서 가장 우수한 문자이다. 인간은 본질적으로 선한 존재이다.
③ **정책 명제(당위 명제)**: 특정 사건이나 문제에 대해 '적절성'을 따져 자신의 주장을 '~해야 한다'는 형식으로 내세우는 형태의 명제이다. 대개의 논설문에서 주로 활용되는 명제이다.
　예 환경오염을 줄이기 위해 실내 온도를 제한해야 한다.

(2) 논거(論據)
명제가 참임을 밝히기 위한, 혹은 정당성을 확보하기 위한 논리적 근거로, 타당성과 신뢰성을 갖추어야만 논증이 효과적으로 이루어질 수 있다. 논거는 항상 정확하고, 공정하게 제시되어야 효과적인 추론을 해 나갈 수 있다.
① **사실 논거**: 구체적인 사실이나 실험 결과, 통계적 수치 등 객관적으로 증명될 수 있는 논거
② **소견 논거**: 해당 분야의 전문가의 견해나 일반적인 여론 등을 인용하는 논거

(3) 추론(推論)
자신의 명제를 증명하기 위해 논거를 제시해 가는 과정으로, 추론의 과정이 합리적이고 논리적으로 이루어져야 논증이 효과적으로 이루어질 수 있다. 크게 '연역 추론', '귀납 추론', '변증법적 추론', '유비 추론(유추)'으로 나눌 수 있다.

82 다음 내용을 적용한 것으로 가장 적절한 것은? [2024 지역인재 9급(국가직)]

> ○ 사실 논제: 참과 거짓으로 양립 가능한 사실에 대해 입증하고 반박하는 데 초점을 둔 논제
> ○ 가치 논제: 어떤 가치가 다른 가치보다 더 중요함을 주장하는 데 초점을 둔 논제
> ○ 정책 논제: 특정 정책을 시행해야 할지 말아야 할지 주장하는 데 초점을 둔 논제

① '화성에는 생명체가 살고 있다.'는 가치 논제이다.
② '환경 보존이 개발보다 더 중요하다.'는 사실 논제이다.
③ '드라마 속 간접 광고를 규제해야 한다.'는 정책 논제이다.
④ '사생활 보호가 공공의 알 권리보다 우선되어야 한다.'는 사실 논제이다.

풀이와 정답　　　　　　　　　　　　　　　　　　　　　　　　　　정답 ③

풀이 '드라마 속 간접 광고를 규제해야 한다.'는 정책 논제가 맞다. 정책 명제는 당위 명제라고도 하며, 자신의 주장을 '~해야 한다'는 형식으로 내세우는 형태의 명제이다. 대개의 논설문에서 주로 활용되는 명제이다.

오답
①: '화성에는 생명체가 살고 있다.'는 사실 논제이다.
②: '환경 보존이 개발보다 더 중요하다.'는 가치 논제이다.
④: '사생활 보호가 공공의 알 권리보다 우선되어야 한다.'는 가치 논제이다.

5 추론의 유형

1) 연역(演繹) 추론

(1) 개념
이미 알고 있는 하나 또는 둘 이상의 일반적인 명제를 기초로 하여 새로운 명제를 이끌어 내는 사고 과정이다. 연역 추론은 사고 과정이 타당하면 결론의 확실성이 보장되므로 논리적 타당성, 명제 간의 관계만을 문제 삼는다. 연역 추론의 전형적인 양식은 '대전제 → 소전제 → 결론'의 형식으로 이루어지는 삼단 논법이다. 이때, 결론의 주어 개념을 '소개념', 결론의 술어 개념을 '대개념', 대전제와 소전제에 공통으로 들어 있어 두 전제를 연결하여 주는 개념을 '매개념'이라 한다. 삼단 논법은 다음과 같이 도식화할 수 있다.

> - 대전제: 모든 M은 P이다.
> - 소전제: 모든 S는 M이다.
> - 결 론: 모든 S는 P이다. [M: 매개념, P: 대개념, S: 소개념]

(2) 3단 논법의 종류

① **정언적(定言的) 삼단 논법**: 전제가 단정적으로 이루어지는 정언 명제를 지닌 삼단 논법. 삼단 논법의 '전형'에 해당하는 방식으로, 이때 소전제가 일반적 진술이면 생략되기도 한다.

> **예** 사람은 죽는다. (대전제)
> 소크라테스는 사람이다. (소전제)
> 그러므로 소크라테스는 죽는다. (결론)
>
> **예** 사람은 사회 속에서 살아가야 한다. (대전제)
> (개개인은 모두 사람이다.) (소전제 생략)
> 따라서 모든 개인은 사회 속에서의 규칙을 지켜야 한다. (결론)

② **가언적(假言的) 삼단 논법**: '만약 ~이라면'이라는 조건적으로 이루어지는 가언 명제를 대전제로 가지는 삼단 논법. 이때 조건으로 주어진 부분을 '전건(前件)', 결과로 제시된 부분을 '후건(後件)'이라고 한다.

> 만약 p라면 q이다. (참)
> 어떤 것이 p이다. → 따라서 q이다. (참) – 전건 긍정으로 후건 긍정
> q가 아니다. → p가 아니게 된다. (참) – 후건 부정으로 전건 부정
> • '수학'에서의 '대우' 명제를 생각하면 쉽게 이해될 수 있다.

> **예** 만약 비가 온다면 땅이 젖을 것이다. (참)
> 비가 왔다. 그러므로 땅이 젖었을 것이다. (참)
> 땅이 젖지 않았다. 그러므로 비가 오지 않았을 것이다. (참)

③ **선언적(選言的) 삼단 논법**: 선택을 필요로 하는 두 개의 요소 명제(선언 명제)를 대전제로 지닌 삼단 논법. 둘 중 하나는 반드시 참이라고 생각하면 된다.

> **예** 내일은 틀림없이 비가 오거나 눈이 올 것이다. 비가 오지 않을 것이다. 따라서 눈이 올 것이다.

> **참고** 연역 추론의 오류
>
> '모든 새는 난다. 타조는 새다. 그러므로 타조는 난다.'는 형식상 3단 논법의 연역 추론이다. 그런데 위 진술은 내용상 오류를 보이는데 '모든 새는 난다.'라는 대전제에 모순이 있기 때문이다. 예를 들어, 타조, 펭귄, 닭 등의 새는 날지 못한다.
> 결국, 연역 추론은 전제가 참이면 결론도 참이고, 전제가 거짓이면 결론도 거짓이 된다.

2) 귀납(歸納) 추론

(1) 개념

특수한 또는 개별적인 사실로부터 일반적인 결론을 이끌어내는 추론 형식이다. 귀납법은 구체적 사실들을 바탕으로 하여 결론을 이끌어 내기 때문에 개연성과 유관성, 표본성 등을 중시하게 되고, 결론의 확실성이 보장되지 않는다. 개연성이란 관찰된 어떤 사실이 같은 조건에서 앞으로도 계속 관찰될 수 있는가 하는 가능성을 가리키며, 유관성이란 추론에 사용된 자료가 관찰하려는 사실과 관련되어야 한다는 것, 그리고 표본성이란 추론을 하기 위한 자료의 표본 추출의 공정성을 가리킨다.

(2) 귀납 추론의 종류

① 완전 귀납 추론: 어떤 부류에 포함되는 모든 사례를 관찰하고 결론을 내리는 방식으로, 현실적으로는 실현 불가능한 방법이다.
   예 제자가 밤새 땅콩의 껍질을 다 벗겨 보고 나서야 스승에게 가서 그 땅콩은 모두 속꺼풀이 있었다고 알렸다.

② 통계적 귀납 추론: 어떤 집합의 구성 요소 중 대표적 사례를 몇 가지 관찰하고서 전체에 대하여 결론을 내리는 방식, 즉 관찰하고자 하는 집합의 일부에서 발견한 몇 가지 사실을 열거함으로써 그 공통점을 결론으로 이끌어 내는 방법으로 여론 조사가 대표적이다.
   예 여론 조사에 의하면 45%의 유권자가 이 씨에게, 35%가 박 씨에게, 20%가 손 씨에게 투표할 것으로 나타났다. 그러므로 이번 선거에서 이 씨가 이길 것이다.

③ 인과적 귀납 추론: 관찰할 집합의 일부 원소들이 지닌 인과 관계를 인식하여 그 원인이나 결과를 이끌어 내는 방법
   예 여름에 운동을 하면 땀이 난다. 그런데 겨울에도 운동을 많이 하면 땀이 난다. 이때 땀이 나는 것은 몸속의 열을 배출하기 위함이다. 그러므로 몸속의 열을 배출할 때는 땀이 난다고 봐야 한다.

3) 유비(類比) 추론

(1) 개념

두 개의 현상 사이에 일련의 요소가 동일하다는 사실을 바탕으로 그것들의 나머지 요소도 동일하리라고 추측하는 방법

(2) 목적

어떤 특수한 사실을 보다 일반적인 사실에 견줌으로써 보다 효과적으로 자신의 논증을 강화하기 위해 사용한다.
   예 영수는 체력이 뛰어나고, 지구력, 순발력, 주력이 뛰어난 축구선수이다. 그의 동생 철수도 체력이 강하고, 지구력, 순발력, 주력이 뛰어나다. 그러므로 철수도 훌륭한 축구 선수가 될 것으로 기대된다.

4) 변증법적(辨證法的) 추론

(1) 개념

정(正), 반(反), 합(合)의 원리로 모순되는 개념(정, 반)을 초월하여 고차원적인 제3의 개념(합)으로 통일시키는 방법

(2) 목적

어느 한 쪽에 치우친 주장을 하지 않고, 둘 사이의 조화 및 통합의 방향을 모색하기 위해 사용하는 추론 방식으로, 특히 우리의 옛글에서 자주 확인할 수 있다.

예 사람은 원래 선한 존재이다(正).
그러나 사람의 내면에는 악에의 충동도 있다(反).
사람은 선과 악을 동시에 지닌 양면적 존재이다(合).

83 다음 글과 같은 방식으로 논리를 전개한 것은? [2015 국가직 9급]

> 진리가 사상의 체계에 있어 제일의 덕이듯이 정의는 사회적 제도에 있어 제일의 덕이다. 하나의 이론은 그것이 아무리 멋지고 간명한 것이라 하더라도 만약 참되지 않다면 거부되거나 수정되어야 한다. 이와 마찬가지로 법과 제도는 그것이 아무리 효율적으로 잘 정비되어 있다고 하더라도 만약 정의롭지 않다면 개혁되거나 폐기되어야 한다.

① 의지의 자유가 없는 사람에게는 책임을 물을 수 없다. 그런데 인간에게는 책임을 물을 수 있다. 그러므로 인간의 의지는 자유롭다고 보아야 한다.
② 여자는 생각하는 것이 남자와 다른 데가 있다. 남자는 미래를 생각하지만 여자는 현재의 상태를 더 소중하게 여긴다. 남자가 모험, 사업, 성 문제를 중심으로 생각한다면 여자는 가정, 사랑, 안정성에 비중을 두어 생각한다.
③ 우리 강아지는 배를 문질러 주면 등을 바닥에 대고 누워 버려. 그리고 정말 기분 좋은 듯한 표정을 짓지. 그런데 내 친구 강아지도 그렇더라고. 아마 모든 강아지가 그런 속성을 가지고 있는 것 같아.
④ 인생은 여행과 같다. 간혹 험난한 길을 만나기도 하고, 예상치 않은 일을 당하기도 한다. 우연히 누군가를 만나고 그들과 관계를 맺기도 한다. 여행을 끝내고 집으로 돌아왔을 때 편안함을 느끼는 것처럼 생을 끝내고 죽음을 맞이할 때 우리는 더없이 편안해질 것이다.

풀이와 정답

정답 ④

풀이 제시문은 유비 추론이다. 이론이 참되지 않으면 거부되고 수정되어야 하듯이 법과 제도 역시 정의롭지 않다면 개혁되거나 폐기되어야 한다고 유사성에 의거해 전개하고 있다. ④번 역시 인생을 여행에 빗대어 전개하고 있는 유비 추론이다.
오답 ①: 연역 추론(3단 논법). ②: 대조. ③: 귀납 추론.

84 개발주의자와 환경 보호론자가 토론을 할 경우, 다음의 내용을 결론으로 제시할 때 추론의 방식으로 옳은 것은?　　[2004 지방직 9급]

> 이러한 지구 환경의 위기에 대비하여 1992년 6월, 브라질 리우에서 개최된 환경과 개발에 관한 유엔 회의에서는, '환경적으로 건전하고 지속 가능성 개발(ESSD)'만이 인류가 나아가야 할 방향임을 천명하게 되었다. 앞으로 선정 위주의 개발 정책은 국제 사회에서 용납되지 않을 것이며, '환경 보전과 조화를 이루는 개발', 즉 환경적으로 건전하고 지속 가능한 개발의 실현이 21세기에 인류가 추구해야 할 과제인 것이다.

① 귀납 추론　　　　　　　　　　　② 변증법적 추론
③ 연역 추론　　　　　　　　　　　④ 유비 추론

풀이와 정답　　　정답 ②

풀이 정(正)을 '개발'로 반(反)을 '환경 보호'로 보았을 때, '환경 보전과 조화를 이루는 개발'은 합(合)에 해당한다. 이와 같이 어느 한 쪽에 치우친 주장을 하지 않고, 둘 사이의 조화 및 통합의 방향을 모색하기 위해 사용하는 추론 방식을 변증법적 추론이라고 한다.

6 추론의 오류(誤謬)

1) 형식적 오류

추론의 가장 기본인 논리적 규칙을 준수하지 않아 발생하는 오류로, 수학에서의 '대우' 명제개념을 생각하면 쉽게 이해할 수 있다.

(1) 전건 부정의 오류: 전건을 부정함으로써 후건을 부정하는 결론을 도출할 때 발생하는 오류, 즉 p→q가 참이면 ~p→~q가 반드시 참이라고 하는 오류

예 경제가 발전하면 살기가 좋아진다.(참)
→ 경제가 발전하지 않았다. 그러므로 살기가 좋아지지 않았다.(반드시 참은 아님)

(2) 후건 긍정의 오류: 후건을 긍정해서 전건의 긍정을 결론으로 도출하는 오류, 즉 p → q가 참이면 q → p가 반드시 참이라고 하는 오류

예 비가 오면 물이 고인다.(참)
→ 물이 고였다. 그러므로 비가 왔다.(반드시 참은 아님)

(3) 선언지 긍정의 오류: '또는'의 의미를 포괄성이 아닌 배타성으로만 파악해서 발생하는 오류

예 그는 돈이 많든지 집안이 좋을 것이다.
그는 돈이 많다. 그러므로 그는 집안은 좋지 않을 것이다.

2) 비형식적 오류

(1) 자료적 오류

① **성급한 일반화의 오류:** 소수의 정보, 충분하지 않은 자료, 대표성이 결여된 사례 등 일부의 특수한 경우만을 근거로 하여 성급하게 최종 결론을 도출하는 오류

예 우리 앞집은 잘사는 편이야. 우리 뒷집도 잘살지. 그러니까 우리 동네는 모두 잘사는 편이야.
: 몇 명의 학생이 흡연을 하고 음주를 한다고 해서 요즘 학생들은 모두 퇴폐적이라고 결론을 내리는 경우

② **우연의 오류(원칙 혼동의 오류):** 일반적으로 그렇다고 해서 특수한 경우에도 반드시 그럴 것이라고 오해하는 오류, 보편과 특수의 관계를 고려하지 않고 예외를 인정하지 않는 오류

예 거짓말은 처벌을 받아야 한다. 그러므로 암 진단 사실을 환자에게 거짓말로 알린 의사는 처벌을 받아야 한다. 요즘 애들은 통 버릇이 없어요. 우리 아이도 남들로부터 버릇없이 군다고 말을 많이 듣는데, 당신 아이도 그렇겠지요?

③ **무지에의 호소:** 어떤 주장이 반증된 적이 없거나, 반증하기 어렵다는 이유로 자신의 주장을 정당화하는 오류

예 '페르마의 마지막 정리'는 거짓임이 분명하다. 어떤 수학자도 그것이 참임을 증명하지 못했으니까.
너는 알리바이가 없다. 그러니까 이 사건의 범인이다.

④ **잘못된 유추의 오류:** 잘못 적용된 유추에 의해 잘못된 결론을 이끌어내는 오류, 즉 일부분이 비슷하다고 해서 나머지도 비슷할 것이라고 생각하는 오류

예 컴퓨터와 인간은 계산을 할 줄 안다. 따라서 컴퓨터는 인간처럼 감정을 느낄 것이다.
모든 유기체들은 탄생과 성장과 사멸의 과정을 거친다. 따라서 모든 유기체처럼 우리의 문명도 멸망하고 말 것이다. (유기체와 문명은 다르다.)

⑤ **순환 논증의 오류(선결 문제 요구의 오류)**: 결론에서 주장하는 바를 논거로 제시하는 오류, 같은 내용을 말만 바꾸어 계속 되풀이하는 오류
  예 성서의 글은 모두 하느님의 말씀이다. 성서가 하느님의 말씀인 것은 성서에 쓰여 있기 때문이다. 그러므로 성서가 하느님의 말씀인 것은 의심할 여지가 없다.

⑥ **흑백 논리의 오류**: 어떤 주장에 대해 선택 가능성이 두 가지밖에 없다고 생각함으로써 발생하는 오류, 즉 중간 항이 허용됨에도 불구하고 이것 아니면 저것만을 강요함으로써 발생하는 오류
  예 그녀는 나한테 싫다고 말한 적이 없다. 그러므로 그녀는 나를 사랑한다.
  현대사회에서 영어를 잘하면 유능한 사람이고, 잘하지 못하면 무능한 사람이다.

⑦ **거짓 원인의 오류(=원인 오판의 오류)**: 두 사건 사이의 인과 관계가 불분명함에도 불구하고, 단순히 시간상으로 선후에 놓인다고 하여 둘 사이의 인과를 억지로 맺는 오류
  예 까마귀 날자 배 떨어진다.
  어젯밤 꿈에 돼지 열 마리가 나타나서 1등 복권에 당첨이 되었다.

⑧ **인과 혼동의 오류**: 어떤 사실의 원인을 결과로 여기거나 결과를 원인으로 파악하는 오류.
  예 19세기 영국의 한 정치가는 착실하고 부지런한 농부는 모두 적어도 한두 마리의 젖소를 소유하고 있다는 것을 알게 되었다. 대신 젖소를 못 가진 농부들은 게으로고 언제나 술에 취해 있는 게 보통이었다. 그래서 이 정치가는 게으른 농부들을 부지런하게 만들기 위해서 그들에게 젖소를 한 마리씩 주자고 제안하였다.
  부자인 철희는 자가용을 타고 다닌다. 나도 부자가 되기 위하여 자가용을 몰고 다니기로 했다.

⑨ **복합 질문의 오류**: 둘 이상의 질문이 하나의 대답만을 요구할 때 발생하는 오류. 서로 상반되는 둘 이상의 전제가 놓여 긍정도 부정도 할 수 없게 만드는 오류
  예 형사가 용의자에게 다음과 같이 물었다. "당신 어제 도둑질했지?", "저는 어제 도둑질하지 않았어요.", "그래? 그럼 어제 말고 도둑질을 한 적이 있구먼."

⑩ **분할·합성의 오류**: 전체 또는 집합이 어떤 성질을 가지고 있기 때문에 그 부분이나 원소들도 그와 같은 성질을 가지고 있다고 추론하는 오류(분할의 오류), 그와는 반대로 부분이나 원소의 성질을 전체의 속성으로 보는 오류(합성의 오류)
  예 그는 우리나라 고교 최고의 투수임이 틀림없어. 그의 팀이 이번에 전국 고교 야구 대회에서 우승했으니까.(분할의 오류)
  이 오케스트라의 구성원은 모두 일급 연주가들이기 때문에, 이 오케스트라는 최고입니다.(합성의 오류)

⑪ **발생학적 오류**: 어떤 대상의 기원이 갖는 속성을 그 대상도 그대로 가지고 있다고 추론하는 오류
  예 철수는 수영을 잘할 거야. 왜냐하면 철수의 아버지가 훌륭한 수영 선수였으니까.

⑫ **의도 확대의 오류**: 의도하지 않은 결과에 대해 처음부터 그런 의도가 있었다고 판단하여 생기는 오류
  예 담배 피우면 폐암에 걸려 죽을 확률이 높아지는 것도 모르니? 그렇게 죽고 싶어?

⑬ **논점 일탈의 오류**: 논점과 큰 관련이 없는 사항들을 거론하여 논쟁을 피해 가거나 새로운 논점을 제시하여 본래의 논점을 흐리는 오류
  예 너희들은 왜 만나기만 하면 싸우니. 빨리 교실에 들어가서 공부하지 못해!

(2) 심리적 오류

① 감정에 호소하는 오류
  ㉠ 동정(연민)에의 호소: 상대방의 동정심이나 연민에 호소하여 자신의 논지를 받아들이게 하는 오류
    예 판사님! 이 피고인은 단칸방에 살면서 노부모를 모시고 3명의 자식을 키우고 있습니다. 그리고 피고인은 매일 막노동을 해서 생계를 유지하고 있습니다. 이런 불쌍한 처지를 참작하시어 피고인을 무죄 석방해 주십시오.
  ㉡ 공포(협박)에의 호소: 상대방에게 유형, 무형의 강압적인 수단을 동원하여 자신의 주장을 받아들이게 하는 오류. 합리적인 논증이나 증거가 없거나 통하지 않을 때 사용된다.
    예 오늘 청소 시간에 열심히 청소해라. 만약 깨끗하게 하지 않으면 다른 반보다 한 시간 늦게 종례할 거다.
  ㉢ 사적 관계에의 호소: 개인적인 친분 관계를 내세워 자신의 논지를 받아들이게 하는 오류
    예 고향 선배인데 너무 하는 것 아냐? 한 번만 봐 줘.
  ㉣ 아첨에의 호소: 아첨에 의해 논지를 받아들이게 하는 오류
    예 우리 반 반장은 네가 해야 해. 너처럼 똑똑하고 리더십이 있는 애가 또 어디 있다고 그러니.

② 사람에 호소하는 오류
  ㉠ 인신공격의 오류: 주장하는 사람의 인품이나 성격, 직업, 과거의 정황 등을 비난함으로써 그 사람의 주장이 잘못되었다고 비판하는 오류
    예 그의 이론은 믿을 수 없다. 그는 뇌물을 받은 혐의로 대법관의 직을 내놓은 사람이기 때문이다.
  ㉡ 정황에의 호소: 상대방의 특수한 개인적 또는 집단적 위치를 이용하여 그의 주장을 비판함으로써 범하게 되는 오류
    예 우륵은 가야 사람이다. 그런데 가야는 망한 나라이다. 따라서 우륵의 음악은 변변치 않을 것이다.
  ㉢ 역공격의 오류(피장파장의 오류): 비판받는 내용이 상대방에게도 적용될 수 있음을 근거로 비판을 모면하고자 하는 오류
    예 왜 나한테만 공부 안 한다고 야단이야. 형은 뭐 항상 공부만 해?

③ 대중(여론)에의 호소: 어떤 주장에 대한 타당한 근거를 제시하지 않고, 대중의 감정, 군중심리, 열광 등에 호소하거나 여러 사람이 동의한다는 점을 내세워 자신의 주장에 대해 동의를 얻어내고자 하는 오류
  예 이 정책은 폐지되어야 합니다. 국민이 그것을 원하고 있습니다.
      이 책은 문학사적으로 훌륭한 책임에 틀림없어. 벌써 30만 부나 팔렸다잖아.

④ 부적합한 권위에의 호소: 논지와는 직접적인 관련이 없는 권위자의 견해에 근거하여 자신의 주장을 받아들이도록 하는 오류
  예 세계적인 지휘자 정명훈 씨는 무대에 오르기 전에 꼭 우유를 한 잔씩 마시는 습관이 있는데 우유를 마시면 긴장이 풀어지기 때문이래. 우리도 긴장을 풀기 위해 시험 전에 우유를 마시자.

⑤ 원천 봉쇄의 오류: 반론이 일어날 수 있는 가능성을 원천적으로 봉쇄함으로써 반론의 제기를 불가능하게 하여 자신의 논지를 옹호하는 오류
  예 상식적 사고를 할 수 있는 사람이라면 누구도 이 정책에 반대하기는 어려울 것이다.

(3) 언어적 오류
① **애매어의 오류**: 둘 이상의 의미로 사용될 수 있는 단어의 의미를 명백히 분리하여 파악하지 않고 혼동함으로써 생기는 오류
   예 죄인은 감옥에 간다. 그런데 목사님께서는 모든 인간은 죄인이라 하셨다. 그러니 모든 인간은 감옥에 가야 한다.
② **강조의 오류**: 문장의 한 부분만을 불필요하게 강조함으로써 발생하는 오류
   예 잔디를 발로 밟지 마시오. 뭐야. 그럼 물구나무서서 지나가면 되잖아.
③ **은밀한 재정의의 오류**: 단어의 뜻을 자신이 편한 대로 은밀하게 덧붙여 재정의함으로써 생기는 오류
   예 진정한 건강식품은 100% 자연에서 온 것이다. 우리 제품은 오직 자연에서 얻은 성분만을 사용했으므로 최고의 건강식품이다.

---

85 다음에서 보이는 오류의 유형과 같은 오류가 있는 것은?   [2015 서울시 7급]

> "그놈은 나쁜 놈이니 사형을 당해야 해. 사형을 당하는 걸 보면 나쁜 놈이야."

① 분열은 화합으로 극복할 수 있다. 그러므로 우리는 분열을 치유하기 위해 모두가 하나 되는 사회를 만들어야 한다.
② 국민의 67%가 사형 제도에 찬성했다. 그러므로 사형 제도는 정당하다.
③ 하나를 보면 열을 안다고, 국어 성적이 좋은 걸 보니 혜림이는 공부를 잘하는 학생이구나.
④ 이번 학생회장 선거에서 나를 뽑지 않은 것으로 보아 너는 나를 아주 싫어하는구나.

풀이와 정답   정답 ①

풀이 제시된 문장은 '순환 논증의 오류'이다. 결론에서 주장하는 바를 논거로 제시하는 오류이며, 같은 내용을 말만 바꾸어 계속 되풀이하는 경우이다. ①번 역시 '화합으로 분열을 극복하자'는 내용이 논거이자 주장인 순환 논증의 오류이다.
오답 ②: 대중에 호소하는 오류. ③: 성급한 일반화의 오류. ④: 의도 확대의 오류.

86 논증의 과정에서 범할 수 있는 오류와 그 예를 연결한 것으로 적절하지 않은 것은?

[2017 기상직 9급]

① 정선, 김홍도, 신윤복, 강희안, 장승업 등은 모두 탁월한 화가들이다. 그러므로 한민족은 세계에서 가장 뛰어난 미술적 재능을 지닌 민족이다. → 성급한 일반화의 오류

② 지난 학기에 학사 경고를 받은 학생은 모두 26명이다. 그중 남학생이 18명이고 여학생이 8명이다. 그러므로 남학생들이 여학생들보다 학업에 소홀했다. → 원천 봉쇄의 오류

③ 참된 능력은 언제나 드러나기 마련이다. 능력 있는 자는 자신이 내세우지 않아도 그 재능을 인정받는다. 그러므로 능력 있는 자는 자신의 재능을 알리려고 애쓸 필요가 없다. → 순환 논증의 오류

④ 우리 사회 특히 산업 현장에서는 대학이 유능한 전문기능인을 길러 주기를 원한다. 다시 말해 전인 교육보다 기능 교육이 중시되기를 사회는 대학에게 요청하고 있다. 그러나 대학이 기능 교육만을 담당할 수는 없다. 대학은 학문을 하는 곳이며, 학문이란 진리를 탐구하는 일이다. 대학이 진리 탐구를 포기하고 권력의 시녀가 되었을 때 상아탑의 이념은 없어지고 만다. → 논점 일탈의 오류

풀이와 정답   **정답** ②

풀이 남학생 몇 명과 여학생 몇 명의 자료만으로 일반화하는 것은 '성급한 일반화의 오류'에 해당한다. 성급한 일반화의 오류는 '하나를 보면 열을 안다'는 방식으로, 소수의 정보, 충분하지 않은 자료, 대표성이 결여된 사례 등 일부의 특수한 경우만을 근거로 하여 성급하게 최종 결론을 도출하는 오류이다.

참고 원천 봉쇄의 오류: 반론이 일어날 수 있는 가능성을 원천적으로 봉쇄함으로써 반론의 제기를 불가능하게 하여 자신의 논지를 옹호하는 오류. 예 상식적 사고를 할 수 있는 사람이라면 누구도 이 정책에 반대하기는 어려울 것이다.

87 ㉠~㉣의 예를 추가할 때 가장 적절한 것은?

[2018 국가직 9급]

> 논리학에서 비형식적 오류 유형에는 우연의 오류, 애매어의 오류, 결합의 오류, 분해의 오류 등이 있다.
> 우선 ㉠<u>우연의 오류</u>란 거의 대부분의 경우에 적용되는 일반적인 원리나 규칙을 우연적인 상황으로 인해 생긴 예외적인 특수한 경우에까지도 무차별적으로 적용할 때 생기는 오류이다. 그 예로 "인간은 이성적인 동물이다. 중증 정신 질환자는 인간이다. 그러므로 중증 정신 질환자는 이성적인 동물이다."를 들 수 있다. ㉡<u>애매어의 오류</u>는 동일한 한 단어가 한 논증에서 맥락마다 서로 다른 의미를 지니는 것으로 사용될 때 생기는 오류를 말한다. "김 씨는 성격이 직선적이다. 직선적인 모든 것들은 길이를 지닌다. 고로 김 씨의 성격은 길이를 지닌다."가 그 예이다. 한편 각각의 원소들이 개별적으로 어떤 성질을 지니고 있다는 내용의 전제로부터 그 원소들을 결합한 집합 전체도 역시 그 성질을 지니고 있다는 결론을 도출하는 경우가 ㉢<u>결합의 오류</u>이고, 반대로 집합이 어떤 성질을 지니고 있다는 내용의 전제로부터 그 집합의 각각의 원소들 역시 개별적으로 그 성질을 지니고 있다는 결론을 도출하는 경우가 ㉣<u>분해의 오류</u>이다. 전자의 예로는 "그 연극단 단원들 하나하나가 다 훌륭하다. 고로 그 연극단은 훌륭하다."를, 후자의 예로는 "그 연극단은 일류급이다. 박 씨는 그 연극단 일원이다. 그러므로 박 씨는 일류급이다."를 들 수 있다.

① ㉠ – 모든 사람은 죽는다. 소크라테스는 사람이다. 그러므로 소크라테스는 죽는다.
② ㉡ – 부패하기 쉬운 것들은 냉동 보관해야 한다. 세상은 부패하기 쉽다. 고로 세상은 냉동 보관해야 한다.
③ ㉢ – 미국 아이스하키 선수단이 이번 올림픽에서 금메달을 차지했다. 그러므로 미국 선수 각자는 세계 최고 기량을 갖고 있다.
④ ㉣ – 그 학생의 논술 시험 답안은 탁월하다. 그의 답안에 있는 문장 하나하나가 탁월하기 때문이다.

풀이와 정답

정답 ②

풀이 ㉡은 '부패(腐敗)'가 식품인지 비유적인지 구별하지 못해 생긴 '애매어의 오류'이다. 애매어의 오류는 둘 이상의 의미로 사용될 수 있는 단어의 의미를 명백히 분리하여 파악하지 않고 혼동함으로써 생기는 오류이다. 예를 들어, '죄인은 감옥에 간다. 그런데 목사님께서는 모든 인간은 죄인이라 하셨다. 그러니 모든 인간은 감옥에 가야 한다.'가 있다. '죄인'을 세속적 의미와 종교적 의미로 나누지 않고 혼동해 나타난 오류이다.

오답
①: 논리적으로 결함이 없는 3단 논법의 '연역 추론'이다. 참고로, '우연의 오류'의 예는 '거짓말은 처벌을 받아야 한다. 그러므로 암 진단 사실을 환자에게 거짓말로 알린 의사는 처벌을 받아야 한다.'가 있다.
③: '분할(=분해)의 오류'이다. 전체 또는 집합이 어떤 성질을 가지고 있기 때문에 그 부분이나 원소들도 그와 같은 성질을 가지고 있다고 추론하는 오류이다. 예를 들어, '그는 우리나라 고교 최고의 투수임이 틀림없어. 그의 팀이 이번에 전국 고교 야구 대회에서 우승했으니까.'가 있으며, ㉣에 해당한다. ㉢은 ③번의 반대인 '결합(합성)의 오류'이다. 예를 들어, '이 오케스트라의 구성원은 모두 일급 연주가들이기 때문에, 이 오케스트라는 최고입니다.'가 있다.
④: '결합(=합성)의 오류'이다. 부분이나 원소의 성질을 전체의 속성으로 보는 오류이다. 논술 답안의 문장 하나하나가 탁월하다고 해서 답안 전체가 탁월하다고 말할 수는 없다.

7 추론(推論) 이론 총정리 – 출제 유형

추론적 이해

추론적 이해는 기존의 추리 상상적 이해와 논리적 이해를 함께 묶어 새롭게 설정된 평가 영역이다. 글 속에 담긴 정보를 바탕으로 새로운 정보를 이끌어 내는 능력으로 언어의 표현과 이해 과정에서 추론을 통하여 보다 깊고 수준 높은 언어를 사용할 수 있는 능력을 필요로 한다. 국어 영역에서는 사실적 이해보다 주어진 정보를 토대로 새로운 정보를 이끌어 내는 유형이 많이 출제되기 때문에 특히 주목을 요하는 부분이다.

이 능력은 사실적 독해 능력보다 한 차원 높은 사고 능력으로 언어의 표현과 이해 과정에서 내용, 과정, 구조에 대한 추리 과정을 통하여 더욱 깊고 수준 높은 언어를 사용할 수 있는 능력과 언어 정보에 대한 다양한 논리적 사고 능력을 포함한다.

말을 주고받거나 글을 읽을 때 의미가 직접적으로 드러나 있지 않으며 함축적이고 비약적인 진술을 접하는 경우가 많다. 특히 설명문이나 논설문을 읽을 경우 상상력이나 논리적 추리를 통해 글에 나타나 있지 않은 정보를 재구성함으로써 내용을 이해하게 된다. 그리고 이처럼 글의 이면에 감추어져 있는 글쓴이의 태도나 심리, 논리적 주장을 파악하는 것을 추론적 사고라고 한다.

출제 유형 01 (논리적 추론) 글쓴이의 주장(의도/태도/관점/입장/견해)과 근거 파악과 적용하기

글쓴이의 관점 및 태도의 추리는 화제에 대한 글쓴이의 기본적인 입장과 대상에 대한 태도, 그리고 글을 쓴 목적이나 의도를 파악하는 것이다. 이 유형의 문제는 글의 핵심 내용과 표현의 특징 파악을 통해 해결할 수 있다.

주어진 내용을 통해서 글쓴이가 드러내고자 하는 의도를 파악할 수 있는가를 묻는 유형으로, 크게 집필 의도 파악과 표현 의도 파악으로 나눌 수 있다. 집필 의도를 묻는 경우에는 글의 중심 내용을 정확하게 이해하는 것이 중요하고, 표현 의도를 묻는 경우에는 그 표현이 전체 글 속에서 어떤 기능과 효과를 가지고 있는지를 파악하는 것이 중요하다.

한편, 완결된 글에는 글쓴이가 주장하고자 하는 바가 드러나 있고, 그것을 뒷받침하는 근거가 잘 드러나 있어야 설득력을 지니게 된다. 여기서 주장의 타당성을 증명하기 위해 논증의 과정에서 제시하는 논리적인 근거를 논거라 한다. 아무리 적절한 명제를 주장으로 설정했다 하더라도 그에 부합하는 논거를 제시하지 못하면 주장은 설득력을 갖지 못한다. 따라서 한 편의 글에서 필자의 주장과 그것을 뒷받침하는 논거를 찾는 일은 무엇보다 중요하며, 이는 반드시 글의 내용에 바탕을 두고 찾아야 한다.

주장을 파악하기 위해서는 먼저 지문의 범위와 서술 대상을 명확하게 파악하고 다음으로 글쓴이의 세계관이나 가치관, 인생관 등을 이해한 다음, 글쓴이의 의도, 태도, 관점, 견해 등을 추리하고 답지와 비교해 본다.

근거를 파악하기 위해서는 글 전체의 논지를 파악한 후 주장이나 판단의 내용을 확인한다. 다음으로 주장이나 판단을 성립시키기 위해 필요한 근거를 찾는다. 마지막으로 찾은 근거를 선지에 제시된 사실 및 논지와 비교하여 부합 여부를 확인한다.

출제 유형 02 (논리적 추론) 논지 전개 방식 파악하기

추론 과정의 파악이란 글쓴이가 어떠한 주장을 펼치기 위해, 어떤 방식으로 말을 하고 있는지 그 과정을 알아보는 일이라고 할 수 있다. 즉 그 주장이 어떠한 논리적 구조를 통해 도출되었는가를 확인하는 문제 유형이다.

'논지 전개 방식'이란 글쓴이가 자신의 핵심적인 주장을 효과적이고 설득력 있게 전달하기 위해 사용하는 글쓰기의 전략을 말한다. 글쓴이가 자신의 생각을 효과적으로 전달하기 위해 사용하는 글쓰기의 전략과 기법을 바르게 파악해 낼 수 있는지를 평가하는 유형이다.

이와 같은 유형을 해결하기 위해서는 먼저 글의 정확한 이해를 통해 글쓴이의 주장이 무엇인가를 확인하고, 그런 다음 그러한 주장을 이끌어 내기 위해 근거나 전제로 삼은 것은 무엇인지, 그리고 그것들 사이의 논리적 관계는 어떠한지 따져 보아야 한다. 그리고 이에 따라 어떠한 입장이나 관점에서 결론이나 주장을 이끌어내고 있는지를 정확하게 파악할 필요가 있다. 서술 방식이 지니는 효과와 함께 출제되기도 하므로 유의해야 한다. 지문을 이루는 문단의 핵심 내용을 바탕으로 문단 간의 관계를 파악하여 글 전체의 구조를 이해하는 것이 중요하다.

출제 유형 03 (상상적 추론) 생략된 내용이나 이어질 내용 추리하기

상상적 추론이란 글 속에 명시적으로 나타나 있는 정보를 바탕으로 글의 중간에 생략되어 있는 내용이나 앞에 전개되었을 내용, 또는 앞으로 전개될 내용 등을 알아내거나 함축적, 암시적으로 표현된 말의 정확한 의미를 파악하는 것을 말한다. 추론적 이해의 가장 기본이 되는 유형. 지문에 제시된 정보를 바탕으로 글 속에 직접적으로 드러나 있지 않은 부분(숨겨진 정보나 연관된 정보)을 추리하면서 읽을 수 있는가를 평가하는 유형이다. 주로 생략된 내용의 추리, 전제나 결론의 추리, 논지를 뒷받침하는 선행 조건의 추리 등을 묻는다. 글쓴이의 의도 및 글의 전후 문맥의 이해와 함께 글의 논리 구조 등을 종합적으로 파악해야 한다.

이를 해결하기 위해서는 먼저 지문에 제시된 사실적 정보를 정확하게 이해하여 그 핵심 내용을 파악하고 글의 전체적인 논리 구조를 파악할 수 있어야 한다. 이를 바탕으로 글쓴이의 관점이나 의도를 파악하고 전후 문맥과 논리 구조를 종합하고 난 다음 숨겨진 정보나 연관된 정보를 추리해 보고 추리의 결과를 바탕으로 문제에 적용해서 풀어 보면 된다.

출제 유형 04 (유추적 추론) 사례 및 상황에 적용하기

지문 속에 추상적으로 제시되어 있는 내용을 실생활과 관련하여 구체적 상황에 적용할 수 있는가를 평가하는 유형이다. 무엇보다도 지문의 내용을 정확히 파악하고 주어진 답지의 상황이 본문의 내용과 올바르게 대응되고 있는가를 살피는 것이 중요하다. 이는 다시 '구체적 상황에 적용하기'와 '다른 상황에 적용하기'로 나눌 수 있다. 먼저 '구체적 상황에 적용하기'는 지문에서 설명한 내용을 유사한 상황이나 구체적 상황에 적용시키는 유형이다. '다른 상황에 적용하기'는 글에서 주어지거나 추리해 낸 일반적 원리와 지식을 구체적 작품이나 다른 사례에 적용해 보는 것이다. 여기에는 내용을 문학 작품에 적용하는 문제와 다른 장르나 매체로 바꾸는 문제가 포함된다.

유추적 추론의 가장 기본적인 유형은 유추의 뼈대를 이루는 대상의 변화 과정을 파악하는 것이다. 이 변화 과정의 독특한 특징을 비슷한 변화 과정을 보여 주는 지문을 다른 예에서 찾을 수 있으면 쉽게 풀 수 있다.

문제에서 제시된 상황의 성격을 분석한 후, 지문에 제시된 정보들 중 의미가 있는 것들을 이용하여 해결해야 한다. 즉 추상적인 정보들을 조건에 맞춰 구체화시킨 후 결과의 타당성을 평가하는 것이다. 달리 말해 이러한 유형의 문제를 해결하기 위해서는 우선 지문에 나타난 정보와 그것의 특정한 상황을 이해한 다음, 그와 유사한 의미 상황, 구체적인 사례와 연결시킬 수 있어야 한다. 실제로 문제를 푸는 입장에서는 적용해야 할 상황, 즉 적용할 내용과 제시된 사례 사이의 유사성을 찾아내는 것이 중요하다.

8 '추론(推論)적 읽기' 총정리

1. 추론적 읽기의 개념과 필요성
① 글에 직접적으로 드러나 있지 않은 의미를 헤아려 짐작하며 읽는 것
② 의미를 추론하며 읽어야 하는 이유
　㉠ 효율성을 높이기 위해 생략된 내용이 있기 때문에
　㉡ 필자의 의도에 의해 숨겨진 내용이 있기 때문에

2. 추론적 읽기 방법 1단계 – 생략된 내용 추론하기
① 글에 나타나는 단서를 주의 깊게 살펴본다.
　– 글의 단서 활용하기: 핵심 소재, 주제, 의도, 근거, 문맥, 비판 등
② 글의 내용과 관련 있는 배경지식과 경험을 잘 활용해야 한다.

3. 추론적 읽기 방법 2단계 – 주제, 의도 추론하기
① 맥락을 분석하여 활용하기 – 시간적·공간적 배경, 필자, 목적
② 다양한 관점에서 글을 분석하고 종합하기
③ 글의 성격, 독서의 목적과 상황에 따른 고려가 필요함

4. 추론적 읽기에서 주의해야 할 점
① 우선, 글의 내용에 일치해야 한다. 일치하지 않으면 추론도 의미가 없다.
② 추론은 하되, 지나친 비약(飛躍)이 없어야 한다.
　– 'A하니까 B한다'는 맞지만, 'A하니까 C한다'고 볼 수는 없다.
③ 섣부른 단정(斷定)은 금물이다.
　– 'A할 것이다'는 맞지만, '반드시 A한다'고 볼 수는 없다.

9 추론의 사례 25 (연습하기)

※ **연역 추론, 귀납 추론, 유비 추론, 변증법적 추론** 중 선택해 쓰시오.

01 흑점이 많이 나타났던 동안에는 지구에서 자라고 있는 나무의 성장이 활발했던 것을, 나무의 나이테와 흑점의 활동에 관한 데이터를 비교해 본 결과 알게 되었다.

답

02 수험생은 누구나 시험에 불안감을 갖게 마련이다. 그러니 그가 시험을 앞두고 불안해 하는 것은 당연하다.

답

03 담배가 폐암을 유발하는 것은 틀림없다. 이는 흡연자가 비흡연자보다 폐암 발생률이 월등히 높다는 것으로 증명된다.

답

04 근거 없이는 아무 일도 일어나지 않는 법인데 네가 이번 일로 의심을 받았다면 분명 그럴 만한 이유가 있을 것이다.

답

05 철수는 어떤 시련에도 좌절하지 않는 성격이니 정상을 정복할 수 있을 것이다. 왜냐하면 오직 시련을 두려워하지 않는 사람만이 정상을 정복할 수 있기 때문이다.

답

06 많은 간암 환자들은 3년 이상 살지 못한다. 김 씨도 간암에 걸렸으니 3년 이상 살지 못한다.

답

07 길동, 민지, 지연, 종원이는 모두 바닷가에 산다. 길동, 민지, 지연이는 모두 수영을 잘한다. 그러므로 종원이도 수영을 잘할 것이다.

답

08 어제도, 오늘도 해가 동쪽에서 떴다. 그러므로 내일도 틀림없이 해가 동쪽에서 뜰 것이다.

답

09 여론조사 결과 1번 후보가 유권자의 과반수의 지지를 받은 것으로 보아서 그의 당선은 확정적이다.

답

10 일본 사람들이 장수하는 이유는 생선을 많이 먹기 때문이다. 따라서 생선을 많이 먹는 사람은 오래 산다.

답

11 독재자는 성품이 잔인하다. 따라서 독재자인 히틀러도 성격이 잔인했을 것이다.

답

12 소식을 하는 사람은 오래 산다. 대식가인 당숙 아저씨는 오래 사시지 못할 것이다.

답

13 대부분의 여성 근로자들은 저임금을 받는다. 갑순이는 여성 근로자이기 때문에 적은 임금을 받는다.

답

14 원래 제도란 한 사회 구성원의 대다수가 합의한 약속이며, 법은 제도적 규범의 하나이다. 그러므로 법은 사회 구성원의 합의 과정이 필요한 것이다.

답

15 그 친구는 작년 여름휴가에도 해수욕장을 다녀왔고, 금년 여름휴가에도 다녀올 예정이다. 이로 보아 그는 해수욕을 좋아하는 사람임을 알 수 있다.

답

16 철수의 고향은 서울이든가 부산이다. 그런데 철수의 고향은 서울이 아니다. 그러므로 철수의 고향은 부산이다.

답

17 철수와 영희, 형규는 성격이 매우 낙천적이다. 그런데 그들은 모두 몸과 마음이 건강하다. 따라서 성격이 낙천적인 사람은 몸과 마음이 건강함에 틀림없다.

답

18 언어는 그 사회상을 반영한다. 그런데 오늘날 우리가 사용하는 언어에는 거친 표현이 늘어가고 있다. 이로 보아 현재 우리 사회가 거칠어져 가고 있음이 분명하다.

답

19 우리 강아지는 배를 문질러 주면 등을 바닥에 대고 누워 버려. 그리고 정말 기분 좋은 듯한 표정을 짓지. 그런데 내 친구 강아지도 그렇더라고. 아마 모든 강아지가 그런 속성을 가지고 있는 것 같아.

답

20 진리가 사상의 체계에 있어 제일의 덕이듯이 정의는 사회적 제도에 있어 제일의 덕이다. 하나의 이론은 그것이 아무리 멋지고 간명한 것이라 하더라도 만약 참되지 않다면 거부되거나 수정되어야 한다. 이와 마찬가지로 법과 제도는 그것이 아무리 효율적으로 잘 정비되어 있다고 하더라도 만약 정의롭지 않다면 개혁되거나 폐기되어야 한다.

답

21 철수는 어떤 시련에도 좌절하지 않는 성격이니 정상을 정복할 수 있을 것이다. 왜냐하면 오직 시련을 두려워하지 않는 사람만이 정상을 정복할 수 있기 때문이다.

답

22 인생은 여행과 같다. 간혹 험난한 길을 만나기도 하고, 예상치 않은 일을 당하기도 한다. 우연히 누군가를 만나고 그들과 관계를 맺기도 한다. 여행을 끝내고 집으로 돌아왔을 때 편안함을 느끼는 것처럼 생을 끝내고 죽음을 맞이할 때 우리는 더없이 편안해질 것이다.

답

23 고난과 역경 속에서 동고동락한 사람치고 친구를 배신한 사람은 없다. 그러므로 그들의 우애는 영원할 것이다.

답

24 디지털이 없는, 첨단이 없는 아날로그는 구식이 될 수 있다. 하지만 디지털만 아는 것, 디지털에만 빠지는 것 또한 한계가 뚜렷하다고 생각한다. 결국 디지털이라는 첨단 지식 위에 아날로그를 덧대는 것이 최선이다.

답

25 원자력 발전소는 우리에게 많은 이익을 주지만, 원자 폭탄은 피해가 막심하다. 또 댐을 건설하면 전기를 얻을 수 있지만, 생태계를 고려하지 않으면 자연이 파괴된다. 이것으로 보아 과학의 힘을 잘 이용하면 이로움을 얻을 수 있지만, 잘못 이용하면 우리를 불행하게 만들 수도 있다는 것을 알 수 있다.

답

정답

01 귀납 추론	02 연역 추론	03 귀납 추론	04 연역 추론	05 연역 추론
06 연역 추론	07 유비 추론	08 귀납 추론	09 귀납 추론	10 귀납 추론
11 연역 추론	12 연역 추론	13 연역 추론	14 연역 추론	15 귀납 추론
16 연역 추론	17 귀납 추론	18 연역 추론	19 유비 추론	20 귀납 추론
21 유비 추론	22 유비 추론	23 연역 추론	24 변증법적 추론	25 귀납 추론

10 논리적 오류의 사례 71 (연습하기)

01 여자들이야 봉급 타면 옷이나 해 입고, 화장품 사고, 곗돈이나 적금 붓고, 뭐 그런 데 쓰지만, 남자들 봉급은 고스란히 생계비로 지출되기 때문에 봉급이 여자보다 더 많아야 한다는 것은 너무 당연한 거 아닌가요.

답

02 상진이는 공산주의자라는 증거가 없기 때문에 민주주의자임에 틀림없다.

답

03 여성의 사회적 활동을 위해서는 남성의 협조가 필요하다. 왜냐하면 남성이 가정 일을 도와주지 않으면 사회 활동이 어렵기 때문이다.

답

04 상호는 훌륭한 의사가 될 거야. 그의 아버지도 훌륭한 의사였으니까.

답

05 까마귀 날자 배 떨어진다.

답

06 담배를 그렇게 피우다니, 폐암에 걸리고 싶니?

답

07 그 화장품은 틀림없이 좋은 제품일 거야. 벌써 백만 개나 팔렸거든.

답

08 오늘은 하는 일마다 잘 안 될 거야. 아침에 재수 없게도 거울을 깨뜨렸거든.

답

09 옛말에 침묵은 금이라고 했어. 따라서 자신의 의견을 강하게 제시하는 것보다 묵묵히 따르는 것이 좋을걸.

답

10 그 사람 이야기는 들어볼 필요도 없어. 그 사람은 우릴 싫어하기 때문에 보나 마나 우리가 하는 얘길 반대부터 할 거야.

답

11 어? 제비잖아? 벌써 봄이 온 모양이네.

답

12 저 사람은 아마 돈이 많을 거야. 미국은 부자 나라인데 저 사람은 미국 사람이거든.

답

13 그 아저씨는 친절한 사람임에 틀림없다. 처음 보는 나에게 과자를 사 주셨으니까.

답

14 언어란, 흔히 구체적 의사 표시에 쓰이는 말로 표현되게 마련인 지성의 언어를 뜻한다. 이 같은 정의를 한정적이며 불완전한 것이라고 여기는 이들은 오직 언어에 대한 순전히 합리주의적이고 낡은 개념을 아직도 옹호하고 있거나, 또 현대 심리학이 제공하는 개념을 이해하지 못하는 사람들뿐일 것이다.

답

15 모든 사람에게 언론의 자유를 무제한으로 허용하는 것은 대체적으로 국가에 이익이 된다. 왜냐하면 각자가 자신의 생각을 제한 없이 자유로이 표현하는 것은 사회 공동체의 이익에 기여하기 때문이다.

답

16 물은 섭씨 100도에서 끓으니 높은 산에서도 그 온도에 끓을 수밖에 없다.

답

17 이 세상에 죄인이 많은 까닭은 세상이 타락했기 때문이다. 세상이 타락한 것은 이 세상에 죄인이 많기 때문이다.

답

18 올해 최우수 선수들이 가장 많은 야구단은 호랑이 야구단이다. 따라서 호랑이 야구단이 가장 우수한 야구단이다.

답

19 진실 보도를 하려는 언론은 항상 현실 비판적이며 때로 현실 부정의 모습을 취하기 때문에 진실한 언론은 언제나 당시의 권력에 의해 탄압받기 마련이다.

답

20 우리가 추진하려고 하는 이 사업은 우리 모두에게 혜택이 돌아올 수 있는 사업입니다. 따라서 우리의 사업에 이의를 제기할 사람은 없다고 생각합니다. 만약에 그런 사람이 있다면 그는 자기 이익만을 챙기려고 하는 사람임에 틀림없습니다.

답

21 그 사회의 각 구성원들이 도덕적이므로 그 사회는 도덕적이라고 말할 수 있다.

답

22 공짜를 좋아하면 대머리가 된다. 옛날 우리나라의 탐관오리들은 공짜 뇌물을 받아먹기를 좋아했는데, 머리가 벗어진 사람이 많다.

답

23 그가 구속되면 귀여운 자식들이 굶주리게 될 형편에 놓여 있으니 선처를 부탁합니다.

답

24 일을 쉽게 하려면 머리를 써야 한대. 나도 이 물건들을 나를 때 머리에 이고 날라야겠어.

답

"배움을 멈추는 순간 비로소 늙는다."

25 감기가 만병의 근원인 거 몰라? 그런데도 치료할 생각을 안 하다니! 너 죽으려고 작정했구나.

답

26 내가 과속을 했다구요? 그렇다면 왜 나보다 앞서 저렇게 과속으로 달리고 있는 차는 잡지를 않는 거요. 법 집행은 누구에게나 공평해야 하지 않소.

답

27 이 범법 행위는 알코올 중독인 피고가 취한 상태에서 저지른 것입니다. 따라서 피고를 단죄하기보다 이처럼 심각한 사회적 문제를 야기하는 술을 만든 사람을 단죄해야 범죄가 근절될 수 있을 것입니다.

답

28 학급 환경 미화에 대한 철수의 제안은 받아들일 수 없어. 늘 지각이나 하는 애잖아.

답

29 그는 컴퓨터를 다루는 기술자인데 시를 알면 얼마나 알겠어?

답

30 열심히 일하면 인생에서 성공하기 마련이지만 그는 게을러서 성공하지 못할 거야.

답

31 동물 세계에서는 부모와 자식 간의 싸움이 필연적으로 일어나게 되어 있다. 동물 세계와 마찬가지로 인간 세계에서도 부모와 자식 사이에 싸움을 벌이는 것은 필연적으로 일어날 수밖에 없는 일이다.

답

32 나는 이 나라의 국회의원이야. 누가 감히 내 말에 반대한단 말이야?

답

33 좋아하는 가수가 없다고? 그럼 넌 음악을 싫어하는가 보구나!

답

34 규칙적인 생활을 하고 운동을 열심히 하는 사람은 건강합니다. 왜냐하면 건강한 사람은 규칙적인 생활을 하고 운동을 열심히 하기 때문입니다.

답

35 미확인 비행 물체(UFO)가 없다는 주장이 입증되지 않았으므로 미확인 비행 물체는 존재한다.

답

36 지금 서른 분 가운데 열 분이 손을 들어 반대하셨습니다. 손을 안 드신 분은 모두 제 의견에 찬성하는 것으로 알겠습니다.

답

37 A 지역에서 생산한 사과도 맛이 없고, B 지역에서 생산한 사과도 맛이 없습니다. 따라서 올해는 맛있는 사과를 맛볼 수 없을 것입니다.

답

38 분열은 화합으로 극복할 수 있다. 화합한 사회에서는 분열이 일어나지 않는다.

답

39 지은희 선수가 한국 골프 선수로는 네 번째로 US여자 오픈 우승을 차지했다. 따라서 한국 여자는 모두 골프에 소질이 있다.

답

40 그놈은 나쁜 놈이니 사형을 당해야 해. 사형을 당하는 걸 보면 나쁜 놈이야.

답

41 하나를 보면 열을 안다고, 국어 성적이 좋은 걸 보니 혜림이는 공부를 잘하는 학생이구나.

답

42 이번 학생회장 선거에서 나를 뽑지 않은 것으로 보아 너는 나를 아주 싫어하는구나.

답

43 사형제도 폐지를 주장하는 김 아무개 교수는 이혼한 경력이 있으므로 그의 주장을 믿을 수 없다.

답

44 NaCl은 맛이 짜다. 따라서 Na도 맛이 짜고 Cl도 맛이 짜다.

답

45 19세기 영국의 한 정치가는 착실하고 부지런한 농부는 모두 적어도 한두 마리의 젖소를 소유하고 있다는 것을 알게 되었다. 대신 젖소를 못 가진 농부들은 게으르고 언제나 술에 취해 있는 게 보통이었다. 그래서 이 정치가는 게으른 농부들을 부지런하게 만들기 위해서 그들에게 젖소를 한 마리씩 주자고 제안하였다.

답

46 성서의 글은 모두 하나님의 말씀이다. 성서가 하나님의 말씀인 것은 성서에 그렇게 쓰여 있기 때문이다. 그러므로 성서가 하나님의 말씀인 것은 의심할 여지가 없다.

답

47 내 주먹은 타이슨 못지않게 크니까 나도 헤비급 세계 챔피언이 될 수 있어.

답

48 내 연필 내 놔! 내 연필 가져간 적이 있으니까 이번에도 틀림없이 네가 가져갔지 뭐야!

답

49 갑순이가 비싼 물건을 산 것으로 보아 그녀는 사치를 잘 하는 여자야.

답

50 토지 초과세는 많은 사람이 환영하는 정책이므로 이상적인 제도임에 틀림없다.

답

51 네가 내게 한 약속을 지키지 않은 것은 곧 나를 사랑하지 않는다는 증거야.

답

52 항상 보면 이등병들이 말썽이더라.

답

53 내 부탁을 거절하다니, 넌 나를 싫어하는구나.

답

54 김 씨는 참말만 하는 사람이다. 왜냐하면 그는 거짓말을 하지 않는 사람이기 때문이다.

답

55 거짓말을 하는 것은 죄악이다. 그러므로 의사가 환자에게 거짓말을 하는 것은 당연히 죄악이다.

답

56 부패하기 쉬운 것들은 냉동 보관해야 한다. 세상은 부패하기 쉽다. 고로 세상은 냉동 보관해야 한다.

답

57 미국 아이스하키 선수단이 이번 올림픽에서 금메달을 차지했다. 그러므로 미국 선수 각자는 세계 최고 기량을 갖고 있다.

답

58 그 학생의 논술 시험 답안은 탁월하다. 그의 답안에 있는 문장 하나하나가 탁월하기 때문이다.

답

59 인간은 이성적인 동물이다. 중증 정신 질환자는 인간이다. 그러므로 중증 정신 질환자는 이성적인 동물이다.

답

60 김 씨는 성격이 직선적이다. 직선적인 모든 것들은 길이를 지닌다. 고로 김 씨의 성격은 길이를 지닌다.

답

61 그 연극단 단원들 하나하나가 다 훌륭하다. 고로 그 연극단은 훌륭하다.

답

62 그 연극단은 일류급이다. 박 씨는 그 연극단 일원이다. 그러므로 박 씨는 일류급이다.

답

63 죄인은 감옥에 간다. 그런데 목사님께서는 모든 인간은 죄인이라 하셨다. 그러니 모든 인간은 감옥에 가야 한다.

답

64 그는 우리나라 고교 최고의 투수임이 틀림없어. 그의 팀이 이번에 전국 고교 야구 대회에서 우승했으니까.

답

65 이 오케스트라의 구성원은 모두 일급 연주가들이기 때문에, 이 오케스트라는 최고입니다.

답

66 정선, 김홍도, 신윤복, 강희안, 장승업 등은 모두 탁월한 화가들이다. 그러므로 한민족은 세계에서 가장 뛰어난 미술적 재능을 지닌 민족이다.

답

67 지난 학기에 학사 경고를 받은 학생은 모두 26명이다. 그중 남학생이 18명이고 여학생이 8명이다. 그러므로 남학생들이 여학생들보다 학업에 소홀했다.

답

68 참된 능력은 언제나 드러나기 마련이다. 능력 있는 자는 자신이 내세우지 않아도 그 재능을 인정받는다. 그러므로 능력 있는 자는 자신의 재능을 알리려고 애쓸 필요가 없다.

답

69 우리 사회 특히 산업 현장에서는 대학이 유능한 전문기능인을 길러 주기를 원한다. 다시 말해 전인 교육보다 기능 교육이 중시되기를 사회는 대학에게 요청하고 있다. 그러나 대학이 기능 교육만을 담당할 수는 없다. 대학은 학문을 하는 곳이며, 학문이란 진리를 탐구하는 일이다. 대학이 진리 탐구를 포기하고 권력의 시녀가 되었을 때 상아탑의 이념은 없어지고 만다.

답

70 상식적 사고를 할 수 있는 사람이라면 누구도 이 정책에 반대하기는 어려울 것이다.

답

71 이 식당은 요즘 SNS에서 굉장히 뜨고 있어. 그러니까 엄청 맛있을 거야.

답

정답

01 성급한 일반화의 오류
02 무지에 호소하는 오류
03 순환 논증의 오류
04 발생학적 오류
05 거짓 원인의 오류(=원인 오판의 오류)
06 의도 확대의 오류
07 대중에 호소하는 오류
08 거짓 원인의 오류(=원인 오판의 오류)
09 잘못된(=부적합한) 권위에 호소하는 오류
10 흑백 사고의 오류(=흑백 논리의 오류)
11 성급한 일반화의 오류
12 분할의 오류(=분해의 오류)
13 성급한 일반화의 오류
14 원천 봉쇄의 오류
15 순환 논증의 오류
16 우연의 오류(=원칙 혼동의 오류)
17 순환 논증의 오류
18 합성의 오류(=결합의 오류)
19 성급한 일반화의 오류
20 원천 봉쇄의 오류
21 합성의 오류(=결합의 오류)
22 거짓 원인의 오류(=원인 오판의 오류)
23 동정에 호소하는 오류
24 애매어의 오류
25 의도 확대의 오류
26 피장파장의 오류(=역공격의 오류)
27 논점 일탈의 오류
28 인신공격의 오류
29 정황에 호소하는 오류
30 전건 부정의 오류
31 잘못된 유추의 오류
32 위력에 호소하는 오류
33 흑백 사고의 오류(=흑백 논리의 오류)
34 순환 논증의 오류
35 무지에 호소하는 오류
36 흑백 사고의 오류(=흑백 논리의 오류)
37 성급한 일반화의 오류
38 순환 논증의 오류
39 성급한 일반화의 오류
40 순환 논증의 오류
41 성급한 일반화의 오류
42 의도 확대의 오류
43 인신공격의 오류
44 분할의 오류(=분해의 오류)
45 인과 혼동의 오류
46 순환 논증의 오류
47 잘못된 유추의 오류
48 성급한 일반화의 오류
49 성급한 일반화의 오류
50 대중에 호소하는 오류
51 의도 확대의 오류
52 성급한 일반화의 오류
53 의도 확대의 오류
54 순환 논증의 오류
55 우연의 오류(=원칙 혼동의 오류)
56 애매어의 오류
57 분해(분할)의 오류
58 결합(합성)의 오류
59 우연의 오류
60 애매어의 오류
61 결합(합성)의 오류
62 분해(분할)의 오류
63 애매어의 오류
64 분해(분할)의 오류
65 결합(합성)의 오류
66 성급한 일반화의 오류
67 성급한 일반화의 오류
68 순환 논증의 오류
69 논점 일탈의 오류
70 원천 봉쇄의 오류
71 대중에 호소하는 오류

| 제 2 장 | **문제 풀이** |

관련 예시 문제

88 다음 글에서 추론한 내용으로 가장 적절한 것은?   [2025 대비 9급 예시문제(2차)]

> 『성경』에 따르면 예수는 죽은 지 사흘 만에 부활했다. 사흘이라고 하면 시간상 72시간을 의미하는데, 예수는 금요일 오후에 죽어서 일요일 새벽에 부활했으니 구체적인 시간을 따진다면 48시간이 채 되지 않는다. 그렇다면 『성경』에서 3일이라고 한 것은 예수의 신성성을 부각하기 위한 것일까?
> 여기에는 수를 세는 방식의 차이가 개입되어 있다. 구체적으로 말하면 우리가 사용하는 현대의 수에는 '0' 개념이 깔려 있지만 『성경』이 기록될 당시에는 해당 개념이 없었다. '0' 개념은 13세기가 되어서야 유럽으로 들어왔으니, '0' 개념이 들어오기 전 시간의 길이는 '1'부터 셈했다. 다시 말해 시간의 시작점 역시 '1'로 셈했다는 것인데, 금요일부터 다음 금요일까지는 7일이 되지만, 시작하는 금요일까지 날로 셈해서 다음 금요일은 8일이 되는 식이다. 이와 같은 셈법의 흔적을 현대 언어에서도 찾을 수 있다. 오늘날 그리스 사람들은 올림픽이 열리는 주기에 해당하는 4년을 'pentaeteris'라고 부르는데, 이 말의 어원은 '5년'을 뜻한다. '2주'를 의미하는 용도로 사용되는 현대 프랑스어 'quinze jours'는 어원을 따지자면 '15일'을 가리키는데, 시간적으로는 동일한 기간이지만 시간을 셈하는 방식에 따라 마지막 날과 해가 달라진 것이다.

① '0' 개념은 13세기에 유럽에서 발명되었다.
② 『성경』에서는 예수의 신성성을 부각하기 위해 그의 부활 시점을 활용하였다.
③ 프랑스어 'quinze jours'에는 '0' 개념이 들어오기 전 셈법의 흔적이 남아 있다.
④ 'pentaeteris'라는 말이 생겨났을 때에 비해 오늘날의 올림픽이 열리는 주기는 짧아졌다.

풀이와 정답   정답 ③

풀이 프랑스어 'quinze jours[캉즈 주르]'는 '2주'를 의미하지만, 어원적으로 '15일'을 뜻한다는 점에서 '0' 개념이 들어오기 전 셈법의 흔적이 남아 있음을 추론할 수 있다. 고대에는 '0' 개념이 없었기 때문에, 시간이나 날짜를 셀 때 시작점을 포함하여 계산하는 방식이 일반적이었다. 즉, 특정 날을 포함하여 계산하는 것이 일반적이었기 때문에, 실제로는 14일이지만 '0'을 포함하지 않으므로 15일로 표현되었다. 결론적으로, 'quinze jours'의 어원적 의미와 고대의 셈법 방식을 통해 우리는 '0' 개념이 들어오기 전의 셈법이 현재의 언어에 영향을 미쳤음을 나타낸다.

오답 ①: '0' 개념은 13세기에 유럽으로 들어왔다.(O)
②: 『성경』이 기록될 당시에는 '0' 개념이 없었기 때문에 예수의 부활 시점을 3일이라고 한 것이다.(O)
④: 'pentaeteris'라는 말의 어원이 '5년'을 뜻하는 것은 수를 세는 방식의 차이 때문이다. 올림픽의 주기가 짧아진 것이 아니다.(O)

참고 01 프랑스어 'huit jours[위 주르]'는 '1주'를 의미하지만, 어원적으로는 '8일'을 뜻한다. 이 역시 '0' 개념이 들어오기 전 셈법의 흔적이 남아 있음을 추론할 수 있다.
참고 02 글의 제목: 〈현대와 다른 고대의 시간 계산 방식〉.

89 다음 글에서 추론한 내용으로 가장 적절한 것은?   [2025 대비 9급 예시문제(1차)]

> '크로노토프'는 그리스어로 시간과 공간을 뜻하는 두 단어를 결합한 것으로, 시공간을 통합적으로 이해하기 위한 개념이다. 크로노토프의 관점에서 보면 고소설과 근대소설의 차이를 명확하게 파악할 수 있다.
>
> 고소설에는 돌아가야 할 곳으로서의 원점이 존재한다. 그것은 영웅소설에서라면 중세의 인륜이 원형대로 보존된 세계이고, 가정소설에서라면 가장을 중심으로 가족 구성원들이 평화롭게 공존하는 가정이다. 고소설에서 주인공은 적대자에 의해 원점에서 분리되어 고난을 겪는다. 그들의 목표는 상실한 원점을 회복하는 것, 즉 그곳에서 향유했던 이상적 상태로 돌아가는 것이다. 주인공과 적대자 사이의 갈등이 전개되는 시간을 서사적 현재라 한다면, 주인공이 도달해야 할 종결점은 새로운 미래가 아니라 다시 도래할 과거로서의 미래이다. 이러한 시공간의 배열을 '회귀의 크로노토프'라고 한다.
>
> 근대소설 「무정」은 회귀의 크로노토프를 부정한다. 이것은 주인공인 이형식과 박영채의 시간 경험을 통해 확인된다. 형식은 고아지만 이상적인 고향의 기억을 갖고 있다. 그것은 박 진사의 집에서 영채와 함께하던 때의 기억이다. 이는 영채도 마찬가지기에, 그들에게 박 진사의 집으로 표상되는 유년의 과거는 이상적 원점의 구실을 한다. 박 진사의 죽음은 그들에게 고향의 상실을 상징한다. 두 사람의 결합이 이상적 상태의 고향을 회복할 수 있는 유일한 방법이겠지만, 그들은 끝내 결합하지 못한다. 형식은 새 시대의 새 인물이 되어야 한다고 생각하며 과거로의 복귀를 거부한다.

① 「무정」과 고소설은 회귀의 크로노토프를 부정한다는 점에서 공통적이다.
② 영웅소설의 주인공과 「무정」의 이형식은 그들의 이상적 원점을 상실했다는 공통점을 가지고 있다.
③ 「무정」에서 이형식이 박영채와 결합했다면 새로운 미래로서의 종결점에 도달할 수 있었을 것이다.
④ 가정소설은 가족 구성원들이 평화롭게 공존하는 결말을 통해 상실했던 원점으로의 복귀를 거부한다.

풀이와 정답   **정답** ②

풀이 고소설인 영웅소설의 주인공은 적대자에 의해 원점에서 분리되어 고난을 겪는다. 근대소설인 「무정」의 이형식도 이상적 원점인 고향을 상실한다. 결국 두 주인공은 그들의 이상적 원점을 상실했다는 공통점을 가지고 있다.

오답 ①: 「무정」만 회귀의 크로노토프를 부정하고, 고소설은 회귀의 크로노토프를 긍정한다.
    ③: 「무정」에서 이형식이 박영채와 결합했다면 이상적 원점으로 회귀하는 것이다.
    ④: 가정소설에서 가족 구성원들이 평화롭게 공존하는 결말은 상실했던 원점으로 복귀하는 것이다.

90 다음 글에서 추론한 내용으로 가장 적절한 것은? [2025 대비 9급 예시문제(2차)]

생물은 자신의 종에 속하는 개체들과 의사소통을 한다. 꿀벌은 춤을 통해 식량의 위치를 같은 무리의 동료들에게 알려주며, 녹색원숭이는 포식자의 접근을 알리기 위해 소리를 지른다. 침팬지는 고통, 괴로움, 기쁨 등의 감정을 표현할 때 각각 다른 소리를 낸다.

말한다는 것을 단어에 대해 소리 낸다는 의미로 보게 되면, 침팬지가 사람처럼 말하도록 하는 것은 불가능하다. 침팬지는 인간과 게놈의 98%를 공유하고 있지만, 발성 기관에 차이가 있다. 인간의 발성 기관은 아주 정교하게 작용하여 여러 소리를 낼 수 있는데, 초당 십여 개의 소리를 쉽게 만들어 낸다. 이는 성대, 후두, 혀, 입술, 입천장을 아주 정확하게 통제할 수 있기 때문에 가능한 것이다. 침팬지는 이만큼 정확하게 통제를 하지 못한다. 게다가 인간의 발성 기관은 유인원의 그것과 현저하게 다르다. 주요한 차이는 인두의 길이에 있다. 인두는 혀 뒷부분부터 식도에 이르는 통로로 음식물과 공기가 드나드는 길이다. 인간의 인두는 여섯 번째 목뼈에까지 이른다. 반면에 대부분의 포유류에서는 인두의 길이가 세 번째 목뼈를 넘지 않으며 개의 경우는 두 번째 목뼈를 넘지 않는다. 다른 동물의 인두에 비해 과도하게 긴 인간의 인두는 공명 상자 기능을 하여 세밀하게 통제되는 소리를 만들어 낸다.

① 개의 인두 길이는 인간의 인두 길이보다 짧다.
② 침팬지의 인두는 인간의 인두와 98% 유사하다.
③ 녹색원숭이는 침팬지와 의사소통을 할 수 있다.
④ 침팬지는 초당 십여 개의 소리를 만들어 낼 수 있다.

풀이와 정답   정답 ①

풀이 글의 마지막 단락에 의하면, '인간의 인두는 여섯 번째 목뼈에까지 이르므로, 상당히 긴 구조를 가지고 있다. 반면, 개의 경우 인두의 길이가 두 번째 목뼈를 넘지 않는다.'라고 하였다. 이를 바탕으로 '인간의 인두 길이가 개의 인두 길이보다 현저히 길다.', 또는 '개의 인두 길이는 인간의 인두 길이보다 짧다.'라는 내용을 추론할 수 있다.

오답 ②: 침팬지는 인간과 게놈의 98%를 공유하고 있지만, 발성 기관에 차이가 있다. (O)
③: 생물은 자신의 종에 속하는 개체들과 의사소통을 하므로, 녹색원숭이가 침팬지와 의사소통을 할 수 없다. (O)
④: 인간의 발성 기관은 아주 정교하게 작용하여 초당 십여 개의 소리를 쉽게 만들어 낸다. (O)

참고 글의 제목: 〈인간과 침팬지의 발성 기관 차이〉.

91 다음 글에서 추론한 내용으로 가장 적절한 것은? [2025 대비 9급 예시문제(2차)]

> 방각본 출판은 책을 목판에 새겨 대량으로 찍어내는 방식이다. 이 경우 소수의 작품으로 많은 판매 부수를 올리는 것이 유리하다. 즉, 하나의 책으로 500부를 파는 것이 세 권의 책으로 합계 500부를 파는 것보다 이윤이 높다. 따라서 방각본 출판업자는 작품의 종류를 늘리기보다는 시장성이 좋은 작품을 집중적으로 출판하였다. 또한 작품의 규모가 커서 분량이 많은 경우에는 생산 비용이 올라가 책값이 비싸지기 때문에 자연스럽게 분량이 적은 작품을 선호하였다. 이에 따라 방각본 출판에서는 규모가 큰 작품을 기피하였으며, 일단 선택된 작품에도 종종 축약적 윤색이 가해지고는 하였다.
>
> 일종의 도서대여업인 세책업은 가능한 여러 종류의 작품을 가지고 있는 편이 유리하고, 한 작품의 규모가 큰 것도 환영할 만한 일이었다. 소설을 빌려 보는 독자들은 하나를 읽고 나서 대개 새 작품을 찾았으니, 보유한 작품의 종류가 많을수록 좋았다. 또한 한 작품의 분량이 많아서 여러 책으로 나뉘어 있으면 그만큼 세책료를 더 받을 수 있으니, 세책업자들은 스토리를 재미나게 부연하여 책의 권수를 늘리기도 했다. 따라서 세책업자들은 많은 종류의 작품을 모으는 데에 주력했고, 이 과정에서 원본의 확장 및 개작이 적잖이 이루어졌다.

① 분량이 많은 작품은 책값이 비쌌기 때문에 세책가에서 취급하지 않았다.
② 세책업자는 구비할 책을 선정할 때 시장성이 좋은 작품보다 분량이 적은 작품을 우선하였다.
③ 방각본 출판업자들은 책의 판매 부수를 올리기 위해 원본의 내용을 부연하여 개작하기도 하였다.
④ 한 편의 작품이 여러 권의 책으로 나뉘어 있는 대규모 작품들은 방각본 출판업자들보다 세책업자들이 선호하였다.

풀이와 정답

정답

풀이 방각본 출판업자는 대량으로 책을 출판하여 이윤을 극대화하는 방식으로 운영되기 때문에, 분량이 적고 시장성이 좋은 작품을 선호한다. 반면, 세책업자는 다양한 작품을 보유하는 것이 유리하며, 한 작품의 분량이 많아 여러 권으로 나뉘어 있으면 그만큼 세책료를 더 받을 수 있다는 장점이 있다. 따라서 한 편의 작품이 여러 권의 책으로 나뉘어 있는 대규모 작품들은 세책업자들에게 더 매력적이며, 이로 인해 방각본 출판업자들보다 세책업자들이 이러한 작품을 선호한다고 추론할 수 있다.

오답 ①: 분량이 많은 작품은 책값이 비싸더라도 세책가에서 취급했다.
②: 방각본 출판업자는 찍어낼 책을 선정할 때 시장성이 좋고, 분량이 적은 작품을 선호하였다. (또는 세책업자는 구비할 책을 선정할 때 특별한 제약이 없었고, 많은 종류의 작품을 모으는 데 주력했다.)
③: 세책업자들은 책의 판매 부수를 올리기 위해 원본의 내용을 부연하여 개작하기도 하였다.

참고 01
1. 방각본(坊刻本): 조선 후기에, 민간의 출판업자가 출판한 책. 주로 목판으로 만든다.
2. 세책업(貰冊業): 돈을 받고 책을 빌려주는 직업.

참고 02 글의 제목: 〈방각본 출판과 세책업의 특징 및 시장 전략〉.

관련 추가 문제

1단계 문제

92 다음 글에서 추론한 내용으로 가장 적절한 것은? [2024 국가직 9급]

> 진화 개념에 대해 흔히 오해되는 측면이 있다. 첫째, 인간의 행동은 철저하게 유전적으로 결정되어 있다는 생각이다. 그런데 진화 이론이 유전자 결정론을 주장하는 것은 아니다. 인간의 행동은 유전적인 적응 성향과 이러한 적응 성향을 발달시키고 활성화되게 하는 환경으로부터의 입력이 상호작용한 결과이다.
>
> 둘째, 현재 인간의 마음이나 행동 체계는 오랜 진화 과정에 의한 최적의 적응 방식이라는 생각이다. 그것이 항상 맞는 것은 아니다. 가령 구석기시대의 적응 방식을 오늘날 인간이 지니고 있어 생기는 문제점이 있다. 원시시대에 사용하던 인지적 전략 등이 현재 그대로 남아 있기 때문에 문제가 생길 수 있는 것이다. 우리가 복잡한 상황에 적응하는 데는 원시시대의 적응 방식이 부적절한 경우가 있을 수 있다.

① 인간의 행동은 환경의 영향으로, 마음은 유전의 영향으로 결정된다.
② 우리에게 주어진 상황의 복잡한 정도가 클수록 인지적 전략의 최적화가 이루어진다.
③ 같은 조상을 둔 후손이라도 환경에서 얻은 정보가 다르면 행동은 다르게 나타날 수 있다.
④ 조상의 유전적 성향보다 조상이 살았던 과거 환경이 인간의 진화 방향을 우선적으로 결정한다.

풀이와 정답

정답 ③

풀이 제시된 글은 진화 개념에 대한 오해 두 가지를 소개하며 해명하고 있다. 그중에 진화 이론이 유전자 결정론을 주장하는 것이 아니라고 말하며, 인간의 행동은 유전과 환경이 상호작용한 결과라고 말한다. 그렇기에 같은 조상을 두어서 유전적으로 같은 후손이라도 환경에 따라 행동은 다르게 나타날 수 있다. 따라서 ③번은 적절한 추론이다.

오답 ①: 인간의 행동은 유전과 환경의 상호작용의 결과이다. 두 가지가 구분되어 결정되는 것이 아니므로 잘못된 추론이다.
②: 우리에게 주어진 상황의 복잡한 정도가 크다고 해서 인지적 전략의 최적화가 이루어지는 것은 아니다. 오늘날 우리가 원시시대의 적응 방식을 그대로 지니고 있는 경우가 있으며, 부적절한 경우가 있을 수 있다. 따라서 잘못된 추론이다.
④: 어느 것이 더 우선적으로 인간의 진화 방향을 결정하는지 언급되지 않았다. 따라서 잘못된 추론이다.

참고 제시문 출처: 데이비드 버스(David Buss), 《진화심리학》 중.

93 다음 글에서 추론한 내용으로 가장 적절한 것은? [2023 지방직 7급]

> 언어는 사회적 약속이기 때문에 개인이 함부로 바꿀 수 없다. 하지만 언어는 본질적으로 고정된 것이 아니기 때문에 살아있는 유기체처럼 변화 과정을 거친다. 언어의 변화 원인에는 언어적 원인, 역사적 원인, 사회적 원인, 심리적 원인 등이 있다. 이로 인해 단어의 의미 변화가 일어난다.
>
> 단어의 의미 변화는 대략 세 유형으로 나뉜다. '뫼(메)'는 '밥' 또는 '진지'를 뜻하였으나 오늘날에는 제사 때 신위 앞에 올리는 진지로 국한해서 쓰이고 있다. '지갑'은 원래 종이로 만든 것에만 사용하였지만 지금은 가죽이나 헝겊 따위로 만든 것도 모두 포함해서 사용한다. '어여쁘다'는 본래 '불쌍하다'라는 뜻이었으나 지금은 '아름답다'로 그 뜻이 바뀌었다.

① '지갑'의 의미가 변화한 것은 언어적 원인이 아니라 사회적 원인 때문이다.
② '얼굴'은 '형체'를 뜻하였으나 '안면'만을 가리키는 것으로 바뀐 것은 '지갑'의 의미 변화 유형과 같다.
③ '인정'은 '뇌물'을 뜻하였으나 '사람의 감정'을 뜻하는 것으로 바뀐 것은 '어여쁘다'의 의미 변화 유형과 같다.
④ '다리'는 원래 사람이나 동물의 신체 일부를 지시하였으나 무생물에도 사용하게 된 것은 '뫼(메)'의 의미 변화 유형과 같다.

풀이와 정답

정답 ③

풀이 단어의 의미 변화 유형은 '확장, 축소, 이동(=전성)' 세 가지가 있다. ③번은 그중에서 완전히 뜻이 바뀐 '이동'에 해당하므로 '어여쁘다'의 유형과 같다고 추론할 수 있다.

오답 ①: '지갑'의 의미 변화가 생긴 원인이 무엇인지는 알 수 없다.
②: '얼굴'의 의미 변화는 '축소'에 해당하므로 '지갑'이 아니라 '뫼(메)'의 유형과 같다.
④: '다리'의 의미 변화는 '확장'에 해당하므로 '뫼(메)'가 아니라 '지갑'의 유형과 같다.

94 다음 글에서 추론한 내용으로 가장 적절한 것은? [2023 지방직 7급]

> 미셸 교수는 '마시멜로 실험'을 하였다. 아동들에게 마시멜로를 하나씩 주고 15분간 먹지 않으면 하나 더 주겠다고 한 뒤 아이가 못 참고 먹는지 아니면 끝까지 참는지를 관찰하였다. 아이들이 참을성을 발휘한 시간은 평균 2분이었지만, 25%의 아이들은 끝까지 참아 내 마시멜로를 더 먹을 수 있었다. 흥미로운 점은 12년이 지나서 당시 실험에 참가했던 아이들을 추적 조사한 결과이다. 1분 이내에 마시멜로를 먹은 아이들은 학교나 가정에서 문제를 일으키는 경우가 많았지만, 15분간 참을성을 발휘한 아이들은 1분 이내에 마시멜로를 먹은 아이보다 대학 진학 시험 점수 평균이 훨씬 더 높았다. 이 실험 결과는 감정이나 욕망을 조절할 수 있는 자기 통제력이 큰 사람이 미래의 성공 가능성이 더 크다는 것을 보여 준다.
> 이후 비슷한 실험이 이루어졌다. 그러나 이 실험에서는 마시멜로에 뚜껑을 덮어 두고 기다리게 했다는 점에서 차이가 있었다. 실험 결과 뚜껑이 없이 기다리게 했던 경우보다 뚜껑을 덮었을 때 두 배 가까이 더 아이들이 잘 참을 수 있었다. 뚜껑 하나라는 아주 작은 차이가 아이들의 참을성을 크게 향상시킨 셈이다.

① 자기 통제력이 낮은 아동일수록 주변 환경이 열악하다.
② 자기 통제력은 선천적 요인보다 후천적 요인에 더 영향을 받는다.
③ 자기 통제력을 발휘하는 데에는 환경적 요인이 중요하게 작용한다.
④ 자기 통제력이 높은 아동은 유아기부터 가정과 학교에서 사랑과 관심을 많이 받는다.

풀이와 정답 정답 ③

풀이 실험에 의하면 마시멜로에 뚜껑을 덮어 두었을 때 아이들의 참을성이 크게 향상되었다. 이를 통해 자기 통제력을 발휘하는 데에는 환경적 요인이 중요하게 작용한다는 것을 추론할 수 있다.

오답 나머지는 글의 내용을 통해서 추론할 수 없다. 적절한 추론이 되기 위해서는 '단정'이나 '불필요한 비교', '비약'이 없어야 한다.

2단계 문제

95 다음 글에서 추론한 내용으로 적절하지 않은 것은?　　　　　　　　　　　　　　　　　[2024 국가직 9급]

> 오늘날 인터넷과 디지털 미디어를 통해 '온라인'에서의 '비대면' 접촉에 의한 상호 관계가 급속도로 확장되고 있다. '오프라인'이나 '대면'이라는 용어는 물리적 실체감이 있는 아날로그적 접촉을 가리킨다. 그런데 우리는 온라인과 오프라인을 함께 경험할 수도 있고, 이러한 이분법적인 용어로 명료하게 분리되지 않는 활동들도 많다. 예를 들어 누군가와 만나서 대화하는 중에 문자를 주고받음으로써 대면 상호작용과 온라인 상호작용을 동시에 할 수 있다.
>
> 한편 오프라인 대면 상호작용에서보다 온라인 비대면 상호작용에서 만난 사람들에게 더 끈끈한 유대감을 느끼기도 한다. 서로 관계를 형성하고 유지할 때 아날로그 상호작용 수단과 디지털 상호작용 수단을 동시에 활용할 수도 있다. 이처럼 오늘날과 같은 초연결 사회에서 우리의 경험은 비대면 혹은 대면, 온라인 혹은 오프라인 같은 이분법적 범주로 온전히 분리되지 않는다. 상호작용 양식들이 서로 겹치거나 교차하는 현상들을 이해하고자 할 때 이분법적인 범주는 심각한 한계를 지닌다.

① 이분법적 시각으로는 상호작용 양식이 교차하는 양상을 이해하기 어렵다.
② 비대면 온라인 상호작용으로는 사람들 간에 깊은 유대 관계를 형성할 수 없다.
③ 온라인 비대면 활동과 오프라인 대면 활동이 온전히 분리되어 있는 것은 아니다.
④ 오늘날에는 대면 상호작용 중에도 디지털 수단에 의한 상호 관계가 이루어질 수 있다.

풀이와 정답

정답 ②

풀이 제시문은 오늘날 온라인에서의 비대면 접촉에 의한 상호 관계가 확장되고 있는 현상에 대해 말한다. 글에서 '오프라인 대면 상호작용에서보다 온라인 비대면 상호작용에서 만난 사람들에게 더 끈끈한 유대감을 느끼기도 한다.'라고 제시되어 있으므로 ②번은 추론한 내용으로 적절하지 않다. 결국, '비대면 온라인 상호작용으로 사람들 간에 깊은 유대 관계를 형성할 수 있다.'라고 해야 타당하다.

오답 ①: 두 번째 단락(O). ③: 두 번째 단락(O). ④: 첫 번째 단락(O).

96 다음 글에서 추론한 내용으로 적절하지 않은 것은? [2023 지방직 9급]

> 프랑스에서 의무교육 제도를 실시하면서 정규학교에 입학하기 어려운 지적장애아, 학습부진아를 가려내고자 하였다. 이에 기초 학습 능력 평가를 목적으로, 1905년 최초의 IQ 검사가 이루어졌다. 이 검사를 통해 비로소 인간의 지능을 구체적으로 수치화하고 객관적으로 비교할 수 있게 되었다.
>
> 이후 오랫동안 IQ가 높으면 똑똑한 사람, 그렇지 않으면 머리가 좋지 않고 학습에도 부진한 사람으로 판단했다. 물론 IQ가 높은 아이는 그렇지 않은 아이에 비해 읽기나 계산 등 사고 기능과 관련된 과목에서 높은 성취도를 보이는 경우가 많다. 이는 IQ 검사가 기초 학습에 필요한 최소 능력인 언어 이해력, 어휘력, 수리력 등을 측정하기 때문이다. 학습의 기초 능력을 측정하는 IQ 검사에서 높은 점수를 받은 아이는 동일한 능력을 측정하는 학업 평가에서도 높은 점수를 받을 가능성이 크다. 하지만 문제는 IQ 검사가 인간의 지능 중 일부만을 측정한다는 점이다.

① 최초의 IQ 검사는 학습 능력이 우수한 아이를 고르기 위해 시행되었다.
② IQ 검사가 만들어지기 전에는 인간의 지능을 수치로 비교할 수 없었다.
③ IQ가 높은 아이라도 전체 지능은 높지 않을 수 있다.
④ IQ가 높은 아이가 읽기 능력이 좋을 확률이 높다.

풀이와 정답   정답

풀이 최초의 IQ 검사는 기초 학습 능력 평가를 목적으로 이루어졌다. 학습 능력이 우수한 아이를 고르기 위해 시행된 것이 아니라 정규학교에 입학하기 어려운 지적장애아, 학습부진아를 가려내고자 한 것이다.
오답 ②: 첫 번째 단락의 끝부분. ③: 두 번째 단락의 끝부분. ④: 두 번째 단락의 앞부분.

97 다음 글에서 추론한 내용으로 적절하지 않은 것은?

[2023 지방직 9급]

> 우리는 개별적으로 고립된 채 살아가는 존재일 수 없다. 사회 속에서 여럿이 모여 '복수(複數)'의 상태로 살아갈 수밖에 없는 존재라는 것이다. 복수의 상태로 살아가는 우리는 종(種)적인 차원에서 보면 보편적이고 동등한 존재이다. 그러나 우리는 각각 유일무이성을 지닌 '단수(單數)'이기도 하다. 즉 모든 인간은 개인으로서 고유한 인격체라는 특수성을 지닌다. 사회 속에서 우리는 보편적 복수성과 특수한 단수성을 겸비한 채 살아가고 있는 셈이다. 바로 이러한 이유로 우리는 다원적 존재이다. 이러한 존재들로 구성된 다원적 사회에서는 어떠한 획일화도 시도되어서는 안 된다. 우리가 이 같은 사회에서 살아가기 위해서는 타인을 포용하는 공존의 태도가 필요하다. 공동체 정화 등을 목적으로 개별적 유일무이성을 제거하는 것은 우리가 살아가는 사회의 다원성을 파괴하는 일이다.

① 우리는 고립된 상태에서 '단수'로 살아가는 존재가 아니다.
② 우리는 다원성을 지닌 존재로서 포용적으로 공존해야 한다.
③ 개인의 유일무이성을 보존하려는 제도는 개인의 보편적 복수성을 침해한다.
④ 개인의 특수한 단수성을 제거하려는 시도는 사회의 다원성을 파괴하는 결과로 이어질 수 있다.

풀이와 정답

정답 ③

풀이 개인의 유일무이성을 보존하려는 제도는 개인의 특수한 단수성을 추구하는 것이다. 그러나 이것이 개인의 보편적 복수성을 침해하는 것은 아니다. 흑백 논리식으로 판단해서는 안 된다. 결국, 사회 속에서 개인은 보편적 특수성과 특수한 단수성을 겸비해 살아가는 다원적 존재이다.

오답 ①: 첫 부분. ②: 끝 부분. ④: 끝 부분.

98 다음 글에서 추론한 내용으로 적절하지 않은 것은?

[2024 지방직 9급]

> 모든 문화가 감정에 관한 동일한 개념적 자원을 발전시켜 온 것은 아니다. 이를테면 미국인들은 보통 당혹감, 수치심, 죄책감, 수줍음을 구별하지만 자바 사람들은 이러한 감정을 하나의 단어로 표현한다. 감정 어휘들은 문화마다 다를 뿐만 아니라 역사적으로도 다르다. 중세 시대에는 우울감이 '검은 담즙(melan chole)'으로 인해 발생한다고 생각했기에 우울증을 '멜랑콜리(melancholy)'라고 불렀지만 오늘날 그렇게 생각하는 사람은 거의 없다. 또한 인터넷의 발명과 함께 감정 어휘는 이메일 보내기, 문자 보내기, 트위터하기에 스며든 관습에 의해서도 형성된다. 이제는 내 감정을 말로 기술하기보다 이모티콘이나 글자의 일부를 따서 표현하기도 한다. 이러한 기술 주도적인 상징의 창조와 확산은, 사람들이 자신의 감정을 묘사하기 위한 새로운 선택지를 만든다는 점에서 또 다른 역사의 발전일 것이다.

① 감정에 대한 개념적 자원은 문화에 따라 달리 형성된다.
② 동일한 감정이라도 그것을 표현하는 방식은 시대에 따라 다를 수 있다.
③ 감정 어휘를 풍부하게 갖고 있는 집단은 그렇지 않은 집단보다 기술 발전에 더 유연한 태도를 보인다.
④ 오늘날 인터넷에서 이모티콘을 사용하는 것과 같이 과거에는 없었던 감정 표현 방식이 활용되기도 한다.

풀이와 정답

정답 ③

풀이 제시된 글은 감정 어휘들이 문화마다 다르고 역사적으로도 다르다고 말하고 있다. 그리고 오늘날에는 이모티콘(=그림말) 등 다양한 방법으로 감정을 표현하고 있다고 보았다. 그런데 ③번의 '감정 어휘를 풍부하게 갖고 있는 집단이 기술 발전에 더 유연한 태도를 보인다.'는 내용은 전혀 추론할 수 없다. 오늘날 인터넷과 같은 기술의 발전으로 감정 어휘가 풍부해졌다는 것일 뿐, 그 집단이 기술 발전에 더 유연한 태도를 보인다는 것은 관계가 없다.

오답 ①: 첫 부분. ②: 중간 부분. ④: 마지막 부분.

3단계 문제

99 다음 글에서 추론한 내용으로 적절하지 않은 것은? [2024 국가직 9급]

> 새의 몸에서 나오는 테스토스테론은 구애 행위나 짝짓기와 밀접하게 관련된다. 따라서 번식기가 아닌 시기에는 거의 분비되지 않는데, 번식기에 나타나는 테스토스테론의 수치 변화 양상은 새의 종류에 따라 다르다.
>
> 노래참새 수컷의 테스토스테론 수치는 짝짓기에 성공하여 암컷의 수정이 이루어지는 시점을 전후하여 달라진다. 번식기가 되면 수컷은 암컷의 마음을 얻는 데 필요한 영역을 차지하려고 다른 수컷과 싸워야 한다. 이 시기 수컷의 테스토스테론 수치는 암컷의 수정이 이루어질 때까지 계속 높아진다. 그러다가 수정이 이루어지면 수컷은 곧바로 새끼를 돌볼 준비를 하게 되는데, 이때부터 그 수치는 떨어진다. 새끼가 커서 둥지를 떠나게 되면 수컷은 더 이상 영역을 지킬 필요가 없기 때문에 번식기가 끝나지 않았는데도 테스토스테론 수치는 좀 더 떨어지고, 번식기가 끝나면 테스토스테론은 거의 분비되지 않는다.
>
> 검정깃찌르레기 수컷은 테스토스테론 수치가 번식기가 되면 올라갔다가 암컷이 수정한 이후부터 번식기가 끝날 때까지 떨어지지 않는다. 이 수컷은 자신의 둥지를 지키면서 암컷과 새끼를 돌보는 대신 다른 암컷과의 짝짓기를 위해 자신의 둥지를 떠나 버린다.

① 노래참새 수컷은 번식기 동안 테스토스테론 수치가 새끼를 양육할 때보다 양육이 끝난 후에 높게 나타난다.
② 번식기 동안 노래참새 수컷의 테스토스테론 수치는 암컷의 수정이 이루어지기 전보다 이루어진 후에 낮게 나타난다.
③ 검정깃찌르레기 수컷은 암컷이 수정한 이후 번식기가 끝날 때까지 테스토스테론 수치가 떨어지지 않는다.
④ 노래참새 수컷과 검정깃찌르레기 수컷 모두 번식기의 테스토스테론 수치는 번식기가 아닌 시기의 테스토스테론 수치보다 높다.

풀이와 정답

정답 ①

풀이 두 번째 단락에 의하면, 노래참새 수컷은 번식기 동안 테스토스테론 수치가 새끼를 양육할 때보다 양육이 끝난 후에 '높게' 나타나는 것이 아니라 '낮게' 나타난다. 새끼가 커서 둥지를 떠나게 되면 노래참새 수컷의 테스토스테론 수치는 좀 더 떨어진다고 글에 제시되어 있으므로 ①번은 추론으로 적절하지 않다.

오답 ②: 두 번째 단락에 의하면, 노래참새 수컷의 테스토스테론 수치는 암컷의 수정이 이루어질 때까지 계속 높아진다. 그러다가 수정이 이루어지면 그 수치가 떨어진다. 따라서 ②번은 적절한 추론이다.
③: 마지막 단락에 의하면, 검정깃찌르레기 수컷은 노래참새 수컷과 달리 암컷이 수정한 이후 번식기가 끝날 때까지 테스토스테론 수치가 떨어지지 않는다. 따라서 ③번은 적절한 추론이다.
④: 첫 번째 단락에 의하면, 새의 몸에서 나오는 테스토스테론은 구애 행위나 짝짓기와 밀접하게 관련되므로 번식기에 높게 분비된다. 또한, 두 번째, 세 번째 단락에서도 두 수컷 새 모두 번식기가 되면 테스토스테론 수치가 높다. 따라서 ④번은 적절한 추론이다.

참고 테스토스테론(testosterone): 정소(精巢, 생식 기관)에서 분비되는 대표적인 남성 호르몬. 근육과 생식 기관의 발육을 촉진하고 이차 성징이 나타나게 한다.

100 다음 글에서 추론한 내용으로 적절하지 않은 것은? [2023 지방직 9급]

> 한글은 소리를 나타내는 표음문자여서 한국어 문장을 읽는 데 학습해야 할 글자가 적지만, 한자는 음과 상관없이 일정한 뜻을 나타내는 표의문자여서 한문을 읽는 데 익혀야 할 글자 수가 훨씬 많다. 이러한 번거로움에도 한글과 달리 한자가 갖는 장점이 있다. 한글에서는 동음이의어, 즉 형태와 음이 같은데 뜻이 다른 단어가 많아 글자만으로 의미를 파악하지 못하는 경우가 많다. 하지만 한자는 그렇지 않다. 예컨대, 한글로 '사고'라고만 쓰면 '뜻밖에 발생한 사건'인지 '생각하고 궁리함'인지 구별할 수 없다. 한자로 전자는 '事故', 후자는 '思考'로 표기한다. 그런데 한자는 문맥에 따라 같은 글자가 다른 뜻으로 쓰이지는 않지만 다른 문장성분으로 사용되기도 해 혼란을 야기한다. 가령 '愛人'은 문맥에 따라 '愛'가 '人'을 수식하는 관형어일 때도, '人'을 목적어로 삼는 서술어일 때도 있는 것이다.

① 한문은 한국어 문장보다 문장성분이 복잡하다.
② '淨水'가 문맥상 '깨끗하게 한 물'일 때 '淨'은 '水'를 수식한다.
③ '愛人'에서 '愛'의 문장성분이 바뀌더라도 '愛'는 동음이의어가 아니다.
④ '의사'만으로는 '병을 고치는 사람'인지 '의로운 지사'인지 구별할 수 없다.

풀이와 정답

정답 ①

풀이 '한문이 한국어 문장보다 문장성분이 복잡하다.'는 것이 아니라 '한자가 다른 문장성분으로 사용되기도 해 한문을 읽는 데에 혼란을 야기한다.'는 것이다. 가령 '愛人'의 '愛'가 관형어일 때도 있고, 서술어일 때도 있다는 것이다.

참고 한문의 문장성분은 주어, 서술어, 목적어, 보어를 기본 요소로 삼고, 확장 구조에 의해 수식어(관형어, 부사어)가 더해질 수 있다.

오답 ②: '淨水'가 문맥상 '깨끗하게 한 물'일 때 '淨'은 '水'를 수식하는 관형어가 된다. 참고로, '물을 깨끗하게 하다'라고 해석할 때 '淨'은 목적어 뒤에 오는 서술어가 된다.
③: 한자는 문맥에 따라 같은 글자가 다른 뜻으로 쓰이지는 않으므로 '愛人'에서 '愛'의 문장성분이 바뀌더라도 '愛'는 동음이의어가 아니다.
④: '의사'는 '의사(醫師)'일 수도 있고, '의사(義士)'일 수도 있다. 한글에서는 동음이의어가 많아서 한글만으로 의미를 구별할 수 없다.

101 다음 글에서 추론할 수 있는 것은? [2024 국가직 7급 PSAT 언어논리]

사람의 근육 운동은 근육 세포의 수축과 이완이 반복되면서 일어나며, 근육 세포의 수축과 이완이 정상적으로 일어나지 않으면 근육 마비가 일어난다. 근육 세포의 수축과 이완은 근육 세포와 인접해 있는 운동 신경 세포에서 아세틸콜린의 방출을 조절함으로써 일어날 수 있다.

운동 신경 세포에 작용하는 신호에 의해 운동 신경 세포에서 아세틸콜린이 방출된다. 방출된 아세틸콜린은 근육 세포의 막에 있는 아세틸콜린 결합 단백질에 결합하고 이 근육 세포가 수축되게 한다. 뇌의 운동피질에서 유래한 신호가 운동 신경 세포에 작용하여 이와 같은 현상을 일으킬 수 있다. 운동 신경 세포에서 아세틸콜린의 방출은 운동 신경 세포와 접하고 있는 억제성 신경 세포에 의해서도 조절될 수 있다. 억제성 신경 세포는 글리신을 방출하는데, 이 글리신은 운동 신경 세포에 작용하여 아세틸콜린의 방출을 막음으로써 근육 세포가 이완되게 한다.

사람의 근육 운동에 영향을 미치는 물질 중에는 보툴리눔 독소와 파상풍 독소가 있다. 두 독소는 각각 병원균인 보툴리눔균과 파상풍균이 분비하는 독성 단백질이다. 보툴리눔 독소는 운동 신경 세포에 작용하여 아세틸콜린이 방출되는 것을 막아 근육 세포가 이완된 상태로 있게 하여 근육 마비를 일으킨다. 파상풍 독소는 억제성 신경 세포에 작용하여 글리신이 방출되는 것을 막아 근육 세포가 수축된 상태로 있게 하여 근육 마비를 일으킨다.

① 근육 세포의 막에는 글리신 결합 단백질이 있다.
② 보툴리눔 독소는 근육 세포의 수축이 일어나지 않게 하여 근육 마비를 일으킨다.
③ 운동 신경 세포에서 방출된 아세틸콜린은 억제성 신경 세포에서 글리신의 방출을 막는다.
④ 뇌의 운동피질에서 유래된 신호는 운동 신경 세포에서 아세틸콜린의 방출을 막아서 근육의 수축을 일으킨다.
⑤ 파상풍 독소는 운동 신경 세포에서 방출된 아세틸콜린이 근육 세포의 막에 있는 결합 단백질에 결합할 수 없게 한다.

풀이와 정답

정답 ②

풀이 글의 두 번째 단락과 마지막 단락의 각 문장을 조합해 ②번을 추론할 수 있다. 마지막 단락에 의하면 '보툴리눔 독소는 운동 신경 세포에 작용하여 아세틸콜린이 방출되는 것을 막아 근육 세포가 이완된 상태로 있게 하여 근육 마비를 일으킨다.'라고 제시되어 있다. 그리고 두 번째 단락에 '방출된 아세틸콜린은 근육 세포의 막에 있는 아세틸콜린 결합 단백질에 결합하고 이 근육 세포가 수축되게 한다.'라고 나와 있다. 결국 방출된 아세틸콜린이 근육 세포가 수축되게 하며, 반대로 아세틸콜린이 방출되는 것을 막으면 근육의 수축이 일어나지 않게 된다. 따라서 ②번의 '보툴리눔 독소는 근육 세포의 수축이 일어나지 않게 하여(=아세틸콜린이 방출되는 것을 막아) 근육 마비를 일으킨다.'는 적절한 추론이 된다.

오답 ①: 근육 세포의 막에는 아세틸콜린 결합 단백질이 있다.(O)
③: 운동 신경 세포에서 방출된 아세틸콜린은 억제성 신경 세포에 의해 조절될 수 있다.(O)
④: 뇌의 운동피질에서 유래된 신호는 운동 신경 세포에서 아세틸콜린 결합 단백질에 결합하고 근육의 수축을 일으킨다.(O)
⑤: 파상풍 독소는 억제성 신경 세포에 작용하여 글리신이 방출되는 것을 막아 근육 세포가 수축된 상태로 있게 하여 근육 마비를 일으킨다.(O) **참고** 보툴리눔 독소는 운동 신경 세포에서 방출된 아세틸콜린이 근육 세포의 막에 있는 결합 단백질에 결합할 수 없게 한다.(O)

102 다음 글에서 추론할 수 있는 것만을 〈보기〉에서 모두 고르면? [2024 국가직 7급 PSAT 언어논리]

종이와 같이 전류가 흐르지 않는 성질을 가진 물질을 절연체라 한다. 절연체는 전기적으로 중성이며 전하를 띠지 않는다. 그러나 어떤 상황에서는 전하 사이에 작용하는 힘인 전기력에 의한 운동이 가능하다. 어떻게 이러한 절연체의 운동이 가능한가를 알아보자.

절연체는 전기적으로 중성이지만 그 안에는 무수히 많은 전하가 존재한다. 다만, 음전하와 양전하가 똑같은 숫자로 존재하며 물체에 균일하게 분포되어 있다. 이들에게 외부의 전하가 작용할 때 발생하는 전기력인 척력과 인력이 서로 상쇄되어 아무런 힘이 작용하지 않을 것처럼 보인다.

그런데 외부에서 전기력이 작용하면 절연체 내부의 전하들은 개별적으로 그 힘에 반응한다. 가령, 양으로 대전된 물체에 의해서 절연체에 전기력이 작용하는 경우, 절연체 내부의 음전하는 대전된 물체 방향으로 끌려가는 힘인 인력을 받고, 양전하는 밀려나는 힘인 척력을 받는다.

절연체 내부의 전하들은 이러한 전기력에 의해 미세하게 이동할 수 있는데, 음전하는 양으로 대전된 물체와 가까워지는 방향으로, 양전하는 멀어지는 방향으로 이동하게 된다. 그 결과 대전된 물체의 양전하와 절연체의 음전하 간의 인력이 대전된 물체의 양전하와 절연체의 양전하 간의 척력보다 커져 절연체는 대전된 물체 방향으로 끌려가게 된다. 전기력은 전하 간 거리가 멀수록 작아지는 특성이 있기 때문이다. 다만 절연체의 무게가 충분히 작아야만 이러한 전기력이 절연체의 무게를 극복하고 절연체를 끌어당길 수 있다.

〈보 기〉

ㄱ. 절연체 내부 전하의 위치는 절연체 외부의 영향에 의해서 변할 수 있다.
ㄴ. 대전된 물체는 절연체 내 음전하와 양전하의 구성 비율을 변화시킬 수 있다.
ㄷ. 음으로 대전된 물체를 특정 무게 이하의 절연체에 가까이함으로써 절연체를 밀어내는 것이 가능하다.

① ㄱ
② ㄴ
③ ㄱ, ㄷ
④ ㄴ, ㄷ
⑤ ㄱ, ㄴ, ㄷ

풀이와 정답

정답 ①

풀이 글에 의하면, 본디 전류가 흐르지 않은 성질을 가진 물질인 절연체(絕緣體)는 전하를 띠지 않는다. 그런데 외부에서 전기력이 작용하면 절연체 내부의 전하들은 개별적으로 그 힘에 반응하고 미세하게 이동하게 된다. 따라서 'ㄱ. 절연체 내부 전하의 위치는 절연체 외부의 영향에 의해서 변할 수 있다.'는 적절한 추론이다.

오답 ㄴ.: 대전(帶電. 전기를 띰)된 물체가 절연체 내 음전하와 양전하의 '구성 비율을 변화'시키는지에 대해서는 언급이 없으므로 추론할 수 없다. 다만, '절연체는 음전하와 양전하가 똑같은 숫자로 존재하며 물체에 균일하게 분포되어 있다.', '그런데 외부에서 전기력이 작용하면 절연체 내부의 음전하는 양으로 대전된 물체와 가까워지는 방향으로, 양전하는 멀어지는 방향으로 이동하게 된다.'만 알 수 있을 뿐이다.

ㄷ.: 음으로 대전된 물체를 특정 무게 이하의 절연체에 가까이함으로써 절연체를 '밀어내는' 것이 가능한 것이 아니라 '끌어당기는' 것이 가능하다.(O) 마지막 단락에 의하면 '전기력은 전하 간 거리가 멀수록 작아지는 특성이 있기 때문이다. 다만 절연체의 무게가 충분히 작아야만 이러한 전기력이 절연체의 무게를 극복하고 절연체를 끌어당길 수 있다.', '음으로 대전된 물체를 특정 무게 이하의 절연체에 가까이하면, 절연체의 양전하 간의 인력이 대전된 물체의 음전하와 절연체의 음전하 간의 척력보다 커져 절연체는 대전된 물체 방향으로 끌려가게 된다.'라고 제시되어 있다.

天衣無縫
정상국어

제 10 유형 / 15개 문제 유형

1차, 2차 예시문제를 기반으로 한 **15개 문제 유형 집중 분석!**

新유형 9급 국가직·지방직·지역인재 시험대비

'글의 평가' (강화/약화) 유형

01 / 이론 정리

02 / 문제 풀이
  1 관련 예시문제 풀이
  2 관련 추가 문제
    └ 1단계
    └ 2단계
    └ 3단계

天 衣 無 縫
정 상 국 어

제 1 장 이론 정리

> **문제 사례**
>
> 1. ㉠을 평가한 내용으로 적절한 것만을 〈보기〉에서 모두 고르면? (1차 예시. 14번)
> 2. 윗글에 대해 평가한 내용으로 가장 적절한 것은? (1차 예시. 18번)
> 3. 다음 글의 ㉠과 ㉡에 대한 평가로 올바른 것은? (2차 예시. 15번)
> 4. 다음 글의 ㉠을 강화하는 것만을 〈보기〉에서 모두 고르면? (2차 예시. 16번)
> 5. 윗글의 (가)와 (나)의 주장에 대해 평가한 내용으로 가장 적절한 것은? (2차 예시. 17번)

> **유형 10**
>
> '글의 평가(강화/약화)' 유형은 주어진 글의 주장과 근거를 분석하여 그 효과를 평가하는 유형의 문항이다. '강화' 유형에서는 글의 주장을 뒷받침하거나 강조하는 요소를 찾아 주제의 중요성을 강조하는 방식이다. 반면 '약화' 유형에서는 글의 주장이나 근거를 저해하거나 반대, 반박하는 시각을 제시하는 것이다. 따라서 이 유형은 독해 능력을 통해 글의 중심 주장과 그에 대한 근거의 관계를 이해해야 하며, 단순한 정보 전달이 아닌, 주장에 대한 비판적 평가가 필요하다.
>
> 결국, 글의 전반적인 구조와 흐름을 통해 강화 또는 약화를 종합적으로 판단해야 한다. 아울러, 글의 내용뿐만 아니라 어휘와 문맥도 주의 깊게 분석해야 한다.

1 '글의 평가(강화/약화)' 문제를 잘 푸는 방법

1. 글의 주제 파악하기

글의 핵심 주제를 이해하는 것이 중요하다. 주제가 무엇인지 명확히 하고, 글이 전달하려는 메시지를 파악해야 한다.

2. 주요 주장 확인하기

글에서 글쓴이가 주장하는 핵심 내용이나 의견을 찾아본다. 주장은 글의 중심이 되므로 이를 기반으로 평가할 수 있다.

3. 근거와 예시 분석하기

글쓴이가 주장하는 내용을 뒷받침하는 근거와 예시를 확인한다. 이를 통해 주장이 얼마나 설득력 있는지 평가할 수 있다.

4. **강화와 약화 요소 구분하기**
   ① **강화 요소**: 주장을 더 확고히 해 주는 정보나 예시, 추가적인 설명 등을 찾는다.
   ② **약화 요소**: 주장을 반박하거나 약화시키는 정보, 반대 의견, 예외 등을 찾는다.

5. **문맥 고려하기**
   각 문장에서 제시하는 정보가 글 전체의 흐름과 어떻게 연결되는지 고려한다. 문맥을 통해 강화/약화의 효과를 판단할 수 있다.

6. **해석의 유연성**
   같은 문장이 상황에 따라 다르게 해석될 수 있음을 기억한다. 다양한 시각에서 접근하고, 여러 가능성을 고려하는 것이 좋다.

7. **문제의 요구 사항 파악하기**
   문제에서 무엇을 물어보는지 정확히 이해하고, 해당 요구 사항에 맞춰 답변을 구성한다.

8. **주장의 강화 요소를 찾는 데 가장 중요한 점**
   주장과 근거의 연결성, 근거의 신뢰성, 구체성(사례 등), 타당성, 상황적 맥락 등을 고려해야 한다.

2 '글의 평가' 유형에서 '강화(强化)'를 정확하게 판단하는 요령

1. **주제와 주장 확인**
   글의 주제를 명확히 파악한 후, 저자가 어떤 주장을 하고 있는지 확인한다. 주장이 무엇인지 이해하는 것이 강화 요소를 찾는 첫걸음이다.

2. **근거 및 예시 분석**
   글쓴이가 제시하는 근거와 예시를 살펴본다. 주장을 뒷받침하는 강력한 근거가 있다면 그것은 강화 요소이다.

3. **추가 정보 확인**
   글에서 제공되는 정보 중에서 주장을 더욱 확고히 해 주는 내용이 있는지 찾아본다. 새로운 데이터, 통계, 연구 결과 등이 이에 해당한다.

4. **반대 의견 반박**
   글쓴이가 반대 의견을 언급하고 이를 반박하는 방식도 강화 요소로 판단할 수 있다. 반박이 효과적일수록 주장이 강화된다.

5. **문맥 고려하기**
   각 문장이 글 전체의 흐름과 어떻게 연결되는지 분석한다. 문맥 내에서 주장을 강화하는 정보인지 판단한다.

6. 비교 및 대조 사용

글쓴이가 다른 사례나 상황과 비교하여 주장을 강화하는 경우, 그 비교가 효과적인지 살펴본다.

3 '글의 평가' 유형에서 '약화(弱化)'를 정확하게 판단하는 요령

1. '약화'의 개념

주장의 힘이나 설득력이 감소하는 것을 의미한다. 즉, 어떤 의견이나 주장이 처음에 비해 덜 강력하거나 설득력이 떨어지는 상태를 말한다.

2. 주제와 내용 확인

글의 주제와 전달하고자 하는 메시지를 명확히 파악한다. 약화된 내용은 주제와 메시지의 일관성이 떨어진다.

3. 근거와 예시 확인

글에서 제시하는 근거와 예시가 논리적으로 연결되어 있는지 확인한다. 약화된 부분은 근거가 불충분하거나 예시가 적절하지 않을 수 있다.

4. 감정적 호소

글이 감정적으로 지나치게 호소하거나 편향된 시각을 드러낼 경우, 주장의 약화로 볼 수 있다.

5. 반론 불충분

반대 의견이나 대안이 충분히 고려되지 않은 경우, 주장이 약화된 것으로 판단할 수 있다.

6. 문체와 표현 확인

글의 문체와 표현이 명확하지 않거나 모호한 경우, 주장의 신뢰성이 떨어져 약화된 것으로 볼 수 있다.

4 '글의 평가' 유형에서 강화하지도 약화하지도 않는 제3의 경우

1. 중립적이거나 객관적인 경우

글의 내용이나 주장이 중립적이거나 객관적인 경우에는 글의 주장을 강화하지도 약화하지도 않는다.

2. 단순한 정보 제공

글이 단순히 사실이나 정보를 나열하는 경우, 독자가 그 정보를 받아들이더라도 글의 주장을 강화하거나 약화하는 것이 아니다.

3. 주관적 의견 없음

글이 특정 주장을 하지 않고 여러 측면을 균형 있게 제시할 때, 독자가 어떤 결론을 내리더라도 글의 내용이 그 결론을 강화하거나 약화하지 않는다.

4. 비교 분석

두 가지 이상의 관점을 비교하고 장단점을 제시하는 경우, 독자가 어떤 쪽을 선택하더라도 글 자체는 어느 한 쪽을 지지하거나 반대하지 않는다.

제 2 장 문제 풀이

관련 예시 문제

103 다음 글의 ㉠과 ㉡에 대한 평가로 올바른 것은? [2025 대비 9급 예시문제(2차)]

> 기업의 마케팅 프로젝트를 평가할 때는 유행지각, 깊은 사고, 협업을 살펴본다. 유행지각은 유행과 같은 새로운 정보를 반영했느냐, 깊은 사고는 마케팅 데이터의 상관관계를 분석해서 최적의 해결책을 찾아내었느냐, 협업은 일하는 사람들이 해결책을 공유하며 성과를 창출했느냐를 따진다. ㉠ 이 세 요소 모두에서 목표를 달성하는 것은 마케팅 프로젝트가 성공적이기 위해 필수적이다. 하지만 ㉡ 이 세 요소 모두에서 목표를 달성했다고 해서 마케팅 프로젝트가 성공한 것은 아니다.

① 지금까지 성공한 프로젝트가 유행지각, 깊은 사고 그리고 협업 모두에서 목표를 달성했다면, ㉠은 강화된다.
② 성공하지 못한 프로젝트 중 유행지각, 깊은 사고 그리고 협업 중 하나 이상에서 목표를 달성하는 데 실패한 사례가 있다면, ㉠은 약화된다.
③ 유행지각, 깊은 사고 그리고 협업 중 하나 이상에서 목표를 달성하는 데 실패했지만 성공한 프로젝트가 있다면, ㉡은 강화된다.
④ 유행지각, 깊은 사고 그리고 협업 모두에서 목표를 달성했지만 성공하지 못한 프로젝트가 있다면, ㉡은 약화된다.

풀이와 정답

정답 ①

풀이 성공한 프로젝트가 세 가지 요소에서 목표를 달성했다면, ㉠에서 주장하는 '목표 달성이 성공의 필수 요소'라는 주장이 더욱 강화된다. ㉠은 '세 요소 모두 목표 달성(조건/원인/수단) → 마케팅 프로젝트 성공(결과/목적)'이다. '강화된다'는 것은 주어진 주장을 더 강하게 만든다는 것이다. 따라서 '뒷받침, 일치, 지지, 부합, 옹호'하는 것을 찾으면 된다.

오답

②: 성공하지 못한 프로젝트 중 유행지각, 깊은 사고 그리고 협업 중 하나 이상에서 목표를 달성하는 데 실패한 사례가 있다면, ㉠은 '약화'가 아니라 '강화'된다.

③: 유행지각, 깊은 사고 그리고 협업 중 하나 이상에서 목표를 달성하는 데 실패했지만 성공한 프로젝트가 있다면, ㉡은 강화되지도 않고, 약화되지도 않는다. (=관계가 없으니까. ㉡은 '세 요소 모두에서 목표를 달성했다고 해서 마케팅 프로젝트가 성공한 것은 아니다.'라는 것일 뿐, 세 요소 중 하나 이상에서 목표를 달성하는 데 실패했다는 것은 이미 ㉡과 반대되는 상황이다.)

④: 유행지각, 깊은 사고 그리고 협업 모두에서 목표를 달성했지만 성공하지 못한 프로젝트가 있다면, ㉡은 '약화'가 아니라 '강화'된다.

참고 강화/약화 문제

1. **'강화(强化)'**: ① 주어진 주장을 더 강하게 만드는 선택지를 찾는다. 주장을 뒷받침하는 증거를 추가하거나, 주장의 타당성을 높이는 정보를 포함해야 한다. ② '뒷받침, 일치, 지지, 부합, 옹호'하는 것을 찾으면 된다. ③ 주장을 지지하는 데이터, 사례, 전문가 의견 등을 포함하고 있는지 확인한다.
2. **'약화(弱化)'**: ① 주장을 약화시키는 선택지를 찾는다. 주장의 신뢰성을 감소시키거나, 주장을 반박하는 정보를 포함해야 한다. ② '불일치, 부정, 틀린 것'을 찾으면 된다. ③ 반대 사례, 통계, 반박 논리 등을 포함하고 있는지 검토한다.
3. **참고** '강화'하지도 '약화'하지도 않는 제3의 경우가 나올 수도 있다. 중립적이거나 무관한 경우가 있기 때문이다.

104 다음 글에 대해 평가한 내용으로 가장 적절한 것은?   [2025 대비 9급 예시문제(1차)]

> 영국의 유명한 원형 석조물인 스톤헨지는 기원전 3,000년경 신석기시대에 세워졌다. 1960년대에 천문학자 호일이 스톤헨지가 일종의 연산장치라는 주장을 하였고, 이후 엔지니어인 톰은 태양과 달을 관찰하기 위한 정교한 기구라고 확신했다. 천문학자 호킨스는 스톤헨지의 모양이 태양과 달의 배열을 나타낸 것이라는 의견을 제시해 관심을 모았다.
>
> 그러나 고고학자 앳킨슨은 그들의 생각을 비난했다. 앳킨슨은 스톤헨지를 세운 사람들을 '야만인'으로 묘사하면서, 이들은 호킨스의 주장과 달리 과학적 사고를 할 줄 모른다고 주장했다. 이에 호킨스를 옹호하는 학자들이 진화적 관점에서 앳킨슨을 비판하였다. 이들은 신석기시대보다 훨씬 이전인 4만 년 전의 사람들도 신체적으로 우리와 동일했으며 지능 또한 우리보다 열등했다고 볼 근거가 없다고 주장했다.
>
> 하지만 스톤헨지의 건설자들이 포괄적인 의미에서 현대인과 같은 지능을 가졌다고 해도 과학적 사고와 기술적 지식을 가지지는 못했다. 그들에게는 우리처럼 2,500년에 걸쳐 수학과 천문학의 지식이 보존되고 세대를 거쳐 전승되어 쌓인 방대하고 정교한 문자 기록이 없었다. 선사시대의 생각과 행동이 우리와 똑같은 식으로 전개되지 않았으리라는 점은 매우 중요하다. 지적 능력을 갖췄다고 해서 누구나 우리와 같은 동기와 관심, 개념적 틀을 가졌으리라고 생각하는 것은 잘못이다.

① 스톤헨지가 제사를 지내는 장소였다는 후대 기록이 발견되면 호킨스의 주장은 강화될 것이다.
② 스톤헨지 건설 당시의 사람들이 숫자를 사용하였다는 증거가 발견되면 호일의 주장은 약화될 것이다.
③ 스톤헨지의 유적지에서 수학과 과학에 관련된 신석기시대 기록물이 발견되면 글쓴이의 주장은 강화될 것이다.
④ 기원전 3,000년경 인류에게 천문학 지식이 있었다는 증거가 발견되면 앳킨슨의 주장은 약화될 것이다.

풀이와 정답　　　　　　　　　　　　　　　　　　　　　　　　　　정답 ④

풀이 고고학자 앳킨슨은 원형 석조물인 스톤헨지를 만든 신석기시대 사람들을 과학적 사고를 할 줄 모르는 '야만인'이라고 보았다. 따라서 기원전 3,000년경 신석기시대 인류에게 천문학 지식이 있었다는 증거가 발견되면 앳킨슨의 주장은 약화될 것이라는 평가는 글의 내용을 적절하게 이해한 것이다.

오답
①: 호킨스는 스톤헨지가 태양과 달의 배열을 나타낸 것이라고 했을 뿐 '제사를 지내는 장소'라고 주장하지 않았다.
②: 호일은 스톤헨지가 일종의 연산장치라고 주장했으므로 당시의 사람들이 숫자를 사용하였다는 증거가 발견되면 호일의 주장은 '약화'가 아니라 '강화'될 것이다.
③: 글쓴이는 스톤헨지의 건설자들이 과학적 사고와 수학적 지식을 가지지 못했다고 보았으므로 스톤헨지의 유적지에서 수학과 과학에 관련된 신석기시대 기록물이 발견되면 글쓴이의 주장은 '강화'가 아니라 '약화'될 것이다.

105 ㉠을 평가한 내용으로 적절한 것만을 〈보기〉에서 모두 고르면? [2025 대비 9급 예시문제(1차)]

> 흔히 '일곱 빛깔 무지개'라는 말을 한다. 서로 다른 빛깔의 띠 일곱 개가 무지개를 이루고 있다는 뜻이다. 영어나 프랑스어를 비롯해 다른 자연언어들에도 이와 똑같은 표현이 있는데, 이는 해당 자연언어가 무지개의 색상에 대응하는 색채 어휘를 일곱 개씩 지녔기 때문이라고 할 수 있다.
> 언어학자 사피어와 그의 제자 워프는 여기서 어떤 영감을 얻었다. 그들은 서로 다른 언어를 쓰는 아메리카 원주민들에게 무지개의 띠가 몇 개냐고 물었다. 대답은 제각각 달랐다. 사피어와 워프는 이 설문 결과에 기대어, 사람들은 자신의 언어에 얽매인 채 세계를 경험한다고 판단했다. 이 판단으로부터, "우리는 모국어가 그어놓은 선에 따라 자연세계를 분단한다."라는 유명한 발언이 나왔다. 이에 따르면 특정 현상과 관련한 단어가 많을수록 해당 언어권의 화자들은 그 현상에 대해 심도 있게 경험하는 것이다. 언어가 의식을, 사고와 세계관을 결정한다는 이 견해는 ㉠ <u>사피어-워프 가설</u>이라 불리며 언어학과 인지과학의 논란거리가 되어 왔다.

〈보 기〉

ㄱ. 눈[雪]을 가리키는 단어를 4개 지니고 있는 이누이트족이 1개 지니고 있는 영어 화자들보다 눈을 넓고 섬세하게 경험한다는 것은 ㉠을 강화한다.
ㄴ. 수를 세는 단어가 '하나', '둘', '많다' 3개뿐인 피라하족의 사람들이 세 개 이상의 대상을 모두 '많다'고 인식하는 것은 ㉠을 강화한다.
ㄷ. 색채 어휘가 적은 자연언어 화자들이 색채 어휘가 많은 자연언어 화자들에 비해 색채를 구별하는 능력이 뛰어나다는 것은 ㉠을 약화한다.

① ㄱ
② ㄱ, ㄴ
③ ㄴ, ㄷ
④ ㄱ, ㄴ, ㄷ

풀이와 정답

정답 ④

풀이 '사피어-워프 가설'은 '언어가 의식을, 사고와 세계관을 결정한다'는 견해이다. 이에 따르면 특정 현상과 관련한 단어가 많으면 심도 있게 인식하고, 반대로 단어가 적으면 심도 있게 인식하지 못한다는 것이다. 'ㄱ.'과 'ㄴ.'은 이 가설을 강화하는 사례이고, 'ㄷ.'은 반대 사례이므로 이 가설을 약화한다.

106 다음 글의 ㉠을 강화하는 것만을 〈보기〉에서 모두 고르면? [2025 대비 9급 예시문제(2차)]

> 신석기시대에 들어 인류는 제대로 된 주거 공간을 만들게 되었다. 인류의 초기 주거 유형은 특히 바닥을 어떻게 만드느냐에 따라 구분된다. 이는 지면을 다지거나 조금 파고 내려가 바닥을 만드는 '움집형'과 지면에서 떨어뜨려 바닥을 설치하는 '고상(高床)식'으로 나뉜다.
>
> 중국의 고대 문헌에 등장하는 '혈거'와 '소거'가 각각 움집형과 고상식 건축이다. 움집이 지붕으로 상부를 막고 아랫부분은 지면을 그대로 활용하는 지붕 중심 건축이라면, 고상식 건축은 지면에서 오는 각종 침해에 대비해 바닥을 높이 들어 올린 바닥 중심 건축이라 할 수 있다. 인류의 주거 양식은 혈거에서 소거로 진전되었다는 가설이 오랫동안 지배했다. 바닥을 지면보다 높게 만드는 것이 번거롭고 어렵다고 여겼기 때문이다. 그런데 1970년대에 중국의 허무두에서 고상식 건축의 유적이 발굴되면서 새로운 ㉠주장이 제기되었다. 그것은 혈거와 소거가 기후에 따라 다른 자연환경에 적응해 발생했다는 것이다.

〈보 기〉

ㄱ. 우기에 비가 넘치는 산간 지역에서는 고상식 주거 건축물 유적만 발견되었다.
ㄴ. 움집형 집과 고상식 집이 공존해 있는 주거 양식을 보여 주는 집단의 유적지가 발견되었다.
ㄷ. 여름에는 고상식 건축물에서, 겨울에는 움집형 건축물에서 생활한 집단의 유적이 발견되었다.

① ㄱ, ㄴ   ② ㄱ, ㄷ
③ ㄴ, ㄷ   ④ ㄱ, ㄴ, ㄷ

풀이와 정답

정답 ②

풀이 인류의 주거 양식이 움집형인 '혈거'에서 고상(高床)식인 '소거'로 진전되었다고는 가설이 오랫동안 지배했다. 그런데 새로운 주장인 ㉠이 제기되었고, 그 내용은 혈거와 소거가 기후에 따라 다른 자연환경에 적응해 발생했다는 것이다. 〈보기〉의 'ㄱ'은 우기(雨期)라는 특정 기후 조건이 주거 형태에 미친 영향을 뒷받침하는 유적이므로 ㉠을 강화(=뒷받침=일치=옹호)한다. 그리고 'ㄷ' 역시 여름과 겨울이라는 기후에 따라 주거 양식이 다른 유적이므로 ㉠을 강화한다.

오답 'ㄴ': '공존한다'는 것은 기후에 따라 구별하는 것이 아니므로 '강화'가 아니라 '약화'하는 경우이다.

참고 01 글의 제목: 인류의 주거 공간의 발전과 주거 형태의 진화

참고 02

[신석기 시대 움집형 건축]   [신석기 시대 고상(高床)식 건축]

107 다음 글의 (가)와 (나)의 주장에 대해 평가한 내용으로 가장 적절한 것은?

[2025 대비 9급 예시문제(2차)]

> 일반적으로 한 나라의 문학, 즉 '국문학'은 "그 나라의 말과 글로 된 문학"을 지칭한다. 그래서 우리나라에서 국문학에 대한 근대적 논의가 처음 시작될 무렵에는 (가) 국문학에서 한문으로 쓰인 문학을 배제하자는 주장이 있었다. 국문학 연구가 점차 전문화되면서, 한문문학 배제론자와 달리 한문문학을 배제하는 데 있어 신축성을 두는 절충론자의 입장이 힘을 얻었다. 절충론자들은 국문학의 범위를 획정하는 데 있어 (나) 종래의 국문학의 정의를 기본 전제로 하되, 일부 한문문학을 국문학으로 인정하자고 주장했다. 즉 한문으로 쓰여진 문학을 국문학에서 완전히 배제하지 않고, 전자 중 일부를 후자의 주변부에 위치시키는 것으로 국문학의 영역을 구성한 것이다. 이에 따라 국문학을 지칭할 때에는 '순(純)국문학'과 '준(準)국문학'으로 구별하게 되었다. 작품에 사용된 문자의 범주에 따라서 전자는 '좁은 의미의 국문학', 후자는 '넓은 의미의 국문학'이라고도 칭할 수 있다.
>
> 하지만 이런 절충안을 취하더라도 순국문학과 준국문학을 구분하는 데에는 논자마다 차이가 있다. 어떤 이는 국문으로 된 것은 전자에, 한문으로 된 것은 후자에 귀속시켰다. 다른 이는 훈민정음 창제 이전과 이후로 나누어 국문학의 영역을 구분하였다. 훈민정음 창제 이전의 문학은 차자표기건 한문표기건 모두 국문학으로 인정하고, 창제 이후의 문학은 국문문학만을 순국문학으로 규정하고 한문문학 중 '국문학적 가치'가 있는 것을 준국문학에 귀속시켰다.

① 국문으로 쓴 작품보다 한문으로 쓴 작품이 해외에서 문학적 가치를 더 인정받는다면 (가)의 주장은 강화된다.
② 국문학의 정의를 '그 나라 사람들의 사상과 정서를 그 나라 말과 글로 표현한 문학'으로 수정하면 (가)의 주장은 약화된다.
③ 표기문자와 상관없이 그 나라의 문화를 잘 표현한 문학을 자국문학으로 인정하는 것이 보편적인 관례라면 (나)의 주장은 강화된다.
④ 훈민정음 창제 이후에도 차자표기로 된 문학작품이 다수 발견된다면 (나)의 주장은 약화된다.

풀이와 정답   정답 ③

풀이 (나)의 주장은 일부 한문문학을 국문학으로 인정하자는 것이다. ③번 역시 표기가 국문이 아니더라도 국문학이 될 수 있다는 내용과 같으므로 국문학의 정의와 범위를 확장하는 입장이 된다. 결론적으로 ③번은 (나)의 주장을 강화(=뒷받침=일치=지지)하는 내용으로 적절하다.

오답
①: (가)는 한문문학 배제론인 반면, ①번은 한문문학이 인정받는다는 내용이므로 (가)의 주장을 '강화'하는 것이 아니라 '약화'한다.
②: 국문학의 정의를 '그 나라 말과 글'로 제한한다면 (가)의 주장은 '약화'되는 것이 아니라 '강화'된다.
④: 절충론에 해당하는 내용이므로 (나)의 주장은 '약화'되는 것이 아니라 '강화'된다.

참고 글의 제목: 〈국문학의 정의에 대한 상반된 두 입장〉

관련 추가 문제

1단계 문제

108 갑~병에 대한 평가로 적절한 것만을 〈보기〉에서 모두 고르면? [2022 지방직 7급]

> 갑: 일상적인 언어생활에서 가족이 아닌 이들과 대화할 때 '우리 엄마'라는 표현을 자주 쓰곤 하는데, 좀 이상하지 않아? '우리 동네'라는 표현과 비교하면 무엇이 문제인지 분명하게 알 수 있어. '우리 동네'는 화자의 동네이기도 하면서 청자의 동네이기도 한 특정한 하나의 동네를 지칭하잖아. 그런 식이라면 '우리 엄마'는 형제가 아닌 화자와 청자가 공유하는 엄마를 지칭하는 이상한 표현이 되는 셈이지. 그러니까 이 경우의 '우리 엄마'는 잘못된 어법이고 '내 엄마'라고 하는 것이 올바른 어법이라고 할 수 있어.
>
> 을: 청자가 사는 동네와 화자가 사는 동네가 다른 경우에도 '우리 동네'라는 표현을 쓸 수 있어. 물론 이 표현이 의미하는 것은 청자가 사는 동네와 다른, 화자가 사는 동네가 되겠지. 이 경우 '우리 동네'라는 표현은 '그 표현을 말하는 사람이 사는 동네' 정도를 의미할 거야. 갑이 문제를 제기한 '우리 엄마'의 경우도 마찬가지라고 볼 수 있어.
>
> 병: '우리 엄마'와 '내 엄마'가 같은 뜻을 갖는 것은 아니야. '내 동네'라고 하지 않고 '우리 동네'라고 하는 것은 동네를 공유하는 공동체가 존재하기 때문이겠지. 마찬가지로 '내 엄마'라고 하지 않고 '우리 엄마'라고 하는 것은 우리가 늘 가족 공동체 속에서의 엄마를 생각하기 때문일 거야. 즉, 가족 구성원 중의 한 명인 엄마를 공유하는 공동체가 존재한다는 것이지.

〈보 기〉

ㄱ. 갑은 '우리 엄마'라는 표현이 화자와 청자 모두의 엄마를 가리킨다고 보는 입장이다.
ㄴ. 형제가 서로 대화하면서 '우리 엄마'라는 표현을 쓸 때 이 표현이 형과 동생 모두의 엄마를 가리킨다는 것은 을의 입장을 약화한다.
ㄷ. 무인도에 혼자 살아온 사람이 그 섬을 '우리 마을'이라고 말하면 어색하게 느껴진다는 것은 병의 입장을 약화하지 않는다.

① ㄱ
② ㄱ, ㄷ
③ ㄴ, ㄷ
④ ㄱ, ㄴ, ㄷ

풀이와 정답

정답 ②

풀이

'ㄱ'(O): '갑'은 '우리 엄마'라는 표현을 가족이 아닌 화자와 청자가 공유하는 것이 문제라고 지적하고 있다. 본디 '우리'는 화자와 청자를 포함하는 말이기 때문이다. 따라서 갑은 '우리 엄마'라는 표현이 화자와 청자 모두의 엄마를 지칭한다고 보는 입장이다. 결국, 'ㄱ'은 글에 대한 평가로 적절하다.

'ㄷ'(O): '무인도'는 혼자 사는 섬이므로 공유하는 공동체가 없다. 따라서 '병'의 입장에서 본다면 무인도를 '우리 마을'이라고 표현하는 것은 어색하게 느껴지며, 이것은 '병'의 입장을 약화하지 않으며 강화하게 된다. 결국, 'ㄷ'은 글에 대한 평가로 적절하다.

오답

'ㄴ'(X): '을'의 입장에서 '우리 엄마'는 청자의 엄마와는 다른 '화자의 엄마', '내 엄마'를 의미한다. 즉, 청자와 다른 경우에도 '우리 엄마'라는 표현을 쓸 수 있다고 본다. 그런데 'ㄴ'에서 형제인 형과 동생이 말하는 '우리 엄마'는 각자 '내 엄마'이면서 '형제 모두의 엄마'이다. 또한, 을 역시 형제가 '우리 엄마'를 쓰는 것에 대해서는 문제 삼고 있지 않다. 따라서 을의 입장과 'ㄴ'은 별개의 내용으로 관계가 없을 뿐, 'ㄴ'이 을의 입장을 약화하는 것이 아니다. '약화'는 확실한 반대 의견과 대립일 때 해당한다. 따라서 'ㄴ'은 을의 입장을 약화한다고 볼 수 없으므로 글에 대한 평가로 적절하지 않다.

참고 형제가 서로 대화하면서 '우리 엄마'라는 표현을 쓸 때 이 표현이 형과 동생 모두의 엄마를 가리킨다는 것은 갑의 입장을 강화한다.(O) '갑'의 입장을 강화한다고 해서 반드시 '을'의 입장이 약화되는 것은 아니다.

109 다음 글의 ㉠~㉢에 대한 평가로 적절한 것만을 〈보기〉에서 모두 고르면?

[2021 국가직 7급 PSAT 언어논리]

미국의 일부 주에서 판사는 형량을 결정하거나 가석방을 허가하는 판단의 보조 자료로 양형 보조 프로그램 X를 활용한다. X는 유죄가 선고된 범죄자를 대상으로 그 사람의 재범 확률을 추정하여 그 결과를 최저 위험군을 뜻하는 1에서 최고 위험군을 뜻하는 10까지의 위험 지수로 평가한다.

2016년 A는 X를 활용하는 플로리다 주 법정에서 선고받았던 7천여 명의 초범들을 대상으로 X의 예측 결과와 석방 후 2년간의 실제 재범 여부를 조사했다. 이 조사 결과를 토대로 한 ㉠ A의 주장은 X가 흑인과 백인을 차별한다는 것이다. 첫째 근거는 백인의 경우 위험 지수 1로 평가된 사람이 가장 많고 10까지 그 비율이 차츰 감소한 데 비하여 흑인의 위험 지수는 1부터 10까지 고르게 분포되었다는 관찰 결과이다. 즉 고위험군으로 분류된 사람의 비율이 백인보다 흑인이 더 크다는 것이었다. 둘째 근거는 예측의 오류와 관련된 것이다. 2년 이내 재범을 저지르지 않은 사람 중에서 고위험군으로 잘못 분류되었던 사람의 비율은 흑인의 경우 45%인 반면 백인은 23%에 불과했고, 2년 이내 재범을 저지른 사람 중에서 저위험군으로 잘못 분류되었던 사람의 비율은 흑인의 경우 28%인 반면 백인은 48%로 훨씬 컸다. 종합하자면, 재범을 저지른 사람이든 그렇지 않은 사람이든, 흑인은 편파적으로 고위험군으로 분류된 반면 백인은 편파적으로 저위험군으로 분류된 것이다.

X를 개발한 B는 A의 주장을 반박하는 논문을 발표하였다. B는 X의 목적이 재범 가능성에 대한 예측의 정확성을 높이는 것이며, 그 정확성에는 인종 간에 차이가 나타나지 않는다고 주장했다. B에 따르면, 예측의 정확성을 판단하는 데 있어 중요한 것은 고위험군으로 분류된 사람 중 2년 이내 재범을 저지른 사람의 비율과 저위험군으로 분류된 사람 중 2년 이내 재범을 저지르지 않은 사람의 비율이다. B는 전자의 비율이 백인 59%, 흑인 63%, 후자의 비율이 백인 71%, 흑인 65%라고 분석하고, 이 비율들은 인종 간에 유의미한 차이를 드러내지 않는다고 주장했다. 또 B는 X에 의해서 고위험군 혹은 저위험군으로 분류되기 이전의 흑인과 백인의 재범률, 즉 흑인의 기저재범률과 백인의 기저재범률 간에는 이미 상당한 차이가 있었으며, 이런 애초의 차이가 A가 언급한 예측의 오류 차이를 만들어 냈다고 설명한다. 결국 ㉡ B의 주장은 X가 편파적으로 흑인과 백인의 위험 지수를 평가하지 않는다는 것이다.

하지만 기저재범률의 차이로 인종 간 위험 지수의 차이를 설명하여, X가 인종차별적이라는 주장을 반박하는 것은 잘못이다. 기저재범률에는 미국 사회의 오래된 인종차별적 특징, 즉 흑인이 백인보다 범죄자가 되기 쉬운 사회 환경이 반영되어 있기 때문이다. 처음 범죄를 저질러서 재판을 받아야 하는 흑인을 생각해 보자. 그의 위험 지수를 판정할 때 사용되는 기저재범률은 그와 전혀 상관없는 다른 흑인들이 만들어 낸 것이다. 그런 기저재범률이 전혀 상관없는 사람의 형량이나 가석방 여부에 영향을 주는 것은 잘못이다. 더 나아가 이런 식으로 위험 지수를 평가받아 형량이 정해진 흑인들은 더 오랜 기간 교도소에 있게 될 것이며, 향후 재판받을 흑인들의 위험 지수를 더욱 높이는 결과를 가져오게 될 것이다. 따라서 ㉢ X의 지속적인 사용은 미국 사회의 인종차별을 고착화한다.

―〈보 기〉―
ㄱ. 강력 범죄자 중 위험지수가 10으로 평가된 사람의 비율이 흑인과 백인 사이에 차이가 없다면, ㉠은 강화된다.
ㄴ. 흑인의 기저재범률이 높을수록 흑인에 대한 X의 재범 가능성 예측이 더 정확해진다면, ㉡은 약화된다.
ㄷ. X가 특정 범죄자의 재범률을 평가할 때 사용하는 기저재범률이 동종 범죄를 저지른 사람들로부터 얻은 것이라면, ㉢은 강화되지 않는다.

① ㄱ
② ㄷ
③ ㄱ, ㄴ
④ ㄴ, ㄷ
⑤ ㄱ, ㄴ, ㄷ

풀이와 정답

정답 ②

풀이

'ㄷ'(O): 양형 보조 프로그램인 X가 특정 범죄자의 재범률을 평가할 때 사용하는 기저재범률이 같은 인종이 아니라 동종 범죄를 저지른 사람들로부터 얻은 것이라면, 객관적인 지표가 될 수 있다. 이 결과에 대해 ㉢처럼 'X의 지속적인 사용은 미국 사회의 인종차별을 고착화한다.'고 주장한다면 설득력이 떨어진다. 따라서 기저재범률이 '동종 범죄'를 저지른 사람들로부터 얻은 것이라면, '인종차별'을 주장하는 ㉢은 강화되지 않는다. 결국, 'ㄷ'은 글에 대한 평가로 적절하다.

오답

'ㄱ'(X): 강력 범죄자 중 위험지수가 10으로 평가된 사람의 비율이 흑인과 백인 사이에 차이가 없다면, ㉠은 '강화'되는 것이 아니라 '약화'된다. ㉠은 'X가 흑인과 백인을 차별한다.'고 보는 A의 주장이다. X에 의하면 고위험군(위험지수 10)으로 분류된 사람의 비율이 백인보다 흑인이 더 크다는 것이다. 그러나 실제로는 고위험군으로 평가된 사람의 비율이 흑인과 백인 사이에 차이가 없다면 인종차별이라고 주장한 ㉠과 상반된 결과가 된다. 결국, 'ㄱ'은 글에 대한 평가로 적절하지 않다. <u>참고</u> 강력 범죄자 중 위험지수가 10으로 평가된 사람의 비율이 흑인(다수)과 백인(소수) 사이에 차이가 있다면, ㉠은 강화된다.(O)

'ㄴ'(X): 흑인의 기저재범률이 높을수록 흑인에 대한 X의 재범 가능성 예측이 더 정확해진다면, 객관적인 결과이므로 ㉡은 '약화'되는 것이 아니라 '강화'된다. ㉡은 'X가 편파적으로 흑인과 백인의 위험 지수를 평가하지 않는다.'고 보는 B의 주장이다. 따라서 편파적이지 않은 정확한 결과라면 B의 주장인 ㉡을 강화하게 된다. 결국, 'ㄴ'은 글에 대한 평가로 적절하지 않다.

2단계 문제

110 다음 글의 ㉠에 대한 평가로 적절한 것만을 〈보기〉에서 모두 고르면?

[2023 국가직 7급 PSAT 언어논리]

공리주의에 따르면, 행복은 쾌락의 총량에서 고통의 총량을 뺀 값으로 수치화하여 나타낼 수 있고, 어떤 행위에 대한 도덕적 판단은 그 행위가 산출하는 행복의 증감에 의존하고, 더 큰 행복을 낳는 선택을 하는 것이 옳은 행위이다.

공리주의자 A는 한 개체로 인한 행복의 증감을 다른 개체로 인한 행복의 증감으로 대체할 수 있다는 대체가능성 논제를 받아들여, 육식이 도덕적으로 옳은 행위가 될 수 있다고 주장한다. 예를 들어, 닭고기를 먹는 일은 닭에게 죽음을 발생시키지만, 더 많은 닭의 탄생에도 기여한다. 태어나는 닭의 수를 고려하면 육식을 위한 도축은 거기 연루된 고통까지 고려하더라도 닭 전체의 행복의 총량을 증진한다. 왜냐하면 한 동물이 일생 동안 누릴 쾌락의 총량은 고통의 총량보다 크기 때문이다.

공리주의자 B는 A의 주장이 틀렸다고 비판한다. A가 받아들이는 대체가능성 논제가 존재하지 않는 대상의 고통과 쾌락을 도덕적 판단의 근거로 삼기 때문이다.

이에 A는 두 여인의 임신에 관한 다음의 사고실험을 토대로 B의 주장을 반박한다. 갑은 임신 3개월 때 의사로부터 태아에게 심각하지만 쉽게 치유 가능한 건강 문제가 있다는 진단을 받았다. 갑이 부작용 없는 약 하나만 먹으면 아이의 건강 문제는 사라진다. 을은 의사로부터 만일 지금 임신하면 아이가 심각한 건강 문제를 갖게 되지만, 3개월 후에 임신하면 아무런 문제가 없을 것이라는 진단을 받았다. 이 상황에서 갑은 약을 먹지 않아서, 을은 기다리지 않고 임신해서 둘 다 심각한 건강 문제를 가진 아이를 낳았다고 하자. B의 주장에 따르면 둘 사이에는 중요한 차이가 있다. 갑의 경우에는 태어난 아이에게 해악을 끼쳤다고 할 수 있는 반면, 을의 경우는 그렇지 않다. 을이 태어난 아이에게 해악을 끼쳤다고 평가하려면 그 아이가 건강하게 태어날 수도 있었다는 전제가 필요한데, 만일 을이 3개월을 기다려 임신했다면 그 아이가 아닌 다른 아이가 잉태되었을 것이기 때문이다. 그러나 A에 따르면, 갑과 마찬가지로 을도 도덕적 잘못을 저질렀다는 것이 일반적인 직관이므로 이에 반하는 B의 주장은 수용하기 어렵다.

A는 B의 주장을 수용하기 어려운 이유를 미래세대에 대한 도덕적 책임 문제에서도 찾을 수 있다고 말한다. 만일 현세대가 지금과 같은 삶의 방식을 고수한다면, 온난화가 가속되어 지구 환경은 나빠질 것이다. 그 결과 미래세대의 고통이 증가되었다면 현세대는 이에 대한 도덕적 책임이 있다는 것이 일반적인 직관이다. 그러나 B의 주장에 따르면 그렇게 평가할 수 없다. 왜냐하면 현세대가 미래세대를 고려하여 기존과 다른 삶의 방식을 취하게 되면, 현세대가 기존 방식을 고수했을 때와는 다른 구성원으로 이루어진 미래세대가 생겨나기 때문이다. 그래서 을이 태어난 아이에게 잘못을 저질렀다고 말할 수 없는 것과 마찬가지로, 현세대도 미래세대가 겪는 고통에 대해 도덕적 책임이 없다고 말해야 한다. 그러나 A가 보기에 ㉠<u>이는 수용하기 어렵다.</u>

〈보 기〉

ㄱ. 미래세대 구성원이 달라질 경우 미래세대가 누릴 행복의 총량이 변한다면, ㉠은 약화되지 않는다.
ㄴ. 아직 현실에 존재하지 않는다는 이유로 미래세대를 도덕적 고려에서 배제하는 것이 불합리하다면, ㉠은 약화된다.
ㄷ. 일반적인 직관에 반하는 결론이 도출된다고 해도 그러한 직관이 옳은지의 여부가 별도로 평가되어야 한다면, ㉠은 약화된다.

① ㄱ
② ㄴ
③ ㄱ, ㄷ
④ ㄴ, ㄷ
⑤ ㄱ, ㄴ, ㄷ

풀이와 정답

정답 ③

풀이 ㉠은 '현세대도 미래세대가 겪는 고통에 대해 도덕적 책임이 있다.'라고 보는 공리주의자 A의 견해이다.

'ㄱ'(O): '미래세대 구성원이 달라질 경우 미래세대가 누릴 행복의 총량이 변한다.'는 것은 공리주의자 A와 B 모두 동의하는 내용이다. 다만, 미래세대의 행복 총량이 줄어들었을 때 A는 도덕적 책임이 있다고 보고, B는 도덕적 책임이 없다고 보는 점에서 차이가 있다. 따라서 미래세대 구성원이 달라질 경우 미래세대가 누릴 행복의 총량이 변하며, 현세대에 도덕적 책임이 있다고 보는 A의 입장에서 볼 때 ㉠은 약화되지 않는다. 결국, 'ㄱ'은 ㉠에 대한 평가로 적절하다.

'ㄷ'(O): 일반적인 직관을 따르는 것은 A의 주장이다. 이러한 직관이 옳은지의 여부가 별도로 평가되어야 한다면 B의 주장이 강화되는 것이고, 따라서 ㉠은 약화된다. 결국, 'ㄷ'은 ㉠에 대한 평가로 적절하다.

오답

'ㄴ'(X): 아직 현실에 존재하지 않는다는 이유로 미래세대를 도덕적 고려에서 배제하는 것은 대체가능성 논제를 받아들이지 않는 B의 주장이다. 따라서 이것이 불합리하다는 것은 A의 주장이므로 ㉠은 '약화'되지 않고 '강화'된다. 결국, 'ㄴ'은 ㉠에 대한 평가로 적절하지 않다.

111 다음 글의 ㉠과 ㉡에 대한 평가로 적절한 것만을 <보기>에서 모두 고르면?

[2022 국가직 7급 PSAT 언어논리]

진화론에 따르면 개체는 배우자 선택에 있어서 생존과 번식에 유리한 개체를 선호할 것으로 예측된다. 그런데 생존과 번식에 유리한 능력은 한 가지가 아니므로 합리적 선택은 단순하지 않다. 예를 들어 배우자 후보 α와 β가 있는데, 사냥 능력은 α가 우수한 반면, 위험 회피 능력은 β가 우수하다고 하자. 이 경우 개체는 더 중요하다고 판단하는 능력에 기초하여 배우자를 선택하는 것이 합리적이다. 이를테면 사냥 능력에 가중치를 둔다면 α를 선택하는 것이 합리적이라는 것이다. 그런데 α와 β보다 사냥 능력은 떨어지나 위험 회피 능력은 β와 α의 중간쯤 되는 새로운 배우자 후보 γ가 나타난 경우를 생각해 보자. 이때 개체는 애초의 판단 기준을 유지할 수도 있고 변경할 수도 있다. 즉 애초의 판단 기준에 따르면 선택이 바뀔 이유가 없음에도 불구하고, 새로운 후보의 출현에 의해 판단 기준이 바뀌어 위험 회피 능력이 우수한 β를 선택할 수 있다.

한 과학자는 동물의 배우자 선택에 있어 새로운 배우자 후보가 출현하는 경우, ㉠<u>애초의 판단 기준을 유지한다는 가설</u>과 ㉡<u>판단 기준에 변화가 발생한다는 가설</u>을 검증하기 위해 다음과 같은 실험을 수행하였다.

―― <실 험> ――

X 개구리의 경우, 암컷은 두 가지 기준으로 수컷을 고르는데, 수컷의 울음소리 톤이 일정할수록 선호하고 울음소리 빈도가 높을수록 선호한다. 세 마리의 수컷 A~C는 각각 다른 소리를 내는데, 울음소리 톤은 C가 가장 일정하고 B가 가장 일정하지 않다. 울음소리 빈도는 A가 가장 높고 C가 가장 낮다. 과학자는 A~C의 울음소리를 발정기의 암컷으로부터 동일한 거리에 있는 서로 다른 위치에서 들려주었다. 상황 1에서는 수컷 두 마리의 울음소리만을 들려주었으며, 상황 2에서는 수컷 세 마리의 울음소리를 모두 들려주고 각 상황에서 암컷이 어느 쪽으로 이동하는지 비교하였다. 암컷은 들려준 울음소리 중 가장 선호하는 쪽으로 이동한다.

―― <보 기> ――

ㄱ. 상황 1에서 암컷에게 들려준 소리가 A, B인 경우 암컷이 A로, 상황 2에서는 C로 이동했다면, ㉠은 강화되지 않지만 ㉡은 강화된다.

ㄴ. 상황 1에서 암컷에게 들려준 소리가 B, C인 경우 암컷이 B로, 상황 2에서는 A로 이동했다면, ㉠은 강화되지만 ㉡은 강화되지 않는다.

ㄷ. 상황 1에서 암컷에게 들려준 소리가 A, C인 경우 암컷이 C로, 상황 2에서는 A로 이동했다면, ㉠은 강화되지 않지만 ㉡은 강화된다.

① ㄱ
② ㄷ
③ ㄱ, ㄴ
④ ㄴ, ㄷ
⑤ ㄱ, ㄴ, ㄷ

풀이와 정답

정답 ④

풀이

'울음소리 톤' 기준	C > A > B
'울음소리 빈도' 기준	A > B > C

- 'ㄴ'(O): 상황 1(수컷 두 마리의 울음소리)에서 암컷에게 들려준 소리가 B, C인 경우 암컷이 B로, 상황 2(수컷 세 마리의 울음소리)에서는 A로 이동했다면, '울음소리 빈도' 기준인 'A>B>C'에 따라 선택한 경우이다. 이 경우는 '애초의 판단 기준을 유지한다는 가설'인 ㉠은 강화되지만, '판단 기준에 변화가 발생한다는 가설'인 ㉡은 강화되지 않는다. 결국, 'ㄴ'은 ㉠과 ㉡에 대한 평가로 적절하다.

- 'ㄷ'(O): 상황 1에서 암컷에게 들려준 소리가 A, C인 경우 암컷이 C로, 상황 2에서는 A로 이동했다면, '울음소리 톤' 기준인 'C>A>B'에 따라 선택하되, 애초의 판단 기준에 변화가 발생한 경우이다. 이 경우는 '애초의 판단 기준을 유지한다는 가설'인 ㉠은 강화되지 않지만, '판단 기준에 변화가 발생한다는 가설'인 ㉡은 강화된다. 결국, 'ㄷ'은 ㉠과 ㉡에 대한 평가로 적절하다. **참고** 'ㄷ'의 경우 만약 상황 2에서도 C를 선택했다면 애초의 판단 기준을 유지한 경우이므로 ㉠은 강화되지만, ㉡은 강화되지 않는다.

오답

- 'ㄱ'(X): '울음소리 빈도' 기준인 'A>B>C'일 때, 상황 1에서 암컷에게 들려준 소리가 A, B인 경우 암컷이 A로, 상황 2에서는 C로 이동했다면, 판단 기준에 변화가 발생한 경우이므로 ㉠은 강화되지 않지만 ㉡은 강화된다는 'ㄱ'의 설명이 적절하다. 하지만 '울음소리 톤' 기준인 'C>A>B'일 때, 상황 1에서 암컷에게 들려준 소리가 A, B인 경우 암컷이 A로, 상황 2에서는 C로 이동했다면, 애초의 판단 기준을 유지한 경우이므로 ㉠은 강화되지만, ㉡은 강화되지 않는다. 이 경우라면 'ㄱ'의 설명이 적절하지 않다. 따라서 'ㄱ'은 정확한 기준을 알 수 없기 때문에 ㉠, ㉡ 어느 것이 강화되거나 강화되지 않는지 판단할 수 없다. 결국, 'ㄱ'은 ㉠과 ㉡에 대한 평가로 적절하지 않다.

3단계 문제

112 다음 글에 대한 평가로 적절한 것만을 〈보기〉에서 모두 고르면? [2024 국가직 7급 PSAT 언어논리]

우리가 임의의 명제 p를 지지하는 증거를 지니면 p에 대한 우리의 믿음은 인식적으로 정당화되고, p를 지지하는 증거를 지니지 않으면 p에 대한 우리의 믿음은 인식적으로 정당화되지 않는다. p에 대한 믿음이 인식적으로 정당화된 상황에서 p를 믿는 것은 우리의 인식적 의무일까? p를 믿는 것이 우리의 인식적 의무라면 이와 관련해 발생하는 문제는 없을까? 이 질문들과 관련해 의무론 논제, 비의지성 논제, 자유주의 논제를 고려해 보자.

- 의무론 논제: 만약 우리가 p를 믿는다는 것이 인식적으로 정당화된다면 그것을 믿어야 하고, 만약 우리가 p를 믿는다는 것이 인식적으로 정당화되지 않는다면 그것을 믿어야 하는 것은 아니다. 즉 우리가 p를 믿어야 한다는 것은 우리가 p를 믿는다는 것이 인식적으로 정당화되기 위한 필요충분조건이다. 이것이 의무론 논제라 불리는 이유는 '우리가 p를 믿어야 한다.'는 것을 인식적 의무로 간주하기 때문이다.
- 비의지성 논제: 우리가 p를 믿는다는 것은 자유롭게 선택할 수 있는 것이 아니다. 즉 믿음은 선택의 대상이 아니다. 예를 들어, 갑이 창밖에 있는 나무를 바라보며 창밖에 나무가 있다는 것을 믿는다고 해 보자. 이때 갑이 이를 믿지 않으려고 해도 그는 그럴 수 없다.
- 자유주의 논제: 만약 우리가 p를 믿는다는 것이 자유롭게 선택할 수 있는 것이 아니라면, 우리에게 p를 믿어야 할 인식적 의무는 없다. 예를 들어, 창밖에 나무가 있다는 갑의 믿음이 비의지적이라면, 갑에게는 창밖에 나무가 있다는 것을 믿어야 할 인식적 의무가 없다.

그런데 의무론 논제, 비의지성 논제, 자유주의 논제를 모두 받아들이면 우리가 p를 믿는다는 것은 인식적으로 정당화되지 않는다는 받아들이기 힘든 결론을 얻는다. 왜 그러한가? 이 논증은 다음과 같이 구성된다. 우선 우리가 p를 믿는다는 것이 자유롭게 선택할 수 있는 것이 아니라고, 즉 우리의 p에 대한 믿음이 비의지적이라고 하자. 그렇다면 자유주의 논제에 따라, 우리에게 p를 믿어야 할 인식적 의무는 없다. 그리고 의무론 논제에 따라, 우리가 p를 믿는다는 것은 인식적으로 정당화되지 않는다. 이러한 결론을 거부하려면 위 세 논제 중 적어도 하나를 거부해야 한다.

철학자 A는 자유주의 논제와 비의지성 논제는 받아들이면서 의무론 논제를 거부하여 위 논증의 결론을 거부한다. A에 따르면 위 논증에서 우리에게 p를 믿어야 할 인식적 의무가 없다는 것은 성립하지만, 우리에게 인식적 의무가 없더라도 그 믿음이 인식적으로 정당화될 수 있는 그런 경우가 있다. 위 예처럼 창밖에 나무가 있다는 것을 믿어야 할 인식적 의무가 없더라도, 창밖의 나무를 실제로 보고 있다는 것으로부터 그 믿음은 충분히 인식적으로 정당화될 수 있다. 따라서 위 논증의 결론은 거부된다.

철학자 B는 의무론 논제와 비의지성 논제는 받아들이면서 자유주의 논제를 거부하여 위 논증의 결론을 거부한다. B에 따르면 위 논증에서 우리의 p에 대한 믿음이 비의지적이더라도 그 믿음에 대한 인식적 의무는 있을 수 있다. 비유적으로 생각해 보자. 돈이 없어서 빚을 갚을지 말지에 대해 선택의 여지가 없다고 하더라도 빚을 갚아야 한다는 의무는 있다. B에 따르면 이러한 방식으로 비의지적인 믿음에 대한 인식적 의무에 대해 말할 수 있다.

─ 〈보 기〉 ─

ㄱ. "우리가 p를 믿는다는 것은 자유롭게 선택할 수 있는 것이다."는 것이 사실이면, 철학자 A의 입장은 약화된다.
ㄴ. "우리에게 p를 믿어야 할 인식적 의무가 있다면 우리의 p에 대한 믿음이 인식적으로 정당화된다."는 것이 사실이면, 철학자 B의 입장은 강화된다.
ㄷ. "우리가 p를 믿는다는 것이 자유롭게 선택할 수 있는 것이 아니더라도 우리에게 p를 믿어야 할 인식적 의무가 있다."는 것이 사실이면, 철학자 A와 B의 입장은 약화된다.

① ㄱ
② ㄴ
③ ㄱ, ㄴ
④ ㄴ, ㄷ
⑤ ㄱ, ㄴ, ㄷ

풀이와 정답

정답 ③

풀이

ㄱ.(O): "우리가 p를 믿는다는 것은 자유롭게 선택할 수 있는 것이다."는 것이 사실이면, '비의지성 논제'가 부정된다. 비의지성 논제는 "우리가 p를 믿는다는 것은 자유롭게 선택할 수 있는 것이 아니다."라고 했기 때문이다. 그런데 철학자 A는 제시문에서 비의지성 논제를 받아들인다고 했으므로 'ㄱ'은 위 글에 대한 평가로 적절하다. 즉, '비의지성 논제=철학자 A 강화(일치)', '~비의지성(Not 비의지성) 논제=철학자 A 약화(불일치)'가 된다.

ㄴ.(O): "우리에게 p를 믿어야 할 인식적 의무가 있다면 우리의 p에 대한 믿음이 인식적으로 정당화된다."는 것이 사실이면, '의무론 논제'가 긍정된다. 의무적 논제는 "우리가 p를 믿어야 한다는 것은 우리가 p를 믿는다는 것이 인식적으로 정당화되기 위한 필요충분조건이다."라고 했기 때문이다. 그런데 철학자 B는 제시문에서 의무적 논제를 받아들인다고 했으므로 'ㄴ'은 위 글에 대한 평가로 적절하다. 즉, '의무적 논제=철학자 B 강화(일치)'가 된다.

오답

ㄷ.(X): "우리가 p를 믿는다는 것이 자유롭게 선택할 수 있는 것이 아니더라도(=비의지성 논제) 우리에게 p를 믿어야 할 인식적 의무가 있다(=의무론 논제)."는 것이 사실이면, 철학자 A의 입장은 약화되지만, 철학자 B의 입장은 강화된다. 철학자 A는 의무론 논제를 거부하고, 철학자 B는 의무론 논제를 받아들이기 때문이다. 그러므로 철학자 A와 B를 같은 입장으로 본 'ㄷ'은 위 글에 대한 평가로 적절하지 않다.

113 다음 글의 ㉠과 ㉡에 대한 평가로 적절한 것만을 〈보기〉에서 모두 고르면?

[2021 국가직 7급 PSAT 언어논리]

연역과 귀납, 이 두 종류의 방법은 지적 작업에서 사용될 수 있는 모든 추론을 포괄한다. 철학과 과학을 비롯한 모든 지적 작업에 연역적 방법이 필수적이라는 것을 부정하는 사람은 아무도 없다. 귀납적 방법의 경우 사정은 크게 다르다. 귀납적 방법이 철학적 작업에 들어설 여지가 없다고 믿는 사람이 있는가 하면, 한 걸음 더 나아가 어떠한 지적 작업에도 귀납적 방법이 불필요하다고 주장하는 사람들도 있다.

㉠ 귀납적 방법이 철학이라는 지적 작업에서 불필요하다는 견해는 독단적인 철학관에 근거한다. 이런 견해에 따르면 철학적 주장의 정당성은 선험적인 것으로, 경험적 지식을 확장하기 위해 사용되는 귀납적 방법에 의존할 수 없다. 그러나 이런 견해는 철학적 주장이 경험적 가설에 의존해서는 안 된다는 부당하게 편협한 철학관과 '귀납적 방법'의 모호성을 딛고 서 있다. 실제로 철학사에 나타나는 목적론적 신 존재 증명이나 외부 세계의 존재에 관한 형이상학적 논증 가운데는 귀납적 방법인 유비 논증과 귀추법을 교묘히 적용하고 있는 것도 있다.

㉡ 모든 지적 작업에서 귀납적 방법의 필요성을 부정하는 견해는 중요한 철학적 성과를 낳기도 하였다. 포퍼의 철학이 그런 사례 가운데 하나이다. 포퍼는 귀납적 방법의 정당화 가능성에 관한 회의적 결론을 받아들이고, 과학의 탐구가 귀납적 방법으로 진행된다는 견해는 근거가 없음을 보인다. 그에 따르면, 과학의 탐구 과정은 연역 논리 법칙에 따라 전개되는 추측과 반박의 작업으로 이루어진다. 이런 포퍼의 이론은 귀납적 방법의 필요성에 대한 전면적인 부정이 낳을 수 있는 흥미로운 결과 가운데 하나라고 할 수 있다.

〈보 기〉

ㄱ. 과학의 탐구가 귀납적 방법에 의해 진행된다는 주장은 ㉠을 반박한다.
ㄴ. 철학의 일부 논증에서 귀추법의 사용이 불가피하다는 주장은 ㉡을 반박한다.
ㄷ. 연역 논리와 경험적 가설 모두에 의존하는 지적 작업이 있다는 주장은 ㉠과 ㉡을 모두 반박한다.

① ㄱ
② ㄴ
③ ㄱ, ㄷ
④ ㄴ, ㄷ
⑤ ㄱ, ㄴ, ㄷ

풀이와 정답

정답 ②

풀이

'ㄴ'(O): 철학의 일부 논증에서 귀납적 방법의 하나인 귀추법의 사용이 불가피하다는 것은 귀추법이 필요하다는 말이다. 이 주장은 모든 지적 작업에서 귀납적 방법의 필요성을 부정하는 견해인 ⓒ과 반대된다. 따라서 귀추법의 사용이 필요하다는 주장은 ⓒ을 반박하게 된다. 결국, 'ㄴ'은 ⊙과 ⓒ에 대한 평가로 적절하다. 참고 귀추법(歸推法): 현상의 관찰을 통해 간단하고 설득적인 설명을 추론하는 것.

오답

'ㄱ'(X): '과학'의 탐구가 귀납적 방법에 의해 진행된다는 주장은 ⊙이 아니라 ⓒ을 반박한다. ⊙은 철학과 과학 중 '철학'이라는 지적 작업에서 귀납적 방법이 불필요하다는 견해를 말하고 있다. 그런데 'ㄱ'은 '철학'이 아니라 '과학'에 대한 진술이므로 범주가 적절하지 않다. 결국, 'ㄱ'은 ⊙과 ⓒ에 대한 평가로 적절하지 않다. 참고 'ㄱ'이 모든 지적 작업에서 과학적 방법의 필요성을 부정하는 견해인 ⓒ을 반박하는 것이라면 적절한 평가가 된다.

'ㄷ'(X): 연역 논리와 경험적 가설(=귀납적 방법) 모두에 의존하는 지적 작업이 있다는 주장은 ⓒ을 반박하지만, ⊙은 반박하지 못한다. ⓒ은 모든 지적 작업에서 귀납적 방법의 필요성을 부정하는 견해이므로 반박될 수 있다. 그러나 ⊙은 '철학'이라는 지적 작업에서 귀납적 방법이 불필요하다는 견해이므로 '과학'이라는 지적 작업까지 적용되는 것은 아니다. 따라서 연역 논리와 경험적 가설 모두에 의존하는 지적 작업이 있다는 주장은 ⊙ 전체를 반박한다고 볼 수 없다. 결국, 'ㄷ'은 ⊙에 대한 평가로 적절하지 않다.

제 11 유형 / 15개 문제 유형

1차, 2차 예시문제를 기반으로 한 15개 문제 유형 집중 분석!

新유형 9급 국가직·지방직·지역인재 시험대비

'명제' 유형
(반드시 참, P→Q, 모든/어떤)

01 / 이론 정리

02 / 문제 풀이
1. 관련 예시문제 풀이
2. 관련 추가 문제
   └ 1단계
   └ 2단계
   └ 3단계

天衣無縫
정상국어

| 제 1 장 | 이론정리 |

문제 사례

1. 다음 진술이 모두 참일 때 반드시 참인 것은? (1차 예시. 5번)
2. 다음 빈칸에 들어갈 말로 가장 적절한 것은? (2차 예시. 19번)

유형 11

'명제(命題)' 유형은 논리적 사고를 바탕으로 하는 중요한 유형의 문항이다. 일반적으로 '반드시 참', 'P→Q', '모든/어떤'의 세 가지 개념을 이해해야 한다.

우선, 역과 이와 대우를 활용한 '반드시 참인 것' 유형은 주어진 명제를 명확히 이해하고, 그 명제의 역(逆)과 이(裏) 및 대우(對偶)를 분석하는 것이 중요하다. 이후 각 진술의 참/거짓 여부를 검토하여, 모든 진술이 참일 때 성립하는 결론을 도출해야 한다. 이 과정에서 논리적 사고를 바탕으로 명제를 체계적으로 정리하고, 서로의 관계를 명확히 하여 올바른 답을 찾아야 한다.

다음으로, 'P→Q' 형태의 명제는 조건문으로, P가 참일 때 Q도 참이라는 의미이다. 이 경우, P가 참인지를 먼저 확인하고, P가 참이라면 Q도 반드시 참이 되어야 한다. 만약 P가 거짓일 경우, Q의 진위는 상관없다. 따라서 P가 참일 경우에 Q의 진위를 확인하는 것이 중요하다.

마지막으로, '모든'과 '어떤'의 차이를 이해하는 것이 필요하다. '모든'은 일반화된 주장으로, 특정 범주에 속하는 모든 요소가 해당 명제를 만족해야 한다. 반면, '어떤'은 최소한 하나의 요소가 해당 명제를 만족하면 참이 된다. 따라서 '모든' 문장은 반례가 없도록 주의 깊게 검토해야 하고, '어떤' 문장은 한 가지 사례로도 참임을 증명할 수 있다.

이러한 내용을 바탕으로 문제를 분석하고, 각 명제의 성격을 파악하여 접근하면 보다 효과적으로 문제를 풀 수 있다.

1 명제의 '역, 이, 대우' 문제를 잘 푸는 방법

1. 명제 이해하기

① 명제(命題)

어떤 문제에 대한 하나의 논리적 판단 내용과 주장을 언어 또는 기호로 표시한 것이다. 참과 거짓을 판단할 수 있는 내용이라는 점이 특징이다. 명제는 일반적으로 'p이면 q이다.'의 형태로 표현된다. 여기서 p는 조건, q는 결론이다. 예를 들어, '고래는 포유류이다(p는 q이다).', '비가 오면 땅이 젖는다(p라면 q이다).' 등이다.

② 역(逆)

원래 명제의 조건(가정)과 결론의 위치를 바꾼다. 원래 명제가 'p→q'라면, 역은 'q→p'이다.

③ 이(裏)

원래의 명제의 조건(가정)과 결론을 각각 부정한다. 원래 명제가 'p→q'라면, 이는 '~p→~q'이다.

④ 대우(對偶)

원래 명제의 조건(가정)과 결론을 각각 부정하고 그 위치를 바꾼다. 원래 명제가 'p→q'라면, 이는 '~q→~p'로 변환된다. 대우 명제는 원래 명제와 항상 동치(同値. 두 개의 명제가 동일한 결과를 가져오는 일)이므로, 이를 활용해 문제를 해결하는 데 유용하다. 참고로, 역과 이는 일반적으로 동치가 아니다.

> **참고** 'p', 'q' 용어의 의미
>
> 'p': 명제를 뜻하는 'proposition'의 첫 글자를 따온 것.
> 'q': 약자가 아님. 'p'와 구별하기 위해 뒤집어진 형태를 사용함.
>
> 'p', 'q' 기호들은 20세기 초, 특히 기호 논리학의 발전과 함께 형태가 정립되었다. 논리적 표현을 간결하게 하기 위해 도입되었으며, 복잡한 논리적 구조를 명확하게 나타내는 데 도움을 준다.

2. 조건 분석

주어진 명제를 통해 어떤 조건이 필요한지 분석한다. 이 과정에서 명제 간의 관계를 파악하여, 반드시 참인 진술을 찾는다.

3. 논리적 추론

각 명제의 관계를 통해 논리적으로 연결한다. 특히 대우는 원래 명제와 동일한 진리값을 가지므로, 대우를 통해 새로운 진술을 도출할 수 있다.

4. 결론 도출

모든 분석을 바탕으로, 주어진 조건들이 모두 참일 때 반드시 참이 되는 명제를 선택한다. 이 과정에서 각 명제가 어떻게 연결되는지를 명확히 이해하는 것이 중요하다.

2 명제의 역, 이, 대우

1		명제(命題)	p → q
2		역(逆)	q → p
3		이(裏)	Not p → Not q (= ~p → ~q)
4		대우(對偶)	Not q → Not p (= ~q → ~p)

대우(對偶)(대할 대, 짝 우): 하나의 가언 명제에 대하여 그 후건의 부정을 전건으로 하고, 전건을 부정한 것을 후건으로 한 명제. 원명제와 대우 명제의 참과 거짓은 늘 일치한다.

> 1. 만약 p라면 q이다. (참)
> 2. 어떤 것이 p이다. → 따라서 q이다. (참) – 전건 긍정으로 후건 긍정
> 3. q가 아니다. → p가 아니게 된다. (참. 대우 명제) – 후건 부정으로 전건 부정
>
> 예 1. 만약 비가 온다면 땅이 젖을 것이다. (참)
>   2. 비가 왔다. 그러므로 땅이 젖었을 것이다. (참)
>   3. 땅이 젖지 않았다. 그러므로 비가 오지 않았을 것이다. (참. 대우 명제)

3 대표적인 논리 기호 10가지

	p	단순 명제
1	p	단순 명제
2	p → q	p(전건)이면 q(후건) = If…Then = 조건 명제
3	p ∧ q	p 그리고(그러나, 다른 한편) q = 연언(連言) 명제
4	p ∨ q	p 또는(이거나) q = 선언(選言) 명제
5	p = q (= p ↔ q)	p이면 q이고, q이면 p이다 = 쌍조건 명제
6	~p	p가 아니다 (Not p) = 부정 명제
7	~q	q가 아니다 (Not q) = 부정 명제
8	~(~p) = p	부정의 부정 = 긍정
9	~(p∧q) = ~p∨~q	~(p 그리고 q) = ~p 또는 ~q
10	~(p∨q) = ~p∧~q	~(p 또는 q) = ~p 그리고 ~q

[빈칸 연습하기]

	p	단순 명제
1		
2		
3		
4		
5		
6		
7		
8		
9		
10		

4 명제의 종류

1. 단순 명제

   ① 형태: p이다.
   ② 개념: 단순 명제는 참 또는 거짓인 하나의 주장을 의미한다.
   ③ 예시: 오늘은 금요일이다.

2. 조건 명제

   ① 형태: 만약 p라면 q이다. (p→q)
   ② 개념: p가 참일 때 q도 참이면 전체가 참이고, p가 참인데 q가 거짓일 경우 전체가 거짓이다.
   ③ 예시: 만약 오늘이 금요일이면, 내일은 토요일이다.

3. 연언(連言) 명제

   ① 형태: p이면서 q이다. (p∧q)
   ② 개념: p와 q가 모두 참일 때만 전체가 참이다. p가 거짓이거나 q가 거짓일 경우 전체는 거짓이다.
   ③ 예시: 오늘은 금요일이고, 내일은 토요일이다.

4. 선언(選言) 명제

   ① 형태: p이거나 q이다. (p∨q)
   ② 개념: p 또는 q 중 하나라도 참이면 전체가 참이다. p와 q가 모두 거짓일 경우 전체는 거짓이다.
   ③ 예시: 오늘은 금요일이거나 토요일이다.

5. 쌍조건 명제 (쌍방향 조건 명제)

   ① 형태: p가 q와 동치(同値. 같은 값)이다. (p↔q)=(p=q)
   ② 개념: p와 q가 모두 참이거나 모두 거짓일 때만 전체가 참이다. 즉, p와 q의 진리값이 같을 때 전체가 참이다.
   ③ 예시: 오늘이 금요일이면 내일은 토요일이고, 내일이 토요일이면 오늘은 금요일이다.

6. 부정 명제

   ① 형태: p가 아니다. (~p)
   ② 개념: p가 참일 경우 부정 명제는 거짓이 되고, p가 거짓일 경우 부정 명제는 참이다.
   ③ 예시: 오늘은 토요일이 아니다.

7. 이 외에도 다양한 명제의 조합과 변형이 존재하며, 이를 통해 복잡한 논리 구조를 형성할 수 있다. 각 명제의 진리값을 이해하는 것은 논리적 사고와 문제 해결에 매우 중요하다.

5 명제 중 '반드시 참', 'P→Q', '모든/어떤' 문제를 잘 푸는 요령

1. **세 가지 개념**

   ① **'반드시 참'**
   주어진 조건이 항상 참인 경우를 의미한다. 예를 들어, '모든 사람은 죽는다.'는 반드시 참이다.

   ② **'P→Q' (조건문)**
   'P이면 Q이다'라는 의미로, P가 참일 때 Q도 참이어야 한다. P가 거짓일 경우 Q의 진위는 상관없다.

   ③ **'모든/어떤'**
   '모든'은 특정 집합의 모든 요소에 대해 성립해야 하고, '어떤'은 최소한 하나의 요소에 대해 성립하면 된다. 예를 들어, '모든 새는 날 수 있다.'는 거짓이고, '어떤 새는 날 수 있다.'는 참일 수 있다.

2. **조건문 분석**

   조건문에서 P와 Q의 관계를 명확히 이해하고, P가 참일 때 Q가 반드시 참인지 확인한다. 예를 들어, '비가 오면 땅이 젖는다.'에서 비가 오는 경우를 생각해 본다.

3. **반례 찾기**

   '반드시 참'이라는 주장을 검증할 때는 반례를 찾아본다. 반례가 존재하면 그 주장은 거짓이다.

4. **'모든/어떤'의 구분**

   '모든'이 포함된 명제는 일반화된 진술로, 이를 증명하기 위해서는 모든 경우를 고려해야 한다. '어떤'은 하나의 사례만 들어도 성립함을 잊지 말아야 한다.

5. **논리적 사고**

   명제의 진위를 판단할 때 논리적으로 사고하는 것이 중요하다. 주어진 조건을 바탕으로 결론을 도출하는 연습을 해야 한다.

6 '반드시 참' 문제를 잘 푸는 방법

1. **진술 분석**

   주어진 진술들을 차례로 읽고, 각 진술이 무엇을 의미하는지 정확히 파악한다. 각 진술의 조건과 결과를 명확히 이해하는 것이 중요하다.

2. **참과 거짓 평가**

   각 진술이 참인지 거짓인지 평가해 본다. 진술 간의 관계를 파악하여 서로 영향을 미치는 부분을 찾아보아야 한다.

3. 논리적 관계 파악

모든 진술이 참일 때, 각 진술 간의 관계를 분석한다. 'A가 참이면 B도 참'과 같은 조건 관계를 정리하면 이해하기 쉬워진다. 또한, 어떤 진술이 다른 진술을 전제로 하거나, 반대되는 경우가 있는지 살펴보아야 한다.

4. 예외 확인

주어진 진술이 모두 참이더라도, 특정 조건에서만 참이 되는 경우가 있는지 확인한다. 이를 통해 반드시 참인 내용을 더욱 확실히 할 수 있다.

5. 답안 선택

분석한 내용을 바탕으로 선택지를 검토한다. 각 선택지가 진술들에 의해 반드시 참이 되는지를 확인하고, 가장 적합한 답을 선택해야 한다.

6. 재확인

선택한 답이 진술 조건을 모두 만족하는지 다시 한번 확인한다. 논리적으로 모순이 없는지 검토하는 것이 중요하다.

7 '모든'과 '어떤'의 차이를 쉽게 기억하는 방법

1. 단어 연상법
- 모든: '모든'은 모든 것이 포함된다는 의미로, '전부'나 '전체'를 떠올린다. 예를 들어, '모든 사람'은 모든 사람이 포함되는 것이다.
- 어떤: '어떤'은 어떤 것 중 하나를 의미한다. 따라서 '일부'나 '하나'를 떠올리면 쉽게 기억할 수 있다.

2. 비유적 표현
- 모든: 큰 통에 물이 가득 차 있는 이미지를 떠올려 본다. 모든 것이 포함되어 있는 상태이다.
- 어떤: 작은 상자에서 한 개의 사과를 꺼내는 이미지를 떠올려 본다. 어떤 것 중 하나를 선택하는 느낌이다.

3. 예시 활용
- 모든: '모든 학생은 시험을 본다.' → 전부가 해당됨.
- 어떤: '어떤 학생은 시험을 잘 본다.' → 최소한 한 명이 해당됨.

4. 문장 구조
- '모든'은 주로 긍정적인 문장에 사용되고, '어떤'은 긍정, 부정 모두 가능하다. 이를 기억해 두면 도움이 된다.

> 참고

1. '모든 P는 Q이다.'

전제와 결론의 관계를 나타내는 일반적인 논리적 구조이다. 여기서 P는 특정한 집합이나 범주를 의미하고, Q는 그 집합에 속하는 모든 요소가 갖는 특성이나 속성을 나타낸다. 즉, 이 문장은 P에 속하는 모든 개체가 Q의 성질을 가진다는 것을 의미한다. 예를 들어, '모든 사람은 죽는다.'라는 문장은 '사람(P)'이라는 집합의 모든 요소가 '죽는다(Q)'라는 속성을 가진다는 것을 나타낸다.

예 축구를 잘하는 모든 사람(=P)은 머리가 좋다(=Q).
= P는 Q에 포함된다. = P는 Q의 부분집합.

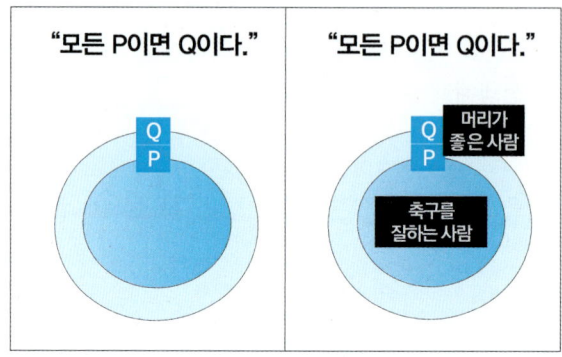

[벤다이어그램]

2. '어떤 P는 Q이다.'

특정한 개체 P가 어떤 성질이나 특성 Q를 가지고 있음을 나타내는 논리적 구조이다. 여기서 P는 특정한 개체나 집합을 나타낸다. 예를 들어, '어떤 사람', '어떤 물건', '어떤 동물' 등으로 구체화될 수 있다. 그리고 Q는 P가 가지고 있는 특성이나 속성을 나타낸다. 예를 들어, '사람이다', '무겁다', '빠르다' 등으로 표현될 수 있다.

이 문장은 'P는 Q이다'라는 진술을 통해 P와 Q 사이의 관계를 명확히 하고, P가 Q에 해당하는지를 판단하는 데 사용된다. 예를 들어, '어떤 고양이는 귀엽다.'라는 문장은 특정한 고양이가 귀여운 특성을 가지고 있음을 나타낸다.

예 축구를 잘하는 어떤 사람(=P)은 키가 작다(=Q).
= P와 Q는 교집합.

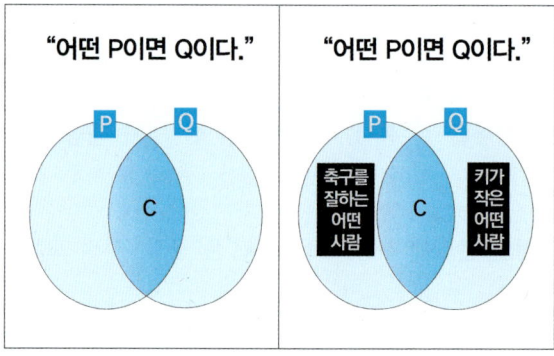

[벤다이어그램]

제2장 문제풀이

관련 예시 문제

114 다음 진술이 모두 참일 때 반드시 참인 것은? [2025 대비] 9급 예시문제(1차)

> ○ 오 주무관이 회의에 참석하면, 박 주무관도 참석한다.
> ○ 박 주무관이 회의에 참석하면, 홍 주무관도 참석한다.
> ○ 홍 주무관이 회의에 참석하지 않으면, 공 주무관도 참석하지 않는다.

① 공 주무관이 회의에 참석하면, 박 주무관도 참석한다.
② 오 주무관이 회의에 참석하면, 홍 주무관은 참석하지 않는다.
③ 박 주무관이 회의에 참석하지 않으면, 공 주무관은 참석한다.
④ 홍 주무관이 회의에 참석하지 않으면, 오 주무관도 참석하지 않는다.

풀이와 정답

정답 ④

풀이 제시된 진술이 모두 참일 때 어떤 주무관의 참석이 필수적인지 논리적 관계를 분석해야 한다. 하나의 명제가 참일 때 반드시 참인 것이 '대우 명제'이다. '오 주무관 참석 → 박 주무관 참석 → 홍 주무관 참석'으로 이어지는 내용이 참일 때는 '오 주무관이 회의에 참석하면, 홍 주무관도 참석한다.'도 참이 된다. 따라서 대우 명제인 ④번 역시 반드시 참이 된다. 이 내용을 기호로 도식화해 보면 더 쉽게 알 수 있다.

1	오 주무관이 참석하면 박 주무관도 참석 (A→B)
2	박 주무관이 참석하면 홍 주무관도 참석 (B→C)
3	홍 주무관이 참석하지 않으면 공 주무관도 참석하지 않음 (~C→~D)

이므로 'A→C(오 주무관이 참석하면 홍 주무관도 참석)'는 반드시 참이며, 대우 명제인 '~C→~A(홍 주무관이 참석하지 않으면 오 주무관도 참석하지 않음)'도 반드시 참이 된다.

오답
①(X) → 공 주무관이 회의에 참석하면, 홍 주무관도 참석한다.(=D→C)(참). 세 번째 진술의 대우 명제가 반드시 참이 된다.
②(X) → 오 주무관이 회의에 참석하면, 홍 주무관도 참석한다.(=A→C)(참)
③(X) → 박 주무관이 회의에 참석하지 않으면, 오 주무관도 참석하지 않는다.(=~B→~A = A→B)(참)
　　　　참고로, 박 주무관과 공 주무관의 관계는 알 수 없다. B→C이고, D→C일 뿐, B와 D의 관계는 알 수 없다.

115 다음 빈칸에 들어갈 말로 가장 적절한 것은? [2025 대비 9급 예시문제(2차)]

> 갑, 을, 병, 정 네 학생의 수강 신청과 관련하여 다음과 같은 사실들이 알려졌다.
>
> ○ 갑과 을 중 적어도 한 명은 〈글쓰기〉를 신청한다.
> ○ 을이 〈글쓰기〉를 신청하면 병은 〈말하기〉와 〈듣기〉를 신청한다.
> ○ 병이 〈말하기〉와 〈듣기〉를 신청하면 정은 〈읽기〉를 신청한다.
> ○ 정은 〈읽기〉를 신청하지 않는다.
>
> 갑, 을, 병, 정 네 학생의 수강 신청과 관련하여 다음과 같은 이를 통해 갑이 ⬜⬜⬜를 신청한다는 것을 알 수 있게 되었다.

① 〈말하기〉 ② 〈듣기〉
③ 〈읽기〉   ④ 〈글쓰기〉

풀이와 정답 정답 ④

풀이 논리 추론형 문제이므로 각 조건이 서로 어떻게 연결되는지 파악해야 한다. 주어진 조건들을 분석해 볼 때 우선, 첫 번째와 네 번째 사실을 주목해야 한다. 첫 번째 사실인 '갑과 을 중 적어도 한 명은 〈글쓰기〉를 신청한다.'는 만약 을이 〈글쓰기〉를 신청하지 않는다면, 갑이 〈글쓰기〉를 신청한다는 것이다. 그런데 네 번째 사실인 '정은 〈읽기〉를 신청하지 않는다.'는 앞의 '을 신청→병 신청→정 신청'과 모순된다. 따라서 을이 〈글쓰기〉를 신청할 수 없으므로 갑이 반드시 〈글쓰기〉를 신청해야 한다는 결론에 도달하게 된다. 결국, 모든 조건들을 결합했을 때 갑이 반드시 〈글쓰기〉를 신청한다는 것을 알 수 있다.

참고 <논리 추론형 문제를 푸는 순서>
  1. 주어진 조건 정리하기 → 2. 조건 간의 관계 파악 → 3. 가정과 반례 → 4. 결론 도출 → 5. 검증

관련 추가 문제

1단계 문제

116 〈보기〉의 내용에 대한 이해로 가장 옳지 않은 것은? [2022 서울시 9급(1차)]

〈보 기〉

참, 거짓을 판단할 수 있는 문장을 명제라고 한다. 문장이 나타내는 명제가 실제 세계의 사실과 일치하면 참이고 그렇지 않으면 거짓이다. 가령, '사과는 과일이다.'는 실제 세계의 사실과 일치하므로 참인 명제지만 '새는 무생물이다.'는 실제 세계의 사실과 일치하지 않으므로 거짓인 명제이다. 이와 같이 명제가 지닌 진리치가 무엇인지 밝혀주는 조건을 진리 조건이라고 한다. 명제 논리의 진리 조건을 간략하게 살펴보면 다음과 같다. 모든 명제는 참이든지 거짓이든지 둘 중 하나여야 하며 참도 아니고 거짓도 아니거나 참이면서 거짓인 경우는 없다. 명제 P가 참이면 그 부정 명제 ~P는 거짓이고 ~P가 참이면 P는 거짓이다. 명제 P와 Q가 AND로 연결되는 P∧Q는 P와 Q가 모두 참일 때에만 참이다. 명제 P와 Q가 OR로 연결되는 P∨Q는 P와 Q 둘 중 적어도 하나가 참이기만 하면 참이 된다. 명제 P와 Q가 IF … THEN으로 연결되는 P→Q는 P가 참이고 Q가 거짓이면 거짓이고 나머지 경우에는 모두 참이 된다.

① 명제 논리에서 '모기는 생물이면서 무생물이다.'는 성립하지 않는다.
② 명제 논리에서 '파리가 새라면 지구는 둥글다.'는 거짓이다.
③ 명제 논리에서 '개가 동물이거나 컴퓨터가 동물이다.'는 참이다.
④ 명제 논리에서 '늑대는 새가 아니고 파리는 곤충이다.'는 참이다.

풀이와 정답

정답 ②

풀이 명제 논리의 진리 조건은 철저히 지문에 근거하여 적용해야 한다. ②번은 지문의 맨 마지막 문장에서 타당성 여부를 확인해 볼 수 있다. 글에서 '명제 P와 Q가 IF … THEN으로 연결되는 P→Q는 P가 참이고 Q가 거짓이면 거짓이고 나머지 경우에는 모두 참이 된다.'고 했는데 ②번의 '파리가 새라면(P)'은 거짓이고, '지구는 둥글다(Q)'가 참이다. 파리는 새가 아니라 곤충이고, 지구는 둥글다는 것은 과학계에서 이미 검증된 사실이기 때문이다. 결국 P가 거짓이고, Q가 참인 경우에는 명제 논리에서 참이 되므로 거짓이라고 본 ②번은 〈보기〉의 내용을 잘못 이해한 문장이 된다. 참고로, ②번 문장의 순서를 바꿔서 '지구가 둥글다면 파리는 새다.'라고 했다면 P가 참이고, Q가 거짓이므로 명제 논리에서 거짓이 된다.

오답
①: 모든 명제는 참이든지 거짓이든지 둘 중 하나여야 한다. 따라서 '모기는 생물이다'는 참이고, '모기는 무생물이다'는 거짓이므로 참이면서 거짓인 명제 논리는 성립하지 않는다.
③: 명제 P와 Q가 OR로 연결되는 P∨Q는 P와 Q 둘 중 적어도 하나가 참이기만 하면 참이 된다. 따라서 '개가 동물이거나(=참) 컴퓨터가 동물이다(=거짓).'는 명제 논리에서 참이다.
④: 명제 P와 Q가 AND로 연결되는 P∧Q는 P와 Q가 모두 참일 때에만 참이다. 따라서 '늑대는 새가 아니고(=참) 파리는 곤충이다(=참).'는 명제 논리에서 참이다.

117 '철수와 영희는 화가 나면 항상 음악을 듣는다.'가 참이라면 다음 중 참인 것은? [2010 기상직 9급]

① 철수와 영희가 음악을 들으면 화가 난 것이다.
② 철수와 영희가 음악을 듣지 않으면 화가 난 것이 아니다.
③ 철수와 영희는 화가 나지 않으면 음악을 듣지 않을 것이다.
④ 철수가 영희보다 음악을 자주 듣는다면 철수가 더 자주 화가 나는 것이다.

풀이와 정답

정답 ②

풀이 어떤 명제에 대한 대우 명제는 항상 참이다. 즉, '철수와 영희는 화가 나면(p)'과 '항상 음악을 듣는다(q)'(="p이면 q이다.")의 대우 명제 "q가 아니면 p가 아니다."가 참이 된다. 따라서 "음악을 듣지 않으면 철수와 영희는 화가 난 것이 아니다."라는 명제는 항상 참이 된다.

2단계 문제

118 다음 글의 내용이 참일 때 반드시 참인 것은? [2024 국가직 7급 PSAT 언어논리]

> A부서에서는 새로 시작된 프로젝트에 다섯 명의 주무관 가은, 나은, 다은, 라은, 마은의 참여 여부를 점검하고 있다. 주무관들의 업무 전문성을 고려할 때, 다음과 같은 예측을 할 수 있었고 그 예측들은 모두 옳은 것으로 밝혀졌다.
> ○ 가은이 프로젝트에 참여하면 나은과 다은도 프로젝트에 참여한다.
> ○ 나은이 프로젝트에 참여하지 않으면 라은이 프로젝트에 참여한다.
> ○ 가은이 프로젝트에 참여하거나 마은이 프로젝트에 참여한다.

① 가은이 프로젝트에 참여하지 않으면 나은이 프로젝트에 참여한다.
② 다은이 프로젝트에 참여하면 마은이 프로젝트에 참여한다.
③ 다은이 프로젝트에 참여하거나 마은이 프로젝트에 참여한다.
④ 라은이 프로젝트에 참여하면 마은이 프로젝트에 참여한다.
⑤ 라은이 프로젝트에 참여하거나 마은이 프로젝트에 참여한다.

풀이와 정답   정답 ③

풀이 '반드시 참' 유형은 주어진 조건들과 조건 간의 관계를 잘 파악해야 한다. 첫 번째 조건을 고려했을 때 '가은이 프로젝트에 참여하면' 나은과 다은도 프로젝트에 참여한다. 또한, 세 번째 조건을 고려했을 때 '가은이 참여하거나' 또는 마은이 프로젝트에 참여한다. 결국, 두 조건을 연결하면 '나은과 다은이 프로젝트에 참여하거나' 또는 '마은이 프로젝트에 참여한다.'가 반드시 참이 된다. 따라서 선언 명제와 조건 명제에 의해 ③번이 참이 된다.

참고 논리 기호화하면 '가은∨마은', '가은→(나은∧다은)'이므로 '마은∨다은(=다은∨마은)'이 참이 된다.

오답
①: 첫 번째 조건과 일치하지 않는다. 가은이 프로젝트에 참여하면 나은이 프로젝트에 참여한다(O).
②: 알 수 없다. 첫 번째 조건에 의하면 다은이 프로젝트에 참여하는 것은 가은이 프로젝트에 참여하는 결과일 뿐, 다은과 마은과의 관계는 언급되지 않았다.
④, ⑤: 알 수 없다. 두 번째 조건에 의하면, 라은이 프로젝트에 참여하는 것은 나은이 프로젝트에 참여하지 않는 결과일 뿐, 마은과의 관계는 언급되지 않았다.

119 다음 글의 내용이 참일 때, 반드시 참인 것만을 〈보기〉에서 모두 고르면?

[2023 국가직 7급 PSAT 언어논리]

> 갑은 〈공직 자세 교육과정〉, 〈리더십 교육과정〉, 〈글로벌 교육과정〉, 〈직무 교육과정〉, 〈전문성 교육과정〉의 다섯 개 과정으로 이루어진 공직자 교육 프로그램에 참여할 것을 고려하고 있다. 갑이 〈공직 자세 교육과정〉을 이수한다면 〈리더십 교육과정〉도 이수한다. 또한 갑이 〈글로벌 교육과정〉을 이수한다면 〈직무 교육과정〉과 〈전문성 교육과정〉도 모두 이수한다. 그런데 갑은 〈리더십 교육과정〉을 이수하지 않거나 〈전문성 교육과정〉을 이수하지 않는다.

〈보기〉

ㄱ. 갑은 〈공직 자세 교육과정〉을 이수하지 않거나 〈글로벌 교육과정〉을 이수하지 않는다.
ㄴ. 갑이 〈직무 교육과정〉을 이수하지 않는다면 〈글로벌 교육과정〉도 이수하지 않는다.
ㄷ. 갑은 〈공직 자세 교육과정〉을 이수하지 않는다.

① ㄱ
② ㄷ
③ ㄱ, ㄴ
④ ㄴ, ㄷ
⑤ ㄱ, ㄴ, ㄷ

풀이와 정답

정답 ③

풀이 글의 내용을 표로 정리하면 다음과 같다.

1	갑이 〈공직 자세 교육과정〉을 이수(A)한다면 〈리더십 교육과정〉도 이수(B)한다.	A→B
2	갑이 〈글로벌 교육과정〉을 이수(C)한다면 〈직무 교육과정〉(D)과 〈전문성 교육과정〉(E)도 모두 이수한다.	C→D, E
3	그런데 갑은 〈리더십 교육과정〉을 이수하지 않거나(Not B) 〈전문성 교육과정〉을 이수하지 않는다(Not E).	Not B or Not E
정답	① A→B (=Not B→Not A) ② C→D, E (=Not D→Not C(='ㄴ'), Not E→Not C) ③ Not B or Not E (=Not A or Not C)(='ㄱ')	

'ㄱ': 정리한 표에서 3번의 'Not B or Not E'가 참일 때 두 가지 경우가 나온다. 우선, 1번의 'A→B'가 참이므로 대우 명제인 'Not B→Not A'도 참이 된다. 결국, 〈리더십 교육과정〉을 이수하지 않으면(Not B) 〈공직 자세 교육과정〉을 이수하지 않게 된다(Not A). 또한, 2번의 'C→D, E'가 참이므로 'Not D→Not C', 'Not E→Not C'도 참이 된다. 결국, 〈전문성 교육과정〉을 이수하지 않으면(Not E) 〈글로벌 교육과정〉을 이수하지 않게 된다(NotC). 따라서, '갑은 〈공직 자세 교육과정〉을 이수하지 않거나(Not A) 〈글로벌 교육과정〉을 이수하지 않는다(Not C).'라고 말한 'ㄱ'은 반드시 참이 된다.
'ㄴ': 정리한 표에 의하면, 2번(C→D, E)의 대우 명제인 'Not D→Not C'도 반드시 참이다. 따라서 'ㄴ'은 반드시 참이 된다.

오답
'ㄷ': 〈공직 자세 교육과정〉을 이수하지 않으려면(Not A) 〈리더십 교육과정〉을 이수하지 않는다(Not B)는 것이 전제되어야 하는데 글에서 〈리더십 교육과정〉의 이수 여부에 관해 확정적인 언급이 없다. 글의 마지막 문장에 의하면 '〈리더십 교육과정〉을 이수하지 않거나'라는 선택 명제일 뿐 단정적인 명제로 제시된 것이 아니다. 따라서 'ㄷ'은 반드시 참이 아니다.

3단계 문제

120 다음 글의 내용이 참일 때 반드시 참인 것은? [2024 국가직 7급 PSAT 언어논리]

> 가훈은 모든 게임에서 2인 1조로 다른 조를 상대해야 한다. 게임은 구슬치기, 징검다리 건너기, 줄다리기, 설탕 뽑기 순으로 진행되며 다른 게임은 없다. 이에 가훈은 남은 참가자 갑, 을, 병, 정, 무 중 각각의 게임에 적합한 서로 다른 인물을 한 명씩 선택하여 조를 구성할 계획을 세웠다. 게임의 총괄 진행자는 가훈의 선택에 대해 다음과 같이 예측하였다.
> ○ 갑은 설탕 뽑기에 선택되고 무는 징검다리 건너기에 선택된다.
> ○ 을이 구슬치기에 선택되거나 정이 줄다리기에 선택된다.
> ○ 을은 구슬치기에 선택되지 않고 무는 징검다리 건너기에 선택되지 않는다.
> ○ 병은 어떤 게임에도 선택되지 않고 정은 줄다리기에 선택된다.
> ○ 무가 징검다리 건너기에 선택되거나 정이 줄다리기에 선택되지 않는다.
> 가훈의 조 구성 결과 이 중 네 예측은 옳고 나머지 한 예측은 그른 것으로 밝혀졌다.

① 갑이 어느 게임에도 선택되지 않았다.
② 을이 구슬치기에 선택되었다.
③ 병이 줄다리기에 선택되었다.
④ 정이 징검다리 건너기에 선택되었다.
⑤ 무가 설탕 뽑기에 선택되었다.

풀이와 정답

정답 ②

풀이 주어진 조건을 확인한 후 조건 간의 관계를 단계적으로 연결해야 한다. 제시문의 위쪽에 나온 '각각의 게임에 적합한 서로 다른 인물을 한 명씩 선택하여'와 마지막 문장에 나온 '가훈의 조 구성 결과 이 중 네 예측은 옳고 나머지 한 예측은 그른 것으로 밝혀졌다.'를 힌트로 삼아야 한다.

주어진 조건 중 양립 불가능하며 모순인 쌍을 찾으면 한 예측은 참이 되고, 한 예측은 거짓이 된다. 그중 연언 명제로 제시된 첫 번째 예측('무는 징검다리 건너기에 선택된다.')과 세 번째 예측('무는 징검다리 건너기에 선택되지 않는다.')이 모순되므로 우선 표시해 둔다. 둘 중 하나의 예측이 거짓이기 때문이다.

결국, 선언 명제는 둘 중 하나의 예측만 맞으면 되지만, 연언 명제는 둘 다 옳은 진술이어야 한다. 그런데 연언 명제에서 양립 불가능한 진술이 있다면 둘 중 하나는 틀린 진술이 된다.

이제 남은 예측들을 참이라고 간주하고 표를 만들어 본다.

우선, 또 다른 연언 명제인 네 번째 예측을 먼저 확정한다.
○ 병은 어떤 게임에도 선택되지 않고 정은 줄다리기에 선택된다.

갑	을	병	정	무
		X	줄다리기	

'정-줄다리기'가 확정되었으므로 다음은 다섯 번째 예측으로 간다.
○ 무가 징검다리 건너기에 선택되거나 정이 줄다리기에 선택되지 않는다.

갑	을	병	정	무
		X	줄다리기	징검다리

'무-징검다리'가 확정되었으므로 다음은 첫 번째 예측으로 간다.
○ 갑은 설탕 뽑기에 선택되고 무는 징검다리 건너기에 선택된다.

갑	을	병	정	무
설탕 뽑기		X	줄다리기	징검다리

'갑-설탕뽑기'가 확정되었으므로 을에 들어갈 하나의 게임만 결정되면 된다. 남은 게임은 '구슬치기'이므로 아래의 표가 완성된다.

갑	**을**	병	정	무
설탕 뽑기	**구슬치기**	X	줄다리기	징검다리

위의 표에 의하면 반드시 참인 것은 ②번 '을이 구슬치기에 선택되었다.'이다.

결국, 다섯 예측 중 세 번째 예측인 '을은 구슬치기에 선택되지 않고 무는 징검다리 건너기에 선택되지 않는다.'가 모두 그른 것이 되며, '을은 구슬치기에 선택되고, 무는 징검다리 건너기에 선택된다.'가 참이 된다.

오답
①: 갑이 어느 게임에도 선택되지 않았다.(X) → 갑이 설탕 뽑기에 선택되었다.(O)
③: 병이 줄다리기에 선택되었다.(X) → 병이 어느 게임에도 선택되지 않았다.(O)
④: 정이 징검다리 건너기에 선택되었다.(X) → 정이 줄다리기에 선택되었다.(O)
⑤: 무가 설탕 뽑기에 선택되었다.(X) → 무가 징검다리 건너기에 선택되었다.(O)

121 다음 글에서 갑이 새롭게 입수한 '정보'로 적절한 것은? [2023 국가직 7급 PSAT 언어논리]

> 월요일부터 목요일까지 하루에 한 차례씩 시험 출제 회의가 열렸다. 회의에 참석한 시험위원들에 관한 자료를 정리하던 주무관 갑은 다음의 사실을 파악하였다.
>   ○ 월요일에 참석한 시험위원은 모두 수요일에도 참석했다.
>   ○ 화요일에 참석한 시험위원은 누구도 수요일에는 참석하지 않았다.
>   ○ 수요일에 참석한 시험위원 중 적어도 한 사람은 목요일에도 참석했다.
> 갑은 이 사실에 새롭게 입수한 '정보'를 더하여 "월요일에는 참석하지 않았지만 목요일에는 참석한 시험위원이 적어도 한 사람은 있다."는 것을 알아내었다.

① 월요일에 참석하지 않은 시험위원이 적어도 한 사람은 있다.
② 화요일에 참석하지 않은 시험위원이 적어도 한 사람은 있다.
③ 수요일에 참석한 시험위원 중 적어도 한 사람은 목요일에 참석하지 않았다.
④ 목요일에는 참석하지 않았지만 월요일에는 참석한 시험위원이 적어도 한 사람은 있다.
⑤ 월요일에 참석한 시험위원 중에는 목요일에 참석한 시험위원은 없다.

| 풀이와 정답 | 정답 ⑤ |

풀이 '새롭게 입수한 정보'란 생략된 전제를 말한다. 결론을 이끌어 내기 위해 꼭 필요한 전제를 하나 찾아야 한다. 제시문은 정언명제이며, 우선, '월요일에 참석한 시험위원은 모두 수요일에도 참석했다.' → '수요일에 참석한 시험위원은 누구도 화요일에 참석하지 않는다.(대우 명제)'를 알 수 있다. 그리고 '수요일에 참석한 시험위원 중 적어도 한 사람은 목요일에도 참석했다.'와 결론인 '(따라서) 월요일에는 참석하지 않았지만 목요일에는 참석한 시험위원이 적어도 한 사람은 있다.'를 통해 수요일과 목요일은 교집합을 이루고, 월요일은 목요일과 겹치지 않음을 알 수 있다. 따라서 글에서 새롭게 입수한 정보는 '월요일에 참석한 시험위원 중에는 목요일에 참석한 시험위원은 없다.'가 적절하다. 참고로, 대우명제에 따라 '목요일에 참석한 시험위원 중에는 월요일에 참석한 시험위원은 없다.'가 나와도 답이 된다.
이 내용을 표로 정리하면 다음과 같다.

전제 1	월요일에 참석한 시험위원은 모두 수요일에도 참석했다.	월 → 수
전제 2	화요일에 참석한 시험위원은 누구도 수요일에는 참석하지 않았다. (=수요일에 참석한 시험위원은 누구도 화요일에 참석하지 않았다.)	화 → ~수 (=수 → ~화)
전제 3	수요일에 참석한 시험위원 중 적어도 한 사람은 목요일에도 참석했다.	수 & 목 (= 수∧목)
전제 4	월요일에 참석한 시험위원 중에는 목요일에 참석한 시험위원은 없다. (= 목요일에 참석한 시험위원 중에는 월요일에 참석한 시험위원은 없다.)	월 → ~목 (= 목 → ~월)
결론	월요일에는 참석하지 않았지만 목요일에는 참석한 시험위원이 적어도 한 사람은 있다.	~월 & 목 (= ~월∧목)

참고 벤다이어그램

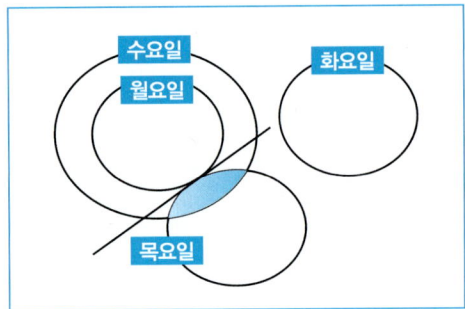

오답
①, ②: 전제 2를 통해 알 수 있는 내용일 뿐, 결론의 '월요일과 목요일의 경계'를 위해 필요한 전제가 아니다.
③: 전제 3을 통해 알 수 있는 내용일 뿐, 결론의 '월요일과 목요일의 경계'를 위해 필요한 전제가 아니다.
④: 결론의 대우명제일 뿐, 결론을 위해 필요한 전제가 아니다.

天衣無縫
정상국어

제 12 유형

12/15개 문제 유형

1차, 2차 예시문제를 기반으로 한 **15개 문제 유형 집중 분석!**

新유형 9급 국가직·지방직·지역인재 시험대비

'논증' 유형
(전제와 결론)

01 / 이론 정리

02 / 문제 풀이
    1 관련 예시문제 풀이
    2 관련 추가 문제
        └ 1단계
        └ 2단계
        └ 3단계

天 衣 無 縫
정 상 국 어

제 1 장 이론정리

문제 사례

1. (가)와 (나)를 전제로 할 때 빈칸에 들어갈 결론으로 가장 적절한 것은? (1차 예시. 12번)
2. 다음 글의 밑줄 친 결론을 이끌어내기 위해 추가해야 할 것은? (1차 예시. 20번)
3. (가)와 (나)를 전제로 결론을 이끌어 낼 때, 빈칸에 들어갈 말로 가장 적절한 것은? (2차 예시. 14번)

유형 12

'전제와 결론' 유형은 논리적 사고를 요구하는 중요한 유형의 문항이다. 전제와 결론 문제를 잘 풀기 위해서는 먼저, 전제와 결론의 개념을 명확히 이해하는 것이 중요하다. 전제(前提)는 주장을 뒷받침하는 이유나 근거를 의미하고, 결론은 그 전제로부터 도출되는 주장을 나타낸다. 전제는 논리적 사고와 주장을 구성하는 데 중요한 역할을 한다. 문제를 읽을 때, 주어진 문장에서 어떤 내용이 전제이고 어떤 내용이 결론인지 구분해야 한다.

다음으로, 문제를 접근하는 단계를 알아야 한다. 첫째, 전체 문장을 읽고 핵심 내용을 파악한다. 둘째, 문장에서 전제와 결론이 무엇인지 구체적으로 찾아본다. 이때, 결론은 보통 '따라서', '그러므로', '결론적으로' 등의 단어로 시작되는 경우가 많다. 셋째, 전제가 결론을 어떻게 지지하는지를 분석한다. 전제가 결론을 뒷받침하지 않거나, 결론이 전제에 의해 명확히 도출되지 않는 경우에는 그 관계를 재검토해야 한다. 이러한 방법들을 통해 전제와 결론 문제에 대한 대비를 철저히 할 수 있다.

마지막으로, 삼단논법의 대우명제 유형도 있다. 조건문에서 원래의 명제를 변형한 형태로, 조건과 결론을 반전시키고 부정을 적용한 고난도 문제이다. 조건문 'A→B'가 있을 때, 대우명제는 '~B→~A'로 표현된다. 즉, 'A가 참이면 B도 참이다.'라는 명제가 'B가 거짓이면 A도 거짓이다.'로 바뀌는 것이다. 이 원리는 논리적 추론에서 매우 중요한 역할을 하며, 주어진 조건의 반대 상황을 통해 결론을 도출하는 데 도움을 준다. 간단한 예를 들면, 원래 명제 '비가 오면(A) 땅이 젖는다(B).'의 대우명제는 '땅이 젖지 않으면(~B) 비가 오지 않았다(~A).'이다. 이렇게 대우명제를 통해 원래 명제의 진위 여부를 판단하거나 추가적인 논리를 전개할 수 있다. 삼단논법에서 대우명제를 활용하는 것은 논리적 사고를 기르는 데 매우 유용하다.

1 '전제와 결론' 문제를 잘 푸는 방법

1. 전제와 결론 이해하기
전제(前提)는 결론을 뒷받침하는 이유나 근거이다. 결론은 전제에 기반하여 도출되는 주장이므로, 두 개념을 명확히 구분해야 한다.

2. 문장 구조 분석
문제에서 주어진 문장의 구조를 분석한다. 전제는 주로 '왜냐하면', '따라서', '때문에' 등의 연결어로 나타난다. 결론은 보통 문장의 끝부분에 위치하거나, 새로운 주장을 시작하는 문장으로 나타난다.

3. 문맥 이해
문장의 전체 맥락을 파악하는 것이 중요하다. 각 문장이 어떤 역할을 하는지 이해하면 전제와 결론을 명확히 구별할 수 있다.

4. 논리적 연결 확인
전제와 결론 사이의 논리적 관계를 확인한다. 전제가 결론을 어떻게 지지하는지 이해해야 한다.

5. 조건부 문장 이해
'만약 A라면 B이다.'와 같은 조건문에서 A가 전제, B가 결론이다. 또한, 구조적으로 'ㄱ은 ㄴ의 전제(=선행조건)'는 'ㄴ은 ㄱ의 결론(=주지)'과 같은 말이 된다.

6. 반례 생각하기
결론이 성립하지 않는 경우를 생각해 보며 전제의 중요성을 이해한다. 이는 논리적 오류를 인식하는 데 도움이 된다. 이 과정을 통해 전제의 적절성을 평가할 수 있다.

> **참고** '전제'라는 단어가 들어간 문장의 사례
> 1. 고통은 쾌락의 전제다. – 칸트 –
> 2. 전제는 진리의 시작이다. – 아리스토텔레스 –
> 3. 전제가 참이면 결론도 반드시 참이다.
> 4. 전제가 틀리면 결론도 틀리다.
> 5. 전제는 생각의 출발점이다.
> 6. 노력은 성공의 전제이다.
> 7. 민주주의는 시민의 참여가 전제되어야 한다.
> 8. 혁신은 실패를 받아들이는 전제가 필요하다.
> 9. 만약 내일 날씨가 좋다는 전제로, 야구 경기를 보러 갈 것이다.
> 10. 만약 가격이 저렴하다는 전제가 성립되면 그 제품을 구매할 것이다.

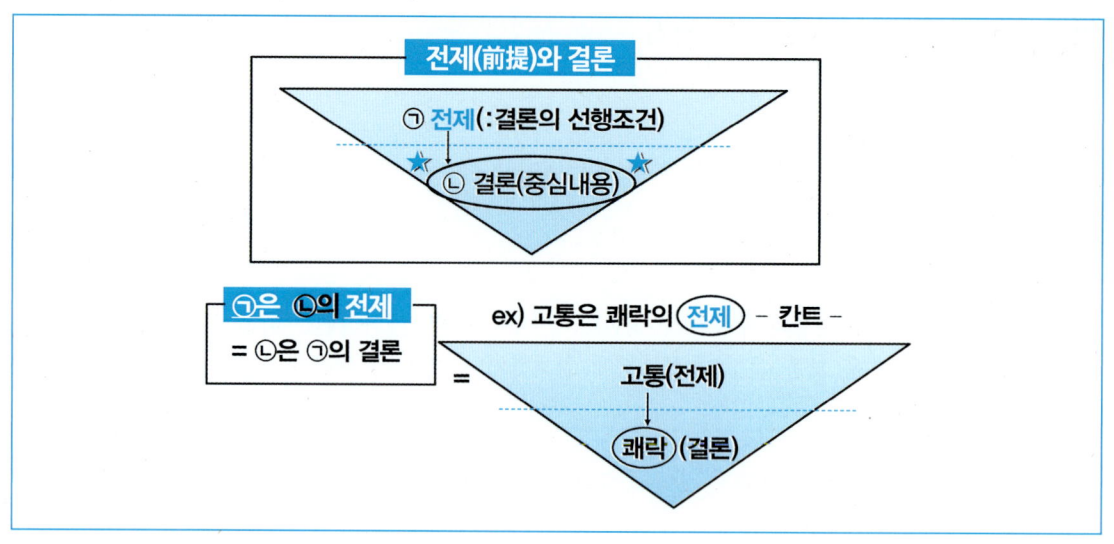

2 전제의 종류

1. **명제적 전제**

   사실이나 상태를 진술하는 전제로, 참 또는 거짓으로 판단할 수 있다. 예) 모든 사람은 죽는다.

2. **조건적 전제**

   특정 조건이 충족될 때 참이 되는 전제이다. 예) 만약 비가 온다면, 도로는 젖을 것이다.

3. **가정적 전제**

   특정 상황이나 조건을 가정하고 그에 따라 결론을 이끌어내는 전제이다. 예) 만약 내가 부자가 된다면, 여행을 갈 것이다.

4. **연역적 전제**

   일반적인 원칙에서 특정 사례를 도출하는 전제이다. 예) 모든 포유류는 태어날 때 젖을 먹는다. 고양이는 포유류이다. 따라서 고양이는 태어날 때 젖을 먹는다.

5. **귀납적 전제**

   구체적인 사례로부터 일반적인 원칙이나 결론을 도출하는 전제이다. 예) 모든 백조를 조사해 보니, 모두 흰색이다. 따라서 모든 백조는 흰색이다.

3 전제와 결론 문제 중 'A→B. B→C. 따라서 A→C' 유형을 잘 푸는 방법

1. 전제 이해하기
주어진 전제들(A→B, B→C)을 정확히 이해한다. A가 참일 때 B가 참이 되고, B가 참일 때 C가 참이라는 의미이다.

2. 논리적 연결 확인
두 전제가 어떻게 연결되는지를 살펴본다. A가 참이면 B가 참이 되고, B가 참이면 C도 참이므로, A가 참일 때 C도 참이라는 결론을 도출할 수 있다.

3. 결론 도출
위의 논리를 바탕으로 'A→C'라는 결론을 자연스럽게 이끌어 낸다. 이 과정에서 A가 참일 경우 C도 참이 된다는 것을 강조한다.

4. 예시 활용
문제를 풀 때 구체적인 예시를 통해 이해를 돕는 것도 좋다. 예를 들어, A가 '비가 온다.', B가 '길이 젖는다.', C가 '우산이 필요하다.'라고 할 때, 비가 오면 길이 젖고 길이 젖으면 우산이 필요하므로 비가 오면 우산이 필요하다는 식으로 설명한다.

4 '전제와 결론' 문제를 풀 때 저지르는 흔한 실수

1. 전제와 결론 혼동
전제와 결론의 역할을 잘못 이해하여, 결론을 전제로 또는 그 반대로 오해하는 경우가 많다. 예를 들어, 순환 논증의 오류처럼 '이 제품은 최고입니다.(전제) → 그러므로 이 제품이 최고인 이유는 최고이기 때문입니다.(결론)'와 같은 경우 결론이 전제와 동일하여 논리적 근거가 결여된 경우이다.

2. 연결어 무시
문장 내의 논리적 연결어를 간과하여, 전제와 결론의 관계를 파악하지 못하는 실수이다. 연결어는 문장의 의미를 명확히 하는 데 중요한 역할을 한다.

3. 단편적 이해
주어진 문장을 부분적으로만 이해하고 전체 맥락을 무시하는 경우, 결론이 전제로부터 어떻게 도출되는지를 놓치는 일이 발생할 수 있다.

4. 주관적 해석
개인의 주관적인 생각이나 경험을 바탕으로 문제를 푸는 경우, 객관적인 사실을 간과하고 잘못된 결론을 내리는 실수가 생길 수 있다.

5. 불필요한 정보에 집착

문제에서 주어진 정보를 분석할 때, 중요하지 않은 세부사항에 집중하여 핵심 전제나 결론을 놓치는 경우가 있다.

5 삼단논법 중 대우명제를 활용한 문제를 잘 푸는 방법

1. 명제 이해하기

주어진 명제를 명확히 이해한다. 예를 들어, '모든 인간은 죽는다'라는 명제가 있을 때, 이 명제의 대우는 '죽지 않는 것은 인간이 아니다.'이다.

2. 전제 설정

문제에서 주어진 전제를 명확히 설정한다. 예를 들어, '전제 1. 모든 사람은 죽는다.(A→B)', '전제 2. 소크라테스는 사람이다.(C→A)'

3. 대우명제 활용

첫 번째 전제의 대우를 구한다. 위의 예에서는 '죽지 않는 것은 사람이 아니다.(~B→~A)'

4. 결론 도출

두 번째 전제를 바탕으로 결론을 도출한다. '소크라테스는 사람이다.'라는 전제를 사용하여 '소크라테스는 죽는다.'라는 결론(C→B)을 얻을 수 있다.

5. 검증

도출한 결론이 전제와 일치하는지 검증한다. 대우명제가 성립하는지 확인하며, 원래의 명제와 대우명제가 서로 동치임을 기억해야 한다.

6 전제와 결론이 'A→B, B→C, 따라서 A→C'로 이루어진 예문

01
1. 대전제	학생이 공부하면 시험 성적이 오른다.
2. 소전제	시험 성적이 오르면 대학에 합격한다.
3. 결론	따라서 학생이 공부하면 대학에 합격한다.

02
1. 대전제	운동을 하면 체력이 향상된다.
2. 소전제	체력이 향상되면 건강이 좋아진다.
3. 결론	따라서 운동을 하면 건강이 좋아진다.

03
1. 대전제	규칙적인 식사를 하면 영양이 균형 잡힌다.
2. 소전제	영양이 균형 잡히면 면역력이 강화된다.
3. 결론	따라서 규칙적인 식사를 하면 면역력이 강화된다.

04
1. 대전제	충분한 수면을 취하면 집중력이 높아진다.
2. 소전제	집중력이 높아지면 업무 효율이 증가한다.
3. 결론	따라서 충분한 수면을 취하면 업무 효율이 증가한다.

05
1. 대전제	책을 읽으면 지식이 쌓인다.
2. 소전제	지식이 쌓이면 문제 해결 능력이 향상된다.
3. 결론	따라서 책을 읽으면 문제 해결 능력이 향상된다.

06
1. 대전제	환경을 보호하면 생태계가 건강해진다.
2. 소전제	생태계가 건강해지면 인류가 지속 가능하게 산다.
3. 결론	따라서 환경을 보호하면 인류가 지속 가능하게 산다.

07
1. 대전제	규칙적인 운동을 하면 스트레스가 줄어든다.
2. 소전제	스트레스가 줄어들면 정신 건강이 좋아진다.
3. 결론	따라서 규칙적인 운동을 하면 정신 건강이 좋아진다.

08	1. 대전제	친구와 소통하면 관계가 돈독해진다.
	2. 소전제	관계가 돈독해지면 정서적 안정이 커진다.
	3. 결론	따라서 친구와 소통하면 정서적 안정이 커진다.

09	1. 대전제	새로운 기술을 배우면 직무 능력이 향상된다.
	2. 소전제	직무 능력이 향상되면 경력 발전에 도움이 된다.
	3. 결론	따라서 새로운 기술을 배우면 경력 발전에 도움이 된다.

10	1. 대전제	햇볕을 쬐면 비타민 D가 생성된다.
	2. 소전제	비타민 D가 생성되면 뼈가 튼튼해진다.
	3. 결론	따라서 햇볕을 쬐면 뼈가 튼튼해진다.

7 전제와 결론이 두 문장으로 이루어져 있는 이단논법의 예문

01	1. 전제	모든 포유류는 새끼를 낳는다.
	2. 결론	따라서 고래는 포유류이므로 고래는 새끼를 낳는다.

02	1. 전제	모든 산소가 포함된 물체는 연소할 수 있다.
	2. 결론	따라서 종이는 산소가 포함되어 있으므로 종이는 연소할 수 있다.

03	1. 전제	모든 직사각형은 네 개의 직각을 가진다.
	2. 결론	따라서 사각형 A는 직사각형이므로 A는 네 개의 직각을 가진다.

04	1. 전제	모든 학생은 수업에 참석해야 한다.
	2. 결론	따라서 나는 학생이므로 나는 수업에 참석해야 한다.

05	1. 전제	모든 사자는 육식동물이다.
	2. 결론	따라서 사자 A는 사자이므로 A는 육식동물이다.

06	1. 전제	모든 사람은 기본적인 권리를 가진다.
	2. 결론	따라서 나는 사람이므로 나는 기본적인 권리를 가진다.

07	1. 전제	모든 금속은 높은 온도에서 녹는다.
	2. 결론	따라서 철은 금속이므로 철은 높은 온도에서 녹는다.

08	1. 전제	모든 전자기파는 빛의 속도로 이동한다.
	2. 결론	따라서 라디오파는 전자기파이므로 라디오파는 빛의 속도로 이동한다.

09	1. 전제	모든 과일은 비타민을 포함하고 있다.
	2. 결론	따라서 사과는 과일이므로 사과는 비타민을 포함하고 있다.

10	1. 전제	모든 곰팡이는 습한 환경에서 자란다.
	2. 결론	따라서 이 방은 습한 환경이므로 이 방에 곰팡이가 자랄 수 있다.

8 전제를 대우 명제로 바꿔 결론을 도출한 이단논법의 예문

01	1. 전제	죽지 않는 사람은 없다.
	2. 결론	따라서 어떤 사람은 죽는다.

원래 전제 모든 사람은 죽는다.

02	1. 전제	따뜻한 피를 가지지 않는 것은 포유류가 아니다.
	2. 결론	따라서 어떤 동물은 따뜻한 피를 가진다.

원래 전제 모든 포유류는 따뜻한 피를 가진다.

03	1. 전제	독립적이지 않은 것은 고양이가 아니다.
	2. 결론	따라서 어떤 고양이는 독립적이다.

원래 전제 모든 고양이는 독립적이다.

04	1. 전제	공부하지 않는 것은 학생이 아니다.
	2. 결론	따라서 어떤 학생은 공부해야 한다.

원래 전제 모든 학생은 공부해야 한다.

05	1. 전제	연료가 필요하지 않은 것은 자동차가 아니다.
	2. 결론	따라서 어떤 자동차는 연료가 필요하다.

원래 전제 모든 자동차는 연료가 필요하다.

06	1. 전제	애완동물이 아닌 것은 개가 아니다.
	2. 결론	따라서 어떤 개는 애완동물이다.

원래 전제 모든 개는 애완동물이다.

07	1. 전제	건강에 좋지 않은 것은 과일이 아니다.
	2. 결론	따라서 어떤 과일은 건강에 좋다.

원래 전제 모든 과일은 건강에 좋다.

08	1. 전제	전기를 사용하지 않는 것은 컴퓨터가 아니다.
	2. 결론	따라서 어떤 컴퓨터는 전기를 사용한다.

원래 전제 모든 컴퓨터는 전기를 사용한다.

"시간은 사람은 기다리지 않는다." – 도연명 –

09	1. 전제	아름답지 않은 것은 꽃이 아니다.
	2. 결론	따라서 어떤 꽃은 아름답다.

원래 전제 모든 꽃은 아름답다.

10	1. 전제	감정을 표현하지 않는 것은 음악이 아니다.
	2. 결론	따라서 어떤 음악은 감정을 표현한다.

원래 전제 모든 음악은 감정을 표현한다.

9 전제와 결론이 세 문장으로 이루어져 있는 삼단논법의 예문

01	1. 대전제	모든 사람은 죽는다.
	2. 소전제	소크라테스는 사람이다.
	3. 결론	따라서 소크라테스는 죽는다.

02	1. 대전제	모든 포유류는 체온을 유지한다.
	2. 소전제	고래는 포유류이다.
	3. 결론	따라서 고래는 체온을 유지한다.

03	1. 대전제	모든 새는 알을 낳는다.
	2. 소전제	펭귄은 새이다.
	3. 결론	따라서 펭귄은 알을 낳는다.

04	1. 대전제	모든 인간은 실수를 한다.
	2. 소전제	나는 인간이다.
	3. 결론	따라서 나는 실수를 한다.

05	1. 대전제	모든 사과는 과일이다.
	2. 소전제	이 사과는 과일이다.
	3. 결론	따라서 이 사과는 과일이다.

06	1. 대전제	모든 물체는 중력을 가진다.
	2. 소전제	지구는 물체이다.
	3. 결론	따라서 지구는 중력을 가진다.

07	1. 대전제	모든 강아지는 애완동물이다.
	2. 소전제	내 강아지는 강아지이다.
	3. 결론	따라서 내 강아지는 애완동물이다.

08	1. 대전제	모든 직장은 근무를 요구한다.
	2. 소전제	이곳은 직장이다.
	3. 결론	따라서 이곳은 근무를 요구한다.

09	1. 대전제	모든 꽃은 아름답다.
	2. 소전제	장미는 꽃이다.
	3. 결론	따라서 장미는 아름답다.

10	1. 대전제	모든 학생은 배워야 한다.
	2. 소전제	나는 학생이다.
	3. 결론	따라서 나는 배워야 한다.

11	1. 대전제	모든 인간은 이성을 가진다.
	2. 소전제	나는 인간이다.
	3. 결론	따라서 나는 이성을 가진다.

12	1. 대전제	모든 곤충은 다리 세 쌍이 있다.
	2. 소전제	개미는 곤충이다.
	3. 결론	따라서 개미는 다리 세 쌍이 있다.

13	1. 대전제	모든 나무는 생명체이다.
	2. 소전제	소나무는 나무이다.
	3. 결론	따라서 소나무는 생명체이다.

14	1. 대전제	모든 금속은 전기를 전도한다.
	2. 소전제	구리는 금속이다.
	3. 결론	따라서 구리는 전기를 전도한다.

15	1. 대전제	모든 운동은 에너지를 소모한다.
	2. 소전제	달리기는 운동이다.
	3. 결론	따라서 달리기는 에너지를 소모한다.

16	1. 대전제	모든 책은 지식을 전달한다.
	2. 소전제	역사책은 책이다.
	3. 결론	따라서 역사책은 지식을 전달한다.

17	1. 대전제	모든 직업은 책임이 있다.
	2. 소전제	의사는 직업이다.
	3. 결론	따라서 의사는 책임이 있다.

18	1. 대전제	모든 언어는 의사소통의 수단이다.
	2. 소전제	한국어는 언어이다.
	3. 결론	따라서 한국어는 의사소통의 수단이다.

19	1. 대전제	모든 국가에는 정부가 있다.
	2. 소전제	대한민국은 국가이다.
	3. 결론	따라서 대한민국에는 정부가 있다.

20	1. 대전제	모든 동물은 생존을 위해 먹는다.
	2. 소전제	사자는 동물이다.
	3. 결론	따라서 사자는 생존을 위해 먹는다.

10 대전제를 대우 명제로 바꿔 결론을 도출한 삼단논법의 예문

01	1. 대전제	B가 아닌 것은 A가 아니다.
	2. 소전제	C는 A이다.
	3. 결론	따라서 C는 B이다.

원래 전제 모든 A는 B이다.

02	1. 대전제	비타민이 없는 것은 과일이 아니다.
	2. 소전제	사과는 과일이다.
	3. 결론	따라서 사과는 비타민이 있다.

원래 전제 모든 과일은 비타민이 있다.

03	1. 대전제	중력을 가지지 않는 것은 물체가 아니다.
	2. 소전제	지구는 물체이다.
	3. 결론	따라서 지구는 중력을 가진다.

원래 전제 모든 물체는 중력을 가진다.

04	1. 대전제	사람의 삶에 필요하지 않은 것은 직업이 아니다.
	2. 소전제	의사는 직업이다.
	3. 결론	따라서 의사는 사람의 삶에 필요하다.

원래 전제 모든 직업은 사람의 삶에 필요하다.

05	1. 대전제	전기를 사용하지 않는 것은 전자제품이 아니다.
	2. 소전제	컴퓨터는 전자제품이다.
	3. 결론	따라서 컴퓨터는 전기를 사용한다.

원래 전제 모든 전자제품은 전기를 사용한다.

제2장 문제 풀이

관련 예시 문제

122 (가)와 (나)를 전제로 할 때 빈칸에 들어갈 결론으로 가장 적절한 것은?

[2025 대비 9급 예시문제(1차)]

> (가) 노인복지 문제에 관심이 있는 사람 중 일부는 일자리 문제에 관심이 있는 사람이 아니다.
> (나) 공직에 관심이 있는 사람은 모두 일자리 문제에 관심이 있는 사람이다.
> 따라서 _____.

① 노인복지 문제에 관심이 있는 사람 중 일부는 공직에 관심이 있는 사람이 아니다
② 공직에 관심이 있는 사람 중 일부는 노인복지 문제에 관심이 있는 사람이 아니다
③ 공직에 관심이 있는 사람은 모두 노인복지 문제에 관심이 있는 사람이 아니다
④ 일자리 문제에 관심이 있지만 노인복지 문제에 관심이 없는 사람은 모두 공직에 관심이 있는 사람이 아니다

풀이와 정답

정답 ①

풀이 두 전제에서 도출하는 결론은 전체 글을 모두 포괄하면서 내용과도 일치해야 한다. 이런 방식을 연역 추론이라고 하며, 전형적인 양식은 '대전제→소전제→결론'의 형식으로 이루어지는 삼단 논법이다. '① 대전제: 모든 M은 P이다. ② 소전제: 모든 S는 M이다. ③ 결론: 모든 S는 P이다.'의 형태로 되어 있다. '① (가) 노인복지 관심 있는 사람 일부(M) → 일자리 문제 관심 없음(P). ② (나) 공직에 관심 있는 사람(S) → 일자리 문제 관심 있음(P).'을 통해 결론인 '③ 따라서 노인복지 관심 있는 사람 일부(M) → 공직에 관심 없음(S).'을 도출할 수 있다. 이때, 원명제인 (나)와 대우 명제의 참과 거짓은 언제나 일치하므로 대우 명제로 바꾸어 판단하면 쉽게 알 수 있다. 원명제인 '공직에 관심이 있는 사람은 모두 일자리 문제에 관심이 있는 사람이다.(P → Q)'를 대우 명제로 바꾸면 '일자리 문제에 관심이 없는 사람은 공직에 관심이 없는 사람이다.(Not Q → Not P)'가 되어 결론을 도출할 수 있다.

결국, 세 문장을 재배열하면 다음과 같다.

> (가) 노인복지 문제에 관심이 있는 사람 중 일부는 일자리 문제에 관심이 있는 사람이 아니다.
> (나) 일자리 문제에 관심이 없는 사람은 공직에 관심이 없는 사람이다.
> 따라서 노인복지 문제에 관심이 있는 사람 중 일부는 공직에 관심이 있는 사람이 아니다.

오답

②, ③: '공직에 관심이 있는 사람은 모두 노인복지 문제에 관심이 있는 사람이다.'로 고쳐야 일치하는 내용이 된다.
④: '일자리 문제에 관심이 있는 사람은 모두 노인복지 문제에 관심이 있고, 모두 공직에 관심이 있는 사람이다.'로 고쳐야 일치하는 내용이 된다.

참고 01 연역 추론(演繹推論): 이미 알고 있는 판단을 근거로 새로운 판단을 유도하는 추론이다. 여기서 이미 알고 있는 판단은 전제, 새로운 판단은 결론이다. 진리가 될 수 있는 가능성을 따지는 귀납 추론과는 달리, 명제들 간의 관계와 논리적 타당성을 따진다. 즉, 연역 추론으로는 전제들로부터 절대적인 필연성을 가진 결론을 이끌어 낼 수 있다.

> [대표적인 연역 추론의 사례]
> ① 모든 사람은 죽는다. ② 소크라테스는 사람이다. ③ 그러므로 소크라테스는 죽는다.
> (= ① 대전제: 모든 M은 P이다. ② 소전제: 모든 S는 M이다. ③ 결론: 모든 S는 P이다.)

참고 02 '벤다이어그램'으로도 확인할 수 있다.

노인복지 문제에 관심이 있는 사람	
일자리 문제에 관심이 없는 사람 = 공직에 관심이 없는 사람	일자리 문제에 관심이 있는 사람 = 공직에 관심이 있는 사람

> [벤 다이어그램(Venndiagram)]
> 수학 부분 집합, 합집합, 교집합 따위의 집합 사이의 연산을 쉽게 설명하기 위하여 나타낸 도식. 영국의 논리학자 벤(Venn, J.)이 고안하였다.

123 다음 글의 밑줄 친 결론을 이끌어내기 위해 추가해야 할 것은? [2025 대비 9급 예시문제(1차)]

> 문학을 좋아하는 사람은 모두 자연의 아름다움을 좋아하는 사람이다. 자연의 아름다움을 좋아하는 어떤 사람은 예술을 좋아하는 사람이다. 따라서 <u>예술을 좋아하는 어떤 사람은 문학을 좋아하는 사람이다.</u>

① 자연의 아름다움을 좋아하는 사람은 모두 문학을 좋아하는 사람이다.
② 문학을 좋아하는 어떤 사람은 자연의 아름다움을 좋아하는 사람이다.
③ 예술을 좋아하는 어떤 사람은 자연의 아름다움을 좋아하는 사람이다.
④ 예술을 좋아하지만 문학을 좋아하지 않는 사람은 모두 자연의 아름다움을 좋아하는 사람이다.

풀이와 정답

정답

풀이 결론을 이끌어 내기 위한 전제가 하나 빠져 있다. 첫 문장인 대전제에서 마지막 문장인 결론에 있는 '문학을 좋아하는 사람'을 도출하기 위해서는 '자연의 아름다움을 좋아하는 사람'과 '문학을 좋아하는 사람'을 연결해야 한다. '따라서' 앞뒤에 '예술을 좋아하는 사람'이 두 번 나오기 때문에 없애고 나머지 두 가지 내용을 결합하면 된다. 참고로, 첫 문장과 정답 ①번의 관계를 '쌍조건 명제'라고 하며, 기호로는 'p ↔ q'라고 표시한다. 'p이면 q이고, q이면 p이다'가 성립된다.
결국, 네 문장을 재배열하면 다음과 같다.

> 1. 문학을 좋아하는 사람은 모두 자연의 아름다움을 좋아하는 사람이다.
> 2. 자연의 아름다움을 좋아하는 어떤 사람은 예술을 좋아하는 사람이다.
> 3. <u>자연의 아름다움을 좋아하는 사람은 모두 문학을 좋아하는 사람이다.</u>
> 4. 따라서 예술을 좋아하는 어떤 사람은 문학을 좋아하는 사람이다.

오답
②, ④: 첫 문장에 '문학을 좋아하는 사람은 모두 자연의 아름다움을 좋아하는 사람이다.'가 있으므로 적절하지 않다.
③: '문학을 좋아하는 사람'에 관한 내용이 나와야 하므로 적절하지 않다.

124 (가)와 (나)를 전제로 결론을 이끌어 낼 때, 빈칸에 들어갈 말로 가장 적절한 것은?

[2025 대비 9급 예시문제(2차)]

> (가) 축구를 잘하는 사람은 모두 머리가 좋다.
> (나) 축구를 잘하는 어떤 사람은 키가 작다.
> 따라서 _____

① 키가 작은 어떤 사람은 머리가 좋다.
② 키가 작은 사람은 모두 머리가 좋다.
③ 머리가 좋은 사람은 모두 축구를 잘한다.
④ 머리가 좋은 어떤 사람은 키가 작지 않다.

풀이와 정답

정답 ①

풀이 집합의 관계 중 부분집합과 교집합을 활용하면 된다. (가) '축구를 잘하는 사람은 모두 머리가 좋다.'라는 명제는 '축구를 잘하는 모든 사람이 머리가 좋다.'는 의미이다. 즉, '축구를 잘하는 사람'이라는 집합은 '머리가 좋은 사람'이라는 집합의 부분집합이다. 그리고 (나) '축구를 잘하는 어떤 사람은 키가 작다.'는 명제는 축구를 잘하는 사람 중에 키가 작은 사람이 존재한다는 의미이다. 즉, '축구를 잘하는 사람' 집합 안에 '키가 작은 사람'이라는 요소가 포함되어 있다는 것이다. 이 두 가지 명제를 종합하여 결론을 이끌어내면 (가)에서 '축구를 잘하는 사람'은 모두 머리가 좋으므로, (나)에서 언급된 '축구를 잘하는 어떤 사람'도 머리가 좋다는 결론을 얻을 수 있다. 따라서 '키가 작은 어떤 사람'이 축구를 잘하는 사람이라면, 그 사람도 머리가 좋다는 결론에 도달할 수 있다. 결론적으로, (가)와 (나)의 명제를 전제로 '키가 작은 어떤 사람은 머리가 좋다.'라는 결론을 도출할 수 있다.

오답 나머지는 모두 (가), (나)를 통해 도출할 수 있는 내용이 아니다.
③: (가)의 '축구를 잘하는 사람은 모두 머리가 좋다.'는 축구를 잘하는 사람들은 머리가 좋다는 것을 의미한다. 하지만 머리가 좋은 사람이 꼭 축구를 잘한다는 것은 아니므로 ③번은 적절하지 않다.

관련 추가 문제

1단계 문제

125 다음 내용을 근거로 하여 내릴 수 있는 결론으로 가장 적절한 것은? [2000 국가직 9급]

> 원자력 발전소는 우리에게 많은 이익을 주지만, 원자 폭탄은 피해가 막심하다. 또 댐을 건설하면 전기를 얻을 수 있지만, 생태계를 고려하지 않으면 자연이 파괴된다.

① 과학은 눈부신 발전을 이룩해 왔고, 앞으로도 끊임없이 발전할 것이다.
② 과학으로 인한 피해가 막심하다는 것을 인식하고, 과학의 발전을 조절해야 한다.
③ 과학의 힘을 잘 이용하면 이로움을 얻을 수 있지만, 잘못 이용하면 우리를 불행하게 만들 수도 있다.
④ 과학은 입증되지 않은 신비한 영역을 부정하지만, 사실로 입증된 것은 지식으로 받아들인다.

풀이와 정답   **정답** ③

풀이 원자력 발전소, 원자 폭탄, 댐 건설 등의 다양한 사례를 통해 과학의 긍정성과 부정성이라는 결론을 귀납적으로 도출하고 있다.
오답 나머지는 전체의 내용을 정리한 결론이 아니다.
참고 연역 추론과 귀납 추론은 〈유형 8. '글의 추론'〉 이론에 자세히 나와 있음.

126 다음 글에서 사용한 추론 방식과 같은 것은? [예상 문제]

> 농사짓는 기술이 정교해지면 차지한 농토가 적으면서도 곡식은 소출(所出)이 많으며, 노력이 덜 들면서도 잘 여물 것이다. 밭을 일구어서 갈고 씨 뿌리고 김매고 낫질하고 벗기는 것으로부터 키질하고 방아 찧고 반죽하고 밥 짓기에 이르기까지 모두 편리하게 되어 노동력이 절감될 것이다.
>
> 베 짜는 기술이 정교해지면 투입되는 물자가 적으면서도 실이 많이 나오고, 작업을 빨리 하면서도 포백(布帛)은 올이 배고 결이 고울 것이다. 물에 담가서 씻고 실을 뽑으며 베를 짜고 표백하는 일로부터 채색으로 물들이고 바느질하는 일에 이르기까지 모두 편리하게 되어 노동력이 절감될 것이다.
>
> 병정(兵丁)의 기술이 정교해지면 공격하고 방어하며 식량을 운반하고 성벽 따위를 수축(修築)하는 모든 일이 속도가 빨라져 위태함을 면할 것이다.
>
> 진실로 그 방법을 다 알아서 힘껏 시행한다면 국가를 부유하게 만들 수 있고, 군대를 강하게 만들 수 있으며, 백성을 잘 살고 수(壽)하게 할 수 있을 터인데, 당장 익숙히 보면서도 도모하지 않는다.

① 모든 곤충이 그러하듯이 개미는 다리가 여섯이다. 그러므로 개미는 곤충이다.
② A 장관도 부동산 투기를 했고, B 장관도 부동산 투기를 했다. C 장관도, D 장관도 그랬다. 그러니까 부동산 투기를 하지 않은 장관들이 없을 것이다.
③ 갑순이는 을순이보다 더 어리고 을순이는 병순이보다 더 어리기 때문에, 갑순이가 세 사람 중 가장 나이가 어리다.
④ 시민 의식이 있는 사람은 껌을 씹고 난 후 길바닥에 내뱉지 않는다. 갑순이는 껌을 씹고 나서 길바닥에 내뱉으므로 시민 의식이 없는 사람이다.

풀이와 정답
정답 ②

풀이 제시된 글은 '농사짓는 기술, 베 짜는 기술, 병정의 기술' 등 구체적 사례들을 전제로 '기술을 발달시키면 국가가 부강해지고 백성을 잘 살게 할 수 있다.'는 일반적 원리를 끌어내고 있다. 따라서 귀납(歸納) 추론을 사용한 것이다. ②번 역시 'A, B, C, D 장관'을 통해 '모든 장관이 부동산 투기를 했다.'는 결론을 끌어내고 있으므로 귀납 추론을 사용하였다.

오답 나머지는 대전제로부터 소전제, 결론을 이끌어 낸 연역(演繹) 추론을 사용하였다.

참고 출처: 정약용, 〈기예론(技藝論)〉

127 ㉠의 논리적 전제로서 가장 직접적인 것은? [예상 문제]

> 중요한 언어적 기반에 공통적인 점이 많음에도 불구하고, 남북한의 언어생활의 현실은 점점 더 이질화의 길을 걸어가고 있는 실정이다. 이러한 이질화는 주로 체제와 이념에 따른 언어관과 언어 정책 등의 차이로 인하여 발생하게 될 것인데, ㉠<u>이는 같은 언어 유산을 물려받은 하나의 민족이라는 시각에서 볼 때에 매우 심각한 문제이다.</u>

① 언어는 문화 창조에 기여한다.
② 언어는 민족과 운명을 같이한다.
③ 언어는 민족 감정을 결정짓는 요소이다.
④ 언어는 소멸해도 민족은 존재한다.

풀이와 정답   정답 ③

풀이 남북한 이질화가 심해지는 현실에 대해 우려를 표하고 있다. 그 이유는 언어는 민족 감정을 좌우하는 중요한 요소이기 때문이다. ㉠에 대해 핵심이 되는 선행 조건을 찾아야 답이 된다.

오답 나머지는 직접적인 전제가 아니며, ②번 역시 '공동 운명체'는 그럴 듯해 보이나 ㉠에 대한 전제로 볼 수 없다. '언어와 민족의 중요성'과 관련된 내용은 맞지만 '언어와 민족이 운명을 같이한다.'는 것은 비약적인 내용이다.

2 단계 문제

128 ㉠과 같은 질문의 전제가 되는 것은? [예상 문제]

> ㉠ 수명이 하루밖에 안 되는 하루살이가 수명이 수십 년이나 되는 인간의 일생을 조사할 수 있을까. 만일 이것이 가능하다면 어떻게 하는 것이 가장 효과적일까. 그들은 한 세대 한 세대 그들이 관측한 결과를 기록으로 남길 수도 있다. 그래서 100년의 기록이 모아지면 대단한 연구 발표회를 성황리에 개최할 수도 있을 것이다.

① 경험하지 못한 것은 말할 수 없다.
② 부분을 모르면 전체도 알 수 없다.
③ 세상일을 모두 파악할 수는 없다.
④ 묻지 않는 것은 대답할 수가 없다.

풀이와 정답   정답 ①

풀이 ㉠과 같이 물어본 이유는 하루살이는 하루밖에 살지 못하기 때문에 인간의 일생을 알 수 없다는 말이다. 즉, 직접 경험해 보지 못했으므로 알 수 없다는 ①번이 논의의 전제가 된다.
오답 나머지는 ㉠과 관계가 없다.

129 다음 중 ㉠의 논리적 전제로 볼 수 없는 것은?

[예상 문제]

> 정보화 사회에서 보다 중요한 것은 뉴미디어의 기술적인 측면이 아니라 그것이 인간에게, 인간을 위해서 어떤 가능성을 줄 수 있느냐 하는 문제라고 할 수 있다. 따라서 ㉠ 어떻게 하면 뉴미디어가 인간에게 긍정적으로 작용할 수 있을 것인가를 탐색하고 고민하는 것이 무엇보다도 필요한 시점이라고 할 수 있다. 그리고 이러한 고민과 탐색에는 몇 가지의 명제가 전제되어야 할 것이다. 그것은 정보화 사회의 논의에는 언제나 인간 중심·인간 존중의 정신이 관철되어야 한다는 것이다. 산업 사회가 인간 소외를 낳았다면 정보 사회에서는 인간 회복이 이루어져야 한다는 대원칙이 확립되어야 하는 것이다. 그러기 위해서는 뉴미디어의 개발이 경제적·문화적으로 가진 자와 못 가진 자의 격차 해소에 이바지할 수 있도록 공공 정책적인 배려가 뒤따라야 할 것이다.

① 뉴미디어는 인간에게 부정적으로 작용할 수도 있다.
② 뉴미디어는 인간 존중의 정신을 본질적 속성으로 지니고 있다.
③ 뉴미디어가 지닌 기능에 대한 연구 노력이 미흡했다.
④ 뉴미디어의 기능은 인간의 노력에 의해 조절될 수 있다.

풀이와 정답

정답 ②

풀이 주장의 전제를 묻는 문제이다. '전제(前提)'는 중심내용에 대한 선행조건이자 논의의 출발점이다. "고통은 쾌락의 전제이다."라고 한 칸트의 말을 예로 들면 '고통(=선행조건=전제)', '쾌락(=주지=결과)'이다. 이 글은 '정보화 사회에서 뉴미디어가 나아가야 할 방향'에 대해 말하면서 글쓴이는 인간 회복을 위한 뉴미디어가 필요하다고 주장하고 있다. 그러나 ②번은 ㉠의 전제로 옳지 않다. '앞으로 인간 존중의 정신이 필요하다'고 했으므로 뉴미디어가 인간 존중의 정신을 본질적 속성을 지니고 있다고 하는 것은 오히려 상반된다고 할 수 있다.

오답 나머지는 뉴미디어가 나아가야 할 방향에 어울리는 논리적 전제이다. 이전에 있었던 문제나 한계를 언급하는 것은 전제로서 타당하고, 인간에게 끼치는 영향력에 대한 내용도 이미 인정된 전제이다.

130 다음 글의 앞부분에 올 수 있는 내용으로 가장 적절한 것은? [예상 문제]

> 대개 성서라고 하면 누구나 종교적인 서적의 하나로 생각한다. 그러나 몰톤은 문학의 삼대 원전의 하나로서 성서를 들고 있다. 모든 사람들이 종교적인 서적이라고 생각하고 있는 성서를 문학의 삼대 원전의 하나라고까지 말하게 된 이유는 어디에 있는 것일까. 문학이 문자로써 표현된 인간의 감정이나 사상이라고 한다면, 성서도 이 유례에서 벗어날 수 없는 것이며, 어떠한 인간의 감정이나 사상보다도 성서 속에 표현된 그것이 보다 깊고 높은 것이라면 성서가 문학으로서 가장 높이 평가되는 이유는 스스로 명백한 것이 된다. 그렇다면 성서는 종교와 문학의 어느 쪽의 영역에 자리 잡은 것이라고 볼 것인가.
> 성서가 종교도 되고 문학도 된다면, 성서는 그 내용에서 종교이고, 그 형식에서 문학인 것이 된다. 이것이 종교와 문학과의 관계를 생각하는 첫 출발이 될 수도 있지 않을까. 즉, 종교는 문학의 사상적 배경이나 기초가 되고 문학은 종교의 표현 형식이나 그 방법이 된다는 것이 그것이다.
> 종교와 문학이 쉽게 말해서 내용과 형식, 또는 목적과 방법의 관계에 있다고 일단 그렇게 본다면 그와 같은 관계의 원인이나 동기는 무엇일까. 왜 종교는 그 표현 형식으로써 문학에 의존하며, 문학은 그 내용적 기초로써 종교를 요구하게 되는 것일까. 신앙은 반드시 미적 감동을 통해서만 형성되며, 미는 반드시 신앙적인 것이 됨으로써 자신을 영속화하는 것이 아닐까.
> 종교나 문학은 그것이 단순한 내용 대 형식, 또는 목적 대 방법의 기계적 상호 이용적인 관계가 아니고, 좀 더 깊은 운명적 관계 속에 있다는 것은 신앙은 미적인 것이며 미는 신앙적인 것이 될 수 있어야 한다는 데 있다고 본다면, 이 양자는 결코 서로 분리되거나 독립될 수는 없는 것이 된다. 종교는 좀 더 문학적인 것이 됨으로써 좀 더 자신을 완성시키는 것이 되며, 문학은 좀 더 종교적인 것이 됨으로써 자신을 완성시키는 것이 된다. 종교가 인간의 정신적 구원에 그 구경의 목적이 있다면 모든 종교는 좀 더 인간적인 것이 되어야 한다. 종교가 인간적인 것이 되어야 한다는 것은 그만치 문학적인 것이 된다는 것을 의미한다. 그것은 문학은 인간의 표현이기 때문에 인간성에 그 기초를 둔 것이기 때문이다. 문학이 인생관이나 세계관을 추구하지 않을 수 없는 이상, 인생관이나 세계관은 구경적으로는 신앙적인 것이 되어야 한다. 이것은 문학은 그가 싫어하든 좋아하든 좀 더 종교적인 것이 되지 않으면 아니 된다는 것을 의미하는 것이 아닌가.

① 성서는 문학과 종교 중 어느 영역에 속하는가?
② 성서를 종교로서 읽더라도 그 미적 형식의 영향을 받는다.
③ 성서를 문학으로 읽더라도 그 감동적인 내용의 영향을 받는다.
④ 종교와 문학은 밀접하게 동화되어 있고 불가분의 관계에 있다.

풀이와 정답

정답 ④

풀이 글의 앞부분에는 전체의 내용을 포괄하는 중심 소재가 와야 한다. 서론 역할을 하는 '종교와 문학의 관계'에 대해 고찰하거나 글의 방향을 제시해 주는 내용이 나오면 된다.

오답 나머지는 구체적인 내용이므로 본론에 해당한다.

참고 출전: 조연현, 〈문학과 종교〉

3단계 문제

131 다음 글로 보아 ㉠과 ㉡의 관계를 바르게 설명한 것은? [예상 문제]

> 플라톤은 최선의 세계를 만들기 위해서 무엇보다 먼저 이 세계에 있는 모든 대상들이 지닌 성질을 정확하게 인식해야만 한다고 보았다. 그런데 대상은 규정되어 있지 않은 것이다. 인간뿐만 아니라 신도 마음대로 어찌지 못하는, 그 자신만의 고유한 성질을 지니고 있다. 따라서 인간의 이성은 그 대상을 인식하기 위하여, 우선 ㉠ 명확히 설명할 수 있는 부분을 오려 내어 하나의 고정치로 확정지어야 한다. 대상의 바로 이런 고정화된 모습을 플라톤은 이데아(idea)라 부른다.
> 플라톤의 이데아는 초기 작품에서는 '개별적 사물의 공통된 모습'으로, 원숙기의 작품에서는 '진정한 존재, 영원불변한 어떤 실체'로 규정된다. '개별적 사물의 공통된 모습'은 무엇을 의미하는가? 인간을 예로 들어 보자. 우리는 인간이 무엇인가를 규정하기 위하여 학생·농부·사업가·정치가 등과 같은 특정의 사람에 대해서가 아니라, 그러한 사람들 모두에 공통적인, 즉 일반적인 인간에 대해서 살펴보게 된다. 따라서 '개별적 사물의 공통된 모습'으로서의 이데아에 대한 규정은 보편자 개념을 통한 규정이고, 그러한 규정은 대상을 단순히 감각적 차원에서 한 번만 경험하고 흘려보내는 일시적인 것이 아니라, 이성적 차원에서 ㉡ 개념 체계의 좌표를 통해 파악하고 정리해 두려는 학문적 인식의 출발점이 된다.

① ㉠은 ㉡을 일반화한 것이다.
② ㉠은 ㉡의 전제이다.
③ ㉡은 ㉠의 수단이다.
④ ㉡은 ㉠의 원인이다.

풀이와 정답

정답 ②

풀이 ㉠과 ㉡의 앞뒤에 힌트가 있다. ㉠은 바로 뒤에 나오듯이 '이데아(idea)'를 말한다. 이데아는 '하나의 고정치로 확정된 것'이라고 할 수 있다. 그리고 이데아에 대한 규정(=㉠)은 ㉡의 출발점이 된다고 했다. 따라서 ㉠은 ㉡처럼 인식하기 위한 전제가 되고, ㉡은 ㉠의 결론이 된다.

오답
①: '일반화(상위 개념)'나 '구체화(하위 개념)'와는 관계가 없다.
③: '수단과 목적'과는 관계가 없다.
④: '원인과 결과'와는 관계가 없다.

참고 출전: 박희영, 〈철학적 세계로의 입문〉(인문 제재)

132 다음 글의 ㉠을 이끌어 내기 위해 추가해야 할 전제로 가장 적절한 것은?

[2024 국가직 7급 PSAT 언어논리]

> 우리는 보고, 듣고, 냄새를 맡는 등 지각적 경험을 한다. 우리가 지각적 경험이 가능한 이유는 이러한 지각을 야기하는 원인이 존재하기 때문이다. 나는 ㉠ 신의 마음이 바로 나의 지각을 야기하는 원인임을 논증을 통해 보이고자 한다.
>
> 이 세상에 존재하는 모든 것은 지각되는 것이고, 그러한 지각을 야기하는 원인이 존재한다. 그러한 원인이 존재한다면 그 원인은 내 마음속 관념이거나 나의 마음이거나 나 이외의 다른 마음 중 하나일 것이다. 하지만 나의 지각을 야기하는 원인은 내 마음속 관념이 아니다. 왜냐하면 지각이 관념의 원인이 될 수는 있지만 관념이 지각을 야기할 수는 없기 때문이다.
>
> 나의 지각을 야기하는 원인은 내 마음도 아니다. 왜냐하면 내 마음이 내 지각의 원인이라면 나는 내가 지각하는 바를 조종할 수 있어야 한다. 예를 들어, 내가 내 앞의 빨간 사과를 보고 있다고 해 보자. 나는 이 사과를 빨간색으로 지각할 수밖에 없다. 아무리 내가 이 사과 색깔을 빨간색 대신 노란색으로 지각하려고 안간힘을 쓰더라도 이를 내 마음대로 바꿀 수는 없다. 그러므로 나의 지각을 야기하는 원인은 나 이외의 다른 마음이다.
>
> 나 이외의 다른 마음은 나 이외의 다른 사람의 마음이거나 사람이 아닌 다른 존재의 마음이다. 다른 사람의 마음이 내 지각을 야기하는 원인이 될 수 없다. 그들이 내가 지각하는 바를 조종할 수는 없기 때문이다. 그러므로 나의 지각을 야기하는 원인은 사람이 아닌 다른 존재의 마음이다.

① 내 마음속 관념이 곧 신이다.
② 사람과 신 이외에 마음을 지닌 존재는 없다.
③ 신의 마음은 나의 마음을 야기하는 원인이다.
④ 감각기관을 통한 지각적 경험은 신뢰할 수 있다.
⑤ 나 이외의 다른 마음만이 내가 지각하는 바를 조종할 수 있다.

풀이와 정답

정답 ②

풀이 결론인 ㉠의 핵심은 '신의 마음'이다. 나의 지각을 야기하는 원인이 왜 '신의 마음'이 될 수밖에 없는지가 핵심 전제가 된다. 제시문에 의하면 '신의 마음 때문에 우리는 지각적 경험을 할 수 있다.'는 전제는 내 마음속 관념도 아니고, 내 마음도 아니다. 따라서 남는 것은 다른 존재의 마음인 '신의 마음'일 뿐이며, 사람과 신만이 마음을 지닌 존재여야 한다. 결국, ②번을 전제로 할 때 ㉠이라는 결론이 나오게 된다.

제시문을 바탕으로 네 문장을 배열하면 다음과 같다.

1. '나'를 포함해 우리 모두는 지각적 경험을 한다.
2. 그런데 내 마음속 관념이 나의 지각을 야기하는 원인이 아니다. 그리고 내 마음이 나의 지각을 야기하는 원인도 아니다.
3. 신과 '나'만이 마음을 지닌 존재이다.
   (= ② 사람과 신 이외에 마음을 지닌 존재는 없다.)
4. 그러므로 ㉠ 신의 마음이 바로 나의 지각을 야기하는 원인이다.
   (= 신의 마음 때문에 우리는 지각적 경험을 할 수 있다.)

오답

①: 내 마음속 관념이 곧 신이라는 내용은 일치하지 않으며, 제시문에서 나의 지각을 야기하는 원인은 내 마음속 관념이 아니라고 했으므로 적절하지 않다.
③: 신의 마음과 나의 마음이 있을 뿐, 둘 사이가 인과적이라고 언급되지 않았다. 따라서 '신의 마음(원인)→나의 마음(결과)'은 일치하지도 않고 결론의 전제로 적절하지도 않다.
④: 결론을 이끌어내는 전제와 관계가 없다.
⑤: 제시문의 마지막 단락에 의하면, '나 이외의 다른 마음'이 '다른 사람의 마음'일 때는 내가 지각하는 바를 조종할 수 없다고 했다. 반면, '다른 존재의 마음(=신의 마음)'일 때는 나의 지각을 야기하는 원인이 된다. 따라서 ⑤번은 글의 내용과 일부는 일치하고, 일부는 일치하지 않으며, ㉠의 전제와도 관계가 없다.

133 다음 글의 〈논증〉에 대한 분석으로 적절한 것만을 〈보기〉에서 모두 고르면?

[2022 국가직 7급 PSAT 언어논리]

우리는 죽음이 나쁜 것이라고 믿는다. 죽고 나면 우리가 존재하지 않기 때문이다. 루크레티우스는 우리가 존재하지 않기 때문에 죽음이 나쁜 것이라면 우리가 태어나기 이전의 비존재도 나쁘다고 말해야 한다고 생각했다. 그러나 우리는 태어나기 이전에 우리가 존재하지 않았다는 사실에 대해서 애석해 하지 않는다. 따라서 루크레티우스는 죽음 이후의 비존재에 대해서도 애석해 할 필요가 없다고 주장했다. 다음은 이러한 루크레티우스의 주장을 반박하는 논증이다.

〈논 증〉

우리는 죽음의 시기가 뒤로 미루어짐으로써 더 오래 사는 상황을 상상해 볼 수 있다. 예를 들어, 50살에 교통사고로 세상을 떠난 누군가를 생각해 보자. 그 사고가 아니었다면 그는 70살이나 80살까지 더 살 수도 있었을 것이다. 그렇다면 50살에 그가 죽은 것은 그의 인생에 일어날 수 있는 여러 가능성 중에 하나였다. 그런데 ㉠ 내가 더 일찍 태어나는 것은 상상할 수 없다. 물론, 조산이나 제왕절개로 내가 조금 더 일찍 세상에 태어날 수도 있었을 것이다. 하지만 여기서 고려해야 할 것은 나의 존재의 시작이다. 나를 있게 하는 것은 특정한 정자와 난자의 결합이다. 누군가는 내 부모님이 10년 앞서 임신할 수 있었다고 주장할 수도 있다. 그러나 그랬다면 내가 아니라 나의 형제가 태어났을 것이다. 그렇기 때문에 '더 일찍 태어났더라면'이라고 말해도 그것이 실제로 내가 더 일찍 태어났을 가능성을 상상한 것은 아니다. 나의 존재는 내가 수정된 바로 그 특정 정자와 난자의 결합에 기초한다. 그러므로 ㉡ 내가 더 일찍 태어나는 일은 불가능하다. 나의 사망 시점은 달라질 수 있지만, 나의 출생 시점은 그렇지 않다. 그런 의미에서 출생은 내 인생 전체를 놓고 볼 때 하나의 필연적인 사건이다. 결국 죽음의 시기를 뒤로 미뤄 더 오래 사는 것은 가능하지만, 출생의 시기를 앞당겨 더 오래 사는 것은 불가능하다. 따라서 내가 더 일찍 태어나지 않은 것은 나쁜 일이 될 수 없다. 즉 죽음 이후와는 달리 ㉢ 태어나기 이전의 비존재는 나쁘다고 말할 수 없다.

─── 〈보기〉 ───
ㄱ. 냉동 보관된 정자와 난자가 수정되어 태어난 사람의 경우를 고려하면, ㉠은 거짓이다.
ㄴ. ㉠에 "어떤 사건이 가능하면, 그것의 발생을 상상할 수 있다."라는 전제를 추가하면, ㉡을 이끌어 낼 수 있다.
ㄷ. ㉢에 "태어나기 이전의 비존재가 나쁘다면, 내가 더 일찍 태어나는 것이 가능하다."라는 전제를 추가하면, ㉡의 부정을 이끌어 낼 수 있다.

① ㄱ
② ㄷ
③ ㄱ, ㄴ
④ ㄴ, ㄷ
⑤ ㄱ, ㄴ, ㄷ

풀이와 정답

정답 ⑤

풀이 'ㄱ'(O): 나를 있게 하는 것은 특정 정자와 난자의 결합인데 만약 부모님이 정자와 난자를 냉동 보관하여 내가 태어나기 전에 더 일찍 태어날 수 있었다면, 내가 더 일찍 태어나는 것은 상상할 수 있다. 따라서 상상할 수 없다고 말한 ㉠은 거짓이 된다. 결국, 'ㄱ'은 〈논증〉에 대한 분석으로 적절하다.

'ㄴ'(O): 'A→B. B→C(=~C→~B). 따라서 A→C' 유형에 해당하므로 적절한 분석이다.
세 문장으로 정리하면 다음과 같다.

> 1. ㉠ 내가 더 일찍 태어나는 것은('A') 상상할 수 없다('B').
> 2. 어떤 사건이 가능하면(~C), 그것의 발생을 상상할 수 있다(~B).(=어떤 사건의 발생을 상상할 수 없으면('B'), 그 사건은 불가능하다('C').)
> 3. ㉡ (따라서) 내가 더 일찍 태어나는 일은('A') 불가능하다('C').

'ㄷ'(O): 'A→B. B→C. 따라서 A→C' 유형에 해당하므로 적절한 분석이다.
세 문장으로 정리하면 다음과 같다.

> 1. ㉢ 태어나기 이전의 비존재는 나쁘다.
> 2. 태어나기 이전의 비존재가 나쁘다면, 내가 더 일찍 태어나는 것이 가능하다.
> 3. (따라서) 내가 더 일찍 태어나는 일은 가능하다.(=㉡의 부정)

제 13 유형 / 15개 문제 유형

1차, 2차 예시문제를 기반으로 한 **15개 문제 유형 집중 분석!**

新유형 9급 국가직·지방직·지역인재 시험대비

'개요 작성' 유형

01 / 이론 정리

02 / 문제 풀이
    1 관련 예시문제 풀이
    2 관련 추가 문제
        └ 1단계
        └ 2단계
        └ 3단계

天 衣 無 縫
정 상 국 어

제 1 장 이론정리

> **문제 사례**
>
> 1. 〈지침〉에 따라 〈개요〉를 작성할 때 ㉠~㉣에 들어갈 내용으로 적절하지 않은 것은? (1차 예시. 8번)

> **유형 13**
>
> '개요 작성' 유형은 주어진 글이나 주제에 대해 핵심 내용을 정리하고 구조화하는 능력을 평가하는 유형의 문항이다. 우선, 주어진 글의 주제가 무엇인지 파악하는 것이 중요하다. 이를 위해 글의 제목과 서론, 결론을 주의 깊게 읽어보아야 한다. 다음으로, 글의 구조를 분석한다. 글이 어떤 방식으로 전개되는지, 각 문단의 역할은 무엇인지 살펴본다. 마지막으로, 각 선택지를 서론, 본론, 결론의 역할과 관련하여 분석한다. 각 부분에 적합한 내용인지, 혹은 부적절한 내용인지 판단한다. 특히 본론과 결론의 흐름과 논리적 연결을 고려해 누락된 부분이 없는지, 불필요한 내용이 들어 있는지 파악하면 정답을 빠르게 도출할 수 있다. 이러한 방법을 통해 개요 작성 유형의 문제를 보다 효율적으로 해결할 수 있다.

1 '개요 작성' 문제를 잘 푸는 방법

1. 주제 이해하기

개요의 중심이 되는 주제를 정확히 이해하고, 핵심 내용을 파악한다. 주제와 관련된 핵심어를 정리한다.

2. 구조화하기

개요는 일반적으로 서론, 본론, 결론으로 나누어진다. 각 부분에 필요한 내용을 미리 파악한다.
(1) **서론**: 주제 소개 및 방향성 제시
(2) **본론**: 주요 논점 및 세부 사항 제시, 원인 분석 예 A와 B
(3) **결론**: 해결 방안, 요약 및 최종 의견 예 A'와 B'

3. 내용의 적절성 판단하기

각 부분에 들어갈 내용이 주제와 잘 연결되어 있는지, 논리적으로 흐름이 자연스러운지 평가한다. 필요한 경우, 내용이 중복되거나 불필요한 부분은 제거한다.

4. 서론의 역할 이해하기

서론은 주제를 소개하고, 문제의 중요성을 강조하며, 독자의 관심을 끌어야 한다. 따라서 서론에 들어갈 내용은 주제에 대한 간략한 설명과 목적이 포함되어야 한다.

5. 본론의 구조 파악하기

본론은 주제에 대한 구체적인 설명과 논증이 포함된다. 여러 가지 관점이나 사례를 제시하며, 주장을 뒷받침하는 근거를 제시하는 것이 중요하다. 원인 분석 문제라면 'A, B' 등이 분석적으로 제시되어야 한다.

6. 결론의 기능 이해하기

결론은 논의의 요약과 최종적인 의견 또는 제안을 포함해야 한다. 해결 방안 문제라면 본론과 유기적으로 연결되어 'A', B" 등으로 대응되어야 한다. 따라서 결론은 본론에서 다룬 내용을 정리하고, 주제를 명확히 해야 한다.

7. 주어진 선택지 분석

각 선택지를 서론, 본론, 결론의 역할과 관련하여 분석한다. 각 부분에 적합한 내용인지, 혹은 부적절한 내용인지 판단한다. 예를 들어, 서론에서 다룰 수 없는 세부적인 내용이 본론에 포함되어야 한다면, 그것은 서론에 적절치 않은 내용이다.

2 '〈지침〉에 따른 〈개요〉 작성' 문제를 잘 푸는 방법

1. 지침 이해하기

문제에서 주어진 지침을 꼼꼼히 읽고, 요구하는 내용이 무엇인지 파악한다. 지침은 개요 작성의 방향성을 제시하므로, 이를 정확히 이해하는 것이 중요하다.

2. 개요 구조 파악하기

개요의 일반적인 구조(주제, 목적, 내용 요약 등)를 알고 있어야 한다. 각 항목이 어떤 역할을 하는지 이해하면, 적절한 내용을 선택하는 데 도움이 된다.

3. 〈보기〉 분석하기

제시된 ㉠~㉣의 내용을 하나하나 분석한다. 각 내용이 지침에 부합하는지, 개요의 목적과 일치하는지를 평가한다.

4. 적절하지 않은 내용 찾기

각 〈보기〉의 내용을 바탕으로, 〈지침〉의 맥락과 맞지 않거나 개요 작성에 필요 없는 내용을 찾아낸다. 이 과정에서 논리적 비약이나 주제에서 벗어난 경우를 주의 깊게 살펴보아야 한다.

5. 최종 확인

선택한 답이 정말로 부적절한지 다시 한번 확인한다. 다른 〈보기〉와 비교하여 논리적으로 맞지 않거나, 주제를 벗어난 부분이 있는지 검토한다.

제2장 문제 풀이

관련 예시 문제

134 〈지침〉에 따라 〈개요〉를 작성할 때 ㉠~㉣에 들어갈 내용으로 적절하지 않은 것은?

[2025 대비 9급 예시문제(1차)]

〈지 침〉

○ 서론은 중심 소재의 개념 정의와 문제 제기를 1개의 장으로 작성할 것.
○ 본론은 제목에서 밝힌 내용을 2개의 장으로 구성하되 각 장의 하위 항목끼리 대응되도록 작성할 것.
○ 결론은 기대 효과와 향후 과제를 1개의 장으로 작성할 것.

〈개 요〉

○ 제목: 복지 사각지대의 발생 원인과 해소 방안
Ⅰ. 서론
  1. 복지 사각지대의 정의
  2. ㉠
Ⅱ. 복지 사각지대의 발생 원인
  1. ㉡
  2. 사회복지 담당 공무원의 인력 부족
Ⅲ. 복지 사각지대의 해소 방안
  1. 사회적 변화를 반영하여 기존 복지 제도의 미비점 보완
  2. ㉢
Ⅳ. 결론
  1. ㉣
  2. 복지 사각지대의 근본적이고 지속가능한 해소 방안 마련

① ㉠: 복지 사각지대의 발생에 따른 사회 문제의 증가
② ㉡: 사회적 변화를 반영하지 못한 기존 복지 제도의 한계
③ ㉢: 사회복지 업무 경감을 통한 공무원 직무 만족도 증대
④ ㉣: 복지 혜택의 범위 확장을 통한 사회 안전망 강화

풀이와 정답

정답 ③

풀이 〈지침〉에 의하면 제목에서 밝힌 내용이 본론의 각 장에서 대응되어야 한다. 발생 원인 중 '2. 담당 공무원의 인력 부족'이 있기 때문에 ⓒ에서 '담당 공무원의 인력 증원(增員)'으로 해소 방안이 나와야 한다. 그런데 ③번은 '업무 경감을 통한 만족도 증대'이므로 적절하지 않다.

오답 나머지는 〈지침〉에 따라 서론, 본론, 결론의 내용이 적절하게 들어가 있다.

관련 추가 문제

1 단계 문제

135 〈지침〉에 따라 〈보고서〉를 작성할 때, (가)~(라)에 들어갈 내용으로 적절하지 않은 것은?

[2024 지역인재 9급(국가직)]

― 〈지 침〉 ―

○ 서론은 중심 소재의 개념 정의와 문제 제기를 2개의 절로 작성할 것
○ 본론은 2개의 장으로 구성하되 각 장의 하위 항목끼리 대응되도록 작성할 것
○ 결론은 기대 효과와 향후 과제를 2개의 절로 작성할 것

― 〈보고서〉 ―

디지털 격차 해소를 위한 방안

Ⅰ. 서론
　1. 디지털 격차의 정의 및 구체적 사례
　2. _____(가)_____
Ⅱ. 디지털 격차의 발생 원인
　1. _____(나)_____
　2. 경제 수준에 따른 디지털 기기 보급률 차이
Ⅲ. 디지털 격차의 해소 방안
　1. 노인 맞춤형 디지털 기술 교육을 통한 역량 강화
　2. _____(다)_____
Ⅳ. 결론
　1. 디지털 격차 완화로 인한 공동체 통합 효과
　2. _____(라)_____

① (가) - 디지털 격차 심화에 따른 사회적 문제 증가
② (나) - 고령 인구의 디지털 기술에 대한 이해 부족
③ (다) - 공공기관을 통한 디지털 기술 활용 우수 사례 전파
④ (라) - 디지털 격차의 해소를 위한 맞춤형 정책 발굴

풀이와 정답

정답 ③

풀이 (다)는 'Ⅲ. 디지털 격차의 해소 방안'으로, 'Ⅱ. 디지털 격차의 발생 원인' 중 '2. 경제 수준에 따른 디지털 기기 보급률 차이'와 대응되어야 한다. 그렇다면 '저소득층에 대한 정부의 디지털 기기 제공'이나 '공공 와이파이 확대' 등이 들어가야 한다. 그러나 ③번의 '공공기관을 통한 디지털 기술 활용 우수 사례 전파'는 'Ⅱ. 발생 원인'과 대응되는 해소 방안이 아니므로 적절하지 않다.

오답 나머지는 모두 디지털 격차와 관련된 〈지침〉에 따른 내용으로 적절하다.

136 프레젠테이션을 위해 단계별로 내용을 조직한다고 할 때 (가), (나)에 들어갈 내용으로 적절한 것은?

[2012 기상직 9급]

도입 단계	전개 단계	정리 단계
*청중의 관심 환기 * (가) *발표의 순서 소개	*대상을 체계적으로 설명 *대상의 원인, 해결 방식 제시 *대상의 장단점 비교	*발표 내용의 요약 * (나) *구체적인 행동 촉구

　　　　(가)　　　　　　　　(나)
① 발표의 논거 제시　　　발표의 의의와 효과
② 발표의 주제와 목적　　핵심 내용 반복 강조
③ 청중과의 질의응답　　대상의 범위 제시
④ 발표 내용에 대한 부연　대상과 관련된 일화 소개

풀이와 정답　　　　　　　　　　　　　　　　　　**정답** ②

풀이 도입 단계에는 발표의 주제와 목적을 먼저 말함으로써 방향을 명확하게 제시해야 한다. 그리고 정리 단계에서는 핵심 내용을 반복 강조해 주제를 각인(刻印)시키며 마무리해야 한다.

2 단계 문제

137 ㉠~㉣에 들어갈 말로 적절하지 않은 것은? [2021 지방직 7급]

> 제목: ○○ 청소기 관련 고객 만족도 제고 방안
> Ⅰ. 고객 불만 현황
>   1. ㉠
>   2. 인터넷 고객 문의 접수 및 처리 지연
> Ⅱ. ㉡
>   1. 해외 공장에서 제작한 모터 품질 불량
>   2. 인터넷 고객 지원 서비스 시스템의 잦은 오류
> Ⅲ. ㉢
>   1. 동종 제품 전량 회수 후 수리 또는 신제품으로 교환
>   2. 고객 지원 서비스 시스템 최신화 및 관리 인력 충원
> Ⅳ. ㉣
>   1. 제품에 대한 고객 민원 해결 및 회사 이미지 제고
>   2. 품질 결함 최소화를 위한 품질 관리 체계의 개선 방향

① ㉠: 소음 과다 및 흡입력 미흡
② ㉡: 고객 불만 발생의 원인
③ ㉢: 고객 지원 센터의 지원 인력 부족
④ ㉣: 기대 효과와 향후 과제

풀이와 정답

정답 ③

풀이 ㉢에는 '고객 불만의 해결 방안'이 들어가야 한다. ㉡에 들어가는 '고객 불만 발생의 원인'을 바탕으로 대응 방안이 제시되어야 하기 때문이다. 참고로, ③번의 내용인 '고객 지원 센터의 지원 인력 부족'은 원인인 Ⅱ에 들어가야 한다.

138 다음은 '문화 산업을 육성하자'라는 주제로 글을 쓰기 위해 작성한 개요이다. 이 개요를 수정하기 위해 제기한 의견으로 가장 적절하지 않은 것은? [2014 경찰직 9급]

> ■ 주제: 문화 산업을 육성하자.
> Ⅰ. 도입: 문화 산업이 미래를 이끌어갈 차세대 산업으로 부상하고 있다.
> Ⅱ. 전개 1: 문화 산업 발전을 육성하기 위한 방안
>   (가) 창의적인 아이디어를 펼칠 수 있는 예술 창작 기회의 마련
>   (나) 지적 재산권 보호를 통해 예술가들의 창작 의지를 고취
>   (다) 예술적 아이디어와 상업적 자본의 결합을 통한 대형 예술 기획 체제 마련
> Ⅲ. 전개 2: 문화 산업을 육성시켜야 하는 이유
>   (가) 전통적인 경제 체제에서의 수익을 능가하는 경제적 이익
>   (나) 문화 산업은 고부가가치 고성장 산업
>   (다) 타 산업에 대한 파급효과가 크고 국가 이미지 제고에도 기여
> Ⅳ. 요약 및 마무리: 문화 산업을 발전시키기 위한 국민적 공감대 형성 당부

① 주제가 분명히 드러날 수 있도록 '문화 산업을 육성하자.'를 '문화 산업을 육성하기 위한 대책을 마련하자.'로 바꾼다.
② 'Ⅰ. 도입'에 '한류 문화가 우리나라 경제에 미치는 파급 효과나 세계 문화에 끼치는 영향력' 등의 예를 들어 흥미를 유발시킨다.
③ 'Ⅱ. 전개 1'의 '(다)'는 이 글의 취지와 맞지 않으므로 삭제한다.
④ 글의 전체 흐름에 맞추어 볼 때, 'Ⅱ. 전개 1'과 'Ⅲ. 전개 2'의 내용은 순서를 바꾼다.

풀이와 정답　　　　　　　　　　　　　　　　　　　　　　　정답 ③

풀이 'Ⅱ. 전개 1'의 '(다)'는 문화 산업 발전을 육성하기 위한 적절한 방안에 해당하므로 삭제하지 않고 그대로 두어야 한다. 'Ⅲ. 전개 2'의 '(다)'를 고려했을 때 일관성이 있다.
오답 나머지는 개요를 수정하기 위해 제기한 의견으로 적절하다.

139 다음을 고려한 보고서 작성 방안으로 적절하지 않은 것은? [2019 지방직 7급]

> ○ 주제: 주거지의 관광 명소화에 따른 문제점과 개선 방안
> ○ 목적: 북촌 한옥 마을, 이화 마을 등의 주거 지역에 관광객이 몰리면서 기존 거주민의 쾌적한 주거 환경이 위협받는 문제에 대한 개선 방안을 마련하고자 한다.

① 외국의 유사한 정책 사례를 조사하고 시사점을 도출한다.
② 대상 지역에 주소지를 둔 관광 업체의 경영 실태 및 매출 실적을 분석한다.
③ 전문가 자문 회의와 주민 토론회를 열어 개선 방안에 대한 다양한 의견을 수렴한다.
④ 대상 지역 주민들과의 면담을 통해 피해 사례를 조사하고 일정한 기준에 따라 유형화한다.

풀이와 정답

정답 ②

풀이 '주거지의 관광 명소화에 따른 문제점과 개선 방안'이라는 주제를 고려해야 하고, '기존 거주민에 대한 대책'이 중심이어야 한다. 그런데 ②번의 '관광 업체의 경영 실태 및 매출 실적'은 주제나 목적에 어울리지 않으므로 적절하지 않다.

3 단계 문제

140 다음은 탑골공원에 대한 실태 보고서의 목차이다. ㉠~㉣ 중 가장 적절하지 않은 것은?

[2024 군무원 9급]

> 1. 서론
> 2. 탑골공원의 지리적 조건
>   1) 교통편과 주차 시설
>   2) ㉠ 편의 시설과 주변 상가
>   ㉡ 인근 공원의 위치와 거리
> 3. 탑골공원 이용객의 실태
>   1) 연령대별 이용 시간
>   2) ㉢ 선호하는 공원 시설 및 행사
>   3) ㉣ 노약자를 위한 시설 관리 대책
> 4. 결론

① ㉠
② ㉡
③ ㉢
④ ㉣

풀이와 정답
정답 ④

풀이 ㉣ '노약자를 위한 시설 관리 대책'은 '실태(實態. 현재 상태)'가 아니다. ㉣은 본론이 아니라 결론에 들어가야 한다.

오답 ①, ②: ㉠과 ㉡은 지리적 조건에 해당하므로 적절하다.
③: ㉢은 이용객의 실태에 해당하므로 적절하다.

141 다음은 신문 기사의 일부이다. 〈보기〉를 참고할 때 ㉠~㉣에 대한 설명으로 가장 적절한 것은?

[2019 지방직 7급]

㉠ 별 헤는 밤

㉡ - 울산과 부산서 11·12일 별 축제 열려 -

㉢ 11일과 12일 저녁 울산과 부산에서 가을밤 별자리를 관찰할 수 있는 축제가 잇따라 펼쳐진다.
㉣ 울산광역시와 한국천문연구원은 11일 오후 5시부터 한국우주전파관측망(KVN) 울산전파천문대에서 '울산전파천문대와 함께하는 대한민국 별 축제'를 연다. 이 축제는 울산광역시 생활과학교실과 한국아마추어천문학회가 주관해 2010년부터 해마다 여는, 청소년을 위한 과학 문화 축제이다. … (하략)

- ○○신문, 20○○. ○○. ○○. -

〈보기〉

신문 기사에서 '전문'은 기사의 내용을 요약하여 제시한 부분으로, 대체로 육하원칙에 의거하여 기사 내용의 뼈대를 제공한다. 이는 본문을 요약하는 전문, 배경을 설명하는 전문, 여론을 환기하는 전문, 결과를 제시하는 전문 등으로 나눌 수 있다.

① ㉠: 기사 내용을 요약 제시한 전문이다.
② ㉡: 사건의 결과와 함께 원인을 제시한다.
③ ㉢: 육하원칙의 몇몇 요소로 기사의 요지를 제시한다.
④ ㉣: 대중의 관심을 환기하는 전문에 해당한다.

풀이와 정답　　　　　　　　　　　　　　　**정답** ③

풀이 ㉢은 육하원칙(누가, 언제, 어디서, 무엇을, 왜, 어떻게)을 통해 기사의 요지를 제시한 전문(前文)이다. 전문은 제목과 본문 중간에 따로 단락을 만들어서 기사 전체 내용을 간략하게 간추린 글이다.

오답
①: ㉠은 신문 기사의 제목을 나타내는 표제(標題/表題)이다.
②: ㉡은 표제에 덧붙여 그것을 보충하는 제목인 부제(副題)이다.
④: ㉣은 구체적인 기사 내용인 본문(本文)이다.

142 다음은 '청소년의 디지털 중독의 폐해와 해결 방안'이라는 주제로 글을 쓰기 위한 개요이다. 수정·보완하기 위한 방안으로 적절하지 않은 것은?

[2014 국가직 9급]

> Ⅰ. 서론: 청소년 디지털 중독의 심각성
> Ⅱ. 본론
>   1. 청소년 디지털 중독의 폐해 ··· ㉠
>   가. 타인과의 관계를 원활하게 하지 못하는 사회 부적응 야기
>   나. 다양한 기능과 탁월한 이동성을 가진 디지털 기기의 등장 ············ ㉡
>   2. 청소년 디지털 중독에 영향을 미치는 요인
>   가. 디지털 중독의 심각성에 대한 개인적, 사회적 인식 부족
>   나. 뇌의 기억 능력을 심각하게 퇴화시키는 디지털 치매의 심화 ············ ㉢
>   다. 신체 활동을 동반한 건전한 놀이를 위한 시간 및 프로그램의 부족
>   라. 자극적이고 중독적인 디지털 콘텐츠의 무분별한 유통
>   3. 청소년 디지털 중독을 해결하기 위한 방안
>   가. 디지털 중독의 심각성에 대한 교육과 홍보를 위한 전문 기관 확대
>   나. 학교, 지역 사회 차원에서 신체 활동을 위한 시간 및 프로그램의 확대
>   다. (   ) ·· ㉣
> Ⅲ. 결론: 청소년 디지털 중독을 줄이기 위한 개인적, 사회적 노력의 촉구

① ㉠의 하위 항목으로 '우울증이나 정서 불안 등의 심리적 질환 초래'를 추가한다.
② ㉡은 'Ⅱ-1'과 관련된 내용이 아니므로 삭제한다.
③ ㉢은 'Ⅱ-2'의 내용과 어울리지 않으므로, 'Ⅱ-1'의 하위 항목으로 옮긴다.
④ ㉣에는 'Ⅱ-2'와의 관련성을 고려하여 '청소년을 대상으로 디지털 기기의 사용 시간 제한'이라는 내용을 넣는다.

풀이와 정답   **정답** ④

풀이 ㉣에는 Ⅱ-2.의 '라'를 고려한 내용이 나와야 한다. 즉, '자극적이고 중독적인 디지털 콘텐츠의 무분별한 유통'과 관련된 내용을 고려하여 '자극적이고 중독적인 디지털 콘텐츠의 유통에 대한 관리 및 감시' 등과 같은 사회적 노력으로 고쳐야 한다.

제 14 유형 / 15개 문제 유형

1차, 2차 예시문제를 기반으로 한 15개 문제 유형 집중 분석!

新유형 9급 국가직·지방직·지역인재 시험대비

'문법 독해' 유형

01 / 이론 정리

02 / 문제 풀이
1 관련 예시문제 풀이
2 관련 추가 문제
  └ 1단계
  └ 2단계
  └ 3단계

天衣無縫
정상국어

제 1 장 이론정리

> **문제 사례**
> 1. 다음 글(문법)에서 추론한 내용으로 적절하지 않은 것은? (1차 예시. 2번)
> 2. 다음 글(문법)의 ㉠의 사례가 포함되어 있지 않은 것은? (1차 예시. 3번)

> **유형 14**
> '문법 독해' 유형은 문법 이론과 비문학 지문을 연계한 유형의 문항이다. 문법 지식을 비문학 형태로 출제하는 이유는 문법 능력을 확인하되, 독해 능력까지 복합적으로 요구하기 때문이다. 비문학 형태의 문법 문제는 문법 지식이 단순한 암기를 넘어 실제 언어 사용에 어떻게 연결되는지를 강조함으로써, 학생들이 보다 깊이 있는 언어 이해를 할 수 있게 한다. 또한, 비문학 지문을 통해 학생들은 문맥 속에서 문법 규칙이 어떻게 작용하는지를 이해할 수 있으며, 이는 문법 학습의 효과성을 높이며 독해 능력을 향상시키는 데에 기여한다.
> 따라서 기본 문법 규칙을 우선적으로 철저히 이해해야 한다. 단어의 형성, 품사, 문장의 구조, 사동과 피동, 높임 표현 등 문법의 기본 개념을 확실히 숙지하고 있어야 문제를 빠르게 해결할 수 있다. 다음으로, 비문학 독해가 바탕이 되어야 하므로 글의 핵심 정보를 정확하게 파악하고 분석하는 능력을 꾸준히 향상하는 것이 중요하다.

1 '문법 독해' 문제를 잘 푸는 방법

1. 지문 분석
전체적인 내용을 읽으며 주제와 핵심 내용을 파악한다. 문법적 요소가 비문학 제시문에서 어떻게 진술되는지 이해하는 것이 중요하다. 지문과 문장의 흐름을 고려해 적절한 문법적 요소를 찾아야 한다.

2. 문법 이론 다지기
문법의 기본 개념을 확실히 이해해야 한다. 주요 문법 용어를 정확히 숙지하고, 각 용어의 역할을 명확히 한다. 예를 들어, '합성어와 파생어', '어간과 어미' 등 대비되는 문법 개념을 구별할 줄 알아야 한다.

3. 추론 능력 기르기
주어진 문법 정보로부터 새로운 정보를 추론하는 연습을 한다. 예를 들어, 문맥을 통해 문법 의미를 파악하거나, 특정 문장이 다른 문장과 어떻게 연결되는지를 분석한다.

4. 예문 활용

다양한 예문을 통해 문법 규칙을 익히고, 실제 문제에 적용해 본. 자주 출제되는 문법 사항에 대한 연습이 필요하다.

5. 문제 유형 파악

문법과 독해가 연계된 복합 문제의 유형을 익히고, 자주 출제되는 패턴을 이해한다. 이를 통해 문제를 풀 때 빠르게 접근할 수 있다.

6. 정기적인 복습

문법 규칙과 문제 유형에 대한 정기적인 복습을 통해 기억을 강화한다. 특히, 틀리기 쉬운 문법 부분을 집중적으로 복습하는 것이 좋다.

2 국어 문법 영역에서 시험에 자주 출제되는 10가지 항목

1. **음운:** ① 소리의 최소 단위 ② 음운의 종류 ③ 음운의 변동(교체, 축약, 탈락, 첨가)

2. **형태소:** ① 의미를 가지는 가장 작은 단위 ② 형태소의 종류(자립/의존, 실질/형식)

3. **단어:** ① 자립성의 최소 단위+조사 ② 단어의 개수와 종류

4. **단어의 형성 방법:** ① 단일어와 복합어 ② 합성어(어근+어근)와 파생어(어근+접사) ③ 통사적 합성어와 비통사적 합성어

5. **품사:** ① 단어의 갈래 ② 품사의 의미(9품사), 기능, 형태 ③ 품사의 통용

6. **용언의 활용:** ① 동사와 형용사의 활용(어간/어미, 규칙/불규칙 활용) ② 어미의 종류

7. **문장 구조:** ① 문장의 개념 ② 문장 성분(7성분)

8. **문장의 짜임:** ① 홑문장과 겹문장 ② 절(節)과 이어진 문장

9. **사동과 피동:** ① 사동형의 형성 및 용법 ② 피동형의 형성 및 용법

10. **높임 표현:** ① 주체 높임, 상대 높임, 객체 높임 ② 직접 높임, 간접 높임

> **참고** 그 이외 문법 영역
> ① 주의해야 할 문법적 오류 ② 올바른 어법 ③ 조사와 의존 명사 구별 ④ 이형태(조사, 어간, 어미) 등

3 음운론

1. **음운(音韻):** 어떤 음성의 공통적인 요소만을 뽑아서 머릿속에서 같은 소리로 인식하는 추상적인 말소리를 '음운(音韻)'이라고 한다.

2. **음운의 종류:** 분절 음운(=음소=자음과 모음)과 비분절 음운(=운소=음의 장단)

3. **국어의 음운:** 총 40개(자음 19개, 모음 21개)

    (1) **자음:** 폐에서 나오는 공기가 어딘가에 닿아서 나는 소리이다.

소리 내는 방법			소리 나는 위치	입술 (양순음)	혀끝 (치조음)	센입천장 (경구개음)	여린입천장 (연구개음)	목청 (후두음)
무성음	파열음	예사소리		ㅂ	ㄷ		ㄱ	
		된소리		ㅃ	ㄸ		ㄲ	
		거센소리		ㅍ	ㅌ		ㅋ	
	파찰음	예사소리				ㅈ		
		된소리				ㅉ		
		거센소리				ㅊ		
	마찰음	예사소리			ㅅ			ㅎ
		된소리			ㅆ			
유성음	비음			ㅁ	ㄴ		ㅇ	
	유음				ㄹ			

    (2) **모음:** 폐에서 나오는 공기가 어딘가에 닿지 않고 그대로 입을 통과하는 소리이다.

혀의 높낮이	혀의 앞뒤 입술모양	전설모음		후설모음	
		평순모음	원순모음	평순모음	원순모음
고모음		ㅣ	ㅟ	ㅡ	ㅜ
중모음		ㅔ	ㅚ	ㅓ	ㅗ
저모음		ㅐ		ㅏ	

4. **음운의 변동**

    (1) **음운 변동의 유형**

    음운 변동은 형태소의 결합 환경에 따라 음운이 변하는 것을 말한다. 예를 들어, '꽃+만'은 [꼰만]으로 발음이 되듯이, 어떤 형태소가 다른 형태소와 결합할 때 그 환경에 따라 발음이 달라지는 현상을 음운의 변동이라고 한다.

    음운 변동은 그 결과에 따라 한 음운이 다른 음운으로 바뀌는 교체(交替), 원래 있던 음운이 없어지는 탈락(脫落), 없던 음운이 추가되는 첨가(添加), 두 개의 음운이 합쳐져서 하나로 되는 축약(縮約) 등으로 분류할 수 있다.

① 교체(交替): 한 음운이 다른 음운으로 바뀌는 현상. '대치(代置)'라고도 한다. (음절의 끝소리 규칙, 비음화, 유음화, 구개음화, 된소리되기)
② 축약(縮約): 둘 이상의 음운이나 음절이 하나의 음운으로 줄어드는 현상. (자음 축약, 모음 축약)
③ 탈락(脫落): 두 음운 중 어느 하나가 사라지는 현상. (자음 탈락, 모음 탈락)
④ 첨가(添加): 형태소가 합성될 때 그 사이에 별도의 음운이 덧붙는 현상. ('ㄴ' 첨가, 반모음 첨가)

(2) 음운의 교체

① 음절의 끝소리 규칙

우리말을 표기할 때, 끝소리(받침)로 쓸 수 있는 자음들은 아주 많지만 발음을 할 때는 'ㄱ, ㄴ, ㄷ, ㄹ, ㅁ, ㅂ, ㅇ'의 일곱 개 중 하나로만 소리가 난다. 즉, 음절의 끝에 이 일곱 개 이외의 자음이 오면, 이 일곱 자음 중 하나로 바뀌어 소리가 나는 것이다. 예를 들어 '낫, 낮, 낯, 낱'의 'ㅅ, ㅈ, ㅊ, ㅌ'은 모두 [ㄷ]으로 발음된다. 음절의 끝소리 규칙을 다른 말로 중화(中和), 평파열음화(平破裂音化)라고도 한다.

예시	규칙
박[박], 밖[박], 부엌[부억]	음절의 끝소리 ㄱ, ㅋ, ㄲ → [ㄱ]
입[입], 잎[입]	음절의 끝소리 ㅂ, ㅍ → [ㅂ]
낟[낟], 낱[낟], 낮[낟], 낯[낟], 낫[낟], 히읗[히읃]	음절의 끝소리 ㄷ, ㅌ, ㅈ, ㅊ, ㅅ, ㅎ → [ㄷ]

㉠ 어말 또는 자음으로 시작하는 형태소 앞에서는, 음절의 끝소리가 위의 일곱 자음 중 하나로 발음된다.
  예 부엌[부억], 한낮[한낟], 잎[입], 깎다[깍따], 낮잠[낟짬]
㉡ 받침 뒤에 모음으로 시작되는 실질 형태소가 오면 대표음으로 발음한 후 연음(連音)한다.
  예 부엌 안[부어간], 밭 아래[바다래], 옷 안[오단], 늪 앞[느밥], 꽃 위[꼬뒤]

깊이보기 연음(連音)은 음운의 변동이 아니다.

음절 말의 자음이 모음으로 시작되는 뒤 음절의 첫소리로 옮겨 발음되는 현상을 '연음(連音)'이라고 한다. 예를 들어, '꽃이[꼬치], 꽃을[꼬츨], 빛이[비지], 빛을[비즐], 빛이[비치], 빛을[비츨]' 등이 있다. 정확한 발음을 신경 써야 한다.
덧붙여 알아둘 것은, 뒤에 모음으로 시작되는 형태소가 이어지더라도 '꽃 위'의 경우에는 '꽃'의 받침 'ㅊ'이 대표음 'ㄷ'으로 바뀌고 나서(음절의 끝소리 규칙) 뒤 음절 첫소리로 옮겨 발음되어 [꼬뒤]가 되는데, 이는 '꽃으로'의 '으로'와 달리, '꽃 위'의 '위'가 실질적인 의미를 담고 있는 실질 형태소이기 때문이다.

② 비음화

파열음이나 유음이 비음을 만나 비음('ㄴ, ㅁ, ㅇ')으로 발음되는 현상을 비음화(鼻音化)라고 한다.
㉠ 'ㄱ, ㄷ, ㅂ'이 비음을 만나 [ㅇ, ㄴ, ㅁ]으로 발음된다.
  예 국물[궁물], 부엌문[부엉문], 닫는다[단는다], 밥물[밤물], 앞니[암니]
㉡ 'ㄹ'이 비음을 만나 [ㄴ]으로 발음된다.
  예 종로[종노], 강릉[강능]
㉢ 받침 'ㄱ, ㅂ' 뒤에 연결되는 'ㄹ'도 [ㄴ]으로 발음한다.
  예 독립[독닙→동닙], 막론[막논→망논], 협력[협녁→혐녁], 십 리[십니→심니]

③ 유음화

'ㄴ'이 유음 'ㄹ'의 앞이나 뒤에 올 때 [ㄹ]로 발음되는 현상을 유음화(流音化)라고 한다.
  ㉠ 음절의 끝소리 'ㄹ' 뒤에 음절의 첫소리 'ㄴ'이 올 때 'ㄴ'이 [ㄹ]로 발음된다.
    예 칼날[칼랄], 물난리[물랄리], 훑는[훌는→훌른]
  ㉡ 음절의 끝소리 'ㄴ' 뒤에 음절의 첫소리 'ㄹ'이 오면 'ㄴ'이 [ㄹ]로 발음된다.
    예 신라[실라], 논리[놀리]

④ 구개음화

끝소리가 'ㄷ, ㅌ'인 형태소가 모음 'ㅣ'나 반모음 'j'로 시작되는 형식 형태소와 만나 'ㄷ, ㅌ'이 [ㅈ, ㅊ]으로 발음되는 현상을 구개음화(口蓋音化)라고 한다.
  ㉠ 형태소 끝소리의 'ㄷ'이 모음 'ㅣ'나 반모음 'j'로 시작되는 형식 형태소와 결합하면 [ㅈ]으로 발음된다.
    예 해돋이[해도지], 굳이[구지]
  ㉡ 형태소 끝소리의 'ㅌ'이 모음 'ㅣ'나 반모음 'j'로 시작되는 형식 형태소와 결합하면 [ㅊ]으로 발음된다.
    예 같이[가치], 밭이[바치]

> 참고 '끝을[끄틀], 겨틀[겨틀], 밑을[미틀], 밭을[바틀], 솥을[소틀]' 등은 'ㅣ' 모음과 온 경우가 아니므로 제 음가(音價. 소릿값)으로 발음하는 연음(連音)이 일어난다. 이 경우는 구개음화가 아니므로 주의해야 한다.

⑤ 된소리되기

예사소리가 된소리로 발음되는 현상을 된소리되기라고 한다. 다른 말로 경음화(硬音化)라고도 한다.
  ㉠ 'ㄱ, ㄷ, ㅂ, ㅅ, ㅈ'은 'ㄱ, ㄷ, ㅂ' 뒤에서 된소리로 발음된다.
    예 입고[입꼬], 묻다[묻따], 국밥[국빱], 박사[박싸], 값지다[갑찌다]
  ㉡ 용언이 활용할 때 어미의 첫소리 'ㄱ, ㄷ, ㅅ, ㅈ'은 어간의 끝소리 'ㄴ, ㅁ' 뒤에서 된소리로 발음된다.
    예 신고[신꼬], 넘다[넘따]
  ㉢ 이 외에도 '갈등(葛藤)[갈뜽], 발달(發達)[발딸]'과 같이 한자어 'ㄹ' 뒤에서 된소리로 발음되는 경우와, '할 것을[할꺼슬]'과 같이 관형사형 어미 '-(으)ㄹ' 뒤에서 된소리로 발음되는 경우도 있다.

(3) 음운의 축약

두 개의 음운이 합쳐져서 하나의 음운으로 줄어드는 현상을 음운의 축약이라고 한다.

① 자음 축약

자음 'ㄱ, ㄷ, ㅂ, ㅈ'과 자음 'ㅎ'을 만나 각각 거센소리 [ㅋ, ㅌ, ㅍ, ㅊ]으로 발음되는 현상을 자음 축약이라고 한다. 다른 말로 거센소리되기, 유기음화(有氣音化), 격음화(激音化)라고도 한다.
  예 국화[구콰], 맏형[마텽], 잡화[자퐈], 잡히다[자피다], 좋고[조코], 많다[만타]

② 모음 축약

모음 'ㅣ'나 'ㅗ/ㅜ'가 다른 모음과 결합하여 이중 모음이 되는 것도 축약이라 한다. 이때 모음 'ㅣ'나 'ㅗ/ㅜ'는 반모음으로 바뀐다.

예 오+-아서 → 와서, 두+-었다 → 뒀다, 뜨+-이다 → 띄다, 되+-어 → 돼, 가지+-어 → 가져, 쓰+-이어 → 쓰여

(4) 음운의 탈락

① 자음 탈락(자음군 단순화, 'ㄹ' 탈락, 'ㅎ' 탈락)

㉠ 자음군 단순화(子音群 單純化)는 음절 말의 겹받침 가운데 하나가 탈락하고 하나만 발음되는 현상으로, 겹받침 가운데 앞에 있는 자음이 탈락하는 경우도 있고 뒤에 있는 자음이 탈락하는 경우도 있다.

예 닭[닥], 맑다[막따], 삶[삼ː], 넋[넉], 앉다[안따], 여덟[여덜]

참고 '닭[닥], 흙[흑]'은 자음 탈락('ㄹ' 탈락)인 자음군 단순화 현상이다. 한편, '닭이[달기], 닭을[달글], 흙이[흘기], 흙을[흘글]' 등은 모음으로 시작하는 조사를 만나 제 음가대로 발음한 연음(連音)이다. '[다기], [다글], [흐기], [흐글]' 등으로 잘못 발음하지 않도록 주의해야 한다.

㉡ 자음 'ㄹ'로 끝나는 용언 어간이 몇몇 어미와 결합할 때 'ㄹ'이 탈락된다.

예 '울-'+'-는' → 우는, (땀에)'절-'+'-은' → 전, '날(다)' → 나니(나네, 나오, 나는)

㉢ 자음 'ㅎ'으로 끝나는 어간이 모음으로 시작하는 어미나 접미사와 결합할 때 'ㅎ'이 탈락된다.

예 좋아[조아], 쌓이다[싸이다], 낳은[나은], 끓이다[끄리다]

② 모음 탈락

㉠ 모음 'ㅡ'로 끝나는 어간이 모음 'ㅏ/ㅓ'로 시작하는 어미와 결합할 때 'ㅡ'가 탈락된다.

예 '쓰-'+'-어라' → 써라, '뜨-'+'-어' → 떠, '들르-'+'-어' → 들러, '따르-'+'-아' → 따라, '우르르-'+'-어' → 우러러

㉡ 동음 탈락: 모음 'ㅏ/ㅓ'로 끝나는 어간이 모음 'ㅏ/ㅓ'로 시작하는 어미와 결합할 때 'ㅏ/ㅓ'가 탈락된다.

예 '가-'+'-아서' → 가서, '펴-'+'-어서' → 펴서, '서-'+'-었다' → 섰다, '건너-'+'-어서' → 건너서

(5) 음운의 첨가

① 'ㄴ' 첨가

선행 요소가 자음으로 끝나고 후행 요소가 모음 'ㅣ'나 반모음 'j(야, 여, 요, 유)'로 시작될 때 'ㄴ' 소리가 새로 생기는 현상이다.

예 맨+입 → [맨닙], 한+여름[한녀름], 솜+이불[솜ː니불]

② 반모음 첨가

모음으로 끝나는 용언의 어간이나 어미 뒤에 모음 'ㅓ, ㅗ'로 시작하는 어미가 결합하거나 모음으로 끝나는 체언 뒤에 조사 '에'가 결합할 때, 반모음 'j'가 새로 생겨 발음되는 현상이다. 두 음운이 만

날 때 원래 없던 음운이 생겨 소리 나기 때문에 '음운의 첨가'에 해당한다. 일반적으로 반모음 첨가는 표준 발음으로 인정하지 않는다. 다만, '되어, 피어, 이오, 아니오' 등의 경우는 [어]와 [오]로 발음하는 것을 원칙으로 하되, [여]와 [요]로 발음하는 것도 허용한다.
예 피어[피어(원칙)/피여(허용)], 아니오[아니오(원칙)/아니요(허용)]

깊이보기 복합적인 음운의 변동

1. 음운의 변동이 한 가지만 나타나기도 하지만 여러 가지가 동시에 나타나기도 한다. 음운 변동의 종류와 횟수, 순서를 정확하게 알아야 한다.

   예 흙일: ① [흑일](자음군 단순화. 탈락) → ② [흑닐]('ㄴ' 첨가) → ③ [흥닐](비음화. 교체)
   닳는: ① [달는](자음군 단순화. 탈락) → ② [달른](유음화. 교체)
   밭야구: ① [발냐구]('ㄴ' 첨가) → ② [발랴구](유음화. 교체)
   값지다: ① [갑지다](자음군 단순화. 탈락) → ② [갑찌다](된소리되기. 교체)
   내복약: ① [내:복냑]('ㄴ' 첨가) → ② [내:봉냑](비음화. 교체)
   서울역: ① [서울녁]('ㄴ' 첨가) → ② [서울력](유음화. 교체)
   숱하다: ① [숟하다](음절의 끝소리 규칙. 교체) → ② [수타다](거센소리되기. 축약)
   숯도: ① [숟도](음절의 끝소리 규칙. 교체) → ② [숟또](된소리되기. 교체)
   앉고: ① [안고](자음군 단순화. 탈락) → ② [안꼬](된소리되기. 교체)
   닭는: ① [닥는](음절의 끝소리 규칙. 교체) → ② [당는](비음화. 교체)
   솥하고: ① [솓하고](음절의 끝소리 규칙. 교체) → ② [소타고](거센소리되기. 축약)

2. 음운의 변동으로 음운의 수에 변화가 생기기도 한다.
   음운의 교체(XaY→XbY)는 음운의 개수에 변화가 없고, 음운의 축약(XabY→XcY)이나 탈락(XaY→XY)은 음운의 개수가 하나 줄어들며, 음운의 첨가(XY→XaY)는 음운의 개수가 하나 늘어난다.

   예 국화: 음운 5개(ㄱ, ㅜ, ㄱ, ㅎ, ㅘ) → [구콰](음운 4개. 자음 축약)(ㄱ, ㅜ, ㅋ, ㅘ)
   솔잎: 음운 5개(ㅅ, ㅗ, ㄹ, ㅣ, ㅍ) → [솔립](음운 6개. 'ㄴ' 첨가+유음화+음절의 끝소리 규칙)(ㅅ, ㅗ, ㄹ, ㄹ, ㅣ, ㅂ)
   독립: 음운 6개(ㄷ, ㅗ, ㄱ, ㄹ, ㅣ, ㅂ) → [동닙](음운 6개 그대로. 비음화)(ㄷ, ㅗ, ㅇ, ㄴ, ㅣ, ㅂ)
   발전: 음운 6개(ㅂ, ㅏ, ㄹ, ㅈ, ㅓ, ㄴ) → [발쩐](음운 6개 그대로. 된소리되기)(ㅂ, ㅏ, ㄹ, ㅉ, ㅓ, ㄴ)
   늑막염: 음운 8개(ㄴ, ㅡ, ㄱ, ㅁ, ㅏ, ㄱ, ㅕ, ㅁ) → [능망념](음운 9개. 비음화 두 번+'ㄴ' 첨가)(ㄴ, ㅡ, ㅇ, ㅁ, ㅏ, ㅇ, ㄴ, ㅕ, ㅁ)
   흙일: 음운 6개(ㅎ, ㅡ, ㄹ, ㄱ, ㅣ, ㄹ) → [흥닐](음운 6개 그대로. 자음군 단순화+'ㄴ' 첨가+비음화)(ㅎ, ㅡ, ㅇ, ㄴ, ㅣ, ㄹ)

4 형태소(形態素)

1. 형태소: 뜻을 가진 가장 작은 말의 단위이다. 더 이상 쪼갤 수 없는 최소 단위로, '어소(語素)', 즉 '단어를 만드는 요소'라고도 한다.

예 '나는 학교에 간다.'라는 문장을 형태소 단위로 쪼개기

나	는	학교	에	가	ㄴ	다
주체	보조사	대상 명사	격조사	어간	시제 선어말 어미	어말 어미

2. 형태소의 종류

구분	종류	정의	예 나는 학교에 간다.
자립성 유무에 따라	자립 형태소	홀로 자립해서 쓰일 수 있는 형태소(명사, 대명사, 수사, 관형사, 부사, 감탄사)	나/ 학교
	의존 형태소	홀로는 쓰일 수 없고 다른 형태소에 의존하여 쓰이는 형태소(용언의 어간과 어미, 선어말 어미, 어말 어미, 조사, 접사)	는/ 에/ 가/ -ㄴ-/ -다
의미 여부에 따라	실질 형태소	실질적 의미를 갖고 구체적 대상이나 상태·동작 등을 표시하는 형태소(자립 형태소, 용언의 어간)	나/ 학교/ 가-
	형식 형태소	실질 형태소에 붙어 문법적 관계나 형식적 의미를 더해 주는 형태소(조사, 어미, 접사)	는/ 에/ -ㄴ-/ -다

깊이보기 어간(語幹)은 의존 형태소이지만 실질 형태소이다.

　기본형을 이루는 '먹다, 가다, 보다' 등의 '먹-, 가-, 보-'를 말의 줄기가 되는 어간이라고 한다. 어간은 활용어가 활용할 때에 변하지 않는 부분으로, 다른 형태소와 결합하여 의미를 전달하는 기본적인 요소이다. 어간은 독립적으로 사용되지 않지만 어휘적 의미가 있다. 예를 들어, '가다'의 어간 '가-'는 '가다, 가고, 가니' 등처럼 다른 어미와 결합하여 다양한 형태를 만들어 낸다. 이처럼 어간은 언어의 구조와 의미를 이해하는 데 핵심적인 역할을 한다. 따라서 어간은 홀로 올 수 없지만 어휘적 의미가 있다는 점에서 의존 형태소이면서도 실질 형태소로 분류된다. 참고로, 활용할 때 변하는 부분인 어미(語尾)는 홀로 올 수 없으며 실질적 의미가 없으므로 의존 형태소이면서 형식 형태소이다.

5 단어

1. 단어란 최소로 자립하여 쓸 수 있는 말의 단위이며, 일정한 의미를 지닌 소리의 연속으로 '자립성'과 '분리성'을 가진다.
2. 그런데 학교문법에서 조사는 자립성이 없지만 쉽게 분리될 수 있다는 점에서 단어로 취급된다.
   예 나/는/학교/에/간다. (5개)
3. 단어의 성립
   ① 홀로 자립할 수 있는 말은 단어이다(명사, 대명사, 수사, 관형사, 부사, 감탄사).
      예 영희, 동화, 책, 동화책
   ② 의존 형태소와 어울려 자립하는 말은 단어이다(동사, 형용사). 예 읽었다
   ③ 자립 형태소와 붙되, 쉽게 분리되는 말은 단어이다(조사). 예 [영희]가
   ④ 조사와 결합하지 않은 말은 단어이다.
      ㉠ 한 어절 두 단어 예 영희-가, 동화책-을
      ㉡ 한 어절 한 단어 예 읽었다

6 단어의 형성 방법

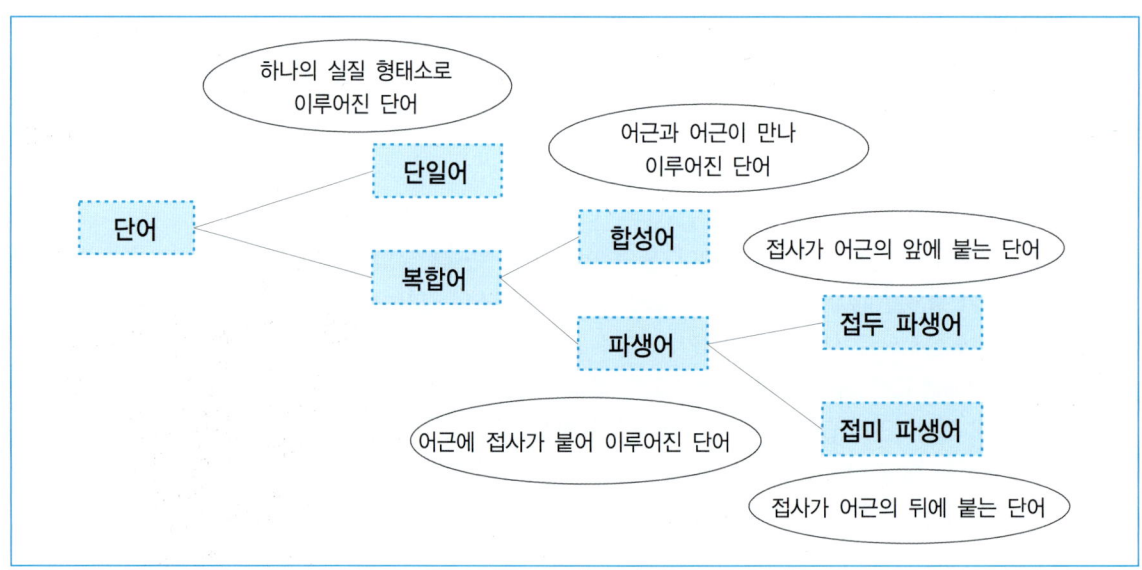

1. 단일어와 복합어
   (1) **단일어**: 하나의 실질 형태소나 어근으로 이루어진 단어이다.
      ① 어근 하나로 형성된 경우: 예 아버지, 이야기, 도시락, 하늘, 바다, 매우, 새 등
      ② 단순한 '어간+어미'의 활용형으로 형성된 경우: 예 높다, 가다, 보다 등

(2) **복합어:** 하나의 실질 형태소에 접사가 붙거나 두 개 이상의 실질 형태소가 결합된 말이다.
  ① **합성어:** 실질 형태소(어근)+실질 형태소(어근)
    예 이야기책, 큰아버지, 덮밥, 늦잠, 첫사랑, 새신랑, 옛이야기, 일어서다, 얕보다, 굶주리다, 검푸르다, 한두, 풍당풍당 등
  ② **파생어:** 실질 형태소(어근)+형식 형태소(접사). 접두사+어근, 어근+접미사
    예 풋사과, 개살구, 새파랗다, 수캐, 암탉, 먹이, 가위질, 사랑하다, 다정스럽다, 새롭다 등

2. 합성어와 파생어

(1) **합성어:** 둘 이상의 실질 형태소(어근)의 결합으로 형성된 단어이다.

합성 명사	손목, 길눈, 작은아버지, 올해	통사적 합성어
	덮밥, 늦잠, 곱슬머리, 뾰족구두	비통사적 합성어
합성 동사	바로잡다, 쉬이보다, 일어서다, 뛰어나다	통사적 합성어
	얕보다, 굶주리다, 빼앗다, 붙잡다	비통사적 합성어
합성 형용사	검디검다, 못나다, 값싸다	통사적 합성어
	굳세다, 검푸르다	비통사적 합성어
합성 관형사	한두, 몇몇, 온갖	통사적 합성어
합성 부사	제각각, 어느덧, 어둑어둑, 풍당풍당, 한바탕	통사적 합성어

(2) **파생어:** 어근의 앞이나 뒤에 파생 접사가 붙어서 만들어진 단어이다. 어근의 앞에 붙는 파생 접사는 '접두사(接頭辭)', 뒤에 붙는 파생 접사는 '접미사(接尾辭)'라고 한다.
  ① **접두사에 의한 파생어의 형성:** 접두사는 품사를 바꾸지 않고 뒤에 오는 어근의 뜻만 제한한다.(한정적 접사에 의한 어휘적 파생법) 접두사는 몇몇 어근과만 결합할 수 있어서 제한적 분포를 보인다.
    ㉠ 관형사성 접두사: 예 개살구, 공돈, 군소리, 날고기, 맨손, 맏며느리, 참숯, 풋과일, 헛웃음, 홀아버지, 강타자 등
    ㉡ 부사성 접두사: 예 덧나다, 돋보이다, 되찾다, 드높다, 빗나가다, 짓밟다, 치솟다, 새빨갛다, 헛돌다, 휘날리다 등

> **깊이보기** 접두사 구별하기
>
> 형태가 같아도 접두사인 경우와 접두사가 아닌 경우들이 있다. 이때 접두사를 구별하기 위해 '접사적 의미로 단어의 의미를 한정하고 있는지의 여부'와 '띄어쓰기' 같은 기준을 적용하면 된다.
>
> | | 접사인 경우 (파생어) | 접사가 아닌 경우 |
> |---|---|---|
> | 날– | 날계란, 날고기 | 날짐승 |
> | 맨– | 맨주먹, 맨바닥 | 맨 처음 |
> | 군– | 군식구, 군입 | 군만두, 군밤 |

- **접두사와 관형사의 구별**

  새 신, 새 버선, 새 책, 새 사람
  덧신, 덧버선, *덧책(×), *덧사람(×)

  '새'는 관형사로, 분포상의 제약이 별로 없고 뒤에 오는 단어와의 사이에 다른 단어를 넣을 수 있다. 반면에 '덧'은 접두사로, 분포상의 제약이 심하고 뒤에 오는 단어와의 사이에 다른 단어를 넣을 수 없다.

- **접두사와 어근의 구별**

	접두사 (파생어)	어근 (합성어)
개-	개꿈, 개떡	개고기
들-	들국화, 들꽃	들판
불-	불개미, 불호령	불고기, 불장난

  접두사는 접미사에 비해 문법적인 의미보다 어휘적인 의미가 강하여 어근과 구별하기가 어려운 면이 있다.

  위의 예를 보면, '개, 들, 불'은 실질 형태소로 쓰일 때의 의미와는 달리, 접사로 쓰였을 때 각각 '질이 떨어지는', '야생으로 자라는', '몹시 심한'이라는 또 다른 비유적 의미로 어근을 제한하고 있는 것을 확인할 수 있다.

② **접미사에 의한 파생어의 형성**: 접미사는 어근에 뜻을 더해 주거나(한정적 접사), 어근의 품사를 바꾸기도 하면서(통사적 접사) 단어를 형성한다.
  ㉠ 어근에 뜻을 더해 주는 한정적 접미사: 예 사냥꾼, 장난꾸러기, 여간내기, 꾀보, 석수장이, 멋쟁이 등
  ㉡ 품사를 바꾸는 지배적 접미사: 예 웃음, 슬픔, 읽기, 보기, 덮개, 무덤(묻+엄), 마중(맞+웅), 너무(넘+우), 사랑하다, 밝히다, 반짝이다, 걱정스럽다, 학생답다, 자유롭다, 깨끗이, 성실히, 끝내 등

3. 합성어의 종류 (1) – 구성 요소의 의미관계에 따른 분류

(1) **대등 합성어**: 두 단어나 어근이 본래의 의미를 가지고 대등한 자격으로 연결된다.
  예 논밭(논과 밭), 마소(말과 소), 굳세다(굳고 세다), 오르내리다(오르고 내리다), 앞뒤

(2) **종속 합성어**: 두 단어나 어근이 본래의 의미를 가지되, 앞의 성분이 뒤의 성분을 수식하는 관계로 연결된다.
  예 디딤돌, 손등, 꽃반지, 마주서다, 책가방, 돌다리

(3) **융합 합성어**: 두 단어나 어근이 결합하면서 두 의미의 단순한 합이 아닌 새로운 의미를 나타낸다.
  예 쥐뿔(아주 보잘것없는 것), 산수(자연의 경치), 춘추('나이'의 높임말)

4. 합성어의 종류 (2) – 문장 구조와 단어 배열 방식에 따른 분류

(1) 통사적 합성어: 국어의 일반적인 단어 배열과 같은 방식으로 배열되는 것을 '통사적'이라고 한다. 따라서 '통사적 합성어'는 만들어진 통사적 방법에 의하여 어근이 배열·형성된 합성어이다.

> **어근의 단순 배열**
> ① 명사＋명사 예 꽃삽, 호박죽, 손수건, 산짐승, 나뭇잎, 촛불
> ② 대명사＋대명사 예 여기저기, 이것저것
> ③ 관형사＋명사 예 새신랑, 첫사랑, 여러분, 그때
> ④ 부사＋부사 예 더욱더, 잘못, 또다시
> ⑤ 부사＋용언 예 잘나다, 못하다, 더하다, 바로잡다
> ⑥ 반복합성어: 단어나 형태소 전체의 반복으로 이루어진 합성어
>   예 가지가지, 길이길이, 따로따로, 뭉게뭉게, 두둥실, 싱숭생숭

> **'용언+뒷말'이 연결어미로 이어진 경우**
> ⑦ 명사형 전성어미 '-(으)ㅁ'이 있는 경우 예 디딤돌, 볶음밥, 갈림길
> ⑧ 관형사형 전성어미 '-(으)ㄴ', '-(으)ㄹ'이 있는 경우 예 군고구마, 찐빵, 뜬소문, 굳은살, 볼거리, 길짐승(기-+짐승), 살맛
> ⑨ 용언＋용언 – 연결 어미 '-아/어'가 있는 경우 예 게을러터지다, 돌려주다, 떠내려가다, 넘어다보다
> ⑩ 용언＋용언 – 연결 어미 '-고'가 있는 경우 예 파고들다, 타고나다, 하고많다
> ⑪ 형용사＋형용사 – 연결 어미 '-디', '-나'가 있는 경우 예 검디검다, 쓰디쓰다, 가나갈다
> ⑫ 조사가 생략된 경우: 국어에서 격조사의 생략 현상은 일반적이므로 조사가 생략된 경우도 통사적 구성이라 할 수 있다. 예 값싸다, 선보다, 애쓰다, 맛있다, 목메다, 배부르다, 빛나다

(2) 비통사적 합성어: 국어의 일반적인 단어 배열, 즉 통사적 구조와 일치하지 않는 방식을 '비통사적'이라 한다. 비통사적 합성어는 그러한 방식으로 배열된 합성어이다.

① 어간+명사(=관형사형 어미의 생략): 국어에서는 용언이 명사를 수식할 때 반드시 용언에 관형사형 어미 '-(으)ㄴ, -(으)ㄹ'이 결합하여야 하는데, 이러한 일반적인 문법적 방식을 탈피한 예이다.
   예 묵밭, 늦더위, 꺾쇠, 접칼, 덮밥

② 어간+어간(=연결어미의 생략): 국어에서는 용언과 용언이 연결될 때 연결어미 '-아/어, -게, -지, -고'를 사용하여야 한다. 그런데 아래는 이러한 일반적인 문법적 방식에 어긋난 예이다.
   예 뛰놀다, 굳세다, 높푸르다, 굶주리다, 검붉다

③ 부사+명사: 용언을 수식하는 부사가 체언을 직접 수식하는 구조로 되어 있다. 국어에서 일반적으로 체언을 수식할 수 있는 품사는 관형사이기 때문에 부사의 체언 수식은 비통사적 구조라 할 수 있다.
   예 부슬비, 볼록거울, 오랫동안, 척척박사, 흔들바위

7 품사

1) **품사(品詞)**: 분류 기준에 따라 문법적인 성질이 같은 것끼리 묶은 단어의 갈래를 '품사'라고 한다. 품사는 '형태, 기능, 의미'의 기준으로 문법적 성질이 같은 것끼리 묶어낸 단위이다.

2) **품사의 분류**

형태	기능	의미
불변어	체언	명사
		대명사
		수사
	수식언	관형사
		부사
	독립언	감탄사
	관계언	조사
		(서술격조사)
가변어	용언	동사
		형용사

형태, 기능, 의미의 품사 분류 기준을 단계적으로 적용하여 품사를 분류해 보면 위와 같다.
- 체언(명사, 대명사, 수사): 문장의 주체로 기능하는 말
- 수식언(관형사, 부사): 체언이나 용언의 앞에서 의미를 수식하거나 한정하는 말
- 관계언(조사): 체언에 결합하여 다른 말과의 문법적 관계를 나타내거나 의미를 더하여 주는 말
- 용언(동사, 형용사): 문장의 주체를 서술하는 말. 어간과 어미가 결합하여 활용하는 특성을 가진다.
- 독립언(감탄사): 문장에서 독립적으로 쓰이는 말

1. **명사(名詞)**: 사람이나 사물의 이름을 표현하는 단어를 말한다.

    (1) **쓰임에 따른 명사의 종류:** 고유 명사, 보통 명사

    (2) **자립성 여부에 따른 명사의 종류:** 자립 명사, 의존 명사

    [의존 명사]: 명사의 성격을 띠고 있으면서도 형식적인 의미로 반드시 관형어와 함께 쓰여 그 도움을 받는 말.
    ① 보편성 의존 명사: 모든 성분으로 두루 쓰인다. 예 것, 데, 이, 분 등
    ② 주어성 의존 명사: 주어 성분으로 쓰인다. 예 더할 나위가, 떠난 지가, 떠날 수가, 알 리가 등
    ③ 서술성 의존 명사: 서술어로만 쓰여 '이다' 앞에만 온다. 예 할 따름이다, 있을 뿐이다.
    ④ 부사성 의존 명사: 부사어 성분으로 쓰인다. 예 눈을 감은 채로, 당신 좋으실 대로, 물에 빠질 뻔도 했다.
    ⑤ 단위성 의존 명사: 수량을 나타내는 단위로 쓰여 수사나 수 관형사 뒤에 온다. 예 3분, 20평, 한 개, 두 마리, 한 말, 열 켤레

2. **대명사(代名詞)**: 사람이나 사물의 이름을 대신해서 쓰는 단어를 말한다.

   (1) 대명사의 종류

   ① 인칭 대명사: 사람을 가리킬 때 쓰는 대명사이다.

존비 인칭	아주높임 [극존칭]	예사높임 [보통존칭]	예사낮춤 [보통낮춤]	아주낮춤 [극비칭]
제1인칭			나, 우리, 여(余)	저, 저희
제2인칭	당신	당신, 임자, 그대	자네, 그대	너, 너희
제3인칭	당신	이, 그, 저(이, 분)	이, 그, 저(사람)	이, 그, 저(애, 놈)
미지칭			누구	
부정칭	아무	아무	아무, 누구	아무(놈)
재귀칭	당신	자기	자기, 남	저, 남

   ② 지시 대명사: 사물을 대신하여 직접적으로 가리킬 때 사용하는 말이다.

분류	근칭	중칭	원칭	미지칭
사물 대명사	이, 이것	그, 그것	저, 저것	무엇
처소 대명사	여기	거기	저기	어디

3. **수사(數詞)**: 사람이나 사물의 수량 또는 순서를 나타내는 단어를 말한다.

   (1) 수사의 성격

   ① 조사가 붙어서 격변화를 하며, 단독으로 주어가 될 수 있다.
   ② 복수 접미사는 취할 수 없으며, 복수는 반복 합성어(하나하나)를 통해서만 가능하다.
   ③ 관형사와 형용사의 수식을 받을 수 없고, 주격 조사로 흔히 '서'를 취한다.

   (2) 수사의 종류

종류 및 특징	구분	계통	보기
양수사	정수	고유어계	하나, 둘, 셋 … 열 … 아흔아홉
		한자어계	일, 이, 삼 … 십 … 육만 칠천팔백구십오
	부정수	고유어계	한둘, 서넛, 네댓, 대여섯, 예닐곱
		한자어계	없음
서수사	정수	고유어계	첫째, 둘째, 셋째 … 아흔아홉째
		한자어계	없음
	부정수	고유어계	한두째, 서너째, 대여섯째, 예닐곱째
		한자어계	없음

4. **관형사(冠形詞)**: 체언 앞에서 체언을 수식해 주는 단어를 말한다.

   (1) **관형사의 성격**
      ① 체언, 특히 명사를 수식하며 부사와 함께 수식어로 쓰인다.
      ② 수사와는 함께 쓰일 수 없고, 관형사와 체언 사이에 다른 말이 들어갈 수도 있다.
      ③ 조사와 결합할 수 없으며, 활용하지 않는다.
      ④ 둘 이상의 관형사가 하나의 체언을 수식할 때 지시 관형사가 맨 앞에 들어갈 수도 있다.

   (2) **관형사의 종류**
      ① **성상 관형사**: 체언이 가리키는 사물의 성질이나 상태를 꾸며주는 관형사이다. 예 새, 헌, 첫, 옛, 딴, 온갖, 갖은, 오른, 왼, 다른, 허튼, 외딴, 잡(雜), 생(生), 신(新), 초(超), 이(異) 등
      ② **지시 관형사**: 지시적 성격을 띠고 있는 관형사이다. 예 이, 그, 저, 요, 조, 이런, 저런, 그런, 어느, 딴, 모(某), 현(現), 전(前), 차(此) 등
      ③ **수 관형사**: 앞에 오는 명사의 양이나 의존 명사와 명사의 수량을 표시하는 관형사이다. 예 한, 두, 세(석, 서), 네(넉, 너), 다섯(닷), 열, 스무, 일(一), 이(二), 반(半), 전(全), 총(總) 등

      > **깊이보기** '지시 대명사'와 '지시 관형사'의 구별
      >
      > 조사와의 결합이 가능하면 지시 대명사이다. 지시 관형사는 조사와 결합할 수 없고 다만 명사를 수식하는 역할을 한다.
      > 예 그뿐만 아니라 운동도 잘한다. (지시 대명사+조사)
      > 예 그 사람은 멀리 떠나갔다. (지시 관형사)

5. **부사(副詞)**: 주로 뒤에 오는 용언을 수식하고 한정하는 단어를 말한다.

   (1) **부사의 성격**
      ① 격조사를 취하는 일은 없으나, 때로는 보조사를 취하기도 한다. 예 올해 겨울은 너무도 춥다.
      ② 어형이 고정되어 활용할 수 없으며, 위치 이동이 비교적 자유롭다.
      ③ 성상 부사에서는 첩어성(疊語性)을 띤 의성 부사, 의태 부사가 많이 쓰인다.

   (2) **부사의 기능**
      ① 부사는 주로 용언을 한정한다.
      ② 부사는 체언과 수식언을 꾸미기도 한다. 예 바로 너!, 아주 부자 / 매우 잘 먹는다.
      ③ 부사는 경우에 따라 구와 절, 문장을 한정한다.

   (3) **부사의 종류**
      ① **성분 부사**: 문장의 한 성분을 꾸미는 부사이다.
         ㉠ **성상 부사**: 상태의 정도를 나타내며, '어떻게'로 꾸미는 부사이다. 의성어, 의태어도 여기에 포함된다. 예 매우, 잘, 높이, 바로, 아주, 살랑살랑, 꼬꼬댁
         ㉡ **지시 부사**: 장소나 시간, 앞의 이야기를 지시하는 부사이다. 예 이리, 저리, 그리, 언제, 어제, 오늘
         ㉢ **부정 부사**: 동사나 형용사의 내용을 부정하는 부사이다. 예 안 먹는다, 못 본다.

② **문장 부사**: 문장 전체를 꾸며주는 부사이다.
  ㉠ **양태 부사**: 화자의 마음이나 태도를 표시하여 문장 전체의 판단을 내리게 하는 부사이다. 일반적으로 문장 앞에 오지만 성분 부사에 비해 위치 이동이 자유롭다. **예** 과연, 물론, 설마, 설령, 제발, 부디, 어찌
  ㉡ **접속 부사**: 문장과 문장, 혹은 단어와 단어를 이어주며, 문장 중간에 오는 부사이다. 양태 부사와 달리 문장 안에서의 위치 이동이 자유롭지 못하다. **예** 그러나, 그러므로, 곧, 즉, 또, 및, 혹은

6. **동사(動詞)**: 문장의 주체가 되는 사물의 움직임이나 작용을 나타내는 단어를 말한다.
   (1) 동사의 성격
      ① 동사는 형용사와 함께 활용하는 용언에 속한다.
      ② 시제를 동반하여 동작상을 나타낸다.
      ③ 기본형은 '어간+-다'의 형태이다.
      ④ 동사와 형용사는 문장의 서술어로 쓰인다.

   (2) 동사의 종류
      ① 동작의 주체에 따른 분류
        ㉠ **동작 동사**: 사람의 움직임을 나타내는 동사 **예** 걷다, 때리다
        ㉡ **작용 동사**: 자연의 움직임을 나타내는 동사 **예** (강물이) 흐르다, (바람이) 불다
      ② 목적어의 유무에 따른 분류
        ㉠ **자동사**: 움직임이 주어에만 미치는 동사 **예** 아이가 자다, 비행기가 날다, 사자가 달리다.
        ㉡ **타동사**: 움직임이 주어 이외에 목적어에도 미치는 동사 **예** (~을) 읽다, (~을) 보다, (~을) 만지다, (~을) 쓰다.

7. **형용사(形容詞)**: 문장의 주체가 되는 사물의 성질이나 상태를 나타내는 단어를 말한다.
   (1) 형용사의 성격
      ① 목적어와의 호응이 없기 때문에 자동·타동과 사동·피동이 없다.
      ② 현재 진행형이 없고, 기본형은 현재형이다.

   (2) 형용사의 기능
      ① 형용사는 동사와 함께 활용하며, 문장의 서술 기능을 맡는다.
      ② 문장 안에서 서술어나 수식어의 기능을 한다.

   (3) 형용사의 종류
      ① **성상 형용사**: 사람과 사물의 상태와 속성을 나타내는 형용사이다. **예** 설탕은 맛이 달다.
      ② **지시 형용사**: 성상 형용사를 지시하는 형용사이다. **예** 이렇게 예쁜 꽃을 보내 주다니!

> **깊이보기** 동사와 형용사의 구별
>
> 동사와 형용사의 구별 1
> 1. 용언의 현재 시제를 나타내는 '-는다 / -ㄴ다'와의 결합이 가능하면 동사, 결합이 불가능하면 형용사이다.
>   철수가 밥을 먹는다. 아이가 뛴다. (동사)
>   삶이 풍요롭다.(O) / 풍요롭는다.(×) (형용사)
> 2. 관형사형 어미 '-는'과의 결합이 가능하면 동사, 결합이 불가능하면 형용사이다. 단, '있다'와 '없다'는 예외로 한다. (아래 '깊이보기' 참조)
> 3. '-어라'와 같은 명령형 어미, '-자'와 같은 청유형 어미는 동사와만 결합할 수 있으며, 형용사와는 결합할 수 없다.
>   밖에 나가 놀아라.(O) (동사)   우리는 느리게 걷자.(O) (동사)
>   내가 없어도 건강해라.(×) (형용사)   이제부터 행복하자.(×) (형용사)
> ※ '건강하다'는 사물의 상태를 나타내는 형용사이므로 명령형 어미로 쓰인 '-어라'가 결합하는 것은 잘못이다. 따라서 명령형으로 사용하고자 한다면 '건강해라.'가 아닌 '건강하게 지내라.'로 쓰는 것이 맞다.(잘못 사용하기 쉬운 활용의 예이므로 주의)
>
> 동사와 형용사의 구별 2
> 1. '있다'는 '소유/소재'의 뜻에 따라 각각 형용사의 활용, 동사의 활용을 보인다.
>   • 소유(所有): 소유나 상태의 뜻일 때는 형용사처럼 활용한다.
>   그는 돈이 있다 {*있는다 / *있는구나 / *있어라 / *있자}.
>   • 소재(所在): 소재, 즉 '머물다'의 뜻일 경우 동사처럼 활용한다.
>   오늘 하루 종일 학교에 있는다 {있는구나 / 있어라 / 있자}.
> 2. '없다'는 동사와 형용사 어느 한 쪽에 소속시키기 어려우나 형용사에 비교적 가까우므로 형용사로 본다.

8. **조사(助詞)**: 자립성을 갖지 못하고 자립 형태소(주로 체언)에 붙어서 문법적 관계를 나타내거나 뜻을 더해 주는 단어를 말한다.

    (1) 조사의 성격
    ① 관형사를 제외한 모든 말에 붙을 수 있다.
    ② 음운론적 조건에 의해 이형태(異形態)로 나타난다. 예 이/가, 을/를, 와/과, 이다/다
    ③ 문장 내에서 체언이 일정한 문법 기능을 갖기 위해서는 원칙적으로 조사가 붙어야 하나, 생략되기도 한다.
    ④ 조사끼리 서로 결합할 수 있다.
    ⑤ 자립성은 없으나 앞말과의 분리성이 강하여 단어로 처리한다.

    (2) 조사의 종류
    ① **격조사**: 문장에서 선행하는 체언이나 용언의 명사형으로 하여금 일정한 자격을 지니도록 해주는 조사이다.

- ⊙ 주격 조사: 앞의 체언이 주어의 자격을 갖도록 하는 조사이다. 이/가, 께서(높임), 에서(단체), 서(사람 수효 표시)
- ⊙ 목적격 조사: 앞의 체언이 목적어의 자격을 갖도록 하는 조사이다. '을/를'이 있다.
- ⊙ 관형격 조사: 앞의 체언으로 하여금 관형어의 자격을 갖게 하는 조사로, '의'뿐이다.
- ⊙ 보격 조사: 앞의 체언으로 하여금 보어의 자격을 갖게 하는 조사로, '되다, 아니다' 앞에서 '이/가'가 쓰인다. 예 얼음이 물이 되었다.
- ⊙ 부사격 조사: 앞의 체언으로 하여금 부사어의 자격을 갖게 하는 조사이다. '에서, 에/에게, 한테, (으)로, 으로서(써), 와/과, 하고, 보다, 라고' 등이 있다.
- ⊙ 호격 조사: 선행하는 체언으로 하여금 호칭어가 되게 하는 조사로, '야/아'가 대표적이다.
  예 현주야, 무얼 그리 생각하니? 청년들이여, 일어나라.
- ⊙ 서술격 조사: 앞의 체언으로 하여금 서술어의 기능을 가지도록 하는 조사로 '이다' 하나가 있다. 이는 자립성이 있는 말에 붙어서 서술어를 만들고, 일반 조사와는 달리 용언처럼 활용되는 것이 특징이다. 구어체에서 '이'가 모음 뒤에서 탈락하기도 한다.
  예 이번 시험에서는 영선이가 1등이다.
  　　너는 너고, 나는 나다.

② **접속 조사**: 두 개의 단어를 같은 자격으로 이어주는 조사로, 때로는 생략이 가능하며, 조사로 이어진 문장은 홑문장·겹문장을 구성할 수 있다.
- ⊙ 접속 조사는 때로는 생략이 가능하나, 생략된 자리에 반드시 쉼표를 두어야 한다.
- ⊙ 접속 조사로는 '와/과, 하고, (이)랑' 등을 더 들 수 있다.
- ⊙ 문어체에서는 주로 '와/과'를, 구어체에서는 '(이)랑, 하고'를 쓴다.
  예 아빠{하고, 와, 랑} 내가 만든 꽃밭에 채송화가 피었다.

③ **보조사**: 선행하는 체언을 일정한 격으로 규정하지 않고 여러 격에 두루 쓰이게 하면서 그것에 어떤 특별한 의미를 더해 주는 조사이다. 그러므로 격조사와는 달리 쉽게 생략할 수 없으나 격조사가 올 수 있는 자리에 두루 쓰인다.
- ⊙ 통용 보조사: 체언, 부사, 연결형, 다른 격조사 등에 두루 쓰이는 보조사
  - 은/는(주제, 대조, 강조)
    예 피아노는 정말 어렵다. / 피아노는 못 치지만 기타는 친다. / 놀러 가더라도 멀리는 가지 마라.
  - 만(배제)　예 엄마는 동생만 좋아한다.
  - 도(포함)　예 그대도 나와 같기를 바랍니다.
  - 까지(기대하지 않은 극단적인 일, 화자에게 불리하지 않은 일, 긍정문에 모두 쓰임.)
    예 다들 이렇게까지 도와주셔서 감사합니다.
  - 마저·조차(극단적인 일, 화자에게 불리한 일에 주로 쓰임.)
    예 브루투스 너마저 나를 배신하는구나!
  - (이)야·(이)야말로('대조'의 '은/는'보다 강조된 '특수')
    예 너야말로 이 일에 책임이 크다.
  - (이)나·(이)나마(차선의 선택)
    예 배고픈데 밥이나 먹자.
    　　국민들은 작은 힘이나마 함께 모아 경제 위기를 탈출하였다.

- (이)든지(수의적 선택)
  - 예 밥이든지 죽이든지 일단 만들어 보아라.
- ⓒ 종결 보조사: 주로 종결형 뒤에 쓰이는 보조사.
  - 예 결국 이렇게 끝나고 말았네그려.
    제가요, 내일은요, 숙제를요, 하려고 하는데요,…

9. 감탄사(感歎詞): 놀람, 느낌, 부름, 대답 등을 나타내는 단어를 말한다.

(1) 감탄사의 성격
① 품사 중 가장 독립성이 강하여 하나의 문장으로 쓰일 수 있다.
② 활용하지 않으며, 조사도 붙을 수 없다.
③ 위치가 자유로우나 주로 문두에 오는 것이 일반적이다.

(2) 감탄사의 종류
① 감정 감탄사: 화자가 상대방을 의식하지 않고 본능적인 감정을 나타내는 감탄사이다.
  - 예 와, 이런, 아이고, 에구머니, 만세!
② 의지 감탄사: 화자가 발화 현장에서 상대방을 의식하며 자기의 생각을 나타내는 감탄사이다.
  - 예 이봐, 영차, 네, 오냐, 그래, 천만에
③ 입버릇 및 더듬거림 감탄사: 화자가 발화시 특별한 뜻이 없거나 얼른 말이 나오지 않을 경우에 나타내는 감탄사이다.
  - 예 뭐, 말이지, 어, 저, 거시기, 에헴

(3) 품사의 통용(通用)
품사의 통용이란 하나의 단어 형태가 두 가지 이상의 문법적인 성질을 가져 두 가지 품사 부류에 소속되는 것을 말한다. 이러한 단어들은 사전에서도 두 가지 이상의 품사를 가지고 있는 것으로 등재된다. 따라서 품사를 판단할 때는 형태뿐만 아니라 문장에서의 기능과 의미까지도 고려하여야 한다.

① 명사와 조사: 관형사형 다음에 오면 의존 명사, 체언이나 조사 다음에 오면 조사이다.
  - 예 너를 사랑한 만큼 실망도 크다. (명사)
    그가 그녀만큼 사랑한 사람은 없었다. (조사)

② 명사와 부사
  - 예 오늘부터 열심히 공부할 것이다. (명사)
    오늘 해야 할 일을 다음 날로 미루어서는 안 된다. (부사)

③ 명사와 감탄사
  - 예 왕이여 만세를 누리소서. (명사)
    만세! 우리가 해냈구나! (감탄사)

④ **수사와 관형사와 명사**: 조사가 붙을 수 있으면 수사, 아니면 수 관형사이다. 차례를 나타내는 말이 사람을 지칭하면 명사이다.

> **예** 다섯에 다시 다섯을 더하면 열이다. (수사)
> 다섯 사람이 열 사람을 이겼다. (관형사)
> 그의 성적은 둘째이다. (수사)
> 우리 둘째는 공무원이다. (명사)

⑤ **대명사와 관형사**: 조사가 붙으면 대명사이고 체언을 직접 꾸며주면 관형사이다.

> **예** 그(대명사)야말로 그(지시 관형사) 일에 적임자다.

⑥ **조사와 부사**: 체언 뒤에 붙으면 조사이다.

> **예** 동생이 형보다 키가 크다. (조사)
> 보다 나은 미래를 위해 노력하고 있다. (부사)

⑦ **접미사 '-적(的)'**: 명사, 관형사, 부사

> **예** 그녀는 대단히 이기적이다. (명사: 조사가 결합한다.)
> 리처드 도킨스의 〈이기적 유전자〉를 읽었다. (관형사: 조사 없이 체언을 수식한다.)
> 비교적 낫다. (부사: 조사 없이 용언이나 부사를 수식한다.)

⑧ **어미와 조사**: 체언 뒤에 붙으면 조사, 용언 뒤에 붙으면 어미이다.

> **예** 재즈든지 클래식이든지 아무나 틀어 봐라. (조사)
> 하든지 말든지 마음대로 해라. (어미)

⑨ **관형사와 형용사**: 기본형이 없으면 관형사, 기본형이 있어서 활용하면 형용사이다.

> **예** 다른 사람·다른 나라 (관형사)
> 쌍둥이도 성격이 다른 경우가 있다. (형용사)

⑩ **감탄사와 부사**: 부정 대답('응'의 반대)이나 놀람 등은 감탄사, 부정(= '안')이나 강조의 의미일 때는 부사이다.

> **예** ㉠ "잠 자니?" "아니, 안 자." ㉡ 아니, 그럴 수가 있니? (감탄사)
> ㉠ 아니(=안) 먹다. 나는 이것을 할 수가 없다. ㉡ 아니, 죽어도 안 하겠다. (부사)

⑪ **관형사와 부사**: 체언을 꾸며 주면 관형사이지만 특이하게도 체언을 수식하는 부사도 있다.

> **예** ㉠ 맨 처음, 산의 맨 꼭대기 (관형사)
> ㉡ 맨 놀기만 한다. (용언 수식하는 부사) / 맨 흙투성이, 맨 소나무뿐 (체언을 수식하는 부사)
> ㉢ **참고** 맨손, 맨주먹 (접두사 '맨-')

8 용언의 활용

1. 활용(活用)
일정한 문법적 관계를 표시하기 위하여 용언의 어간에 어미가 붙어 끝바꿈을 하는 현상을 '활용(活用)'이라고 한다.
① **어간(語幹)**: 활용할 때 형태가 변하지 않는 부분.　예 먹-, 가-, 읽-
② **어미(語尾)**: 활용할 때 형태가 변하는 부분.　예 -다, -지, -군, -어라/-아라
③ **어근(語根)**: 단어를 형성하는 가장 핵심적인 뜻을 보이는 부분으로, 접사의 대립 개념이다. 어간과 혼동하지 않도록 주의한다.　예 풋-(접사)+사과(어근)

2. 규칙 활용
규칙 활용이란 용언이 활용할 때 ㉮ 어간과 어미의 형태가 일정하거나, ㉯ 어간과 어미의 형태가 변하더라도 국어의 일반적인 음운 규칙으로 설명할 수 있는 것을 말한다. 이러한 활용 양상을 보이는 용언을 '규칙 용언'이라 한다. ㉯의 경우를 '자동적 교체'라고도 하는데, 자동적 교체에는 다음과 같은 것들이 있다.

(1) 음운 규칙에 의한 어간의 바뀜
① '으' 탈락 용언: 어간의 말음 'ㅡ'가 연결 어미 '어', '아'로 시작되는 어미 또는 선어말 어미 '-었/았-' 앞에서 규칙적으로 탈락되는 용언이다.
　예 모으다: 모으+아 ⇨ 모아,　쓰다: 쓰+어 ⇨ 써
② 'ㄹ' 탈락 용언: 어간의 말음 'ㄹ'이 'ㄴ, ㅂ, ㅅ, 오' 앞에서 규칙적으로 탈락되는 용언이다.
　예 살다 ⇨ 사니, 삽니다, 사시오, 사오

(2) 음운 규칙에 의한 어미의 바뀜
① 어미 '-어'와 '-아': 어간의 모음이 양성 모음이면 '-아', 음성 모음이면 '-어'가 사용된다.
　예 잡+아 ⇨ 잡아
② '으' 삽입 용언: 'ㄴ, ㄹ, ㅁ, ㅂ, 오, 시'로 시작되는 어미가 'ㄹ' 이외의 받침으로 결합할 때에는 모음 '으'가 들어간다.
　예 잡+ㄴ ⇨ 잡은, 먹+ㄹ ⇨ 먹을

3. 불규칙 활용
불규칙 활용이란 용언이 활용할 때에 어간과 어미의 모습이 달라지는 것들 중에서 국어의 일반적인 음운 규칙으로 설명할 수 없는 것을 말하며, 이를 '비자동적 교체'라고도 한다. 이러한 활용 양상을 보이는 용언을 '불규칙 용언'이라 한다.

(1) 어간의 불규칙 활용

명칭	내용	용례
'ㄷ' 불규칙	모음의 어미 앞에서 'ㄷ'이 'ㄹ'로 바뀜.	묻(問)+어 ⇨ 물어 듣+어 ⇨ 들어
'ㅂ' 불규칙	모음의 어미 앞에서 'ㅂ'이 '오, 우'로 바뀜.	돕+아 ⇨ 도와 아름답+어 ⇨ 아름다워
'ㅅ' 불규칙	모음의 어미 앞에서 'ㅅ'이 탈락됨.	짓(作)+어 ⇨ 지어 잇(系)+어 ⇨ 이어
'르' 불규칙	모음의 어미 앞에서 'ㄹ'이 덧생겨 '-ㄹ러', '-ㄹ라'가 됨.	흐르+어 ⇨ 흘러 빠르+아 ⇨ 빨라 이르+어 ⇨ 일러 누르+어 ⇨ 눌러
'우' 불규칙	'-어' 앞에서 '우'가 탈락됨.	푸+어 ⇨ 퍼

(2) 어미의 불규칙 활용

명칭	내용	용례
'여' 불규칙	'하-' 뒤에 오는 '-아', '-어'가 '-여'로 바뀜	하+어 ⇨ 하여 하+어서 ⇨ 하여서
'러' 불규칙	어미 '-어'가 '-러'로 바뀜	푸르(靑)+어 ⇨ 푸르러 누르(黃)+어 ⇨ 누르러 (노르(黃)+어 ⇨ 노르러) 이르(至)+어 ⇨ 이르러
'오' 불규칙	'달다'의 명령형 어미가 '-오'로 변함	달+아 ⇨ 다오

(3) 어간과 어미 모두 불규칙 활용

명칭	내용	용례
'ㅎ' 불규칙	일부 형용사에서 어간의 끝 'ㅎ'이 어미 'ㄴ'이나 'ㅁ' 위에서 줄어 활용하는 형식. 'ㅎ' 받침을 가진 일부 형용사.	(형용사에만 있음) • 까맣+ㄴ ⇨ 까만 • 노랗+아서 ⇨ 노래서, 노래지다 • 빨갛+아지다 ⇨ 빨개지다 • 파라니, 파라면, 노라니, 노라면, 노래지다 등

4. 어미(語尾)

(1) 개념

활용하는 용언의 어간에 붙어서 다른 말과의 관계를 나타내는 의존 형태소를 '어미(語尾)'라고 하며, 이는 개방 형태소인 '선어말 어미'와 폐쇄 형태소인 '어말 어미'로 크게 나눌 수 있다. 결합 순서는 '어간+선어말 어미+어말 어미'의 순으로 나타난다.

(2) 종류
① **선어말 어미**: 실질 형태소인 어간과 형식 형태소인 어말 어미 사이에 끼어 높임, 시제, 공손 등을 표시하는 어미이다.

높임 선어말 어미	-시- 예 가시니, 하시니
시제 선어말 어미	• 현재: -는/-ㄴ- 예 먹는다, 간다. • 과거: -았, -었- 예 먹었다, 갔다. • 미래: -겠- 예 먹겠다, 가겠다. • 회상: -더- 예 먹더라, 가더라.
공손 선어말 어미	-옵- 예 하옵니다, 주옵시고

② **어말 어미**: 실질 형태소인 어간에 붙거나 선어말 어미에 붙는 어미이며, 용언에 있어서 필수적 요소이다. 어말 어미는 기능과 형태에 따라 종결 어미와 비종결 어미로 구분된다.

종결형 어미		평서형	-는다, -네, -오, -ㅂ니다, -느니라, -렷다, -마
		감탄형	-구나, -군, -로구나, -어라, -아라, -[으]ㄹ걸
		의문형	-느냐, -니, -는가, -나, -ㅂ니까, -까, -고
		명령형	-어라, -아라, -려무나, -오
		청유형	-자, -ㅂ시다, -세, -자꾸나
비종결형 어미	연결 어미	대등적	-고, -며, -면서, -ㄹ뿐더러, -나, -지만, -거나, -든지
		종속적	-면, -니, -므로, -아서/어서, -려고
		보조적	-아, -어, -게, -지, -고
	전성 어미	관형사형	-[으]ㄴ, -는, -[으]ㄹ, -던
		명사형	-[으]ㅁ, -기, -움
		부사형	-게, -도록

9 문장 구조

1. 문장의 개념

문장(文章)은 하나의 완결된 사고 단위로서, 주어와 서술어를 갖추는 것을 기본으로 한다. 문장이 성립하려면 의미상으로는 내용이 완결되어야 하고, 구성상으로는 주어와 서술어의 관계를 갖추어야 하며, 형식상으로는 끝났음을 나타내는 표지가 있어야 한다.

문장	완결된 내용으로 표현하는 최소의 언어 형식
절(節)	더 큰 문장 속에 들어 있으며, 주술 관계를 가짐.
구(句)	둘 이상의 어절로 구성되며, 자체 내에서 주술 관계를 갖지 못함.
어절(語節)	띄어쓰기 단위와 일치함.

2. 문장 성분

문장 성분은 문장 안에서 일정한 문법적 기능을 하는 부분들을 가리키는 말이다. 대개 어절 단위와 일치하며, 필수적인 주성분, 수의적인 부속 성분, 문장 구성과 직접적인 관련이 없는 독립 성분으로 나뉜다. 주성분에는 주어를 비롯하여 서술어, 목적어, 보어가 있고, 부속 성분에는 관형어와 부사어가 있으며, 독립 성분에는 독립어가 있다.

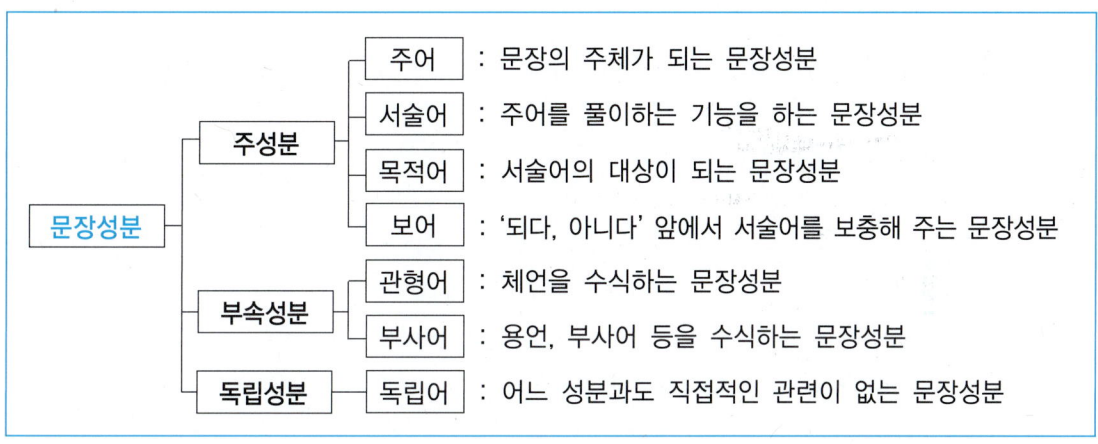

(1) 주어

주어(主語, subject)는 문장의 주체를 나타내는 말로, '무엇이', '누가'에 해당하는 말이다. 기본 문장에서 반드시 요구되는 필수적인 성분이다.

① 주어의 성립

㉠ 체언 또는 체언 상당어(구, 절)에 주격 조사가 붙어 성립한다.

㉮ 체언+주격 조사(이, 가)	예 나뭇잎이 우수수 떨어진다.
㉯ 명사절+주격 조사(이, 가)	예 한국이 일본을 이겼음이 분명하다.
㉰ 높임의 명사+주격 조사(께서)	예 할아버지께서 이름을 지어 주셨습니다.
㉱ 단체의 부정 명사+주격 조사(에서)	예 우리 학교에서 수석을 했다.

ⓛ 주격 조사의 생략: 주격 조사는 격 관계가 분명할 때 생략되는데, 특히 구어체에서 생략되는 일이 많다. 구어체에서는 주격 조사가 없어도 무엇이 주어인지 알 수 있기 때문이다.
　예 영희야, 할머니(께서) 오셨다. / 엄마(가) 왔다. 어서 문 열어라.
ⓒ 주격 조사의 대체: 주격 조사 대신 보조사 '는, 도'를 붙여 주어를 실현할 수 있다.
　예 영희는 몹시 아팠다. / 철수도 감기에 걸렸다.

② 주어와 다른 성분과의 관계
　㉠ 주어와 높임법: 주어가 높임의 명사이면 서술어에 높임 선어말 어미 '-시-'를 쓴다.
　　예 부모님께서 여행을 떠나셨(시+었)다.
　ⓛ 주어와 재귀대명사: 3인칭 주어가 반복되면 뒤에 것이 재귀 대명사 '자기'로 나타난다.
　　예 철수는 자기 동생을 사랑한다.
　ⓒ 주어와 복수 표시: 명사나 부사에 복수 표시의 보조사 '들'이 붙었다는 것은 주어 명사구가 복수임을 나타낸다.
　　예 (너희들) 어서들 들어오너라.

③ 주어의 생략
　㉠ 주어를 알 수 있는 경우: 문맥으로 보아 주어가 나타나지 않아도 그 문장의 주어가 무엇인지를 알 수 있을 때에는 주어가 생략된다.
　　예 철수: 영희야, 영미 뭐해?
　　　　영희: (영미는) 지금 밥 먹고 있어.
　ⓛ 주어를 알 수 없는 경우: 주어가 무엇인지 알 수 없는 경우에도 주어가 생략될 수 있다. 이런 경우는 대개 관용 표현인 경우가 많다.
　　예 큰일이다. 바가지를 썼다.

(2) 목적어
목적어(目的語, Object)는 서술어의 행위의 대상이 되는 말로, '무엇을', '누구를'에 해당하는 말이다. 타동사가 서술어로 쓰일 때 필수적으로 요구되는 성분이다.

① 목적어의 성립
　㉠ 체언, 명사구, 명사절+목적격 조사(을, 를, -ㄹ)
　　예 영희가 책을 읽는다. (명사+목적격 조사 '을')
　　　　철수가 노란 종이를 접는다. (명사구+목적격 조사 '를')
　　　　농부들이 가뭄에 비가 오기를 기다린다. (명사절+목적격 조사 '를')
　ⓛ 목적격 조사 대신 보조사를 붙여 쓴다.
　　예 영수가 소설책은 읽는다. 영수가 소설책도 읽는다. 영수가 소설책만 읽는다.
　ⓒ 방향·처소를 나타내는 조사 대신 목적격 조사를 쓰기도 한다. 예 철수가 학교를 간다.
　ⓔ 체언+보조사+목적격 조사 예 영미는 소설책만을 읽는다.

② 목적어의 생략: 주어의 경우와 마찬가지로 문맥상으로 보아 그 문장의 목적어가 무엇인지 알 수 있는 경우는 목적어를 생략할 수 있다.
　예 민호: 철수야, 너 그 책을 다 읽었어?
　　　철수: 응, (그 책을) 다 읽었어.

(3) 보어

보어(補語, complement)는 '되다', '아니다' 앞에서 그 서술어를 보충해 주는 말로, '되다', '아니다' 바로 앞의 '무엇이', '누가'에 해당하는 말이다. 보어 역시 필수적으로 요구되는 성분이다.

① 보어의 성립
　㉠ 체언+보격 조사 '이, 가'
　　예 물이 얼음이 되었다.
　㉡ 체언+보조사
　　예 그는 어른도 아니다.
　㉢ 명사절+보격 조사 '이, 가'
　　예 그의 꿈은 돈을 많이 벌기가 아니다.

② 보어의 생략 불가능: '되다', '아니다' 앞에 오는 '무엇이', '누가'에 해당하는 말은 생략될 수 없다. 생략하게 될 경우, 의미가 불완전한 문장이 된다.
　예 그것은 새 책이 아니다. / *그것은 아니다.
　　영수가 벌써 어른이 되었다. / *영수가 벌써 되었다.

(4) 서술어

서술어(敍述語, predicate)는 문장의 주체를 풀이해 주는 말로, '어찌한다', '어떠하다', '무엇이다', '누구이다' 등에 해당하는 말이다. 기본 문장에서 반드시 요구되는 성분이다.

① 서술어의 성립
　㉠ 동사, 형용사의 종결형　예 빗방울이 머리 위로 떨어졌다. / 날씨가 춥다.
　㉡ 본용언+보조 용언　예 일이 다 끝나 간다.
　㉢ 서술절　예 코끼리는 코가 길다.
　㉣ 명사+'-하다'　예 철수는 정말로 성실하다.
　㉤ '-이다'로 끝나는 서술어　예 잠이 깬 것은 9시가 넘어서이다.

② 서술어 자릿수: 문장의 기본 구조를 이루기 위하여 서술어가 필수적으로 요구하는 성분의 수효를 서술어의 자릿수라 한다. 이때의 필수적인 성분은 주성분과 다른 개념이다.

[자릿수에 의한 서술어의 종류]

서술어의 종류	구성	서술어의 성격	예
한 자리 서술어	주어	자동사	장미꽃이 붉다.
두 자리 서술어	주어+목적어	타동사	아이가 우유를 먹는다.
	주어+보어	'되다, 아니다'	나는 공무원이 되었다.
	주어+부사어	특수 서술어	인삼은 몸에 좋다.
		대칭 서술어 (같다, 다르다, 닮다 등)	이 책은 저 책과 다르다.
세 자리 서술어	주어+목적어+부사어	수여 동사, '삼다' 류의 동사 등	철수가 영희에게 선물을 주었다.

③ **서술어의 생략**: 서술어는 문장의 필수 성분이기 때문에 생략할 수 없는 것이 원칙이다. 그러나 주어, 목적어의 경우와 마찬가지로 문맥상 생략된 서술어가 무엇인지를 알 수 있는 경우에는 생략이 가능하다.

> 예 철수: 영미는 지금쯤 어디에 있을까?
> 영희: 부산(에 있을 거야).
> 예 철수: 난 어제 학교 앞에서 영수를 만났어.
> 영희: 나도(만났어).

(5) 관형어

관형어(冠形語, determiner)는 주로 체언을 꾸며주는 성분으로서 관형사나 용언의 관형사형, 체언에 관형격 조사를 결합한 형태로 쓰인다. '어떠한'에 해당하는 말로, 수의적 성분이다.

① 관형어의 성립
  ㉠ 관형사 단독
    예 그녀는 새 구두를 신었다.
  ㉡ 체언+'의'
    예 철수는 영희의 책을 책상 위에 올려놓았다.
  ㉢ 용언 어간+'-ㄴ, -는, -ㄹ-, -던'
    예 저기 가는 사람이 누구지?
  ㉣ 체언 단독
    예 부모님께서는 시골 풍경을 좋아하신다.
  ㉤ 체언+'-적'
    예 우리는 역사적 사명을 띠고 이 땅에 태어났다.

② **관형사형과 체언**: 일반적으로 용언의 관형사형이 관형어가 된 경우에 꾸밈을 받는 체언의 서술어가 되며, 이 체언은 관형어로 쓰인 용언의 주어, 목적어, 부사어가 된다.
  예 근사한 연주회가 시작되었다.
  '연주회가(주어) 근사하다(서술어).' + '연주회가(주어) 시작되었다(서술어).'
    ⇨ 동일 주어(연주회) 생략
    ⇨ 용언의 어간 '근사하-'에 관형사형 전성어미 '-ㄴ' 결합
    ⇨ '근사한 연주회가 시작되었다.'

③ 관형어의 특징
  ㉠ 단독으로 쓰이지 못한다.
    예 새 책을 샀어. / 헌 옷은 버리지 말고 재활용하자. (O)
      새가 아니라 헌이다. (×)
  ㉡ 반드시 체언 앞에만 놓인다.
    예 그는 온갖 시련을 빠르게 극복하였다. (O)
      그는 시련을 온갖 빠르게 극복하였다. (×)
  ㉢ 의존 명사는 반드시 그 앞에 관형어를 동반한다.
    예 처음에 계획한 대로 추진합시다.
      너만 모르고 있을 뿐이야.
      하마터면 큰일 날 뻔했다.

② 지시 관형어+수 관형어+성상 관형어의 순서로 쓰며, '관형어+체언+의'의 형태에서는 피수식어의 한계가 불분명해지므로 체언으로 된 관형어 앞에 쉼표를 둔다.
  예 철수는 그 헌 책을 매우 소중하게 여긴다. (지시 관형사+성상 관형사)
     이 세 여자 분에게 소정의 상품을 드리겠습니다. (지시 관형사+수 관형사)
     저 모든 새 집이 우리 것이다. (지시 관형사+수 관형사+성상 관형사)

(6) 부사어

부사어(副詞語, Adverbial phrase)는 '어떻게'에 해당하는 말로, 주로 서술어의 의미를 분명하게 전달하는 문장 성분이다. 부사어의 꾸밈을 받는 문장 서술어는 주성분이지만, 부사어는 그에 딸린 부속 성분으로 생략 가능하다.

① 부사어의 성립
  ㉠ 부사 단독
     예 철수는 매우 부지런하다
  ㉡ 부사+보조사
     예 오늘은 차가 유난히도 막힌다.
  ㉢ 체언+부사격 조사
     예 학교에서 큰 행사가 열린다.
  ㉣ 용언의 부사형
     예 학생들이 시끄럽게 떠들고 있다.
  ㉤ 접속어: 접속 부사는 모두 부사어이다.
     예 많이 드세요. 그리고 편히 쉬십시오.
        신호등에 파란불이 들어왔다. 그러나 나는 건너지 않았다.
  ㉥ 부사성 의존 명사구
     예 철수가 입을 벌린 채로 자고 있다.
        나는 영수가 일등인 줄로 알았다.
        우리 마음먹은 김에 공부하자.
        그녀와 나는 시간이 어긋나는 바람에 못 만났다.

② 필수 부사어: 부사어는 본래 부속 성분이지만, 서술어가 되는 용언의 성격에 따라 필수적으로 요구되기도 한다. 부사어를 필수적으로 요구하는 서술어는 '주다, 삼다, 넣다, 두다' 등의 세 자리 서술어와 '같다, 비슷하다, 닮다, 다르다' 등의 두 자리 서술어가 있다.
  예 철수가 영희에게 책을 주었다.
     영희는 아버지와 닮았다.

③ 부사어의 갈래
  ㉠ 성분 부사어: 특정한 성분(동사, 형용사, 관형사, 다른 부사어)을 수식하는 부사어이다.
     예 이곳을 빨리 떠나자. (동사 수식)
        마음이 너무 아프다. (형용사 수식)
        아주 새 옷 (관형사 수식)
        밥을 너무 많이 먹었다. (다른 부사어 수식)

ⓛ 문장 부사어: 문장 전체를 수식하는 부사어이다. 문장과 문장, 단어와 단어를 이어주는 접속 부사도 이에 속한다.
    예 모름지기 젊은이는 큰 희망과 포부를 가져야 한다.
ⓒ 접속 부사어: 접속 부사는 모두 부사어이다.
    예 문장 접속 부사어: 그리고, 그러나, 그런데, 그러므로 등
    단어 접속 부사어: 및, 또는

④ 부사어의 특징
  ㉠ 비교적 보조사를 자유롭게 취한다.
    예 잠을 잘도 잔다. / 집에 빨리도 간다.
  ㉡ 비교적 그 자리를 자유롭게 옮길 수 있다.
    예 의외로 그녀는 날씬했다. / 그녀는 의외로 날씬했다.
  ㉢ 단독으로 하나의 문장이 될 수 있다.
    예 미국에 자주 가나요, 가끔 가나요? 자주.

(7) 독립어

독립어(獨立語)는 다른 성분과 직접적인 관계를 갖지 않는 독립된 성분이다. 뒤에 이어지는 성분과 함께 하나의 문장을 구성하며, 문장 전체를 꾸미는 역할을 한다. 필수적인 성분이 아니기 때문에 생략해도 문장이 성립한다.

① 독립어의 성립
  ㉠ 감탄사 단독 **예** 아아, 드디어 일을 마쳤다.
  ㉡ 체언+호격 조사 **예** 신이시여, 저를 구원하소서.

② 독립어의 갈래
  ㉠ 감동어: 느낌말이라고도 한다. 감정감탄사, 의지감탄사가 이에 속한다. 이어지는 문장에 영향을 받지 않으며, 놓이는 순서 역시 자유롭다.
    예 아! 이곳이 바로 진리의 상아탑이구나. (감정감탄사)
    예, 지금 막 끝냈습니다. / 아서라, 그런 짓은 못쓴다. (의지감탄사)
  ㉡ 호격어: 호칭어 혹은 부름말이라고도 하며, 대개 해라체와 하게체와 호응한다. 호소를 나타내는 호격 조사 '(이)여'나 '(이)시여'가 붙은 명사구도 여기에 속한다.
    예 철수야, 이리 오너라. / 그대여, 내 사랑을 받아 주오.
  ㉢ 제시어: 표제어 혹은 보임말이라고도 한다. 대표하는 명사구를 첫 머리에 놓음으로써 주의를 집중시키는 구실을 한다. **예** 청춘, 눈물 나도록 아름다운 한 때.

10 문장의 짜임

```
문장 ─┬─ 홑문장
      │
      └─ 겹문장 ─┬─ 안은문장 ─┬─ 명사절을 안은문장
                │              ├─ 관형절을 안은문장
                │              ├─ 부사절을 안은문장
                │              ├─ 서술절을 안은문장
                │              └─ 인용절을 안은문장
                │
                └─ 이어진문장 ─┬─ 대등하게 이어진문장
                               └─ 종속적으로 이어진문장
```

1. 홑문장과 겹문장

(1) 홑문장

① 정의: 주어와 술어의 관계가 한 번만 이루어지는 문장을 말한다.

> 예 꽃이 핀다.

② 홑문장의 확장: 홑문장은 관형사나 관형사구, 부사나 부사구의 수식을 받거나, 대칭 용언에 의해 확장될 수 있다. 그러나 이처럼 문장의 길이가 아무리 길어져도 주어와 술어의 관계가 한 번만 나타나면 홑문장이다.

  ㉠ 관형사나 관형사구, 부사나 부사구의 수식

  > 예 철수가 드디어 부모님으로부터 당당히 독립하였다.
  > 나는 나만의 삶을 나만의 방식으로 산다.

  ㉡ 대칭 용언(만나다, 싸우다, 부딪치다, 악수하다, 비슷하다, 다르다, 같다, 닮다)의 사용

  > 예 영희는 철수와 도서관에서 마주쳤다.
  > '영희는 도서관에서 마주쳤다.' + '철수는 도서관에서 마주쳤다.'로 분리될 수 없음.
  > ⇨ 영희는(주어) 철수와(부사어) 도서관에서(부사어) 마주쳤다(서술어).

(2) 겹문장

① 정의: 주어와 술어의 관계가 두 번 이상 이루어지는 문장을 말한다.
② 유형: 한 개의 홑문장이 한 성분으로 안긴 형태(안긴문장 혹은 안은문장)로 이루어지거나, 홑문장이 여러 개 이어진 형태(이어진문장)로 이루어진다.

1) 안은문장

하나의 문장이 절(節)의 형식으로 다른 문장의 성분이 될 때 이 문장을 안긴문장이라 하고, 전체의 문장을 안은문장이라고 한다. 안긴문장 혹은 안은문장에는 명사절, 관형절, 부사절, 서술절, 인용절 등이 있다.

> 그는 우리가 돌아온 사실을 모른다.
>   └─안긴문장─┘
>   └────안은문장────┘

① 명사절
　㉠ 특징
　　• 전체 문장 속에서 명사 구실을 한다.
　　• 절 뒤에 주격, 부사격 등의 격조사가 붙는다.
　　• 명사절은 문장 속에서 주어, 목적어, 부사어의 역할을 한다.
　㉡ 표지
　　• 명사형 어미 '-(으)ㅁ', '-기'
　　• '-ㄴ지, -ㄹ지, -느냐, -는가, -ㄴ가' 등의 어미로 끝난 문장이 명사절로 쓰일 수 있다.

② 관형절
　㉠ 특징
　　• 전체 문장 속에서 관형어 구실을 한다.
　　• 명사 앞에 위치하여 체언을 수식한다.
　　• 관형사형 어미가 붙어 과거, 현재, 미래, 회상의 시간을 표현한다.
　　예 그것은 내가 읽은 책이다. (과거)
　　　　그것은 내가 읽는 책이다. (현재)
　　　　그것은 내가 읽을 책이다. (미래)
　　　　그것은 내가 읽던 책이다. (회상)
　㉡ 표지: 관형사형 어미 '-(으)ㄴ', '-는', '-(으)ㄹ', '-던'
　㉢ 유형
　　㉮ 관계 관형절: 관형절의 수식을 받는 명사가 관형절 속의 일정한 성분이 된다. 관형절 내의 성분이 생략되어 있다.
　　　예 공연장은 노래를 따라 부르는 팬들로 가득했다.
　　　　⇨ '팬들이 노래를 따라 부른다.'라는 문장이 관형절로 바뀌면서 주어가 생략되었다.
　　　예 그가 촬영한 영화가 대상 후보에 올랐다.
　　　　⇨ '그가 영화를 촬영했다.'라는 문장이 관형절로 바뀌면서 목적어가 생략되었다.
　　　예 그곳에는 옛 애인의 이름을 새긴 열쇠고리가 걸려 있다.
　　　　⇨ '옛 애인의 이름을 열쇠고리에 새겼다.'라는 문장이 관형절로 바뀌면서 부사어가 생략되었다.
　　㉯ 동격 관형절: 관형절 자체가 뒤에 오는 체언과 동일한 의미를 갖는다. 관형절 내에 생략된 성분이 없다.
　　　예 그가 재벌 집 아들이라는 소문이 파다했다.
　　　　⇨ '그가 재벌 집 아들이다.' 관형절 내에 생략된 성분이 없다.
　　　　　소문=그가 재벌 집 아들이다.
　　　예 영화 속 주인공들이 서로를 알아보지 못하는 장면이 너무 슬펐다.
　　　　⇨ '영화 속 주인공들이 서로를 알아보지 못한다.' 관형절 내에 생략된 성분이 없다.
　　　　　장면=영화 속 주인공들이 서로를 알아보지 못한다.

예 나는 그가 이번 시험에서 수석을 차지할 사람이라는 확신이 들었다.
⇨ '그가 이번 시험에서 수석을 차지할 사람이다.'
   관형절 내에 생략된 성분이 없다.
   확신 = 그가 이번 시험에서 수석을 차지할 사람이다.

③ 부사절
  ㉠ 특징
    • 전체 문장 속에서 부사어 구실을 한다.
    • 서술어를 수식하는 기능을 한다.
  ㉡ 표지: '-이', '-게', '-(아)서', '-도록' 등
    예 비가 소리도 없이 내린다.
      ⇨ '소리가 없다.'라는 문장이 '-이'라는 부사화 접미사에 의해 부사절로 안겨 있다.
    예 그 곳은 그림이 아름답게 장식되었다.
    예 철수는 발에 땀이 나도록 달렸다.
      ⇨ '그림이 아름답다.', '발에 땀이 나다.'의 문장들이 '-게', '-도록'과 같은 부사형 전성 어미에 의해 부사절로 안겨 있다.

④ 서술절
  ㉠ 특징
    • 전체 문장 속에서 서술어 구실을 한다.
    • 서술어 하나에 이중 주어가 있는 문장을 가리킨다.
  ㉡ 표지: 다른 안긴문장과 달리 절 표지가 따로 없다.
    예 토끼는 앞발이 짧다.
    예 그 집안은 딸이 귀하다.
    예 철수가 머리가 똑똑하다.
    ⇨ '주어+서술어[(주어+서술어)]'의 구성을 취한다.
    ⇨ '토끼의 앞발이 짧다.', '그 집안에 딸이 귀하다.', '철수는 머리가 똑똑하다.'로 바꾸어 표현할 수 있다.

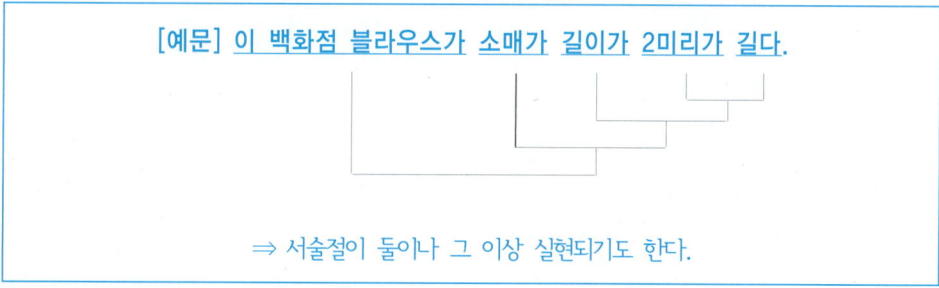

⇒ 서술절이 둘이나 그 이상 실현되기도 한다.

⑤ 인용절
  ㉠ 특징: 화자의 생각, 판단 또는 남의 말을 옮겨 와서 표현한 문장이나 의성어, 의태어를 인용의 부사격 조사로 나타낸 문장이다.
  ㉡ 표지: 인용격 조사 '-라고, -하고, -고'

ⓒ 유형
　㉮ 직접 인용: '-(이)라고, -하고'에 의한 절로, 인용 부호(큰따옴표)를 사용한다.
　㉯ 간접 인용: '-고'에 의한 절로, 인용 부호를 사용하지 않는다.
　　다른 사람의 말이나 글, 생각이나 느낌을 자기의 말로 바꾸어서 표현하는 말하기의 방법이다.
　　예 영희는 영미에게 "철수가 어제 군대 갔어."라고 말했다. (직접 인용)
　　　영희는 영미에게 철수가 어제 군대 갔다고 말했다. (간접 인용)
　　　⇨ 직접 인용에서는 '-라고'가, 간접 인용에서는 '-고'가 나타난다.
　　예 그는 "내가 이 나라의 샛별이다."라고 주장하였다. (직접 인용)
　　　그는 자신이 이 나라의 샛별이라고 주장하였다. (간접 인용)
　　　⇨ 직접 인용절에서 서술격 조사 '이다'로 끝나는 경우는 간접 인용의 표지가 '-이다고'가 아니라 '-이라고'로 나타난다.
　　　⇨ 인용하는 사람이 삼인칭이고, 인용절의 주어가 인용하는 사람과 동일한 경우에는 인용절의 주어가 삼인칭 대명사로 바뀐다.

2) 이어진문장

두 문장이 연결 어미에 의해 결합된 문장이다. 두 문장의 결합 방식에 따라 '대등적으로 이어진 문장'과 '종속적으로 이어진문장'으로 나뉜다.

① 대등적으로 이어진문장
　㉠ 정의: 두 개의 홑문장이 동등한 자격으로 이어지는 문장을 말한다.
　㉡ 특징: 대체로 앞절과 뒷절의 순서를 바꾸어도 문장 전체의 의미가 달라지지 않는다.
　ⓒ 연결 어미의 종류와 특징

의미 범주	연결어미	특징	예문
나열	-고	두 가지 이상의 사실을 대등하게 나열	너는 학생이고, 나는 선생님이다.
	-(으)며	두 가지 이상의 동작·상태를 나열	그녀는 눈이 크며, 아름답다.
대조	-(으)나	앞절과 뒷절의 내용이 서로 다름을 나타냄	봄은 안 왔으나, 꽃은 피었다.
	-지만	'-지마는'의 준말. 어떤 사실이나 내용을 시인하면서 그에 반대되는 내용을 말하거나 조건을 붙여 말할 때 쓰임.	설탕은 물에 잘 녹지만, 기름은 잘 녹지 않는다.
선택	-든지	나열된 동작이나 상태, 대상들 중에서 어느 것이든 선택될 수 있음을 나타냄.	노래를 부르든지, 춤을 추든지 해라.

② 종속적으로 이어진문장
　㉠ 정의: 앞의 홑문장이 뒤의 홑문장에 종속적으로 연결되는 문장을 말한다.
　㉡ 특징: 종속적 연결 어미 '-으니', '-어서', '-는데', '-을지라도', '-을망정' 등에 의하여 이어진다.
　　앞절과 뒷절의 순서를 바꾸면 의미가 달라지거나 문장이 성립되지 않는다. 이런 특징에 의하면 대등적 연결 어미도 문맥에 따라서는 종속적인 관계를 이루는 경우가 있다.

의미 범주	연결어미	특징	예문
조건 가정	-(으)면	불확실하거나 아직 이루어지지 아니한 사실을 가정하여 말할 때 쓰임.	내일 날씨가 좋으면, 바다로 놀러 가자.
	-거든	'어떤 일이 사실이면', '어떤 일이 사실로 실현되면'의 뜻을 나타냄.	그분을 만나거든 꼭 제 인사 말씀을 전해 주세요.
	-더라면	과거의 사실을 실제와 다르게 가정해 보는 뜻을 나타냄.	너도 그 사람을 만났더라면, 좋았을 텐데.
이유 원인	-아서	앞말이 뒷말의 원인이나 근거, 전제 따위가 됨을 나타냄.	햇빛을 받아서, 유리가 더욱 반짝거린다.
	-(으)므로		선생님께서는 인격이 높으시므로, 모든 이에게 존경을 받는다.
	-(니)까		봄이 오니까, 꽃이 핀다.
양보	-아도	가정이나 양보의 뜻을 나타냄.	이 유리판은 두께가 얇아도, 잘 깨지지 않는다.
	-라도	설사 그렇다고 가정하여도 다른 경우와 마찬가지로 상관없음을 나타내는 연결 어미	그것은 금덩이라도, 나는 안 가진다.
의도	-(으)려고	어떤 행동을 할 의도나 욕망을 가지고 있음을 나타냄.	너는 여기서 살려고 생각했니?
	-고자		나도 자네 이야기를 듣고자, 찾아왔네.
목적	-(으)러	가거나 오거나 하는 동작의 목적을 나타냄.	점심을 먹으러 집에 간다.

11 사동과 피동

1. 사동 표현

(1) 주동과 사동

① 주동(主動): 주어가 동작을 직접 하는 것을 나타낸다. 예 철수가 옷을 입었다.

② 사동(使動): 주어가 남에게 동작을 하도록 시키는 것을 나타낸다. 예 어머니가 철수에게 옷을 입혔다.

(2) 사동사에 의한 사동문(파생적 사동문, 단형 사동문)

① 자동사, 타동사, 형용사 어간+사동 접미사 '-이, -히, -리, -기, -우, -구, -추-'

② '던지다, 만지다'와 같이 '이'로 끝나는 어간, '-하다'가 결합하는 동사, '주다, 받다'와 같은 수여동사, '만나다, 닮다, 싸우다'와 같은 대칭 동사들은 사동사 파생에 참여하지 못한다.
   예 던지다 → 던지우다(×) / 주다 → 주이다(×) / 닮다 → 닮기다(×)

③ 직접 사동과 간접 사동의 의미로 모두 해석 가능하기 때문에 중의성을 지닌다.
   예 나는 동생에게 밥을 먹였다.
   ⇨ 주어의 직접 행동: 내가 동생에게 직접 밥을 먹이는 행위를 하다.
   ⇨ 주어의 간접 행동: 내가 말로 동생에게 밥을 먹도록 시키다. (명령, 권유, 지시)

(3) '-게 하다'에 의한 사동문(통사적 사동문, 장형 사동문)
  ① 동사 어간+ '-게 하다', '-도록 하다', '-게 만들다', '-도록 만들다'
    예 엄마가 아이에게 과일을 먹게 한다.
       엄마가 아이에게 과일을 먹도록 한다.
       엄마가 아이에게 과일을 먹게 만든다.
       엄마가 아이에게 과일을 먹도록 만든다.
  ② 서술격 조사 '이다'는 '-게 하다' 사동문을 만드는 것이 자연스럽지 못하다.
    예 그가 나를 학생이게 한다. (?)
  ③ 간접 사동의 의미를 갖는다.
    예 선생님께서 철수에게 책을 읽게 하셨다.
       ⇨ 주어의 직접 행동: ×
       ⇨ 주어의 간접 행동: 선생님께서 철수가 책을 읽도록 시키다. (명령, 권유, 지시)
  ④ '시키다'에 의한 사동문
    ㉠ 타동사 '시키다' 예 아버지가 아이에게 공부를 시킨다.
    ㉡ 접미사 '-시키다' 예 아버지가 아이를 공부시킨다.
    ㉢ '밥하다, 떡하다, 머리하다'와 같이 구체적인 사물을 가리키는 명사와 '-하다'가 결합한 경우에는 '시키다'에 의한 사동문을 만들지 못한다.
       예 어머니가 떡을 하다. ⇨ 할머니가 어머니에게 떡을 시켰다. (×)

2. 피동 표현

  (1) 능동과 피동
    ① 능동(能動): 주어가 동작을 제 힘으로 하는 것이다. 예 고양이가 쥐를 물었다.
    ② 피동(被動): 주어가 다른 주체에 의해서 동작을 당하게 되는 것이다. 예 쥐가 고양이에게 물렸다.
    ③ 피동문과 짝을 이루는 능동문은 목적어를 갖는 타동사문이다.
       예 능동문: 경찰이 도둑을 잡았다.(타동사문) 피동문: 도둑이 경찰에게 잡혔다.
  (2) 피동사에 의한 피동문(파생적 피동문, 단형 피동문)
    ① 타동사 어간+피동 접미사 '-이/히/리/기-'
    ② 비의도적인 문맥에서 자연스럽게 쓰인다. 예 굴뚝이 저절로 막혔다. / 굴뚝이 저절로 막아졌다. (?)
  (3) '-아/어지다'에 의한 피동문(통사적 피동문, 장형 피동문)
    ① 타동사, 자동사, 형용사 어간+'-아/어지다'
    ② 형용사 어간 + '-아/어지다': 피동의 의미보다는 상태 변화를 나타낸다.
       예 어두웠던 방이 밝아졌다. / 동쪽 하늘이 환해졌다.
    ③ 의도적인 문맥에서 자연스럽게 쓰인다.
       예 굴뚝이 누군가에 의해 막아졌다. / 굴뚝이 누군가에 의해 막혔다. (?)
    ④ 피동사 + '-아/어지다': 접미사에 의한 피동사에 다시 '-어지다'가 붙는 경우도 있으나 모두 적절하지 않다.
       ㉠ 보다+피동 접미사 '-이-' → 보이다 + -어지다 ⇨ 보여(이어)지다
          예 그것은 사실로 보여진다.(X) → 보인다(O)

ⓛ 찢다+피동 접미사 '-기-' → 찢기다 + -어지다 ⇨ 찢겨(기어)지다
   예 바닥에 찢겨진 사진들이 널브러져 있었다.(X) → 찢긴(O)

ⓒ 잊다+피동 접미사 '-히-' → 잊히다 + -어지다 ⇨ 잊혀(히어)지다
   예 진이는 자신이 점점 잊혀지는 것이 슬펐다.(X) → 잊히는(=잊어지는)(O)

> **깊이보기** 이중 피동의 제약
>
> 이중의 피동은 어법에 맞지 않으며, 한 번의 피동으로 고쳐야 한다.
> 가. 정답이 잘 이해되어지지 않는다.(X) ⇨ 정답이 잘 이해되지 않는다.(O)
> 나. 그것이 사실로 간주되어지고 있다.(X) ⇨ 그것이 사실로 간주되고 있다.(O)
> 다. 이 건물은 설립되어진지 10년이 넘었다.(X) ⇨ 이 건물은 설립된 지 10년이 넘었다.(O)
> 라. 그 문제는 결국 해결되어지지 않았다.(X) ⇨ 그 문제는 결국 해결되지 않았다.(O)
> 마. 범인이 마침내 잡혀지게 되었다.(X) ⇨ 범인이 마침내 잡혔다.(O)
> 바. 이것이 진리라고 생각되어진다.(X) ⇨ 이것이 진리라고 생각된다.(O)

(4) '되다(받다, 당하다)'류에 의한 피동문
   예 갑자기 그 일이 걱정되었다. / 그 지역은 피해 받는 주민들로 넘쳐났다. / 춘향이는 고문을 당했다.

(5) 피동문의 의미 특성
   ① 탈동작성: 피동문은 피동작주에 초점이 가기 때문에 동작주에 의해 나타나는 움직임이 잘 드러나지 않는다. 예 김 선수가 신예 박 선수에게 정상의 자리를 빼앗기고 말았다.
   ② 상황 의존성: 날씨나 시간이 흐르는 것 등은 상황 의존성을 강하게 갖기 때문에 동작성을 표현하기가 어렵다. 예 갑자기 날씨가 풀렸다.
   ③ 피동문과 수량을 나타내는 구문: 수량을 나타내는 구문이 포함된 피동문에서는 주어 명사구가 일단 주어진 대상으로 파악되기 때문에 능동문과 의미 해석에 차이를 보인다.
      예 두 포수가 참새 네 마리를 잡았다. (능동문)
         참새 네 마리가(주어 명사구) 두 포수에게 잡혔다. (피동문)

(6) 피동문의 제약
   ① 능동문을 피동문으로 바꿀 수 없는 경우
      • 능동문의 목적어가 무정물인 경우
         예 영희가 책을 읽었다. → 책이 영희에게 읽혔다. (×)
      • 주어가 동작주가 아닌 경험주인 경우
         예 철수는 꾸중을 들었다. → 꾸중이 철수에게 들렸다. (×)
   ② 피동문을 능동문으로 바꿀 수 없는 경우
      • 무정 명사가 타동사문의 주어인 경우
         예 열매가 배나무에 열렸다. → 배나무가 열매를 열었다. (×)
      • 의지나 의도를 가진 주체를 설정하기 어려운 경우
         예 날씨가 많이 풀렸다. → 날씨를 풀었다. (×)

12 높임 표현

국어에는 사람들의 나이, 지위, 신분, 대화에 관여하는 사람들 사이의 친분 정도, 말을 주고받는 상황의 공식성에 대한 정도 등에 따라 높임의 표현이 다르다. 높임법은 문장 종결 표현, 선어말 어미 '-(으)시-', 조사 '께, 께서', 특수 어휘 '계시다, 드리다'와 같은 표현을 통해서 실현된다.

1. 주체 높임

(1) **개념**: 문장의 주체가 되는 사람(주어)을 높이는 방법으로, 말하는 이보다 서술의 주체가 나이나 사회적 지위 등에서 상위자일 때 사용된다.

(2) **실현**: 동사, 형용사, '명사-이다'의 어간 뒤에 높임의 어미 '-(으)시-'를 붙인다. 주격 조사 '이/가' 대신 '께서'가 쓰이기도 하고, 주어 명사에 '-님'이 덧붙기도 한다.

(3) **유형**

① 직접 높임: 말하는 이가 주어를 직접 높임.

> 예 어머니, 선생님께서 오십니다.
> 할머니는 직접 용돈을 마련하신다.

② 간접 높임: 말하는 이가 일반적으로 높여야 할 대상의 신체 부분, 개인적 소유물 내지 주체와 관련된 사물의 말에 '-(으)시-'를 붙여서 주체를 간접적으로 높임.

> 예 할머니께서 귀가 밝으시다. / 선생님 말씀이 있으시겠습니다.
> 할머니는 용돈이 없으시다. / 할아버지는 다리가 아프시다.

깊이보기 두 종류의 '말씀'

한국어에서 '말씀'은 두 가지 종류가 있다. 하나는 남의 말을 높여 이르는 것이요, 또 하나는 자신의 말을 낮추어 이르는 것이다. (1)은 '말'의 높임말로 쓰인 '말씀'이고, (2)는 '말'의 낮춤말로 쓰인 '말씀'이다.
(1) 선생님의 말씀대로 저는 집으로 돌아가겠습니다.
(2) 제가 말씀을 드릴게요.

깊이보기 간접 높임의 사용

주체의 생활과 관련이 많다고 생각할 때에는 간접 높임이 이루어지지만, 일반적 사실로만 생각할 때에는 간접 높임이 이루어지지 않는다.
가. 선생님은 댁에서 버스 정류장이 머셔서 불편하시겠지요.
  선생님은 댁에서 버스 정류장이 멀어서 불편하시겠지요. (일반적 사실)
나. 선생님께서는 아직 진지를 잡수시지 않았다. (선생님이 드시는 밥)
  선생님은 밥을 짓는 솜씨가 좋으시다고 한다. (일반적인 밥)

(4) 주체 높임의 제약: 압존법(壓尊法)

가족이나 사제지간 같은 사적 관계에서, 청자 중심주의가 적용되는 높임법이다. 사적 관계에서만 적용되므로 직장에서는 사용되지 않는다.

예 할아버지, 아버지가 왔습니다.
⇨ 청자인 할아버지가 문장의 주체인 아버지보다 높다. 따라서 청자 중심주의에 따라 아버지를 높일 필요가 없다.

2. 상대 높임

(1) **개념**: 말하는 사람이 듣는 사람을 높이거나 안 높여 말하는 방법으로, 높임법 가운데에서 가장 발달되어 있는 것이 상대 높임법이다.

(2) **실현**: 종결 표현으로 실현되는데, 크게 격식체와 비격식체로 나뉜다.

① 격식체: 의례적, 객관적인 높임법으로, 심리적인 거리감이 개입되기도 한다.

② 비격식체: 격식체에 비해 정감 있는 높임법으로, 심리적 거리를 좁혀 친근감을 표시하고자 할 때 사용할 수 있다.

		평서법	의문법	명령법	청유법	감탄법
격식체	하십시오체	가십니다	가십니까?	가십시오	(가시지요)	–
	하오체	가(시)오	가(시)오	가(시)오, 가구려	갑시다	가는구려
	하게체	가네, 감세	가는가?, 가나?	가게	가세	가는구먼
	해라체	간다	가냐?, 가니?	가(거)라 가렴, 가려무나	가자	가는구나
비격식체	해요체	가요	가요?	가(세/셔)요	가(세/셔)요	가(세/셔)요
	해체	가, 가지	가?, 가지?	가, 가지	가, 가지	가, 가지

하십시오체	청자는 화자보다 나이, 항렬, 사회적 지위 등이 위인 사람이다. 상대를 아주 높이고자 할 때 쓰인다.
하오체	화자가 청자와 비슷한 지위, 나이이지만, 상대를 조금 대접하여 높이는 경우에 사용된다. 부부 사이, 잘 알지 못하거나 함부로 할 수 없는 사이지만, 연배나 지위가 비슷한 사이에서 쓰인다.
하게체	청자가 화자의 친구이거나 나이, 항렬, 사회적 지위 등이 아래인 사람에게 쓰인다. 대개 장인(장모)이 사위에게, 스승이 제자에게 쓴다. 아랫사람을 조금 대우하려는 의도가 반영되어 있다.
해라체	화자보다 청자가 아랫사람일 경우 쓰인다.

③ 중화체: 인쇄 매체를 통한 간접 발화 상황 등에서 불특정 다수를 대상으로 명령을 할 때는 '해라체'를 쓰지 않고 높임과 낮춤이 중화된 '하라체'를 쓴다.

예 제시문을 읽고 물음에 답하라. / 정부는 빈곤 문제에 대한 대책을 세우라.

3. 객체 높임

(1) **개념**: 목적어나 부사어가 지시하는 대상, 즉 서술의 객체를 높이는 방법이다.

(2) **실현**: 특수 어휘를 통해 실현된다. '주다, 드리다, 묻다, 여쭙다(여쭈다), 보다, 뵙다, 데리다, 모시다' 등이 있다.
    예 나는 아버지를 모시고 병원으로 갔다. / 나는 선생님께 선물을 드렸다.

깊이보기 · 복합적인 높임 표현

높임 표현이 한 문장에서 복합적으로 실현되기도 한다. 다음 문장은 서술어의 주체, 대화의 상대, 서술어의 객체를 모두 높인 표현이다.

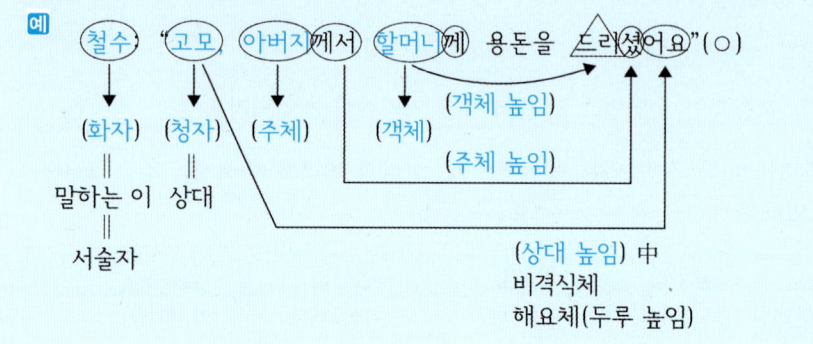

제 2 장 문제 풀이

관련 예시 문제

143 다음 글에서 추론한 내용으로 적절하지 않은 것은? [2025 대비 9급 예시문제(1차)]

> '밤하늘'은 '밤'과 '하늘'이 결합하여 한 단어를 이루고 있는데, 이처럼 어휘 의미를 띤 요소끼리 결합한 단어를 합성어라고 한다. 합성어는 분류 기준에 따라 여러 방식으로 나눌 수 있다. 합성어의 품사에 따라 합성명사, 합성형용사, 합성부사 등으로 나누기도 하고, 합성의 절차가 국어의 정상적인 단어 배열법을 따르는지의 여부에 따라 통사적 합성어와 비통사적 합성어로 나누기도 하고, 구성 요소 간의 의미 관계에 따라 대등합성어와 종속합성어로 나누기도 한다.
>
> 합성명사의 예를 보자. '강산'은 명사(강)+명사(산)로, '젊은이'는 용언의 관형사형(젊은)+명사(이)로, '덮밥'은 용언 어간(덮)+명사(밥)로 구성되어 있다. 명사끼리의 결합, 용언의 관형사형과 명사의 결합은 국어 문장 구성에서 흔히 나타나는 단어 배열법으로, 이들을 통사적 합성어라고 한다. 반면 용언 어간과 명사의 결합은 국어 문장 구성에 없는 단어 배열법인데 이런 유형은 비통사적 합성어에 속한다. '강산'은 두 성분 관계가 대등한 관계를 이루는 대등합성어인데, '젊은이'나 '덮밥'은 앞 성분이 뒤 성분을 수식하는 종속합성어이다.

① 아버지의 형을 이르는 '큰아버지'는 종속합성어이다.
② '흰머리'는 용언 어간과 명사가 결합한 합성명사이다.
③ '늙은이'는 어휘 의미를 지닌 두 요소가 결합해 이루어진 단어이다.
④ 동사 '먹다'의 어간인 '먹'과 명사 '거리'가 결합한 '먹거리'는 비통사적 합성어이다.

풀이와 정답 정답 ②

풀이 '흰머리'는 용언의 관형사형과 명사가 결합한 합성명사이다. '흰'은 '희(어간)+ㄴ(관형사형 전성어미)'이 만난 경우이므로 '흰' 자체를 어간으로 볼 수 없다. 참고로, '흰머리'는 통사적 합성어이며, 용언 어간과 명사가 결합한 '덮밥', '접칼', '먹거리' 등은 비통사적 합성어에 해당한다.

오답 ①: '큰아버지'는 앞 성분이 뒤 성분을 수식하는 종속합성어이다.
③: '늙은이'는 '늙은(용언의 관형사형)+이(명사)'의 결합이므로 어휘 의미를 띤 요소끼리 결합한 합성어이다.
④: '먹거리'는 어간과 명사의 결합이므로 국어 문장 구성에 없는 비통사적 합성어이다.

144 다음 글의 ㉠의 사례가 포함되어 있지 않은 것은? [2025 대비 9급 예시문제(1차)]

> 존경 표현에는 주어 명사구를 직접 존경하는 '직접존경'이 있고, 존경의 대상과 긴밀한 관련을 가지는 인물이나 사물 등을 높이는 ㉠ '간접존경'도 있다. 전자의 예로 "할머니는 직접 용돈을 마련하신다."를 들 수 있고, 후자의 예로는 "할머니는 용돈이 없으시다."를 들 수 있다. 전자에서 용돈을 마련하는 행위를 하는 주어는 할머니이므로 '마련한다'가 아닌 '마련하신다'로 존경 표현을 한 것이다. 후자에서는 용돈이 주어이지만 할머니와 긴밀한 관련을 가진 사물이라서 '없다'가 아니라 '없으시다'로 존경 표현을 한 것이다.

① 고모는 자식이 다섯이나 있으시다.
② 할머니는 다리가 아프셔서 병원에 다니신다.
③ 언니는 아버지가 너무 건강을 염려하신다고 말했다.
④ 할아버지는 젊었을 때부터 수염이 많으셨다고 들었다.

풀이와 정답 정답 ③

풀이 '아버지가 너무 건강을 염려하신다'는 '간접존경'이 아니라 '직접존경(=직접높임)'에 해당한다. 이때의 '-시-'는 주어인 '아버지'를 직접 존경하는 경우이다.

오답 나머지는 모두 '간접존경'에 해당한다.
①: '자식이 있으시다'는 관련 인물인 '자식'을 높이는 경우이다.
②: '다리가 아프시다'는 관련 사물인 '다리'를 높이는 경우이다. 참고로, '할머니는 병원에 다니신다'는 직접존경에 해당하므로 ②번 문장은 직접존경과 간접존경이 모두 나타난 사례이다.
④: '수염이 많으시다'는 관련 사물인 '수염'을 높이는 경우이다.

관련 추가 문제

1단계 문제

145 다음을 참고할 때, 단어의 종류가 같은 것끼리 짝 지어진 것은? [2024 국가직 9급]

> 어떤 구성을 두 요소로만 쪼개었을 때, 그 두 요소를 직접구성요소라 한다. 직접구성요소가 어근과 어근인 단어는 합성어라 하고 어근과 접사인 단어는 파생어라 한다.

① 지우개 – 새파랗다
② 조각배 – 드높이다
③ 짓밟다 – 저녁노을
④ 풋사과 – 돌아가다

풀이와 정답　　　　　　　　　　　　　　　　　　　　　　　　　　　정답 ①

풀이 '지우개'와 '새파랗다'는 모두 파생어이다. '지우개'는 어근 '지우(다)'와 접미사 '-개'가 붙은 경우이고, '새파랗다'는 접두사 '새-'와 어근 '파랗다'가 붙은 경우이다.

오답 ②: '조각배'는 합성어이고, '드높이다'는 파생어이다.
　　　③: '짓밟다'는 파생어이고, '저녁노을'은 합성어이다.
　　　④: '풋사과'는 파생어이고, '돌아가다'는 합성어이다.

146 밑줄 친 ㉠의 예에 해당하는 것은? [2020 군무원 7급]

> 합성어의 유형을 통사적 합성어와 비통사적 합성어로 분류하기도 한다. 이것은 합성어의 형성 절차가 국어의 일반적인 단어 배열법을 따르고 있는지 아니면 그렇지 않은지에 따라 나눈 것이다. 통사적 합성어에는 '명사+명사'의 구성을 취하거나 '용언의 관형사형+명사'나 ㉠'용언의 연결형+용언 어간'의 구성을 취하는 것이 포함된다. 비통사적 합성어는 국어의 일반적인 단어 배열법과 달리 어간이 어미 없이 바로 명사나 다른 용언 어간에 연결되는 경우가 해당된다.

① 들어가다
② 부슬비
③ 불고기
④ 높푸르다

풀이와 정답

정답 ①

풀이 '들어가다'는 '들다'와 '가다'가 결합한 경우이며, 연결 어미 '-어'가 들어간 통사적 합성어이다. 비슷한 예로, '떠오르다, 돌아오다, 찾아가다' 등이 있다.

오답 ② 부슬비: '부사+명사'의 비통사적 합성어이다.
③ 불고기: '명사+명사'의 통사적 합성어이다.
④ 높푸르다: '어간+어간'의 비통사적 합성어이다.

147 밑줄 친 부분의 예시로 적절한 것은?   [2023 지역인재 9급(국가직)]

> 국어에서 동사나 형용사에 붙어 새로운 단어를 형성하는 접미사는 다양한 문법적 특징을 지닌다. 첫째, 동사나 형용사에 붙어 새로운 어간을 형성하기도 한다. 둘째, 동사나 형용사의 어근에 붙어 품사를 바꾸기도 한다. 셋째, 동사나 형용사에 붙어 사동의 의미를 더하기도 한다. 넷째, <u>타동사에 붙어 피동의 의미를 더하기도 한다.</u>

① 소음이 <u>섞여</u> 주위가 시끄러웠다.
② 따스한 햇살이 고드름을 <u>녹였다</u>.
③ 친구에게 예쁜 꽃을 <u>들려</u> 보냈다.
④ 이 옷에 풀을 <u>먹이면</u> 상하기 쉽다.

풀이와 정답   정답 ①

풀이 '(소음이) 섞이다'는 타동사 '섞다'에 접미사 '-이-'가 붙어 피동(被動)의 의미를 나타낸다. '어떤 말이나 행동에 다른 말이나 행동이 함께 나타나게 되다.'를 뜻한다.

오답 나머지는 모두 사동(使動)의 의미를 나타낸다. '(고드름을) 녹이다(=녹게 하다)', '(꽃을) 들리다(=들게 하다)', '(풀을) 먹이다(=먹게 하다)' 모두 사동사이다.

148 다음 중 아래 글의 내용을 포괄하여 설명하기에 가장 적절한 것은? [2022 군무원 9급]

> 주체 경어법은 용언에 선어말 어미 '-시-'를 넣음으로써 이루어진다. 만약 여러 개의 용언이 함께 나타나는 경우라면 일률적인 규칙을 세우기는 어렵지만 대체로 문장의 마지막 용언에 선어말 어미 '-시-'를 쓴다. 또한 여러 개의 용언 가운데 어휘적으로 높임의 용언이 따로 있는 경우에는 반드시 그 용언을 사용해야 한다.

① 할머니, 어디가 어떻게 편찮으세요?
② 어머님께서 돌아보시고 주인에게 부탁하셨다.
③ 선생님께서 책을 펴며 웃으셨다.
④ 할아버지께서 주무시고 가셨다.

풀이와 정답

정답 ④

풀이 '가셨다'의 '-시-'는 주체 높임 선어말 어미가 사용된 경우이고, '주무시다'는 '자다'의 높임말로, 특정 어휘를 통해 주체를 높이는 경우이다. 따라서 글에서 요구하는 두 가지 경우가 모두 나타난 것은 ④번이다.

오답
①: '편찮으시다'는 주체 높임 선어말 어미 '-시-'가 사용된 경우이다. 하지만 '편찮다(便—)'는 '병을 앓고 있다.'는 뜻의 단어일 뿐 특정 어휘로 주체를 높인 경우라고 할 수 없다. 참고로, '아프다'와 '편찮다'는 모두 '-(으)시'를 붙여 주체 높임을 실현할 수 있다.
②: '돌아보시다', '부탁하시다'는 모두 주체 높임 선어말 어미 '-시-'가 사용된 경우일 뿐 특정 어휘가 사용된 것은 아니다.
③: '웃으시다'는 주체 높임 선어말 어미 '-(으)시-'가 사용된 경우일 뿐 특정 어휘가 사용된 것은 아니다.

참고 주체를 높이는 특수 어휘에는 '진지', '댁(宅)', '주무시다', '계시다', '잡수시다' 등이 있다. 한편, 객체를 높이는 특수 어휘에는 '드리다', '여쭈다(여쭙다)', '뵈다(뵙다)', '모시다'가 있다.

2단계 문제

149 다음 글의 내용을 적용한 것으로 적절하지 않은 것은?

[2024 지역인재 9급(국가직)]

> 합성어는 구성 요소(어근+어근)의 의미 관계에 따라 대등 합성어, 종속 합성어, 융합 합성어로 분류된다. 대등 합성어는 '손발'처럼 두 어근의 의미가 어느 한쪽으로 치우치지 않고, 그 의미가 대등한 또는 병렬적인 합성어이다. 이에 비해 종속 합성어는 '손수레'처럼 두 어근 중 어느 하나가 의미의 중심을 이루고, 다른 하나는 그것의 의미를 보충하는 관계이다. 마지막으로 융합 합성어는 두 어근 중 어느 쪽의 의미도 아닌 제3의 의미일 때를 말한다. 대부분의 융합 합성어는 대등 합성어나 종속 합성어의 의미가 변화한 것이다. 예를 들어 합성어 '뛰어나다'는 구성 요소인 '뛰다'나 '나다'의 의미를 벗어나 '남보다 월등히 훌륭하거나 앞서 있다.'라는 새로운 의미를 획득한 것이다.

① '손가락이 길다.'에서 '손가락'은 종속 합성어이다.
② '논밭에 씨를 뿌린다.'에서 '논밭'은 대등 합성어이다.
③ '가을 하늘이 높푸르다.'에서 '높푸르다'는 대등 합성어에서 의미가 변화한 융합 합성어이다.
④ '미안한 마음은 쥐꼬리만큼도 안 든다.'에서 '쥐꼬리'는 종속 합성어에서 의미가 변화한 융합 합성어이다.

풀이와 정답

정답 ③

풀이 '높푸르다'는 '높다'와 '푸르다'가 대등하게 결합해 '높고 푸르다'를 의미하므로 대등 합성어이다. 비슷한 예로, '검푸르다', '날뛰다', '남녀', '흑백', '남북' 등이 있다.

오답
①: '손가락'은 '손끝의 다섯 개로 갈라진 부분. 또는 그것 하나하나'를 의미하므로, 종속 합성어이다. '손'이 의미의 중심을 이루고, '가락(: 가늘고 길게 토막이 난 물건의 낱개)'이 중심 의미를 보충하는 관계이다. 비슷한 예로, '책가방', '돌다리', '큰형' 등이 있다.
④: '쥐꼬리'는 '매우 적은 것'을 비유적으로 이르는 말로, 의미가 변화한 융합 합성어이다. 비슷한 예로, '모순(矛盾)'(: 어떤 사실의 앞뒤. 또는 두 사실이 이치상 어긋나서 서로 맞지 않음), '쥐뿔'(: 아주 보잘것없거나 규모가 작은 것) 등이 있다.

150 ㉠~㉣을 설명한 내용으로 적절하지 않은 것은? [2023 지방직 9급]

> ○ ㉠지원은 자는 동생을 깨웠다.
> ○ 유선은 도자기를 ㉡만들었다.
> ○ 물이 ㉢얼음이 되었다.
> ○ ㉣어머나, 현지가 언제 이렇게 컸지?

① ㉠: 동작의 주체를 나타내는 주어이다.
② ㉡: 주어와 목적어를 요구하는 서술어이다.
③ ㉢: 서술어를 꾸며주는 부사어이다.
④ ㉣: 문장의 다른 성분과 직접적으로 관련을 맺지 않는 독립어이다.

풀이와 정답 정답 ③

풀이 ㉢'얼음이'는 특정 서술어 '되다' 앞에 쓰인 보어이다. '보어'는 '되다', '아니다' 앞에 '이/가'를 취하여 나타나는 문장 성분이다. 참고로, '물이 얼음으로 되었다.'의 경우라면 '얼음으로'가 부사어이다. 부사격 조사 '으로'가 온 경우이다.
오답 나머지는 모두 문장 성분에 대한 설명으로 적절하다.

151 ㉠~㉣을 활용하여 음운변동을 설명한 것으로 적절한 것은? [2024 지방직 9급]

> ㉠ 교체: 한 음운이 다른 음운으로 바뀌는 현상
> ㉡ 탈락: 한 음운이 없어지는 현상
> ㉢ 첨가: 없던 음운이 새로 생기는 현상
> ㉣ 축약: 두 음운이 합쳐져 제삼의 음운으로 바뀌는 현상

① '색연필'의 발음에서는 ㉠과 ㉢이 나타난다.
② '외곬'의 발음에서는 ㉠과 ㉣이 나타난다.
③ '값지다'의 발음에서는 ㉡과 ㉢이 나타난다.
④ '깨끗하다'의 발음에서는 ㉢과 ㉣이 나타난다.

풀이와 정답

정답 ①

풀이 '색연필'은 '[색년필]('ㄴ' 첨가) → [생년필](교체 중 비음화)'의 순서로 음운이 변동된다. 따라서 교체와 첨가가 나타난다고 설명한 ①번이 적절하다.

오답
②: '외곬[외골]'은 'ㅅ'이 탈락하는 자음군 단순화가 나타난다. 따라서 교체와 축약이 아니라 탈락이 나타난다.
③: '값지다'는 '[갑지다](탈락) → [갑찌다](교체 중 된소리되기)'의 순서로 음운이 변동된다. 따라서 탈락과 교체가 나타날 뿐, 첨가는 나타나지 않는다.
④: '깨끗하다'는 '[깨끋하다](교체 중 음절의 끝소리 규칙) → [깨끄타다](자음 축약)'의 순서로 음운이 변동된다. 따라서 교체와 축약이 나타날 뿐, 첨가는 나타나지 않는다.

152 〈보기〉는 우리말 높임법에 관한 설명이다. (   ) 안에 들어갈 용례로 맞지 않는 것은?

[2023 군무원 7급]

> 〈보 기〉
>
> • 상대높임법: 말하는 이가 상대, 곧 듣는 이(청자)를 높이는 높임법. 일정한 종결 어미의 사용에 의해서 실현됨.
>
> (1) 격식체: 공식적이고 의례적인 표현으로, 심리적 거리감을 나타냄
>   ① 해라체: 아주 낮춤
>   ② 하게체: 예사 낮춤 ……… (㉠)
>   ③ 하오체: 예사 높임 ……… (㉡)
>   ④ 합쇼체: 아주 높임
>
> (2) 비격식체: 비공식적이며, 부드럽고 친근감을 나타냄
>   ① 해체: 두루 낮춤 ………… (㉢)
>   ② 해요체: 두루 높임 ……… (㉣)

① ㉠: 내가 말을 함부로 했던 것 같네.
② ㉡: 이게 꿈인지 생신지 모르겠구려.
③ ㉢: 계획대로 밀고 나가.
④ ㉣: 선생님 안녕히 계십시오.

풀이와 정답

정답 ④

풀이 ㉣은 비격식체 중 해요체(두루 높임)에 해당하므로 '계세요(=계시어요=계셔요)'를 써야 한다. 참고로, '계십시오'는 격식체 중 합쇼체(하십시오체, 아주 높임)에 해당한다.

오답
①: '-네'는 격식체 중 하게체(예사 낮춤)에 해당한다.
②: '-구려'는 격식체 중 하오체(예사 높임)에 해당한다.
③: '-어/아'는 비격식체 중 해체(두루 낮춤)에 해당한다. 해체는 '나가+요'처럼 높임 종결 보조사 '요'를 붙일 수 있다. 참고로, '나가라'라고 했다면, '나가라+요'로 쓸 수 없으므로 격식체 중 해라체(아주 낮춤)가 된다.

참고 상대높임법(표)

		평서법	의문법	명령법	청유법	감탄법
격식체	하십시오체	가십니다	가십니까?	가십시오	(가시지요)	–
	하오체	가(시)오	가(시)오?	가(시)오, 가구려	갑시다	가는구려
	하게체	가네, 감세	가는가?, 가나?	가게	가세	가는구먼
	해라체	간다	가냐?, 가니?	가(거)라, 가렴, 가려무나	가자	가는구나
비격식체	해요체	가요	가요?	가(세/셔)요	가(세/셔)요	가(세/셔)요
	해체	가, 가지	가?, 가지?	가, 가지	가, 가지	가, 가지

3 단계 문제

153 ㉠~㉣을 활용하여 사례의 밑줄 친 부분을 분석한 것으로 옳지 않은 것은? [2022 지방직 7급]

> 어간과 결합하는 어미는 다음과 같이 분류될 수 있다. 먼저 실현되는 위치에 따라 ㉠ <u>선어말 어미</u>와 어말 어미로 나뉜다. 다음으로 어말 어미는 그 기능에 따라 ㉡ <u>연결 어미</u>, ㉢ <u>종결 어미</u>, ㉣ <u>전성 어미</u>로 나뉜다.

사례	분석
① 형이 어머니를 잘 <u>모시겠지만</u> 조금은 걱정돼.	어간+㉠+㉡
② 많은 사람들이 <u>오갔기</u> 때문에 소독을 해야 해.	어간+㉠+㉣
③ 어머니께서 할머니께 전화를 <u>드리셨을</u> 텐데.	어간+㉠+㉠+㉡
④ 아버지께서 지난주에 편지를 <u>보내셨을걸</u>.	어간+㉠+㉠+㉢

풀이와 정답

정답 ③

풀이 '드리셨을'의 기본형은 '드리다'이며, 형태소로 나누면 '드리-(어간)+-시-(주체높임 선어말 어미)+-었-(과거시제 선어말 어미)+-을(관형사형 전성 어미)'가 된다. 따라서 ③번은 '㉠+㉠+㉡'이 아니라 '㉠+㉠+㉣'으로 분석해야 한다.

오답

①: '모시겠지만'의 기본형은 '모시다'이며, 형태소로 나누면 '모시-(어간)+-겠-(추측 선어말 어미)+-지만(연결 어미)'가 된다.

②: '오갔기'의 기본형은 '오가다'이며, 형태소로 나누면 '오가-(어간)+-았-(과거시제 선어말 어미)+-기(명사형 전성 어미)'가 된다.

④: '보내셨을걸'의 기본형은 '보내다'이며, 형태소로 나누면 '보내-(어간)+-시-(주체높임 선어말 어미)+-었-(과거시제 선어말 어미)+-을걸(종결 어미)'가 된다.

154 ㉠~㉣ 중 〈보기〉의 밑줄 친 부분에 해당하지 않는 것은? [2023 법원직 9급]

〈보 기〉

높임 표현은 높임의 대상에 따라 주체 높임, 객체 높임, 상대 높임으로 나눌 수 있다. 이 중 객체 높임은 목적어나 부사어가 나타내는 대상, 즉 서술의 객체를 높이는 방법으로 주로 특수 어휘나 부사격 조사 '께'에 의해 실현된다.

지우: 민주야, 너 내일 뭐 할 거니?
민주: 응, 내일 할머니 생신이라서 할머니 ㉠모시고 영화관에 가기로 했어.
지우: 와, 오랜만에 할머니도 뵙고 좋겠다.
민주: 응, 그렇지. 오늘은 할머니께 편지도 써야 할 것 같아.
지우: ㉡할머니께 드릴 선물은 샀어?
민주: 응, 안 그래도 할머니가 허리가 아프셔서 엄마가 안마의자를 사서 ㉢드린대. 나는 용돈을 조금 보태기로 했어.
지우: 아, 할머니께서 ㉣편찮으셨구나.

① ㉠
② ㉡
③ ㉢
④ ㉣

풀이와 정답 정답 ④

풀이 '편찮으셨구나'는 '편찮다'에 주체 높임 선어말 어미 '-으시-'가 들어간 주체 높임에 해당한다. '께서~시'는 객체 높임이 아니라 주체 높임이다.

오답 '(할머니를) 모시고', '할머니께 (드릴)', '(할머니께) 드린대'는 모두 객체 높임에 해당한다. '객체(客體)'는 목적어나 부사어의 대상이며, '주다/드리다', '묻다/여쭈다', '보다/뵙다', '데리다/모시다' 등 특수 어휘와 부사격 조사 '께'에 의해 객체 높임이 실현된다.

155 다음 글을 통해 알 수 있는 내용으로 적절하지 않은 것은? [예상 문제]

> '형태소'는 단어를 분석한 단위이며 뜻을 가진 가장 작은 말의 단위이다. 형태소는 뜻의 성격에 따라 실질 형태소와 형식 형태소로 나눌 수 있고, 자립성의 여부에 따라 자립 형태소와 의존 형태소로 나눌 수 있다.
>   (1) 사과를 먹었다.
>   (1)은 '사과, 를, 먹었다'의 세 단어로 이루어져 있다. 이 중 '사과'의 경우, 단어를 나누면 '사'와 '과'로 쪼개어지는데 각각은 뜻이 없다. 따라서 '사과'는 뜻을 가진 단위 중 가장 작은 단위이므로 하나의 형태소가 된다.
>   '먹었다'의 경우, '먹-'의 자리에 '꺾-'을 넣는다면 단어의 뜻이 달라진다. 그러므로 '먹었다'라는 단어가 '음식 등을 입을 거쳐 배 속으로 들여보내다.'라는 뜻을 나타낼 수 있는 것은 '먹-' 때문임을 알 수 있다. 다음으로, '-었-' 자리에 '-는-'을 넣으면 먹는 행위가 이루어진 때가 '현재'로 달라지므로 '-었-'이 '과거'를 나타내고 있음을 알 수 있다. 같은 방법으로 '-다' 자리에 '-고'를 넣으면 '먹었고'가 되어서 그 뒤에 문장이 이어짐을 나타내므로 '-다'가 '문장 종결'의 뜻을 나타내고 있음을 알 수 있다. 이러한 원리에 의해 단어 '먹었다'는 '먹-', '-었-', '-다'라는 세 개의 형태소로 분석할 수 있다.
>   이때 '-었-'이나 '-다'는 '먹-'과 달리 문법적인 기능을 수행하는데, 이러한 문법적인 기능을 하는 형태소를 형식 형태소라고 한다. 형식 형태소에는 '-었-', '-다'와 같은 어미뿐만 아니라 '를'과 같은 조사, 어근의 앞뒤에 붙어 뜻을 더하거나 단어의 성질을 바꾸는 접사가 있다. 반면에 '사과', '먹-'처럼 구체적인 대상이나 상태를 나타내는 실질적인 뜻을 지닌 형태소를 실질 형태소라고 한다.
>   (1)의 형태소 중 '사과'는 다른 말에 기대지 않고 자립해서 쓰일 수 있지만, '를'은 '사과'에 붙어야 쓰일 수 있고, '먹-', '-었-', '-다'는 서로 기대어야 문장에서 쓰일 수 있다. '사과'처럼 자립하여 쓸 수 있는 형태소를 자립 형태소라고 하고, '를', '먹-', '-었-', '-다'처럼 다른 말에 기대어 사용되는 형태소를 의존 형태소라고 한다.
>   이상의 설명을 바탕으로 (1)의 형태소를 분석하면 (2)와 같이 나타낼 수 있다.
>   (2) 사과 / 를 / 먹 / 었 / 다
>   실질　형식 실질 형식 형식
>   자립　의존 의존 의존 의존

① 형태소를 더 작게 쪼개면 뜻이 사라진다.
② 의존 형태소만으로도 단어를 형성할 수 있다.
③ 형태소 하나가 단어 하나를 형성하는 경우도 있다.
④ 실질적인 뜻을 지닌 형태소는 모두 자립적인 성격을 지닌다.

풀이와 정답

정답 ④

풀이 맨 마지막 단락에 의하면, 실질 형태소 중 어간은 의존 형태소에 해당하므로 ④번은 적절하지 않다. '사과를 먹었다.' 예문 중 '사과'는 실질 형태소이면서 자립 형태소이지만, 어간인 '먹–'은 실질 형태소이지만 의존 형태소이다. 따라서 실질 형태소가 모두 자립적인 성격을 지니는 것은 아니다.

오답
①: 형태소는 뜻을 가진 가장 작은 말의 단위이므로 이를 쪼개면 뜻이 사라진다.
②: '를'은 조사이므로 의존 형태소에 해당하며 단어이다. 또, '먹었다'는 '먹–', '–었–', '–다'라는 의존 형태소만으로 단어가 형성된 경우에 해당한다.
③: '사과', '를'은 형태소 하나가 단어 하나를 형성하는 경우이다.

156 다음 글의 내용과 일치하지 않은 것은? [예상 문제]

파생어 형성의 과정에서는 어근과 접사가 결합하게 되는데, 이 과정을 규칙적으로 기술할 수 있다. 그런데 규칙에는 일정한 조건이나 제약이 따르게 된다.
(1) 구두닦이, 옷걸이, 성냥팔이
(2) 맨눈, 맨몸, 맨손
(3) 길이, 높이, 깊이

(1)의 '구두닦이', '옷걸이', '성냥팔이'는 어근에 접미사 '–이'가 결합하여 형성된 것이다. 그런데 이 '–이'는 어근이 자음으로 끝날 때만 결합한다는 제약을 갖는다. 이와 같이 파생접사가 어근의 음운론적인 조건에 따라 결합이 제한되는 것을 파생어 형성 과정에서의 음운론적 제약이라 부른다. (2)의 '맨눈', '맨몸', '맨손'은 어근에 접두사 '맨–'이 결합하여 형성된 것이다. '맨–'과 결합하는 어근의 품사는 대체로 명사이다. '맨–'뿐 아니라 대부분의 파생접사들은 특정한 품사의 어근과만 결합한다. 이를 형태·통사론적 제약이라 부른다. (3)의 '길이', '높이', '깊이'는 어근에 접미사 '–이'가 결합하여 척도명사가 파생된 것이다. '짧이*', '낮이*', '얕이*'가 성립하지 않는 것에서 알 수 있듯이 척도명사 파생에서는 긍정적인 의미 내지 가치를 지니는 어근만이 사용된다. 어근의 의미상 특질에 따라 파생어의 형성이 허용되거나 제약되는 것을 의미론적 제약이라 부른다.

한편, 파생 규칙에 따라 단어가 만들어질 수는 있지만 실제로 사용되는 데에 일정한 제약이 작용하기도 한다.
(4) 길기*, 높기*, 깊기*

위에서 언급한 '–이'뿐 아니라 '–기'도 '밝기, 굵기, 크기'에서 볼 수 있듯이 척도명사의 파생에 참여한다. 그런데 (4)에서 볼 수 있듯이 '길기*, 높기*, 깊기*'가 불가능한 것은 이미 '길이, 높이, 깊이'와 같은 단어가 존재하기 때문이다. 어근과 파생접사가 결합하여 파생어가 만들어지더라도, 의미상으로 유사한 다른 단어의 존재 때문에 실제로 사용되지 못하는 것을 저지 현상(blocking)이라 부른다.

*: 문법에 맞지 않음을 표시하는 기호.

① 어근에 접두사나 접미사가 결합하여 만들어지는 단어가 파생어이다.
② 파생접사가 어근의 음운론적인 조건에 따라 결합이 제한되는 것이 음운론적 제약이다.
③ 부정적인 가치 내지 의미를 지닌 어근이 접사와 결합하지 못하는 것이 저지 현상이다.
④ 대부분의 파생접사들이 특정한 품사의 어근과만 결합하는 것이 형태·통사론적 제약이다.

풀이와 정답

정답 ③

풀이 이 글의 내용에 따르면, 부정적인 가치 내지 의미를 가진 어근이 접사와 결합하지 못하는 것은 척도명사의 경우에 나타나는 현상으로, 이는 의미론적 제약이라는 관점에서 설명할 수 있다. 한편, 저지 현상은 어근과 파생접사가 결합하여 파생어가 만들어지더라도 의미상 유사한 다른 단어의 존재 때문에 실제로 사용되지 못하는 것을 일컫는 말이다. 따라서 ③번은 문장의 앞뒤 내용이 다른 범주와 결합되어 있으므로 글의 내용과 일치하지 않는다.

오답 ①: 처음 부분. ②, ④: 중간 부분.

참고 출처: 고영근, 〈파생어 형성 규칙의 제약〉

제 15 유형 / 15개 문제 유형

1차, 2차 예시문제를 기반으로 한 **15개 문제 유형 집중 분석!**

新유형 9급 국가직·지방직·지역인재 시험대비

'공공언어 바로 쓰기 원칙' 유형

01 / 이론 정리

02 / 문제 풀이
　1 관련 예시문제 풀이
　2 관련 추가 문제
　　└ 1단계
　　└ 2단계
　　└ 3단계

天衣無縫
정상국어

제1장 이론정리

> **문제 사례**
> 1. 〈공공언어 바로 쓰기 원칙〉에 따라 〈공문서〉의 ㉠~㉣을 수정한 것으로 적절하지 않은 것은? (1차 예시. 1번)
> 2. 〈공공언어 바로 쓰기 원칙〉에 따라 수정한 것으로 적절하지 않은 것은? (2차 예시. 1번)

> **유형 15**
> '공공언어 바로 쓰기 원칙' 유형은 공무원으로서 업무 능력을 강화하기 위해 공문서, 안내문 등 실용글을 활용하여 국어의 어법 능력을 평가하는 유형의 문항이다. 공공언어 바로 쓰기 원칙의 핵심 목표는 공공기관이나 단체가 제공하는 정보를 시민들이 쉽게 이해하고 활용할 수 있도록 하는 것이다. 또한, 다양한 배경을 가진 사람들이 원활하게 소통할 수 있도록, 명확하고 간결한 언어 사용을 촉진하는 것이 목표이다.
>
> 따라서 보다 효과적이고 신뢰할 수 있는 소통 수단으로서 공공언어를 바로 쓰기 위해서는 국어의 정확한 사용이 전제되어야 한다. 구체적으로는 문장 성분의 호응, 중복된 표현, 중의적 표현, 대등한 접속 구조 등을 파악할 수 있는 다양한 어법 능력을 갖추어야 한다. 아울러, 공공언어를 참고해 어문 규범과 정확한 어휘 사용 등 국어의 기본 능력을 향상시키는 계기로 삼아야 한다.

1 '공공언어 바로 쓰기 원칙' 문제를 잘 푸는 방법

1. 원칙 이해하기
공공언어의 기본 원칙인 명확성, 간결성, 정확성을 충분히 이해해야 한다. 문장이 쉽게 이해되도록 구성되어야 하며, 불필요한 수식어는 피해야 한다.

2. 예시 분석하기
다양한 예시를 통해 올바른 공공언어 사용 사례를 분석해 본다. 잘못된 표현과 올바른 표현을 비교해 보는 것이 도움이 된다.

3. 문맥 파악하기
문제에서 제시된 문장의 맥락을 잘 파악한다. 어떤 상황에서 사용되는 언어인지, 대상이 누구인지에 따라 적절한 표현이 달라질 수 있다.

4. 문장의 구조 살펴보기
주어와 서술어가 명확하게 연결되어 있는지, 문장이 일관되게 흐르고 있는지를 확인해야 한다. 주어와 서술어가 일치하지 않는 경우나 어법상 어색한 표현을 주의해야 한다.

5. 문법 체크하기

문법적으로 올바른 표현인지 확인한다. 띄어쓰기, 맞춤법, 문장 구조 등을 점검하는 것이 중요하다.

6. 연습 문제 풀기

다양한 연습 문제를 풀어보며 실력을 향상한다. 특히, 실제 공공기관에서 사용하는 언어를 접해보는 것이 좋다.

2 '공공언어 바로 쓰기 원칙'의 주요 항목

1. 명확성

독자가 쉽게 이해할 수 있도록 명확하게 표현해야 한다. 모호한 표현이나 전문 용어는 피하는 것이 좋다.

2. 간결성

불필요한 장황한 설명을 줄이고, 핵심 내용을 간결하게 전달해야 한다. 짧고 간단한 문장이 더 효과적이다.

3. 일관성

문체와 용어 사용이 일관되게 유지되어야 하며, 같은 개념에 대해 동일한 표현을 사용하는 것이 중요하다.

4. 적절성

상황에 맞는 언어를 사용해야 하며, 공식적인 자리에서는 공손하고 격식 있는 표현을 선택해야 한다.

5. 이해 가능성

대중이 쉽게 이해할 수 있도록 하는 것이 중요하므로, 복잡한 문장 구조나 어려운 단어는 피해야 한다.

6. 문화적 감수성

다양한 문화적 배경을 고려하여 모든 사람이 포용할 수 있는 언어를 사용해야 한다.

3 '중의적 문장' 예문 사례

1. 그는 나보다 축구를 더 좋아한다.(X) → ① 그는 나를 좋아하기보다 축구를 더 좋아한다.(대상) ② 그는 내가 축구를 좋아하는 것보다 더 축구를 좋아한다.(정도)
2. 나는 사과와 배 두 개를 먹었다.(X) → ① 나는 사과 한 개와 배 두 개를 먹었다. ② 나는 사과 한 개와 배 한 개를 합해 두 개를 먹었다. ③ 나는 사과와 배를 각각 두 개씩 먹었다.
3. 이것은 우리 아버지의 그림이다.(X) → ① 이것은 우리 아버지가 그린 그림이다. ② 이것은 우리 아버지가 가지고 있는 그림이다. ③ 이것은 우리 아버지를 그린 그림이다.
4. 내 생일에 친구들이 모두 오지 않았다.(X) → ① 모두 오지 않았다.(완전 부정) ② 일부 오고 일부 오지 않았다.(부분 부정)
5. 선생님이 보고 싶은 학생이 많다.(X) → ① 선생님이 학생들을 보고 싶어 한다. ② 학생들이 선생님을 보고 싶어 한다.
6. 철수가 공을 던지는 것이 이상하다.(X) → ① 철수가 공을 던지는 자세가 이상하다. ② 철수가 공을 던진다는 사실이 이상하다.
7. 정수가 흰바지를 입고 있다.(X) → ① 진행 ② 완료
8. 수많은 사람들의 노력으로 문제를 해결했다.(X) → ① 수많은 사람들 ② 수많은 노력
9. 나는 어제 서울에 온 현규와 밥을 먹었다.(X) → ① 어제 서울에 온 현규 ② 어제 밥을 먹었다.
10. 김 선생님이 간호사와 입원 환자를 둘러보았다.(X) → ① 김 선생님이 간호사와 함께 입원 환자를 둘러보았다. ② 간호사와 입원 환자를 김 선생님이 둘러보았다.

4 '주어와 서술어의 호응 중 잘못된 피동 표현' 예문 사례

1. 나뭇가지가 나무에 걸었다.(X) → 나뭇가지가 나무에 걸렸다.
2. 그 영화는 많은 사람들이 사랑받았다.(X) → 그 영화는 많은 사람들에게 사랑받았다.
3. 순희는 철수에게 선물을 주었다고 말해졌다.(X) → 순희는 철수에게 선물을 주었다고 말했다.
4. 그녀의 노래는 많은 사람들에게 감동받았다.(X) → 그녀의 노래는 많은 사람들에게 감동을 주었다. (또는 그녀의 노래에 많은 사람들이 감동받았다.)
5. 그녀는 친구에게 책이 읽혔다.(X) → 그녀는 친구에게 책을 읽혔다.(이때의 '읽히다'는 사동임)

5 '수식어와 피수식어가 불분명'한 예문 사례

1. 10미터 정도의 나무 다리(X) → '나무'인지 '다리'인지 모호.
2. 3시간 정도의 영화 관람(X) → '영화'인지 '관람'인지 모호.
3. 20개의 사과 바구니(X) → '사과'인지 '바구니'인지 모호.
4. 8개월 정도의 여행 계획(X) → '여행'인지 '계획'인지 모호.
5. 500그램 정도의 밀가루 봉지(X) → '밀가루'인지 '봉지'인지 모호.
6. 12명 정도의 참석자 리스트(X) → '참석자'인지 '리스트'인지 모호.
7. 최근 법원의 진보적 분위기(X) → '법원'인지 '진보적 분위기'인지 모호.
8. 아름다운 왕비의 드레스(X) → '왕비'인지 '드레스'인지 모호.
9. 귀여운 영수의 친구(X) → '영수'인지 '친구'인지 모호.
10. 그 거만한 시장의 외삼촌(X) → '시장'인지 '외삼촌'인지 모호.

6 '잘못된 대등 관계' 예문 사례

1. 그는 창작 활동과 전시회를 열었다.(X) → 그는 창작 활동을 하고, 전시회를 열었다.(O)
2. 운동도, 도시락도 먹었다.(X) → 운동을 하고, 도시락도 먹었다.(O)
3. 맛과 영양이 많다.(X) → 맛이 좋고, 영양이 많다.(O) 참고 맛과 영양이 좋다.(O) = 맛이 좋고, 영양도 좋다.(O)
4. 인간은 자연을 지배하기도 하고, 순응하기도 한다.(X) → 인간은 자연을 지배하기도 하고, 자연에 순응하기도 한다.(O)
5. 국민 통합과 국가 경쟁력을 제고해야 한다.(X) → 국민 통합을 하고, 국가 경쟁력을 제고해야 한다.(O)
6. 빵과 우유를 마신다.(X) → 빵을 먹고, 우유를 마신다.(O)
7. 인식 변화와 관심이 높아지고 있다.(X) → 인식이 변화하고, 관심이 높아지고 있다.(O)
8. 본격적인 공사가 언제 시작되고, 언제 개통될지 모른다.(X) → 본격적인 공사가 언제 시작되고, 도로가 언제 개통될지 모른다.(O)
9. 그녀는 건강관리를 위해 주중에는 요가를, 주말에는 북한산에 오른다.(X) → 그녀는 건강관리를 위해 주중에는 요가를 하고, 주말에는 북한산에 오른다.(O)
10. 사고 원인 파악과 재발 방지 대책을 조속히 마련해야 한다.(X) → 사고 원인을 파악하고 재발 방지 대책을 조속히 마련해야 한다.(O)

7 '공공언어 바로쓰기' 요약 (국립국어원)

1. 공공언어란 무엇인가

1) 공공언어의 개념

① 좁은 의미 공공언어: 공공기관에서 일반 국민을 대상으로 공공의 목적으로 사용하는 언어
② 넓은 의미 공공언어: 일반 국민을 대상으로 사용하는 모든 언어

2) 공공언어의 종류

생산 주체	대상	종류	
		문어	구어
국가 공공기관	국민	정부 문서, 민원서류 양식, 보도 자료, 법령, 판결문, 게시판, 안내문, 설명문, 홍보문 등	정책 브리핑, 대국민 담화, 전화 안내 등
민간단체 민간기업 공인		(신문, 인터넷 등의) 기사문, 은행 보험 증권 등의 약관, 해설서, 사용 설명서, 홍보 포스터, 광고문, 거리 간판, 현수막, 공연물 대본, 자막 등	방송 언어, 약관이나 사용 설명 안내, 공연물의 대사 등
국가 공공기관	국가 공공기관	내부 문건, 보고서 등	국정 보고, 국회 답변 등

3) 공공언어의 요건

영역	요소	항목
정확성	표기의 정확성	한글 맞춤법과 표준어 규정을 지켰는가?
		띄어쓰기를 정확하게 하였는가?
		외래어 표기법과 국어의 로마자 표기법을 지켰는가?
	표현의 정확성	어휘를 적합하게 선택하였는가?
		문장을 문법에 맞게 표현하였는가?
		단락 구성을 짜임새 있게 하였는가?
소통성	공공성	공공언어로서의 품격을 갖추었는가?
		고압적·권위적 표현을 삼갔는가?
		차별적 표현(성, 지역, 인종, 장애 등)을 삼갔는가?
	정보성	정보를 적절한 형식으로 제시하였는가?
		정보의 양을 적절하게 제시하였는가?
		정보의 배열이 적절하게 이루어졌는가?
	용이성	문장을 적절한 길이로 작성하였는가?
		쉽고 친숙한 용어와 어조를 사용하였는가?
		시각적 편의를 고려하여 작성하였는가?

4) 공공언어를 바르게 써야 하는 이유

　(1) 언어 소통상의 편의 도모
　　① 쉽고 분명한 언어로 공공기관과 국민 사이의 원활한 의사소통에 이바지함.
　　② 언어생활의 모범을 보이고 규범 역할을 함.

　(2) 경제적 손실 예방
　　① 어려운 행정 용어(예 시방서, 거마비)를 사용하여 생기는 경제적 손실을 줄임.
　　　※ 어려운 행정 용어를 개선할 때 절감되는 비용: 연간 170억 원(2010년) / 1,952억 원(2021년)
　　② 어려운 정책 용어(예 Mobile-K office, 농촌 어메니티 체험 과정)를 이해하지 못하여 혜택을 받지 못하는 현실을 개선함.
　　　※ 어려운 정책 용어를 개선할 때 절감되는 비용: 연간 114억 원(2010년) / 753억 원(2021년)

5) '공공언어 바로 쓰기' 내용 정리

공공언어 바로 쓰기는 공공기관이나 정부에서 사용하는 언어를 올바르게 사용하여 국민들에게 명확하고 이해하기 쉬운 정보를 전달하는 것을 목표로 합니다. 이를 위해 다음과 같은 주의사항을 지키는 것이 중요합니다.

　(1) 명확하고 간결한 표현
　　① 불필요하게 긴 문장이나 어려운 단어를 피하고, 간결하고 명확한 문장으로 표현합니다.
　　② 예 "본 건은" 대신 "이 일은", "귀하의" 대신 "당신의".

　(2) 쉬운 우리말 사용
　　① 외래어, 전문용어, 약어 등은 가능한 한 쉬운 우리말로 바꿔서 사용합니다.
　　② 예 "매뉴얼" 대신 "안내서", "프로세스" 대신 "과정".

　(3) 적절한 존칭 사용
　　① 상대방에 대한 존중을 담아 적절한 존칭을 사용합니다.
　　② 예 "귀하" 대신 "고객님", "국민 여러분".

　(4) 일관된 용어 사용
　　① 같은 의미를 가진 단어는 일관되게 사용하여 혼란을 줄입니다.
　　② 예 "신청서"와 "신청 양식" 중 하나를 선택해 일관되게 사용.

　(5) 문법과 맞춤법 준수
　　① 올바른 문법과 맞춤법을 사용하여 신뢰성을 높입니다.
　　② 예 띄어쓰기, 맞춤법, 조사 사용 등.

　(6) 시각적 요소 활용
　　① 문장이 길어질 경우 소제목, 번호 매기기, 표 등을 사용하여 가독성을 높입니다.
　　② 예 "1. 신청 방법", "2. 제출 서류".

(7) 적극적인 피드백 수용
① 국민의 의견을 적극 수용하고 반영하여 언어 개선에 힘씁니다.
② 예 웹사이트나 안내서에 피드백 창구 마련.

공공언어 바로 쓰기는 국민과의 소통을 원활하게 하고, 정보 전달의 정확성과 효율성을 높이는 데 중요한 역할을 합니다.

2. 공공언어 바로쓰기

1) 단어 바로 쓰기

(1) 정확한 용어 선택
① 정확한 개념을 표현한 용어
② 이해하기 쉬운 용어
③ 혼동되거나 오해할 가능성이 적은 용어
④ 어문 규범에 맞는 용어

(2) 다듬은 말 사용
① 다듬기(국어 순화)의 의미: 국민 정서에 맞지 않는 말, 지나치게 어렵거나 생소한 말을 '쉽고 바르고 고운 말'로 다듬는 것
② 다듬기의 목적: 국어의 소통 기능 향상, 국어 문화와 민족 문화 발전
③ 다듬은 말의 효용: 쉽고 원활한 의사소통 도모, 경제적 손실 방지

(3) 어문 규범 지키기
① 표준어 사용: 온 국민에게 통용될 수 있는 언어 사용
② 어문 규범 지키기: 올바른 국어 표기를 위해 표기법 지키기
  ㉠ 한글 맞춤법
  ㉡ 외래어 표기법
  ㉢ 국어의 로마자 표기법

2) 문장 바로 쓰기

(1) 간결하고 명료한 문장 사용
① 주어와 서술어의 호응
  ㉠ 주어와 서술어의 관계를 명확하게 표현함.
  ㉡ 능동과 피동 등 흔히 헷갈리기 쉬운 것에 유의

예) 이번 총선에서 국회의원 ○○○명을 선출되었다. (×)
→ 대안 1: 이번총선에서 국회의원 ○○○명을 선출하였다. (○)
→ 대안 2: 이번총선에서 국회의원 ○○○명이 선출되었다. (○)

② 지나치게 긴 문장 삼가기
○ 여러 가지 정보는 여러 문장으로 나누어 작성함.
예) 20○○년 ○월 ○일부터 △월 △일까지 우리 시에서는 제1회 의료사진전을 통해 응급 의료에 대한 시민의 관심을 증대하고자 하오니 참가를 원하시는 분은 □월 □일까지 ○○시 보건복지과로 응모해 주시기 바랍니다. (×)
→ 대안: 20○○년 ○월 ○일부터 △월 △일까지 우리 시에서는 제1회 의료사진전을 개최합니다. 이 사진전은 응급 의료에 대한 시민의 관심을 높이고자 마련하였습니다. 참가를 원하시는 분은 □월 □일까지 ○○시 보건복지과로 응모해 주시기 바랍니다. (○)

③ 여러 뜻으로 해석되는 표현 삼가기. 하나의 뜻으로 해석되는 문장을 사용함.
예) 시장은 건설업계관계자들과 시민의 안전에 관하여 논의하였다. (×)
→ 대안: 시장은 건설업계 관계자들을 만나 시민의 안전에 관하여 논의하였다. (○)

④ 명료한 수식어구 사용
○ 수식어구가 무엇을 수식하는지를 분명히 알 수 있는 표현을 사용함.
예) 5킬로그램 상당의 금 보관함 (×)
→ 대안 1: 금5킬로그램 상당을 담은 금보관 함 (○)
→ 대안 2: 금을 담은 5킬로그램 상당의 금보관 함 (○)

⑤ 조사·어미 등 생략 시 어법 고려
○ 조사, 어미, '-하다' 등을 지나치게 생략하지 않음.
예) 정부는 노인 복지 종합 계획을 수립, 올 하반기부터 시행하기로 하였다. (×)
정부는 노인 복지 종합 계획 수립하여, 올 하반기부터 시행하기로 하였다. (×)
→ 대안: 정부는 노인 복지 종합 계획을 수립하여, 올 하반기부터 시행하기로 하였다. (○)

⑥ 대등한 것끼리 접속
○ '-고', '-며', '-와', '-과' 등으로 접속되는 말에는 구조가 같은 표현을 사용함.
예) 평화 수호와 인권을 보장하는 것 (×)
→ 대안 1: 평화를 수호하고 인권을 보장하는 것 (○)
→ 대안 2: 평화 수호와 인권 보장 (○)

(2) 외국어 번역 투 삼가기
우리말다운 문장이 가장 자연스러운 문장이며, 외국어 번역 투는 어순이나 문체 등이 자연스럽게 느껴지지 않을 수 있으므로 삼가야 함.

① 영어 번역 투 삼가기
○ 어색한 피동 표현(~에 의해 ~되다)
예) 조선은 태조 이성계에 의해 건국되었다. (×)
→ 대안: 조선은 태조 이성계가 건국했다. (○)
○ 스스로 움직이지 않는 사물이나 추상적 대상이 능동적 행위의 주어로 나오는 문장

- 예 이 설문조사 결과는 청소년 언어 개선책을 시급히 마련해야 한다는 점을 말해 주고 있다. (×)
    - → 대안: 청소년 언어 개선책을 시급히 마련해야 한다는 점을 이 설문조사 결과에서 알 수 있다. (○)

② 일본어 번역 투 삼가기
- ○ ~에 있다: '~이다'로 바꿈.
- 예 우리의 목표는 조국통일에 있다. (×)
    - → 대안: 우리 목표는 조국통일이다. (○)
- ○ ~에 있어서: '~에 대하여', '~에 관하여', '~에서' 등으로 바꿈.
- 예 이번 선거에 있어서 부정행위를 엄단합니다. (×)
    - → 대안: 이번 선거에서 부정행위를 엄단합니다. (○)
- 예 품질에 있어서 세계 최고 (×)
    - → 대안: 품질에 관하여 세계 최고 (○) / 품질 면에서 세계 최고 (○)

3) 단락 바로 쓰기

(1) 단락 작성법

① 작성하고자 하는 내용을 개괄할 수 있는 큰 뼈대를 세움.

> 예 20○○년 제○차 ○○회 개최
> - ○ 일시
> - ○ 장소
> - ○ 참석자

② 뼈대를 바탕으로 하여 주제와 그 주제를 뒷받침할 수 있는 내용을 계층적으로 설명함.

> 예 20○○년 제○차 ○○회의를 개최하고자 합니다.
> - ○ 일시: 20○○년 ○월 ○○일(수) 15:00-17:00
> - ○ 장소: 3층 대회의실
> - ○ 참석자
>   - – 내부: 부장, 과장, 담당 사무관
>   - – 외부: ○○○교수(○○대) 등 전문위원 ○명
> - ○ 안건
>   - – ○○계획의 타당성 심사
>   - – 신규 전문위원 추천

(2) 논리적 구성

① 원인과 결과 또는 주장과 이유를 서술해야 할 때 이를 설득력 있게 드러냄.
- 예 ○○국의 경제적 상황이 악화되면서 국제 사회의 지원 필요성이 증대하였다. 이에 따라, 정부는 이미 지원을 결정한 ○만 달러 이외에 ○만 달러 규모의 인도적 지원을 추가하여 제공하였다. (○)
- ※ 결정 사항을 뒷받침하는 이유가 충분히 제시되었으므로 적절함.

② 한 편의 글 안에서는 주제와 관련되는 내용들을 유기적으로 서술함.

예 ○○국의 경제적 상황에 따라, 정부는 이미 지원을 결정한 ○만 달러 이외에 ○만 달러 규모의 인도적 지원을 추가하여 제공하기로 결정하였다. (×)

※ 결정 사항을 뒷받침하는 이유를 충분히 제시하지 못하였으므로 부적절함.

예 1. ○○국의 경제적 상황이 악화되면서 국제 사회의 지원 필요성이 증대하고 있다.
　2. 이번 추가 지원은 난민의 대규모 유입으로 어려움을 겪고 있는 ○○국의 인근 국가에 제공될 예정이다. (×)

※ '○○국의 경제적 상황'에 관한 내용에서 '○○국의 인근 국가에 대한 추가 지원'에 관한 내용으로 아무런 연결 고리 없이 글이 이어지므로 부적절함.

예 ○○부 ○○팀은 ○월 ○○일(수) 16시부터 약 1시간 30분 동안 ○○시 ○○대학교 야외공연장에서 지역 주민과 함께하는 문화 콘서트를 개최함. ○○시는 ○○도의 도청 소재지임. ○○팀은 이번 행사를 위해 2천만 원의 도비를 소요함. (×)

※ 일정한 주제가 없이 개별적인 사실이 산만하게 나열되어 있으므로 부적절함.

③ 접속어 사용
  ○ 접속어를 사용할 때에는 앞뒤 문장의 의미 관계를 고려하여 정확한 표현을 사용함.
  예 ○○국에 대한 국제 사회의 지원 필요성이 증대하였다. <u>이에 따라</u> 정부는 ○만 달러 규모의 추가 지원을 결정하였다. (○)
  예 ○○국에 대한 국제 사회의 지원 필요성이 증대하였다. <u>그러나</u> 정부는 지원을 하지 않기로 결정하였다. (○)
  ○ 접속어가 부적절하게 사용되면 논리적으로 적절한 단락이 구성되지 못함.
  예 ○○국에 대한 국제 사회의 지원 필요성이 증대하였다. 그러나 정부는 ○만 달러 규모의 추가 지원을 결정하였다. (×)

※ '그러나'는 앞의 내용과 뒤의 내용이 상반될 때 쓰는 말로서, 이 경우는 두 가지가 인과 관계로 이어져 있으므로 '그러나'를 쓸 수 없음.

4) 공문서의 유형별 작성법

(1) 기안문

① 정의: 특정 안건에 관한 사항에 대해 기관의 의사를 결정하기 위하여 작성하는 문서

② 작성법
  ㉠ 기안의 근거를 밝히고 시작해야 함.
  ㉡ 사업이나 활동의 목적과 방향, 실행 방법 등이 명확하게 드러나야 함.
  ㉢ 관련자 모두가 그 내용을 쉽고 정확하게 숙지할 수 있도록 필요한 정보를 일목요연하고 상세하게 기입하여야 함.

(2) 보도 자료

① 정의: 국민에게 널리 알려야 할 특정한 정책이나 사업 내용을 언론 매체에서 쉽게 보도할 수 있도록 정리한 문서와 시청각 매체

② 작성법
- ㉠ 쉽고 친근한 어휘를 사용하여 적절한 길이의 문장으로 써야 함.
- ㉡ 내용은 객관성과 신뢰성, 공정성 등을 고려하여 작성하여야 하고 인용한 자료는 정확한 출처를 밝혀야 함.
- ㉢ 적절한 양의 정보를 제공하여야 하고 시각적 편의를 고려하여 구성하여야 함.

(3) 내부 문서
① 정의: 행정기관 내부에서 업무 계획 수립, 현안 업무 보고, 관련 사항 검토, 처리 방침 결정 등을 하려고 작성하는 문서

② 작성법
- ㉠ 단락을 구조적이고 계층적으로 구성하여야 함.
- ㉡ 제목에 본문의 핵심 내용을 드러내는 용어(위촉, 계획, 개최, 조사, 회의결과 등)를 사용하여 문서 성격을 쉽게 파악할 수 있도록 함.
- ㉢ 추상적이고 일반적인 표현보다 구체적이고 개별적인 표현을 써야 함.

(4) 공고문
① 정의: 특정한 사안이나 정책을 대중에게 널리 알리는 문서

② 작성법
- ㉠ 알리고자 하는 사안을 명료하게 설명하여야 함.
- ㉡ 시행 주체와 시행 내용이 분명하게 드러나야 함.
- ㉢ 간결하면서 정확한 표현을 사용하여야 함.

3. 공문서 작성의 실제
(1) 기안문 / (2) 보도 자료 / (3) 보고서 / (4) 안내문

1. 기안문

문화체육관광부

국 립 국 어 원

수 신 자	수신자 참조
(경 유)	
제 목	○○시 취업 박람회 '기업 홍보관' 운영 참여 협조 요청

1. 시정 발전에 협조해 주시는 ❶귀 사가 무궁히 발전하기를 기원합니다.

2. ○○시는 해마다 ❷취업 박람회 개최 등을 통해 구인·구직자 간 만남의 장을 마련하고 취업 알선, ❸구직자의 채용 기회, ❹일자리 기업의 홍보 기회를 제공하고 있습니다.

3. 특히 올해는 사람이 중심이 되어 일자리 창출과 경제 활성화를 시정 운영의 최우선 과제로 삼고 '청년이 모이는 도시, 함께 커 가는 도시' 조성에 속도를 올리고 있습니다. 이에 따라 지역의 우수한 청년 인재들의 외부 유출을 막고, 고용 ❺거버넌스 구축을 위해 취업 박람회 개최 시 ❻"지역의 5대 기업 홍보관"을 시범적으로 운영하고자 합니다.

4. '지역의 5대 기업 홍보관'에서는 기업이 직접 지역의 유망 직업을 소개할 예정입니다.

> – 지역의 5대 ❼기업과 함께 하는 2019 취업 박람회 개최 –
> ▶ 일시: 20○○. 11. 6.(수) 13:00~17:00
> ▶ 장소: ○○호텔 별관 2층
> ▶ 주요 행사: ❽취업 컨설팅, ❾채용 면접, 취업 지원 기관 및 일자리 관련 기관 홍보 등

5. ❿이에 따라 ○○시는 귀사에 취업 박람회 행사 당일 지역의 유망 직업을 소개하는 기업의 직업 홍보관 운영에 참가하여 주시기 바랍니다. 지역 인재 유출 방지와 ⓫향토기업으로써 지역 발전에 의미를 더하는 계기가 될 것입니다. 참가를 원하시면 ⓬10. 25.(금) 까지 다음 신청서를 작성하여 회신해 주시기 바랍니다.

⓭부스 이름	⓭부스 신청 ⓮갯수	세부 내용	비고

※ ⓭부스당 테이블 1개, 의자 2개는 기본으로 제공함. 끝.

맞춤법

❻ "지역의 5대 기업 홍보관" ➡ '지역의 5대 기업 홍보관'
- 법률명, 상호, 건물명 등을 도드라지게 할 때는 작은따옴표(또는 홑낫표나 홑화살괄호)를 쓴다.

⓫ 향토기업으로써 ➡ 향토기업으로서
- '도구, 수단'을 나타낼 때는 '로써'를 쓰고, '자격'을 나타낼 때는 '로서'를 쓴다.

⓮ 갯수 ➡ 개수

띄어쓰기

❶ 귀 사 ➡ 귀사
- '귀사, 귀교, 귀댁' 등은 한 단어이므로 붙여 쓴다.

❼ 기업과 함께 하는 ➡ 기업과 함께하는
- '어떤 뜻이나 행동 등을 서로 같게 취한다'는 뜻으로 쓰는 '함께하다'는 한 단어이므로 붙여 쓴다.

⓬ 10. 25.(금) 까지 ➡ 10. 25.(금)까지
- '까지'는 조사이므로 앞말과 붙여 쓴다.

낱말

❺ 거버넌스 ➡ 관리/협치/정책 등
❽ 취업 컨설팅 ➡ 취업 상담
⓭ 부스 ➡ 홍보관
- 외국어는 될 수 있으면 우리말로 쓴다.

❾ 채용 면접 ➡ 모의 채용 면접 / 채용 면접 상담
- 행사장에서 채용 면접시험을 보는 것으로 오해할 수 있으므로, 실제 행사 내용에 맞는 적절한 표현으로 바꾸어 준다.

표현

❷ 취업 박람회 개최 등을 통해 ➡ 취업 박람회를 개최하여
- '취업 박람회' 말고 다른 행사가 없다면 굳이 '등'을 쓸 필요가 없다.
- '~을 통해'는 번역 투이므로 자연스러운 표현으로 바꾸어 준다.

❸ 구직자의 채용 기회 ➡ 구직자의 취업 기회 / 기업의 채용 기회
- '취업'은 구직자가 하고, '채용'은 기업이 하는 것이다.

❹ 일자리 기업의 홍보 기회 ➡ 기업의 일자리 홍보 기회
- 수식 관계를 고려하여 어순을 자연스럽게 배열한다.

❿ 이에 따라 ○○시는 귀사에 취업 박람회 행사 당일 지역의 유망 직업을 소개하는 기업의 직업 홍보관 운영에 참가하여 주시기 바랍니다. ➡ 이에 따라 ○○시는 귀사에 직업 홍보관 운영에 협조해 주실 것을 요청합니다.
- 중복되는 내용은 삭제하고 간결하게 쓴다. 또한 주어와 서술어의 호응을 고려한다. 주어인 '○○시'는 홍보관 운영에 참가하는 주체가 아니라 참가해 줄 것을 요청하는 주체이다.

국립국어원

수 신 자	수신자 참조
(경 유)	
제 목	폐기물 처리 시설과 재활용 시설에 대한 관리 협조 요청

1. 최근 「건축법 시행령」 별표 1의 ❶동·식물 관련 시설 중 지렁이 사육 시설에 대한 군계획위원회의 안건이 여러 건 상정·심의되고 있습니다.

2. 20○○. 4. 3. ❷제4차 제1분과 군계획위원회에서는 지렁이 사육사 6곳 모두가 대기 오염, 침출수 발생, 사육사 집단화 등이 우려된다는 이유로 부결되었습니다. 특히, ❸기 설치된 시설 및 추가 설치 신청이 예상되므로 폐기물 처리 시설 및 재활용 시설에 대한 관리 지침 마련이 필요하다는 의견이 대부분이었습니다.

3. 또한 20○○. 4. 11. ❹○○면 △△리 신청자와 군수님 면담에서도 우리 군 관리 지침을 마련하라는 군수님 지시가 있어 귀 부서에 전달합니다.

4. 이에 「폐기물 관리법」 등 관련 규정을 검토하시어 ❺조속히 관리 지침을 마련해 주시기 바랍니다. 또한 군계획위원회의 주요 의견을 아래와 같이 알려 드리니 참고하시기 바랍니다.

　○ 군계획위원회 주요 의견
　　- 하수 처리 ❻오니, 분뇨 처리 ❻오니, 가축 분뇨 ❻오니, 유기성 ❻오니 등 ❼지렁이 먹이가 지렁이 사육 보다는 폐기물 처리 목적 우려
　　- ❽악취 발생 우려 및 집중 호우 시 침출수 지하 토양 오염 우려
　　- 폐기물 처리 절차의 투명성을 확보해야 하며 예탁금 관련 조례 또는 규정을 마련해야 함.
　　- ❾반입되는 ❿슬럿지가 지렁이 먹이로 적절하지 않을 경우 ⓫처리 방안 부재
　　- 폐기물 처리 시설 또는 폐기물 재활용 시설의 관리 방안을 마련해야 함.
　　- 시설이 집단화되어 경관 훼손이 우려됨. 끝.

맞춤법

❶ 동·식물 ➡ 동식물
- '동식물'은 한 단어이므로 가운뎃점(·) 없이 쓴다.

띄어쓰기

❷ 제 4차 제 1분과 ➡ **제4차 제1분과**
- '제-'는 접두사이므로 뒤에 나오는 말과 붙여 쓴다.

낱말

❺ 조속히 ➡ 즉시/빨리

❻ 오니 ➡ 오염 침전물

❾ 반입되는 ➡ 들여오는

⓫ 처리 방안 부재 ➡ 처리가 어려움 / 처리 방안이 없음
- 어려운 한자어는 좀 더 쉬운 말로 쓴다.

❿ 슬럿지 ➡ 슬러지 ➡ 침전물
- 외래어 표기법상 '슬러지'가 바른 표기이다.
- 외국어는 될 수 있으면 우리말로 바꾸어 쓴다.

표현

❸ 기 설치된 시설 및 추가 설치 신청이 예상되므로 ➡ **추가적인 설치 신청이 예상되므로 이미 설치된 시설뿐만 아니라 앞으로 설치될 시설의**
- '기 설치된 시설'에 해당하는 서술어가 없다. 적절한 서술어를 넣어 주어와 서술어가 호응하게 한다.
- '기(旣)'는 '이미'로 다듬어 쓴다.

❹ ○○면 △△리 신청자와 군수님 면담에서도
➡ **군수님이 ○○면 ○○리 신청자와 면담한 자리에서**
- 용언을 활용하여 자연스럽게 표현하는 것이 좋다.

❼ 지렁이 먹이가 지렁이 사육 보다는 폐기물 처리 목적 우려 ➡ **지렁이 먹이로 사용되기보다 폐기물로 전락할 우려가 있음.**
- '지렁이 먹이'에 해당하는 서술어가 없다. 서술어를 넣어 자연스럽고 전하려는 뜻이 명확한 문장으로 쓴다.
- '보다'는 '~에 비해서'의 뜻을 나타내는 조사이므로 앞말에 붙여 쓴다.

❽ 악취 발생 우려 및 집중 호우 시 침출수 지하 토양 오염 우려 ➡ **악취가 발생할 수 있고 집중 호우 시 지하 토양이 침출수로 오염될 수 있음.**
- 명사 나열형 문장은 의미를 불분명하게 한다. 적절한 조사와 어미를 활용하여 자연스러운 문장으로 쓴다.

국립국어원

수 신 자	수신자 참조
(경 유)	
제 목	제18호 태풍 북상 ❶대비·대응 만전 당부

1. 지난 7월부터 ❷10월초 현재까지 우리 시는 ❸수 차례의 ❹태풍 북상에 대비하여 철저한 사전 대비와 대응 조치 추진으로 총력 대응하여 시민의 생명과 재산을 보호하고 피해를 최소화 할 수 있다는 자신감과 자부심을 배양하여 왔습니다.

2. ❺금번 제18호 태풍은 지형적인 영향으로 태풍이 내륙 지역을 통과할 때 정동풍이 강하게 분다는 기상청 예보가 있습니다. 예상 강수량은 100~300mm(많은 곳 500mm)이며, 2일 ❻밤 부터 4일 새벽까지 강한 비바람이 몰아칠 것으로 예상됩니다.

3. 이에 따라, 제18호 태풍이 우리 지역에 본격적인 영향을 주기 전인 10. 2.(수) 오늘 중으로 부서별, 분야별로 대비 조치를 철저히 이행하여 완료해 주시기 바랍니다. ❼재난 및 재해 대비조치에는 단 한 번의 미비가 있을 수 없다는 것을 명심해 주시기 바랍니다.

- 제18호 태풍 대비·대응 조치 요령 -

가. 동 지원 부서는 오늘(10. 2. 수) 13시까지 동 주민 센터 등록 후 각 동장 책임 아래 현장에서 근무하며 태풍에 대비
   1) 모래 ❽마대, 수중 펌프, 양수기를 꼭 설치하고, 빗물받이를 모두 점검함.
   2) 가로변 ❾쓰레기통 결박하고, 현수막 등은 제거함.
나. 재난 관련 부서는 분야별 태풍 북상 대비 조치를 오늘 중으로 철저히 이행
다. ❿금일(10. 2. 수) 17:30, 시장님 주재 상황 판단 회의 시 조치 사항 보고

⓫붙임 : 1. 사전 점검 조치 사항 ⓬체크 리스트(부시장님 요구 사항) 1부
      2. 태풍 대비 준비 사항(부서별) 1부
      3. 제18호 태풍 진로 및 세력 전망 보고서 1부. 끝.

띄어쓰기

❷ 10월초 ➡ **10월 초**
- '초'는 '어떤 기간의 처음이나 초기'를 뜻하는 의존명사이므로 띄어 쓴다.

❸ 수 차례 ➡ **수차례**
- '수차례'는 한 단어이므로 붙여 쓴다.

❻ 밤 부터 ➡ **밤부터**
- '부터'는 범위의 시작을 나타내는 조사이므로 앞말에 붙여 쓴다.

⑪ 붙임 : 1. ➡ **붙임 1.**
- 첨부물이 있으면 붙임 표시문 다음에 쌍점(:) 없이 한 글자(2타) 띄우고 표시한다.

낱말

❺ 금번 ➡ **이번**

❽ 마대 ➡ **포대/자루**

❿ 금일 ➡ **오늘**
- 일본식 한자어나 어려운 한자어는 쉬운 말로 다듬어 쓴다.

⑫ 체크 리스트 ➡ **점검표**
- 외국어는 될 수 있으면 우리말로 쓴다.

표현

❶ 대비·대응 만전 당부 ➡ **대비·대응 협조 요청**
- 공문서의 제목은 좀 더 쉬운 말로 내용을 잘 알 수 있게 쓴다.

❹ 태풍 북상에 대비하여 철저한 사전대비와 대응조치 추진으로 총력 대응하여 시민의 생명과 재산을 보호하고 피해를 최소화 할 수 있다는 자신감과 자부심을 배양하여 왔습니다. ➡ **태풍 북상에 철저히 대비하고 대응 조치를 취하였습니다. 이로써 시민의 생명과 재산을 보호하고 피해를 최소화할 수 있었습니다.**
- 한 문장에 너무 많은 내용을 포함하지 않는다. 문장을 적절히 나누어 쓴다. 정보 전달을 위주로 간결하게 쓴다.
- '최소화하다'는 한 단어이므로 붙여 쓴다.

❼ 재난 및 재해 대비조치에는 단 한 번의 미비가 있을 수 없다는 것을 명심하여 주시기 바랍니다. ➡ **재난 및 재해 대비에는 절대 허술함이 없어야 함을 거듭 강조합니다.**
- 공문서는 되도록 간결하고 권위적이지 않게 쓴다.

❾ 쓰레기통 결박하고 ➡ **쓰레기통은 고정해 두고**
- '결박'은 몸이나 손 따위를 움직이지 못하게 묶는 것이므로 쓰레기통에 쓰기에는 부적절하다. 적절한 단어를 골라 쓴다.

2. 보도 자료

 보 도 자 료

○○청, ❶정부 혁신 정책 실명제로 국민과 소통한다
-지식 재산 정책 28건, ○○○ ❷홈페이지에 공개-

□ ○○청은 ❶정부 혁신의 하나로 주요 정부 정책에 대해 국민의 알 권리를 보장하고 국민과 소통을 강화할 수 있는 20○○년 ○○청 정책 실명제를 실시한다고 밝혔다. 정책 실명제는 행정 기관에서 주요 정책을 수립하여 시행한 뒤에 정책의 추진 경과와 진행 상황을 업무 담당자의 실명과 함께 기록하여 관리하고 공개하는 제도이다. ❸○○청은 정책의 투명성과 책임성을 제고하기 위해 7년째 시행중이다.

□ ○○○은 13명으로 구성된 정책 실명제 심의 위원회에서 선정된 ❹총28건의 지식 재산과 관련된 주요 정책을 오늘부터 ○○○ ❷홈페이지 정보 공개 ❺코너에서 공개할 예정이다. 국민의 관심도가 높고, 대국민 영향력이 큰 지식 재산 정책 28건을 공개하였는데, 이는 중앙 부처 공개 기준인 20건을 웃도는 건수이다.

□ ❻또한 지식 재산 정책에 대한 국민의 접근성을 더욱 강화하기 위해 올해부터는 국민이 직접 정책 실명 공개 과제를 요청하는 '국민 신청 실명제'를 분기별로 시행할 예정이다. 지난 4월 한 달간 국민 신청 실명제를 시행하였으며, ❼향후 7월과 10월에 각각 운영하면서 정책 실명제 심의 위원회에서 정책의 공개 여부를 결정하여 ○○○ ❷홈페이지에 추가로 공개할 예정이다.

□ ○○○ 기획조정관은 "국민 신청 실명제를 분기별로 실시함으로써 지식 재산 정책에 대한 국민의 관심도가 증가하고, 국민과의 소통도 더욱 ❽원활해 지기를 희망한다."라고 하면서 "국민 신청 실명제를 포함한 정책 실명제의 원활한 운영과 더불어 그간 추진해 오던 심사·심판 통지서 및 결정서 내 담당자 공개도 지속해 나갈 예정이다."라고 밝혔다.

띄어쓰기

❹ 총28건 ➡ **총 28건**
- '총'이 수사 앞에 쓰여 '모두 합하여 몇임'을 나타낼 때는 관형사이므로 뒷말과 띄어 쓴다.
  ※ '총-'은 일부 명사 앞에서는 '전체를 아우르는'의 뜻을 더하는 접두사로 쓰인다.
     (예: 총감독, 총결산, 총공격 등)

❽ 원활해 지기를 ➡ **원활해지기를**
- '-어지다'는 붙여 쓴다.(예: 예뻐지다, 빨라지다, 말끔해지다 등)

낱말

❷ 홈페이지 ➡ **누리집**
❺ 정보 공개 코너 ➡ **정보 공개란**
- 불필요한 외래어는 사용하지 않는다.
❼ 향후 ➡ **앞으로**
- 어려운 한자어나 한문 투는 쉬운 말로 바꾸어 쓴다.

표현

❶ 정부 혁신 ➡ **정책 혁신 / 제도 혁신**
- '혁신'의 대상은 '정부'가 아닌 '정책' 또는 '제도'이므로 적절한 어휘로 바꾸어 준다.

❸ ○○청은 정책의 투명성과 책임성을 제고하기 위해 7년째 시행중이다.
➡ **○○청은 정책의 투명성과 책임성을 높이고자 7년째 이 제도를 시행하고 있다.**
- 서술어에 호응하는 목적어가 없으므로 무엇을 시행하고 있는지를 추가한다. 어려운 한자어는 쉬운 말로 쓴다.

❻ 또한 지식 재산 정책에 대한 국민의 접근성을 더욱 강화하기 위해 올해부터는 국민이 직접 정책 실명 공개 과제를 요청하는 '국민 신청 실명제'를 분기별로 시행할 예정이다.
➡ **또한 올해부터 국민이 직접 정책 실명의 공개 과제를 요청하는 '국민 신청 실명제'를 분기별로 시행할 예정이다.**
- '국민 신청 실명제'를 시행하는 목적과 효과를 앞과 뒤의 문장에 밝히었으므로 같은 내용이 반복되지 않도록 적절하게 줄인다.

보 도 자 료

○○청 사칭, ❶이메일에 속지 마세요
— 첨부 파일 ❷다운로드하지 말고 ❶이메일 삭제하세요 —

☐ 최근 ○○청 업무를 사칭한 여러 종류의 악성 ❶이메일이 유포되고 있어 ❸주의가 요구됩니다.

　○ 제목과 본문에 '피고인 심문에 대한 소환 안건', '미지급 세금 계산서', '대한민국 국세법 제211조에 따라 … ○○청으로 출두해야 합니다' 등의 ❹의심스런 문구가 포함되어 있는 ❶이메일을 열어 첨부된 파일을 ❷다운로드할 경우 ❺랜섬웨어 등과 같은 악성 코드에 감염될 수 있으므로 주의하시기 바랍니다. ❺랜섬웨어는 ❻PC의 문서 파일이나 그림 파일 등을 암호화하여 정상적으로 쓰지 못하도록 만든 뒤 이를 볼모로 잡고 금전을 요구합니다.

☐ ○○청에서는 누리집 ❼팝업에 악성 전자우편 대응 지침을 올리고, ❽악성 이메일 유포를 인지한 즉시 ❾대형 포털 해당 이메일 차단 요청, 경찰 수사 요청 등 적극 대응으로 피해를 최소화하기 위해 노력하고 있습니다.

☐ ○○청 사칭이 의심되는 ❿이메일 수신 시 ⓫피해 예방에 만전을 기해주시기 바랍니다.

　○ ○○청은 어떠한 경우에도 ⓬출두나 신분 정보를 ❶이메일로 요청하지 않습니다. 또한, ○○○에서 발급한 전자 세금 계산서 발급 안내 ❶이메일은 발송자 주소를 ⓭주의깊게 확인하시기 바랍니다.
　○ 백신 프로그램을 설치하고 최신 버전으로 유지해야 합니다. 또한 출처가 불분명한 ❶이메일 또는 첨부 파일은 주의하여 실행하고, 보낸 사람으로 적시된 회사의 고객 ⓮센타에 신고한 다음 삭제하시기 바랍니다.

맞춤법

❹ 의심스런 ➡ **의심스러운**
- '-스럽다'는 '-스러운'으로 활용한다. (예: 사랑스러운, 자랑스러운 등)

띄어쓰기

⓭ 주의깊게 ➡ **주의 깊게**
- '주의 깊다'는 '뜻깊다'와 다르게 한 단어로 굳어진 말이 아니므로 띄어 쓴다.

낱말

❶ 이메일 ➡ **전자 우편**
❷ 다운로드하지 ➡ **내려받지**
❺ 랜섬웨어 ➡ **금품 요구 악성 프로그램**
❼ 팝업 ➡ **알림창**
- 외국어는 우리말로 다듬어 쓴다.

❻ PC ➡ **컴퓨터/피시(PC)**
- '국어 기본법'에 따라 외국 문자는 괄호 안에만 쓸 수 있다.

⓬ 출두 ➡ **출석**
- 어려운 한자어는 될 수 있으면 이해하기 쉬운 말로 바꾸어 쓴다.

⓮ 센타 ➡ **센터**
- '외래어 표기법'에 따라 '센터'로 적는다.

표현

❸ 주의가 요구됩니다. ➡ **주의해야 합니다.**
- 불필요한 피동 표현인 '-되다'를 피하고, 우리말다운 문장을 쓴다.

❽ 악성 이메일 유포를 인지한 즉시 ➡ **악성 전자 우편을 발견한 즉시**
- 외래어와 어려운 한자어는 이해하기 쉬운 표현으로 바꾸어 쓴다.

❾ 대형 포털 해당 메일 차단 요청, 경찰 수사 요청 등 적극 대응으로 피해를 최소화하기 위해 ➡ **대형 포털에 해당 전자 우편을 차단 요청하거나 경찰에 수사 요청을 하는 등 피해를 최소화하고자**
- 명사만 나열한 문장은 의미를 파악하기 어렵다. 조사와 어미를 활용하여 우리말다운 문장으로 쓴다.

❿ 이메일 수신 시 ➡ **전자 우편을 받으면**

⓫ 피해 예방에 만전을 기해주시기 바랍니다. ➡ **피해를 입지 않도록 철저히 대비하시기 바랍니다.**
- 어려운 한자어는 될 수 있으면 쉬운 표현으로 바꾸어 쓴다.

보 도 자 료

문화체육관광부

또 하나의 병역, 사회 복무 요원
– ○○청, 모범 사회 복무 요원 초청하여 ❶토크 콘서트 개최 –

□ ○○청은 28일 서울 ❷성수동에 위치한 ❸20 SPACE 카페에서 모범 사회 복무 요원들과 함께하는 토크 콘서트를 개최하였다.
　○ ❹이번 행사는 사회 복무 제도에 대한 국민 인식을 높이기 위해 마련되었다.
　○ 이번 ❶토크 콘서트에는 사회 복무 요원 4명과 ❺○○청장이 패널로 참석하였다. 또한 대학생, 학부모 등 블로그 기자들과, 가까운 복무 기관에서 복무 중인 사회 복무 요원 등 ❻약 30여 명의 방청객이 참여하였다.

□ 이날 행사에서는 ❼○○청장이 사회 복무 요원을 크게 치하한 후 감사패를 수여하였다. ❽행사 진행은 사회 복무 요원들의 미담 사례와 사회 복무 제도 전반에 대해 궁금한 점 등을 자유롭게 묻고 답하는 방식으로 이루어졌다.
　○ 한 사회 복무 요원은 자신의 행동이 특별한 것이 아니라 사회 구성원으로서 당연히 해야 할 일을 ❾한 것 뿐이라며 이 일로 언론에 보도도 되고 많은 사람들이 알아봐 줘서 얼떨떨한 기분이라고 말했다.
　○ 또한 대학생 블로그 기자 중 한 명은 ○○청에서 자격·전공 등을 연계한 사회 복무 요원 배치를 확대할 계획이라는 이야기를 듣고 사회 복무 요원의 복무가 병역 의무로 인한 학업 중단이나 경력 단절을 걱정하는 많은 사람들에게 큰 도움이 될 것 같다고 밝혔다.

□ 한편 자리를 함께한 청장은 ❿참석자들에 대하여 감사를 전하면서 사회 복무 요원들이 국민들에게 더 따뜻한 관심을 받으며 성실하게 복무할 수 있도록 최선을 다하겠다고 말했다.

띄어쓰기

❾ 한 것 뿐이라며 ➡ **한 것뿐이라며**
- '뿐'이 체언이나 부사어 뒤에 나올 때는 '그것만이고 더는 없음'을 뜻하는 조사이므로 앞말과 붙여 쓴다.

낱말

❶ 토크 콘서트 ➡ **이야기 공연**
❺ ○○청장이 패널로 참석하였다. ➡ **○○청장이 출연자로 참석하였다.**
- 외국어는 문맥에 맞게 우리말로 다듬어 쓴다.

❸ 20 SPACE ➡ **20 스페이스(SPACE)**
- '국어 기본법'에 따라 외국 문자는 괄호 안에만 쓸 수 있다.

표현

❷ 성수동에 위치한 ➡ **성수동에 있는 / 성수동에 자리 잡은**
- '~에 위치한'은 영어식 표현이므로 우리말답게 바꾸어 써야 한다.

❹ 이번 행사는 사회 복무 제도에 대한 국민 인식을 높이기 위해 마련되었다.
➡ **○○청은 사회 복무 제도의 국민 인식 수준을 높이고자 이번 행사를 마련하였다.**
- 불필요한 피동 표현인 '-되다'를 지양한다.

❻ 약 30여 명 ➡ **약 30명 / 30여 명**
- '약'은 '대강, 대략'을 뜻하며 '-여(餘)'는 '그 수를 넘음'을 뜻하는 말이다. 모두 어림잡은 수치를 나타내므로 하나만 써도 된다.

❼ ○○청장이 사회 복무 요원을 크게 치하한 후 감사패를 수여하였다.
➡ **먼저 ○○청장이 뽑힌 모범 사회 복무 요원들에게 감사패를 수여하였다.**
- '치하하다'는 주로 윗사람이 아랫사람에게 하는 것이므로 권위적인 표현이다. 보도 자료에서는 되도록 쓰지 않는다.
- 감사패 수여가 행사의 핵심 내용이 아니므로 순서 가운데 하나임을 알 수 있게 표현한다.

❽ 행사 진행은 사회 복무 요원들의 미담 사례와 사회 복무 제도 전반에 대해 궁금한 점 등을 자유롭게 묻고 답하는 방식으로 이루어졌다. ➡ **그리고 사회 복무 요원들의 미담 사례를 나누고, 사회 복무 제도의 궁금한 점 등을 자유롭게 묻고 답하는 방식으로 진행되었다.**
- '미담 사례'는 묻고 답하는 것이 아니라 나누는 것이다. 목적어에 대응하는 적절한 서술어를 넣어 문장 성분이 호응을 이루도록 한다.

❿ 참석자들에 대하여 감사를 전하면서 ➡ **참석자들에게 감사를 전하며**
- '~에 대하여'는 영어식 표현이므로 우리말답게 바꾸어 써야 한다.

3. 보고서

○○군 ❶브랜드 슬로건 공모 접수 및 향후 추진 계획(일부)

1. ○○군 ❶브랜드 슬로건 공모전 빅데이터 분석 결과

□ 분석 개요
- ○ 공모 기간: 20○○. 7. 24.(수)~20○○. 9. 22.(일) ❷2개월 간
- ○ 분석 대상: ❶브랜드 슬로건 ❸공모건(1,073건)
- ○ 분석 방법: 의미 연결망 등 분석

□ 분석 결과
- ○ ❹무한○○, 행복○○ 등의 슬로건이 많이 나왔다는 점이 군정 구호였던 행복○○의 영향을 많이 받았음을 말해 줌.
- ○ 세계, 동북아 등 지역적·위치적 중심성(으뜸)을 강조하는 ○○군의 지정학적 위치에서 ❺비전을 찾음.
- ○ 그 외 청정 갯벌, 땅(황토), 바다 등 ○○군이 가진 지역적, 자연적 특성을 반영한 결과가 많음.

□ ❻슬로건 선정 시 시사점
- ○ 지역의 정체성과 미래 ❺비전을 조화롭게 결합한 새로운 ❼이미지 메이킹으로 도시 ❽BI 구축
- ○ ❾이미 잘 알려진 대외적 이미지나 일반 대중에게 인지시키기 쉬운 언어 유희적 표현 등으로 대중적 홍보성 강화

2. ❶브랜드 슬로건 공모 심사 및 선정 계획

□ 추진 방향
- ○ ❿투트랙 접근을 통한 브랜드 슬로건 대상 선정
  - (공모작 심사)+(자체안 도출) 병행 추진
  - ※ ⓫자체안의 경우 2025 중기발전계획 ❺비전을 정립하면서 ⓬도출
- ○ 공모작은 3단계에 걸친 선호도 조사로 심사
- ○ 3차 심사부터 공모작과 자체안을 함께 논의
- ○ 20○○년 ❶브랜드 슬로건 선정·공포

띄어쓰기

❷ 2개월 간 ➡ **2개월간**
- 기간을 나타내는 말 뒤에 쓰인 '-간(間)'은 '동안'의 뜻을 나타내는 접미사이므로 앞말에 붙여 쓴다.

❸ 공모건 ➡ **공모 건** ➡ **공모작**
- '건'은 의존명사이므로 띄어 쓴다. '공모 건'은 '공모작'으로 바꿔 쓰면 더 자연스럽다.

낱말

❶ 브랜드 슬로건 ➡ **대표 구호 / 홍보 문구 / 대표 가치 띄움말 등**
❺ 비전 ➡ **전망**
❼ 이미지 메이킹 ➡ **이미지 만들기**
- 외국어는 될 수 있으면 쉬운 우리말로 쓴다.

❽ BI ➡ **비아이(BI) / 대표 이미지**
- '국어 기본법'에 따라 외국 문자는 괄호 안에만 쓸 수 있다. 외국어는 될 수 있으면 쉬운 우리말로 쓴다.

⓬ 도출 ➡ **이끌어 냄**
- 문맥과 독자를 고려하여 되도록 쉬운 말을 쓴다.

표현

❹ 무한○○, 행복○○ 등의 슬로건이 많이 나왔다는 점이 군정 구호였던 행복○○의 영향을 많이 받았음을 말해 줌. ➡ **무한○○, 행복○○ 등 군정 구호 행복○○의 영향을 받은 구호가 많음.**
- 사물이나 추상적인 대상이 행위의 주어로 나오는 문장은 영어 번역 투이므로 삼간다.

❻ 슬로건 선정 시 시사점 ➡ **구호 선정 방향**
- '시사점'은 '미리 일러 주는 암시'를 뜻한다. 내용과 어울리지 않으므로 문맥에 맞는 말로 바꿔 쓴다.

❾ 이미 잘 알려진 대외적 이미지나 일반 대중에게 인지시키기 쉬운 언어 유희적 표현 등으로 대중적 홍보성 강화 ➡ **잘 알려진 이미지나 대중의 관심을 끌 수 있는 언어 유희를 사용하여 홍보성 강화**

❿ 투트랙 접근을 통한 브랜드 슬로건 대상 선정
➡ **두 가지 접근 방식을 적용하여 대표 구호 선정**
- 장황한 표현을 지양하고 자연스러운 문장으로 쓴다.

⓫ 자체안의 경우 ➡ **자체안은**
- 간결하게 쓴다.

20○○년도 공공기관 지정 관련 현황 조사 추진 개요

❶20○○.11.2(월) / ○○○○담당관실

□ **추진 배경**

○ 「공공기관의 운영에 관한 법률」 제6조에 따라 20○○년도 공공기관 신규 지정·지정 해제·변경 지정 추진

  * 20○○년 현재 ❷동법에 의해 지정된 ❸우리 부 소관 공공기관의 수는 28개

□ **조사 대상 기관 선정 기준(붙임 2 ❹p21 참고)**

○ 20○○~20○○년도 지정 시의 현황 조사 대상 기관(붙임 참고자료)은 원칙적으로 포함
  - 현재 공공기관이 아닌 정부 유관 단체의 경우에도 공공기관 요건에 해당한다고 ❺판단 시 조사 대상 기관에 포함 요망
○ 위 조사 시 누락된 기관, ❻20○○.1월 이후 신설 및 통합 기관을 추가
○ 20○○년도 지정 이후 요건 변동(지분 매각 등)으로 인해 공공기관 요건에 해당하지 않게 된 기관은 사유를 ❼소명하고 대상에서 제외

□ **조치 사항(❽주관 부서 및 조사 대상 기관 붙임2 ❾p26~29 참고)**

○ ❿각 조사 대상 기관 주관 부서별로 소관 조사 대상 기관에 공문을 넘기고, 담당자 교육(11. 6. 15:00, ○○○○부 대강당)에 참석 통보
○ 조사 대상 기관은 직전 3개년 결산서를 11. 9.(월)까지 ○○○○부로 ⓫기일을 엄수하여 ⓬지급 제출하시기 바람.(실·국별 선임과 취합)

표현

❷ 동법에 의해 ➡ **이 법에 따라**

❺ 판단 시 조사 대상 기관에 포함 요망 ➡ **판단되면 조사 대상 기관에 포함하기 바람**
- 될 수 있으면 쉬운 말을 쓰고 표현을 좀 더 부드럽고 친절하게 바꿀 필요가 있다.

❸ 우리 부 소관 ➡ **우리 부가 맡은**
- 쉽게 표현한다.

❻ 20○○. 1월 이후 신설 및 통합 기관을 추가
  ➡ **20○○. 1. 이후 신설되거나 통합된 기관 추가**
- 여기에서 '및'은 선택을 나타내는 '-거나'로 바꾸는 것이 자연스럽다.

❽ 주관 부서 및 조사 대상 기관 ➡ **주관 부서와 조사 대상 기관**
- 여기에서 '및'은 '와'로 바꿔 쓰는 것이 더 자연스럽다.

❿ 각 조사 대상 기관 주관 부서별로 소관 조사 대상 기관에 공문을 넘기고
  ➡ **조사를 주관하는 부서별로 조사 대상이 되는 기관에 공문을 넘기고**
- 의미가 분명하게 전달되도록 적절한 동사나 조사를 넣어 다듬는다.

낱말

❹ p21 ➡ **21쪽**

❾ p26~29 ➡ **26~29쪽**
- 외국 문자는 쓰지 말고 우리말로 바꾸어 한글로 적는다.

❼ 소명하고 ➡ **밝히고**

⓫ 기일을 엄수하여 ➡ **날짜를 지켜**

⓬ 지급 ➡ **속히**
- 될 수 있으면 어려운 한자말을 피하고 쉬운 말을 쓴다.

맞춤법

❶ 20○○.11.2 ➡ **2009. 11. 2.**
- 연월일 뒤에 마침표를 쓸 때는 '일'을 나타내는 숫자 뒤에도 마침표를 찍는다. 각각의 마침표 뒤는 한 칸 띈다.

한미 동맹을 위한 공동 비전 참고 자료

1. 개요
  ○ 명칭: 한미 동맹을 위한 공동 ❶비젼

2. 주요 경과
  ○ 한미 양국은 20○○년 4월 캠프데이비드에서 개최된 이명박 대통령-❷Bush ❸대통령간 한미 정상회담에서 한미 동맹을 21세기 전략 동맹으로 발전시켜 나가기로 합의

  ○ 20○○년 8월 ❷Bush 미 ❹대통령 방한 시 개최된 한미 ❺정상회담계기공동성명을 통해 전략 동맹 발전의 원칙과 방향 제시
  ※ 20○○. 8. 6. 한미 정상회담 공동성명 관련 부분
   - "양 정상은 한미 동맹이 공통의 가치와 신뢰를 기반으로 안보 협력뿐 아니라 정치·경제·사회·문화 협력까지 포괄하도록 ❻협력의 범위가 확대·심화되어 나가야 하며, 지역 및 범세계적 차원의 평화와 번영에도 ❼기여하는 방향으로 발전해 나가야 ❽한다는데 의견을 같이 하였다."

  ○ 20○○. 4. 2. 런던 ❾G20 정상 회의 계기에 ❿Obama 미 대통령 ⓫취임후 처음으로 개최된 한미 정상회담에서 양 정상은 한미 동맹의 미래지향적 발전 방향을 ⓬구체화시켜 나가기로 합의

3. 배경 및 의의
  ○ 한미 동맹은 지난 ⓭50여년간 한반도 및 동북아의 평화·번영의 근간으로서 성공적으로 ⓮발전해 온 바, 이와 같은 발전상 및 새로운 환경과 수요를 반영한 미래 발전 방향의 정립 필요성 대두
  ○ 21세기 안보·경제 환경의 변화 및 세계화의 진전

띄어쓰기

❸ 대통령간 → **대통령 간**
- '사이'를 나타내는 '간(間)'은 앞말과 띄어 쓴다.

❽ 한다는데 의견을 같이 하였다 → **한다는 데 의견을 같이하였다**
- '데'가 '곳'이나 '장소', '일'이나 '것', '경우'의 뜻을 나타낼 때는 띄어 쓴다.
  ※ 뒤에 '에' 등의 조사가 결합할 수 있으면 앞말과 띄어 쓰고, 결합할 수 없으면 붙여 쓴다.
- '어떤 뜻을 동일하게 지니다.'의 뜻인 '같이하다'는 한 단어이므로 붙여 쓴다.

⓫ 취임후 → **취임 후**
- '후(後)'와 '전(前)'은 앞말과 띄어 쓴다.

⓭ 50여년간 → **50여 년간**
- 해를 세는 단위인 '년(年)'은 앞말과 띄어쓰고, '동안'을 뜻하는 '간(間)'은 앞말에 붙여 쓴다.

⓮ 발전해 온 바 → **발전해 온바**
- '발전해 온바'는 '발전해 왔으므로'와 가까운 뜻이다. 이처럼 과거의 어떤 상황을 제시하는 데 쓰는 '바'는 앞말에 붙여 쓴다. 이때 쓰이는 '바'에는 조사를 붙일 수 없다.

표현

❹ 대통령 방한 시 → **대통령이 방한했을 때**
- '시(時)'를 순우리말 '때'로 바꿔 쓰고 서술어를 넣어서 쉽게 표현한다.

❺ 정상회담 계기 공동성명을 통해
→ **정상회담을 계기로 공동성명을 발표하여**
- 조사를 지나치게 생략하지 않는 것이 우리말답다.

❻ 협력의 범위가 확대·심화되어 나가야 하며
→ **협력의 범위를 확대·심화해 나가야 하며**
- 피동보다는 능동으로 표현하는 것이 우리말답다.

❾ G20 정상 회의 계기에
→ **주요 20개국(G20) 정상 회의를 계기로**
- 적절한 조사를 사용하여 표현한다.

⓬ 구체화시켜 → **구체화해**
- '-하다'로 표현할 수 있는데도 불필요하게 '-시키다'를 써서 표현하는 것은 우리말답지 않다.

낱말

❶ 비젼 → **비전** → **이상/전망**
- '비전'이 바른 외래어 표기이고, 문맥에 따라 '이상'이나 '전망'으로 바꿔 쓴다.

❷ Bush → **부시**

❿ Obama → **오바마**
- 외국 문자를 쓰지 않고 외래어 표기법에 따라 한글로 적는다.

❼ 기여하는 → **이바지하는**
- 될 수 있으면 한자말보다는 이해하기 쉬운 순우리말을 살려 쓴다.

○ 우리의 국력 신장·국제적 진출 증대 및 이에 따른 국익의 ❶글로벌화
○ 한미 ❷양국가간의 긴밀한 관계 발전, 공고한 안보 협력, 경제·무역·투자 및 미래·첨단산업 협력
○ 세계적 차원의 문제 해결을 위한 협력
  ⇒ 한미 동맹의 미래지향적 발전의 청사진을 담은 전략적 ❸마스터 플랜

4. 주요 내용
○ 한미 동맹의 지향점 및 발전 기반 평가(❹para. 1-2)
○ 동맹발전의 기반으로서 양국 국민 간 긴밀한 유대 관계의 중요성 강조 및 앞으로의 계속적인 발전 추진(❹para. 3)
○ 상호 방위 조약에 기반한 안보 동맹 발전 평가 및 공동의 가치·상호 신뢰에 입각한 포괄적인 전략 동맹 구축 추진(❹para. 4)
○ 확장 억지(抑止)를 포함한 공고한 대한 방위 공약 강조 및 한국 주도·미국 지원형 안보 협력 관계로의 발전 도모(❹para. 5)
○ 미국은 한반도와 역내 및 그 외 지역 주둔 군사력 등을 통한 지원 확약
  ※ 핵우산을 포함한 확장 억지를 정상 간 채택 문서에 최초로 ❺명문화함으로써 미국의 강력한 대한 방위 공약 재확인
    - 아울러, ❻이행에 있어 ❼한반도 뿐 아니라 역내 및 그 외 지역 군사력을 통해서도 지원하겠다는 강력한 의사 표명
○ 아·태 ❽지역에 있어서의 민주주의·인권·시장경제·무역/투자 자유화 증진 및 역내 국가 간 상호 이해·신뢰·투명성 제고 등 역내 평화·번영 증진을 위해 상호 협력(❹para. 8)
○ 평화 유지, 테러리즘, ❾WMD 확산, 해적, 조직범죄, 기후변화, 인권, 에너지 안보, 전염병 등 범세계적 문제 해결 및 다자 ❿체제에 있어서의 협력 강화(❹para. 9)

표현

❺ 명문화함으로써 ➡ **밝힘으로써**
- 될 수 있으면 쉬운 말을 쓴다.

❻ 이행에 있어 ➡ **이행에서**

❽ 지역에 있어서의 ➡ **지역에서(의)/지역의**

❿ 체제에 있어서의 ➡ **체제에서**
- '~에 있어(서)'는 우리말답지 않은 표현이므로 '에서'나 '의'로 바꿔 쓴다.
- 번역 투는 쓰지 않는 것이 좋다. '~에 있어(서)'는 일본어 번역 투이다.

낱말

❶ 글로벌화 ➡ **세계화/국제화**

❸ 마스터플랜 ➡ **종합 계획 / 기본 설계**
- 외국어나 외래어는 우리말로 바꿔 쓴다.

❹ para. 1-2 ➡ **1-2 단락**
   para. 3 ➡ **3 단락**
   para. 4 ➡ **4 단락**
   para. 5 ➡ **5 단락**
   para. 8 ➡ **8 단락**
   para. 9 ➡ **9 단락**

❾ WMD ➡ **대량 살상 무기**
- 외국 문자를 쓰지 않고, 적절한 우리말로 바꾸어 한글로 적는다.

띄어쓰기

❷ 양국가간 ➡ **양 국가 간 / 양국 간**
- '두 쪽 모두'의 뜻을 나타내는 '양'은 뒷말과 띄어 쓰고, '사이'를 뜻하는 '간'은 앞말과 띄어 쓴다.

❼ 한반도 뿐 아니라
   ➡ **한반도뿐 아니라**
- 이때 '뿐'은 조사이므로 앞말에 붙여 쓴다.
- ※ 관형사형 뒤에 오는 '뿐'은 의존명사이므로 앞말과 띄어 쓴다.
   (예 했을 뿐만 아니라)

4. 안내문

알고 하자 '화재 대피', 비상구를 알려 주는 유도등 알기

화재가 발생하면 메케한 검은 연기가 발생하여 ❶시야를 확보하기 어렵고 ❷누전 차단기가 동작되어 정전이 될 수 있기 때문에 순간적으로 방향 감각을 잃을 수 있습니다. 특히 거동이 불편한 어르신은 화재 ❸발생시 신속하게 대피하기 어려우므로 더더욱 평상시에 점검을 철저히 ❹하여야 하며 2개 이상의 비상구를 미리 알아 두어야 합니다.

☐ **어르신 대처는 이렇게**

평상시 화재 요인 점검하기
- 전기장판이 접히거나 전기장판에 압력이나 충격이 가해지지 않도록 주의합니다.
- 전열 기구는 불에 탈 수 있는 ❺물건으로 부터 약 1m 이상 거리를 두고 사용합니다.
- 가스레인지와 전기레인지를 사용할 때에는 자리를 뜨지 않습니다.
- 한 콘센트에 여러 개의 플러그를 꽂아서 ❻문어발 식으로 사용하지 않습니다.
- 반려동물이 전기레인지에 올라가지 못하게 하고 외출할 때에는 전원을 차단합니다.

화재 발생 시 유도등 따라 대피하기
- 방향을 잃어 출입구의 위치를 알 수 없으면 유도등을 따라 밖으로 대피합니다.
- 유도등에는 비상구 유도등과 통로 유도등이 있습니다.
- ❼비상구 유도등은 녹색 바탕으로 되어 있고 밖으로 대피할 수 있는 출입구(❽바닥으로부터 1.5m 이상 높이 설치)를 표시하며, 통로 유도등은 백색 바탕에 녹색 화살표로 대피 방향(❽바닥으로부터 1m 이하 위치 설치)을 표시하고 있습니다.
- 유도등에는 정전이 되어도 20분 이상 작동하는 ❾배터리가 내장되어 있습니다.

띄어쓰기

❸ 발생시 ➡ **발생 시** ➡ **발생했을 때**
- '비상시, 유사시, 일몰시, 일출시, 평상시, 필요시, 혼잡시'와 같이 사전에 한 단어로 올라 있는 일부 단어를 제외하고 '시(時)'는 앞말과 띄어 쓴다.
- '시(時)'는 '~할 때'로 바꿔 쓰면 더 이해하기 쉽다.

❻ 문어발 식 ➡ **문어발식**
- '-식(式)'은 '방식'의 뜻을 더하는 접미사이므로 앞말과 붙여 쓴다.

표현

❶ 시야를 확보하기 어렵고 ➡ **잘 보이지 않는 데다가**
- 위기 상황에 대처하는 방법을 알리는 안내문이므로 쉬운 표현을 사용해 내용을 바로 이해할 수 있게 하는 것이 좋다.

❷ 누전 차단기가 동작되어 ➡ **누전 차단기가 작동하여**
- '동작되다'보다는 '기계 따위가 작용을 받아 움직이다'라는 뜻의 '작동하다'를 쓰는 것이 적절하다.

❹ 하여야 하며 ➡ **해야 하며**
- 준말이 더 자연스럽다.

❺ 물건으로 부터 약 1m 이상 ➡ **물건으로부터 약 1m 이상** ➡ **물건과 약 1m 이상**

❼ 비상구 유도등은 녹색 바탕으로 되어 있고 밖으로 대피할 수 있는 출입구 (바닥으로부터 1.5m 이상 높이 설치)를 표시하며, 통로 유도등은 백색 바탕에 녹색 화살표로 대피 방향 (바닥으로부터 1m 이하 위치 설치)을 표시하고 있습니다.
  ➡ **비상구 유도등은 대피할 수 있는 출입구를 표시합니다. 녹색 바탕으로 되어 있고, 바닥에서 1.5m 이상 높은 곳에 설치되어 있습니다. 통로 유도등은 대피 방향을 표시합니다. 백색 바탕에 녹색 화살표가 그려져 있고, 바닥에서 1m 이하 낮은 곳에 설치되어 있습니다.**
- 한 문장에 많은 정보가 들어 있다. 괄호 등의 문장 부호를 사용하지 말고 전달하려는 내용에 따라 문장을 나누어 준다.

❽ 바닥으로부터 ➡ **바닥에서**
- '으로'와 '부터'는 조사가 둘 이상 연속된 경우이므로 앞말과 붙여 쓴다.
- '으로부터'는 영어식 표현이므로 되도록 다른 표현으로 바꾼다.

낱말

❾ 배터리가 내장되어 있습니다. ➡ **전지가 들어 있습니다.**
- 문맥과 독자를 고려하여 되도록 쉬운 말을 쓴다.

동네 일꾼 찾아보기(지방 선거 안내문)

❶Step 1. 우리 동네 ❷후보자에 대해 알아보기

▷ 모든 선거 정보는 중앙선거관리위원회 ❸홈페이지(nec.go.kr)에서 확인
- 중앙선거관리위원회에서는 ❸홈페이지에서 선거 정보를 제공하고 있습니다. 이 누리집에서 여러 정당과 후보자의 정보를 가장 빠르고 정확하게 확인할 수 있습니다.
  ※ 후보자의 재산, 병역, 전과 기록 등의 정보는 선거 통계 시스템(info.nec.go.kr)에서도 볼 수 있습니다.

▷ 우리 동네 후보자, 선거 벽보 살펴보기
- 선거 벽보에는 소속 정당명(무소속 후보자는 무소속), 후보자 사진, 기호, 경력, 학력 등이 ❹게재되어 있습니다.
- 선거 벽보는 후보자의 ❺기호 순에 따라 거리 등 ❻다수인이 왕래하는 장소에 6.1.(금)까지 첩부됩니다.
  ※ ❼정당한 사유 없이 선거 벽보를 훼손하거나 철거한 때에는 「공직선거법」에 의거 처벌될 수 있습니다.

▷ 선거 공보 ❽꼼꼼이 살펴보기
- ❾매세대에 법정 홍보물인 선거 공보가 발송됩니다. 선거 공보에는 정당과 후보자의 정보가 나와 있습니다.
- 선거 공보의 두 번째 면에는 '후보자 정보 공개 자료'가 ❹게재되어 있습니다.
- 이 자료에는 후보자를 선택할 때 꼭 필요한 후보자의 인적 사항은 물론 재산, 병역, 납세, 전과 기록 등의 정보가 나와 있습니다. 유권자는 이 정보를 참고하여 투표할 후보자를 선택할 수 있습니다.
- ❿선거 공보는 투표 안내문과 함께 6. 3.(일)까지 발송됩니다.
  ※ 선거 공보는 '정책·공약 알리미'에서도 볼 수 있으며, 스마트폰 등으로도 쉽게 확인할 수 있습니다.

띄어쓰기

❺ 기호 순에 따라 ➡ **기호순에 따라** ➡ **기호 순서대로**
- '-순(順)'은 차례의 뜻을 더하는 접미사이므로 앞말과 붙여 쓴다. 이 경우에는 '기호 순서대로'로 쓰면 더 자연스럽다.

❾ 매세대 ➡ **매 세대**
- '매(每)'는 '각각의, 하나하나의 모든'을 뜻하는 관형사이다. 관형사는 단어이므로 뒤에 오는 말과 띄어 써야 한다.

표현

❷ 후보자에 대해 알아보기 ➡ **후보자 알아보기**
- '~에 대해'는 영어식 표현이므로 빼고 되도록 간결하게 쓴다.

❻ 다수인이 왕래하는 장소에 6. 1.(금)까지 첩부됩니다.
➡ **사람들이 많이 오가는 곳에 6. 1.(금)까지 부착할 예정입니다.**
- '다수인이 왕래하다', '첩부하다' 등은 더 쉬운 표현으로 바꾸어 준다.

❼ 정당한 사유 없이 선거 벽보를 훼손하거나 철거한 때에는 「공직선거법」에 의거 처벌될 수 있습니다. ➡ **정당한 사유 없이 선거 벽보를 훼손하거나 철거하면 「공직선거법」에 따라 처벌을 받습니다.**
- 조건을 나타내는 어미 '-으면'을 사용하면 문장이 매끄러워진다.
- '-에 의거'는 '-에 따라'와 같이 쉬운 말로 바꾸어 준다.
- '정당한 사유 없이 벽보를 훼손하는 행위'는 당연히 처벌을 받는 행위이므로 '처벌을 받습니다'와 같이 단정적으로 표현한다.

❿ 선거 공보는 투표 안내문과 함께 6. 3.(일)까지 발송됩니다.
➡ **선거 공보는 모든 세대에 투표 안내문과 함께 6. 3.(일)까지 발송됩니다.**
- 꼭 필요한 문장 성분이 빠져 있다. 어디로 발송되는지 그 대상을 분명하게 표현한다.

낱말

❸ 홈페이지 ➡ **누리집**
- 홈페이지는 '누리집'으로 다듬어 쓸 수 있다.

❹ 게재되어 있습니다
➡ **나와 있습니다 / 실려 있습니다**
- 문맥과 독자를 고려하여 되도록 쉬운 말을 쓴다.

표기

❶ Step 1. ➡ **1단계**
- 공문서에는 한글만 쓰는 것이 원칙이다. 충분히 우리말로 표현할 수 있는 경우에는 되도록 우리말을 쓴다.

❽ 꼼꼼이 ➡ **꼼꼼히**
- '꾸준히, 넉넉히'처럼 '-하다'가 붙는 어근 뒤에는 '-히'를 붙이는 것이 원칙이다.('깨끗이, 깊숙이' 등은 예외)

공연장 이용 수칙(무대 안전 이용 수칙)

1. 공연장 무대 이용 시간은 다음과 같습니다.
    * ❶이용 시간 : (오전) 09:00 ~ 12:00,
                   (오후) 13:00 ~ 17:00, (야간) 18:00 ~ 22:00
    * 점심과 저녁 식사 시간에는 이용할 수 없습니다.

2. ❷무대 작업은 안전 관리 담당자의 안전 교육 실시 후에 시작하시기 바랍니다.

3. ❸시설물 사용과 무대 작업은 담당 직원의 입회 하에 시행되어야 합니다.

4. 물품을 ❹무대에 반입, ❺반출하려면 담당 직원에게서 미리 허가를 받아야 합니다.

5. 무대에서 인화물 등의 위험물은 절대 사용하면 안 됩니다.

6. 방염 처리를 하지 않은 무대 장치는 ❻공연장에 반입할 수 없습니다.

7. 무대 작업을 할 때에는 안전 장비를 반드시 갖추시기 바랍니다.

8. 출연자는 분장을 하고 나면 로비나 외부로 출입을 ❼삼가하여 주십시오.

9. 기념 촬영은 리허설을 할 때에만 할 수 있으며, 공연이 끝나면 무대 안전과 원활한 무대 철수를 위하여 촬영을 금지합니다.

10. ❽공연 종료 후 사용 장비 및 물품은 제자리 정리 정돈이 필요하며, 공연장의 시설·설비·비품을 파손·분실할 경우 원상 복구를 하여야 합니다.

11. ❾화재 등의 비상 상황이 발생하면 안내 방송 및 피난 안내도에 따라 담당 직원의 지시를 받고 행동하여 주시기 바랍니다.

12. 담배를 피우면 안 됩니다.

13. 그 밖에도 필요한 것이 있으면 담당 직원에게 이야기하여 교육문화원의 승인을 받아야 합니다.

띄어쓰기

❶ 이용 시간 : (오전) 09:00 ~ 12:00, (오후) 13:00 ~ 17:00, (야간) 18:00 ~ 22:00
   ➡ **이용 시간: (오전) 9:00~12:00, (오후) 13:00~17:00, (야간) 18:00~22:00**
 - 표제 다음에 쓰는 쌍점(:)은 앞말에 붙이고 뒷말과 띄어 쓴다. 시간을 나타낼 때 쓰는 쌍점은 앞뒤 모두 붙여 쓴다.
 - 물결표(~)는 앞말과 뒷말에 모두 붙여 쓴다.

표현

❷ 무대 작업은 안전 관리 담당자의 안전 교육 실시 후에 시작하시기 바랍니다.
   ➡ **무대 작업은 안전 관리 담당자에게서 안전 교육을 받은 후에 시작해야 합니다.**
 - 문장 표현의 일관성을 고려하여 서술어를 '~해야 한다' 또는 '~해 주시기 바랍니다'로 바꾸어 준다.

❸ 시설물 사용과 무대 작업은 담당 직원의 입회 하에 시행되어야 합니다.
   ➡ **시설물 사용과 무대 작업은 담당 직원이 있을 때에만 시행할 수 있습니다.**
 - '입회하'는 쉬운 말로 바꾸어 쓸 수 있다. '-하(下)'는 '관련된 조건이나 환경'의 뜻을 더하는 접미사이므로 붙여 쓴다.
 - 이 문장에서 '시행되다'는 불필요한 피동 표현이다.

❽ 공연 종료 후 사용 장비 및 물품은 제자리 정리 정돈이 필요하며, 공연장의 시설·설비·비품을 파손·분실할 경우 원상 복구를 하여야 합니다. ➡ **공연을 마치면 공연에 사용한 장비와 물품을 정리해 주시기 바랍니다. 시설, 설비, 비품 등을 파손하거나 분실한 경우에는 원상 복구를 해야 합니다.**
 - 명사를 계속 나열하기보다는 조사와 어미를 적절하게 사용하고 용언을 잘 활용하면 문장이 훨씬 자연스러워진다.

❾ 화재 등의 비상 상황이 발생하면 안내 방송 및 피난 안내도에 따라 담당 직원의 지시를 받고 행동하여 주시기 바랍니다. ➡ **화재 등의 비상 상황이 발생하면 담당 직원의 안내를 받으며 안내 방송을 잘 듣고, 피난 안내도에 따라 행동해야 합니다.**
 - 상황에 대처하는 순서대로 문장을 구성하면 내용을 더 잘 이해할 수 있다.

낱말

❹ 무대에 반입 ➡ **무대에 들여오거나**
❺ 반출하려면 ➡ **무대에서 내가려면**
❻ 공연장에 반입할 ➡ **공연장에 들여올**
 - 문맥과 독자를 고려하여 되도록 쉬운 말을 쓴다.

맞춤법

❼ 삼가하여 주십시오. ➡ **삼가 주십시오.**
 - '몸가짐이나 언행을 조심하다'의 뜻의 동사는 '삼가다'이다.

공공언어 바로쓰기
[부록] 4. 찾아보기
(1) 맞춤법 / (2) 띄어쓰기 / (3) 낱말(표기 포함) / (4) 표현

4. 찾아보기 - (1) 맞춤법

1	~스러운/~스런	의심스런 → 의심스러운
2	~습니다	있읍니다 → 있습니다
3	가운뎃점(·)	동·식물 → 동식물
4	가운뎃점(·)	승·하차 → 승하차
5	갯수/개수	갯수 → 개수
6	날짜 생략 표시	20○○.9.7 → 20○○. 9. 7.
7	날짜 생략 표시	10. 28-29간 → 10. 28.~29.에
8	날짜 생략 표시	20○○.11.2 → 20○○. 11. 2.
9	날짜 생략 표시	20○○.1.4 → 20○○. 1. 4.
10	대괄호([ ])	(처분 행위가 완료(소유권 이전 등기완료)되는 시점인지, 주무관청의 처분 허가를 받은 시점인지) → [처분 행위가 완료(소유권 이전 등기 완료)되는 시점인지, 주무관청의 처분 허가를 받은 시점인지]
11	로서/로써	향토기업으로써 → 향토기업으로서 (※자격을 나타낼 때)
12	로서/로써	신분으로써 → 신분으로서(※자격을 나타낼 때)
13	마침표/온점(.)	끝 → 끝.
14	삼가다/삼가하다	삼가하여 주십시오. → 삼가 주십시오.
15	쉼표/반점(,)	그리고, → 그리고
16	연도/년도	목표 년도 → 목표 연도
17	연수/년수	년수 → 연수
18	율/률	승인률 → 승인율
19	율/률	실업율 → 실업률
20	작은따옴표(' ')	"지역의 5대 기업 홍보관" → '지역의 5대 기업 홍보관'
21	작은따옴표(' ')	"나라 사랑 정신" → '나라 사랑 정신'
22	직접인용조사 '라고'	추진하겠다"고 → 추진하겠다.", 있다"고 → 있다."라고
23	직접인용조사 '라고'	되었다"고 → 되었다."라고, 바란다"고 → 바란다."라고

4. 찾아보기 - (2) 띄어쓰기

24	1/2 가량은 → 1/2가량은
25	10. 25.(금) 까지 → 10. 25.(금)까지
26	10월초 → 10월 초
27	10천㎡미만 → 1만㎡ 미만
28	10천㎡이상 → 1만㎡ 이상
29	15세이상 → 15세 이상
30	1년이상 → 1년 이상
31	20○○년말 → 20○○년 말
32	20일 경 → 20일경 → 20일 무렵, 하순 경 → 하순경 → 하순 무렵
33	23만개 → 23만 개
34	2개월 간 → 2개월간
35	30%미만 → 30% 미만
36	3년이하 → 3년 이하
37	3일내 → 3일 내
38	3일자로 → 3일 자로
39	3천명 → 3천 명
40	4개부처 → 4개 부처
41	50%이상 → 50% 이상
42	50만명 → 50만 명
43	50여년간 → 50여 년간
44	50여회 → 50여 회
45	5천억원 → 5천억 원
46	60여개국 3,000여명 → 60여 개국 3,000여 명
47	6시30분 → 6시 30분
48	각1부 → 각 1부
49	간소화 하게 → 간소화하게
50	개시 할 → 개시할
51	경기전 → 경기 전
52	경제팀내 → 경제 팀 내
53	계약 체결후 → 계약 체결 후
54	계약시 → 계약 시

55	계획인 바 → 계획인바
56	고용및 → 고용 및
57	고용안내 → 고용 안내
58	고용현황 → 고용 현황
59	공모건 → 공모 건
60	구비서류 → 구비 서류
61	국가를당사자로하는계약에관한법률 → 「국가를 당사자로 하는 계약에 관한 법률」
62	귀 사 → 귀사
63	귀주재국 → 귀 주재국
64	그 동안 → 그동안
65	근거 : ○○○○부 → 근거: ○○○○부
66	근무지역 → 근무 지역
67	기업과 함께 하는 → 기업과 함께하는
68	기재착오 → 기재 착오
69	기한내 → 기한 내
70	기호 순에 따라 → 기호순에 따라 → 기호 순서대로
71	김처장 → 김 처장
72	대통령간 → 대통령 간
73	더이상은 → 더 이상은 → 더는
74	두가지 → 두 가지
75	매세대 → 매 세대
76	모집공고 → 모집 공고
77	문서 입니다. → 문서입니다.
78	문어발 식 → 문어발식
79	받지 못 하셨다면 → 받지 못하셨다면
80	발사 될 → 발사될
81	발생시 → 발생 시 → 발생했을 때
82	발전시키는데 → 발전시키는 데
83	발전해 온 바 → 발전해 온바
84	발행사간 → 발행사 간
85	밤 부터 → 밤부터
86	방과후 → 방과 후
87	배치전 → 배치 전
88	법적기준 → 법적 기준

89	변동없음 → 변동 없음	
90	사용가능한 → 사용 가능한, 사용할 수 있는	
91	사용중인 → 사용 중인	
92	선양활동 뿐만아니라 → 선양 활동뿐만 아니라	
93	소득산정시 → 소득산정 시	
94	소비자물가 → 소비자 물가	
95	수 차례 → 수차례	
96	승인후 → 승인 후	
97	시설수 → 시설 수	
98	시행이전 → 시행 이전	
99	시행한바 있고 → 시행한 바 있고	
100	신청 할 → 신청할	
101	실효성있게 → 실효성 있게	
102	심사방법 → 심사 방법	
103	안됩니다 → 안 됩니다 (※'안'이 '되다'를 부정할 때)	
104	안정화 되는 → 안정화되는	
105	알려드립니다 → 알려 드립니다	
106	양국가간 → 양 국가 간 / 양국 간	
107	어느선 까지이며 → 어느 선까지이며	
108	업무내용 → 업무 내용	
109	역량있고 → 역량 있고	
110	연체여부 → 연체 여부	
111	영수증 상의 → 영수증상의	
112	용도외 → 용도 외	
113	우리 나라 → 우리나라	
114	우리경제 → 우리 경제	
115	우리극장 → 우리 극장	
116	우리부 → 우리 부	
117	우주관련 → 우주 관련	
118	원활해 지기를 → 원활해지기를	
119	위호와 관련 → 위 호와 관련하여	
120	이 날 → 이날	
121	이용 시간 : (오전) 09:00 ~ 12:00, (오후) 13:00 ~ 17:00, (야간) 18:00 ~ 22:00 → 이용 시간: (오전) 9:00~12:00, (오후) 13:00~17:00, (야간) 18:00~22:00	

122	이중 → 이 중
123	입국 할 → 입국할
124	입국규제가 → 입국 규제가
125	재 교육을 → 재교육을
126	전년대비 → 전년 대비
127	정부합동단속이 → 정부 합동 단속이
128	정책간 → 정책 간
129	제 20○○ → 제20○○
130	제 4장 → 제4장
131	제 4차 제 1분과 → 제4차 제1분과
132	종합정책개발및성과관리 → 종합 정책 개발 및 성과 관리
133	주의깊게 → 주의 깊게
134	週단위로 → 주 단위로
135	지원가능한 → 지원 가능한
136	차질없이 → 차질 없이
137	착오없으시기 → 착오 없으시기
138	참가자앞 → 참가자 앞, ○○부앞 → ○○부 앞, 전달바람 → 전달 바람, 참고바람 → 참고 바람
139	채용내용 → 채용 내용
140	첫 해인 → 첫해인
141	총28건 → 총 28건
142	추진중인 → 추진 중인
143	취임이후부터 → 취임 이후부터
144	취임후 → 취임 후
145	하는 바 → 하는바
146	학교, 지역사회가 함께 하는 → 학교와 지역사회가 함께하는
147	학력 : → 학력:
148	한 것 뿐이라며 → 한 것뿐이라며
149	한 자리 → 한자리
150	한다는데 의견을 같이 하였다 → 한다는 데 의견을 같이하였다
151	한반도 뿐 아니라 → 한반도뿐 아니라
152	허위기재 → 허위 기재
153	활용반등 → 활용반 등
154	희생정도 → 희생 정도

4. 찾아보기 - (3) 낱말(표기 포함)

155	○○청장이 패널로 참석하였다. → ○○청장이 출연자로 참석하였다.
156	20 SPACE → 20 스페이스(SPACE)
157	3R's(읽기·쓰기·기초 수학) → 읽기·쓰기·기초 수학(3R's)
158	5 why → 5 와이(why) → 5 와이(why) 질문법 → 연쇄 질문법 / '왜' 꼬리 물기법
159	BI → 비아이(BI) / 대표 이미지 참고 BI: Brand Identity.
160	Bush → 부시 (대통령)
161	DB → 데이터베이스
162	E-mail → 전자우편
163	GDP → 국내 총생산
164	ICT → 아이시티(ICT) → 정보 통신 기술
165	IR → 다른 말로 바꾸기 참고 IR(investor relations. 기업 설명회)
166	LED → 엘이디(LED) / 발광 다이오드[LED]
167	Obama → 오바마
168	p21 → 21쪽, p26~29 → 26~29쪽
169	para. 1-2 → 1-2 단락
170	PC → 컴퓨터/피시(PC)
171	R&D → 연구 개발 참고 R&D: research and development.
172	SMS → 문자 메시지
173	Step 1. → 1단계
174	T/F → 특별 팀 참고 T/F: Task Force Team.
175	TV → 텔레비전
176	u-시티 → 다른 말로 바꾸기 참고 u-시티(ubiquitous-city).
177	u-헬스 → 다른 말로 바꾸기 참고 u-헬스(ubiquitous-health).
178	VS → 대(對)
179	WMD → 대량 살상 무기
180	감안하여 → 고려하여 참고 감안(勘案. 일본식 한자어).
181	거버넌스 → 관리/협치/정책 등
182	게재되어 있습니다 → 나와 있습니다 / 실려 있습니다
183	게재하여 → 실어
184	계획을 달성할 수 있도록 → 계획을 이행할 수 있도록 / 목표를 달성할 수 있도록
185	고객 → 승객(※교통수단 이용 손님)

"작은 성공을 이루고 나면 큰 성공이 기다리고 있다."

186	공연장에 반입할 → 공연장에 들여올
187	관할 → 담당 참고 관할(어려운 한자어).
188	교육바우처 → 교육 복지 이용권 제도 / 교육 복지 상품권 제도
189	글로벌 → 국제적/세계적
190	글로벌 네트워크 → 국제적 연결망
191	글로벌 스탠다드 → 글로벌 스탠더드 → 국제 표준 / 세계적 표준
192	글로벌화 → 세계화/국제화
193	금년 → 올해
194	금번 → 이번
195	금일 → 오늘
196	기 통보한 → 이미 통보한 / 이미 알려 드린
197	旣보증 금액 → 기존 보증 금액
198	기여하는 → 이바지하는
199	기일을 엄수하여 → 날짜를 지켜
200	꼼꼼이 → 꼼꼼히
201	다운 → 내려받기
202	다운로드하지 → 내려받지
203	당초 → 기존
204	당해 → 그
205	對해외언론 → 대해외 언론
206	도출 → 이끌어 냄
207	동 건은 → 이 건은
208	동 사업의 일환으로 → 이러한 사업의 하나로
209	동봉 → 함께 보냄
210	랜섬웨어 → 금품 요구 악성 프로그램
211	로그인 → 접속
212	로드맵 → 청사진 / 밑그림 / 길잡이 / 단계별 이행안
213	리더십 → 지도력 / 통솔력
214	마대 → 포대/자루
215	마스터플랜 → 종합 계획 / 기본 설계
216	마이스터 → 장인/예술가
217	매뉴얼 → 설명서/안내서/지침
218	메뉴얼 → 매뉴얼 → 설명서/안내서/지침

219	면밀히 → 자세히	
220	모니터링하고 → 관찰하고/지켜보고	
221	모델 → 본보기	
222	무대에 반입 → 무대에 들여오거나	
223	반입되는 → 들여오는	
224	반출하려면 → 무대에서 내가려면	
225	배터리가 내장되어 있습니다. → 전지가 들어 있습니다.	
226	복무규정에 의거함 → 복무규정에 따름	
227	부스 → 홍보관	
228	부합하는 → 맞는/들어맞는	
229	부합하도록 → 맞도록	
230	브랜드 슬로건 → 대표 구호 / 홍보 문구 / 대표 가치 띄움말 등	
231	브레인스토밍 → 자유 토론 / 난상 토론 / 생각 모으기	
232	브로슈어 → 안내서	
233	비전 → 전망	
234	비젼 → 비전 → 이상/전망	
235	비즈니스 → 사업	
236	비즈니스벨트 → 사업 지대	
237	사료됨 → 생각함	
238	사일리지 → 저수분 담근 먹이 / 담근 먹이 / 발효 사료 / 매장 사료	
239	산출 내역서 → 산출 명세서	
240	상기 → 위의 / 위에 적은	
241	상이한 → 서로 다른	
242	센타 → 센터	
243	소관 → 담당	
244	소명하고 → 밝히고	
245	소정양식 → 소정 양식 → 규정 서식 / 정해진 양식(형식, 서식)	
246	솔라시티 → 햇살 도시 / 태양 에너지 도시	
247	송부했다고 → 보냈다고	
248	수납한 후 → 받은 다음	
249	수여하고자 → 주고자	
250	스크린 → 화면	
251	스크린도어 → 안전문	

252	스포츠 클럽 → 운동 모임 / 동호회
253	슬럿지 → 슬러지 → 침전물
254	승차권을 소지하지 아니하고 → 승차권 없이
255	업데이트하고 → 갱신하고
256	업로드하여 → 올려
257	연루되어 → 관련되어
258	연시회 → 기술 시연
259	오니 → 오염 침전물　참고 오니(汚泥).
260	요망 → 바람
261	워크샵 → 워크숍
262	원스톱 → 일괄/통합/한자리/한번에/바로
263	웹싸이트 → 웹사이트 누리집
264	유관기관 → 관계 기관
265	유비쿼터스 → 두루누리
266	의하여 → 따라
267	이메일 → 전자 우편
268	이미지 메이킹 → 이미지 만들기
269	이탈리안라이그라스 → 이탤리언라이그래스　참고 식물 종류.
270	익년도 → 이듬해
271	익일 → 다음 날 / 이튿날
272	인센티브 → 특전/혜택
273	인프라 → 기반 (시설)
274	일체 → 일절(※'전혀'의 뜻으로 쓸 때)
275	일환으로 → 하나로
276	자관 → 우리 도서관
277	적발된 자는 → 적발된 사람은 → 적발되면
278	적의 조치를 취한 후 → {필요한/적절한} 조치를 취한 뒤
279	전년대비 → 전년 대비 → 지난해보다
280	전년에 비해 → 지난해보다
281	접수 → 제출(※응시자 처지일 때)
282	정관 변경 허가를 득하지 않고 → 정관 변경 허가를 받지 않고
283	정보 공개 코너 → 정보 공개란
284	정비 내역 → 정비 내용

285	정주 여건 → 정착 여건	
286	정차한 후 → 멈춘 뒤	
287	제고하고 → 높이고	
288	제로 플랜 → 없애기 계획	
289	조사료 → 거친 사료	
290	조속히 → 즉시/빨리	
291	週단위로 → 주 단위로	
292	지급 → 속히 참고 지급(至急. 어려운 한자어).	
293	지체 없이 → 바로/곧바로	
294	직접 수령 → 직접 받음	
295	징수하오니 → 내야 합니다.	
296	차월 → 다음 달	
297	차차월 → 다다음 달	
298	채널 → 경로/창구	
299	채용 면접 → 모의 채용 면접 / 채용 면접 상담	
300	처리 방안 부재 → 처리가 어려움 / 처리 방안이 없음	
301	체크 리스트 → 점검표	
302	출두 → 출석	
303	취업 컨설팅 → 취업 상담	
304	컨트롤 타워 → 지휘부	
305	클러스터 → 연합(지구)	
306	타 학교 → 다른 학교	
307	토크 콘서트 → '이야기 공연' 등 우리말 대체어 필요	
308	홍보하여 → 알려	
309	통합시스템 구축·운영 → 통합 체제 구축·운용	
310	통화스왑 → 통화스와프 → 통화교환	
311	팀웍 → 팀워크 → 결속(력)	
312	파이오니어 → 파이어니어 → 개척자/선구자	
313	파일럿 테스트 → 예비 시험	
314	팝업(창) → 알림창	
315	패러다임 → 틀/체계/방식	
316	포탈 → 포털	
317	표본 → 조사 대상자	

318	표제 회의 → 이번 회의
319	프로젝트 → (연구) 과제/사업
320	플랜 → 계획
321	필한 → 마친 참고 필하다(畢—. 어려운 한자어).
322	필히 → 반드시
323	하절기 한시적으로 → 여름철에 한시적으로
324	학습시스템 → 학습 체제
325	해소하며 → 없애며
326	해커톤 → 마라톤 토론회 / 끝장 토론 등 참고 해커톤(hack-a-thon): 해킹(hacking)+마라톤(marathon).
327	향후 → 앞으로
328	혁파 → 없앰
329	혼파 → 섞어 심기 / 섞어 뿌림
330	홈페이지 → 누리집

4. 찾아보기 - (4) 표현

331	공동체 생활로 바른 인성함양을 위하여 운영하는 → 공동체 생활을 익힘으로써 인성을 함양하는
332	~이 제한됨 → ~을 제한받음
333	○○면 △△리 신청자와 군수님 면담에서도 → 군수님이 ○○면 ○○리 신청자와 면담한 자리에서
334	○○청은 ~ 개최한다고 밝혔다. → ○○청은 ~ 개최한다.
335	○○청은 정책의 투명성과 책임성을 제고하기 위해 7년째 시행중이다. → ○○청은 정책의 투명성과 책임성을 높이고자 7년째 이 제도를 시행하고 있다.
336	○○청장이 사회 복무 요원을 크게 치하한 후 감사패를 수여하였다. → ○○청장이 사회 복무 요원들에게 감사패를 수여하였다.
337	11. 20.(금) 자에 → 11. 20.(금)에
338	157개 수도권 소재 공공기관의 지방 이전을 추진하고 있으며 → 수도권에 있는 157개 공공기관을 지방으로 이전하는 일을 추진하고 있으며
339	20○○.1월 이후 신설 및 통합 기관을 추가 → 20○○. 1. 이후 신설되거나 통합된 기관 추가
340	4대보험 → 4대 보험
341	70세 이상 30만 명 이상 살아 계시나 국립묘지 안장 여력은 6만여 기 불과한 점을 → 70세 이상의 국가유공자가 30만 명 이상이지만 국립묘지에 안장할 수 있는 자리는 6만여 기에 불과한 점을
342	ABC 센터 → 다른 말로 바꾸기
343	G20 정상 회의 계기에 → 주요 20개국(G20) 정상 회의를 계기로
344	각 조사 대상 기관 주관 부서별로 소관 조사 대상 기관에 공문을 넘기고 → 조사를 주관하는 부서별로 조사 대상이 되는 기관에 공문을 넘기고
345	간소화하게 → 줄일 수 있게
346	감염 확산 방지에 철저를 기하여 주시기 바라며 → 감염 확산 방지를 철저히 해 주시기 바라며 / 감염이 확산되지 않도록 철저히 방지해 주시기 바라며
347	검사ㆍ감독의 결과 관련 → 검사ㆍ감독의 결과와 관련하여
348	경품이 공정거래위원회의 '경품류 제공에 관한 불공정 거래 행위의 유형 및 기준 지정 고시(제20○○-11호)' 위반여부 → 경품이 공정거래위원회의 '경품류 제공에 관한 불공정 거래 행위의 유형 및 기준 지정 고시(제20○○-11호)'에 위반되는지 여부
349	계약시 → 계약 시 → 계약할 때
350	계획 수립 과정에 녹색 성장 관련 전문가 그룹인 녹색성장위원회 및 녹색 성장 기획 연구단을 통해 자문과 의견을 수렴하고 → 계획 수립 과정에서 녹색 성장 관련 전문가 그룹인 녹색성장위원회와 녹색 성장 기획 연구단에 자문하고
351	계획인 바 → 계획인바 → 계획입니다. 이에

352	공동 실시하는 → 공동으로 실시하는
353	공사로 인해 출입문이 상시 개방중입니다. → 공사를 하고 있어서 출입문을 계속 열어 놓고 있습니다.
354	공설묘지를 활용 방안도 검토 중이다 → 공설 묘지를 활용하는 방안도 검토하고 있다.
355	공연 종료 후 사용 장비 및 물품은 제자리 정리 정돈이 필요하며, 공연장의 시설·설비·비품을 파손·분실할 경우 원상 복구를 하여야 합니다. → 공연을 마치면 공연에 사용한 장비와 물품을 정리해 주시기 바랍니다. 시설, 설비, 비품 등을 파손하거나 분실한 경우에는 원상 복구를 해야 합니다.
356	과거사를 극복하고 미래지향적인 양국 간 관계 발전을 위한 → 과거사를 극복하고 미래지향적인 양국 간 관계를 발전시키기 위한
357	관련 적용법은? → 관련 적용법 조항은 무엇인지?
358	교원 능력 제고를 위한 인프라 구축 → 교원 능력을 높이기 위한 기반 구축
359	교육관 건립 등 시설 정비 끝낼 방침이다 → 교육관 건립 등 시설 정비를 끝낼 방침이다
360	교육을 실시하게 → 교육을 하게
361	교육을 실시한다 → 교육을 한다
362	교육의 질 제고를 위해 '마이스터고' 인증시스템 구축 → 교육의 질을 높이도록 '마이스터고' 인증 체계 마련
363	구직자의 채용 기회 → 구직자의 취업 기회 / 기업의 채용 기회
364	구체화시켜 → 구체화해
365	국가를 위해 희생한 분들에 대한 책임을 강화하여 자긍심 제고 / '위기에 강한 국민', '할 수 있다'는 자신감, 경제난국 극복에 기여 → 국가의 책임 강화로 보훈 가족의 자긍심 제고 / 국민에게 '할 수 있다'는 자신감을 심어 경제 위기 극복에 기여
366	국립○○○문화전당을 건립 중에 있으며 → 국립○○○문화전당을 건립하고 있으며
367	규정법 위반 시 → 규정법을 위반했을 때
368	근로능력 없는 장애율 80% 이상자 → 근로 능력이 없으며 장애율이 80% 이상인 사람
369	기 설치된 시설 및 추가 설치 신청이 예상되므로 → 추가적인 설치 신청이 예상되므로 → 이미 설치된 시설뿐만 아니라 앞으로 설치될 시설의
370	기 참석한 경우에는 별도 참석하실 필요가 → 이미 참석했으면 또 참석하실 필요가
371	기간 동안 → 기간/동안
372	기반한 → 기반을 둔/기초한
373	旣보증 금액의 만기도래분이 → 기존 보증 금액 가운데 만기가 된 것은
374	기재 필 → 반드시 기재

375	기존의 교과 위주의 수업에 → 기존의 교과 위주 수업에	
376	기한내 미납부시 참가 포기자로 간주 → 이때까지 납부하지 않으면 참가 의사가 없는 것으로 여김	
377	나타나고 있다 → 나타났다	
378	노동력 경영비 절감이 가능하다. → 노동력과 경영비를 줄일 수 있다.	
379	녹색성장을 통한 변화되는 모습 및 기대 효과 분석 등을 실시할 계획이다. → 녹색 성장으로 변화되는 모습과 기대 효과를 분석하는 등의 일을 할 계획이다.	
380	누전 차단기가 동작되어 → 누전 차단기가 작동하여	
381	다수인이 왕래하는 장소에 6. 1.(금)까지 첩부됩니다. → 사람들이 많이 오가는 곳에 6. 1.(금)까지 부착할 예정입니다.	
382	다양한 지식과 정보 제공을 위하여 → 다양한 지식과 정보를 제공하고자	
383	단순 업무 효율성 향상에만 → 단순히 업무 효율성을 향상하는 데에만	
384	담당자를 위한 문화 예술 전문 역량 강화를 위해 → 담당자의 문화 예술 전문 역량 강화를 위해	
385	대비·대응 만전 당부 → 대비·대응 협조 요청	
386	대상, → 대상으로	
387	대통령 방한 시 → 대통령이 방한했을 때	
388	대학 자료 반납 시, 필히 연체여부를 확인하고 연체 시 이용자에게 연체료를 수납한 후, 운영자 홈페이지에서 반납 처리함 → 이용자가 대학 자료를 반납할 때 운영자는 반드시 연체 여부를 확인하고 연체되면 이용자에게 연체료를 받은 다음, 운영자 누리집에서 반납 처리함.	
389	대형 포털 해당 메일 차단 요청, 경찰 수사 요청 등 적극 대응으로 피해를 최소화하기 위해 → 대형 포털에 해당 전자 우편을 차단 요청하거나 경찰에 수사 요청을 하는 등 피해를 최소화하고자	
390	도시 철도 이용 시 불편한 사항에 대하여 제언해 주시면 → 도시 철도를 이용하면서 겪은 불편한 점을 말씀해 주시면	
391	도시계획 도로 공사를 진행 중에 있습니다 → 도시계획 도로 공사를 진행하고 있습니다	
392	동법에 의해 → 이 법에 따라	
393	등에 → 등 각종 서류의	
394	또한 지식 재산 정책에 대한 국민의 접근성을 더욱 강화하기 위해 올해부터는 국민이 직접 정책 실명 공개 과제를 요청하는 '국민 신청 실명제'를 분기별로 시행할 예정이다. → 또한 올해부터 국민이 직접 정책 실명의 공개 과제를 요청하는 '국민 신청 실명제'를 분기별로 시행할 예정이다.	
395	또한, "해외 한식당 교육은 그 대상 지역을 점점 확대하고 정례화하는 방향으로 추진하겠다"라며 "외국의 유명 요리 학교와도 이에 대해 협력해 나가고 있다"고 덧붙였다. → 또한, 관계자는 "해외 한식당 교육은 그 대상 지역을 점점 확대하고 정례화하는 방향으로 추진하겠다."라며 "외국의 유명 요리 학교와도 이에 대해 협력해 나가고 있다."라고 덧붙였다.	
396	마라톤처럼 일정 시간 내에 → 마라톤처럼 정해진 시간 안에	

397	마스터플랜을 마련 → {종합 계획을/기본 설계를} {마련하여/마련하고}
398	만전을 기하여 → 허술함이 없도록 하여
399	많은 데 기인한 → 많기 때문인
400	매 1년마다 → 1년마다/매년/해마다
401	명문화함으로써 → 밝힘으로써
402	모델로 설립 → 본보기로 하여 설립
403	무대 작업은 안전 관리 담당자의 안전 교육 실시 후에 시작하시기 바랍니다. → 무대 작업은 안전 관리 담당자에게서 안전 교육을 받은 후에 시작해야 합니다.
404	무한○○, 행복○○ 등의 슬로건이 많이 나왔다는 점이 군정 구호였던 행복 ○○의 영향을 많이 받았음을 말해 줌. → 무한○○, 행복○○ 등 군정 구호 행복○○의 영향을 받은 구호가 많음.
405	물건으로 부터 약 1m 이상 → 물건으로부터 약 1m 이상, 물건과 약 1m 이상
406	미달이더라도 → 그에 미달하더라도
407	바닥으로부터 → 바닥에서
408	바라며, → 바랍니다.
409	바로 감면대상 여부 확인 및 감면 절차를 완료할 수 있다 → 감면 대상임이 확인되면 곧바로 감면 절차를 마칠 수 있다
410	범칙금 부과 또는 → 범칙금을 부과받거나
411	법무부는 여러분의 외국인 등록, 귀화 신청 등을 담당하는 정부 기관으로 잘 알고 계실 것입니다. → 법무부는 여러분의 외국인 등록, 귀화 신청 처리 등을 담당하는 정부 기관입니다.
412	베트남 정부는 현재 베트남 내에서 내·외국인 관광객 등을 대상으로 곰 사육농장에서 살아있는 곰 쓸개에 튜브를 연결하여 동남아 지역에 대한 여행 수요가 급증하고 있는 상황에서 생쓸개즙의 음용을 알선하는 사람 또는 업체에 대하여 「동물보호법」 등 관련 법률 위반혐의로 강력한 단속을 취할 예정입니다. → 현재 베트남 등 동남아시아 지역 내 곰 사육 농장에서 살아 있는 곰쓸개에 튜브를 연결하여 쓸개즙을 음용하는 내외국인 관광객이 급증하고 있어, 베트남 정부는 생쓸개즙의 음용을 알선하는 사람이나 업체를 「동물보호법」 등 관련 법률 위반 혐의로 강력히 단속할 예정입니다.
413	보여짐 → 보임
414	보증사례에 대해서는 → 보증 사례는
415	복무관련성이 → 복무와 관련성이
416	본인부담액 → 본인 부담액이
417	불참한 관계로 → 불참하였으므로
418	불편함이 많았다 → 불편이 컸다
419	붙임의 승인 조건을 숙지하신 후, 동 문서 접수 후 → 붙임의 승인 조건을 숙지하고 문서를 제출하신 뒤

420	비교 시 → 비교할 때
421	비상구 유도등은 녹색 바탕으로 되어 있고 밖으로 대피할 수 있는 출입구(바닥으로부터 1.5m 이상 높이 설치)를 표시하며, 통로 유도등은 백색 바탕에 녹색 화살표로 대피방향(바닥으로부터 1m 이하 위치 설치)을 표시하고 있습니다. → 비상구 유도등은 대피할 수 있는 출입구를 표시합니다. 녹색 바탕으로 되어 있고, 바닥에서 1.5m 이상 높은 곳에 설치되어 있습니다. 통로 유도등은 대피 방향을 표시합니다. 백색 바탕에 녹색 화살표가 그려져 있고, 바닥에서 1m 이하 낮은 곳에 설치되어 있습니다.
422	새로운 아이디어와 구체적인 실천 계획을 세운다. → 새로운 아이디어를 발굴하고 구체적인 실천 계획을 세운다.
423	서식이 있는 내규 일체 개정 완료 후, 개정 전문 송부 요망. → 서식이 있는 내규 모두를 개정하고 (나서) 개정 전문을 보내 주시기 바랍니다.
424	선거 공보는 투표 안내문과 함께 6. 3.(일)까지 발송됩니다. → 선거 공보는 모든 세대에 투표 안내문과 함께 6. 3.(일)까지 발송됩니다.
425	선결제를 하고 → 미리 결제하고
426	선정되었음을 알고 있으시죠? → 선정되었음을 알고 계실 것입니다.
427	설명회 참석 시에는 대중교통수단을 이용해 주시기 바라며, 교육은 공단 실무 책임자가 직접 진행할 예정입니다. → 설명회에 참석할 때에는 대중교통을 이용해 주시기 바랍니다. 교육은 공단 실무 책임자가 직접 진행할 예정입니다.
428	설정 → 설정하고
429	성수동에 위치한 → 성수동에 있는 / 성수동에 자리 잡은
430	슬로건 선정 시 시사점 → 구호 선정 방향
431	시민의 삶의 질 개선과 도시 위상 강화 방향을 추진해 나간다 → 시민의 삶의 질을 개선하고 도시 위상을 강화해 나간다
432	시설물 사용과 무대 작업은 담당 직원의 입회 하에 시행되어야 합니다. → 시설물 사용과 무대 작업은 담당 직원이 있을 때에만 시행할 수 있습니다.
433	시야를 확보하기 어렵고 → 잘 보이지 않는 데다가
434	시험을 정지 또는 무효로 하며 → 응시를 무효로 하며
435	신종 플루 전염병 위기 단계를 경계에서 최고 단계인 심각으로 격상(11. 3.)됨에 따라 → 신종 플루 전염병 위기 단계를 경계에서 최고 단계인 심각으로 격상(11. 3.)함에 따라
436	쓰레기통 결박하고 → 쓰레기통은 고정해 두고
437	아래 밝힌바와 같이 → 아래 밝힌 바와 같이 → 아래와 같이
438	악성 이메일 유포를 인지한 즉시 → 악성 전자 우편을 발견한 즉시
439	악취 발생 우려 및 집중 호우 시 침출수 지하 토양 오염 우려 → 악취가 발생할 수 있고 집중 호우 시 지하 토양이 침출수로 오염될 수 있음.
440	안내 알림 → 안내/알림
441	안전 관리자 개인의 안전 교육으로 판단되어 → 안전 관리자가 안전 교육을 받은 것으로 판단되어

442	안전 관리자 교육대상자 포함 여부 질의에 대해 → 안전 관리자가 교육 대상자에 포함되는지를 묻는 질문에
443	애국심 함양의 테마파크로 → 애국심을 함양할 수 있는 공원으로
444	약 30여 명 → 약 30명 / 30여 명
445	연간 삼모작 재배도 → 한 해 동안에 삼모작도
446	연구 개발과 인재 양성 간 연계 시스템 구축 → 연구 개발과 인재 양성 사이의 연계 체제 구축
447	연구비 수혜율 제고를 위해 → 연구비 수혜율을 높이도록
448	연시회를 갖는다. → 연시회를 연다. → 기술 시연회를 연다.
449	외국인력제도 → 외국 인력 고용 제도
450	요인을 발굴 개선 → 요인을 발굴하여 개선
451	요청(20○○.7.27.)한 바 → 요청한바(20○○. 7. 27.) → 요청하여(20○○. 7. 27.)
452	우리 부 소관 → 우리 부가 맡은
453	우리 위원회에서 개최한 토론회에 귀 기관의 직원이 참석하여 상시 학습 인정을 아래와 같이 요청하오니 협조하여 주시기 바랍니다. → 우리 위원회에서 개최한 토론회에 아래와 같이 참석한 귀 기관 직원의 상시 학습 인정을 요청하오니 협조하여 주시기 바랍니다.
454	운영 및 상담 → 운영과 상담
455	운영하고 있는 → 운영하는
456	워크숍을 붙임과 같이 개최하기에 초청하오니 → 워크숍을 붙임과 같이 개최하오니
457	위 호와 관련, 20○○년 공공 도서관 개관 시간 연장 문화 프로그램 계획 보고서 → 위 호와 관련하여, 20○○년 공공 도서관의 개관 시간 연장에 따른 문화 프로그램 계획 보고서
458	의거 → 의거하여 → 따라/따라서
459	의료 지원에 있어 → 의료 지원은
460	이메일 수신 시 → 전자 우편을 받으면
461	이미 잘 알려진 대외적 이미지나 일반 대중에게 인지시키기 쉬운 언어 유희적 표현 등으로 대중적 홍보성 강화 → 잘 알려진 이미지나 대중의 관심을 끌 수 있는 언어유희를 사용하여 홍보성 강화
462	이번 행사는 사회 복무 제도에 대한 국민 인식을 높이기 위해 마련되었다. → ○○청은 사회 복무 제도의 국민 인식 수준을 높이고자 이번 행사를 마련하였다.
463	이번 행사에는 본청 직원뿐만 아니라 지방청에서 실무를 맡은 직원을 포함한 통계 혁신 담당자 50여 명이 참석하여 → 이번 행사에는 본청과 지방청에서 통계 혁신 업무를 맡고 있는 50여 명이 참석하여
464	이에 따라 ○○시는 귀사에 취업 박람회 행사 당일 지역의 유망 직업을 소개하는 기업의 직업 홍보관 운영에 참가하여 주시기 바랍니다. → 이에 따라 ○○시는 귀사에 직업 홍보관 운영에 협조해 주실 것을 요청합니다.
465	이전 신청서 제출은 무효 처리함 → 이전에 제출한 신청서는 무효로 처리함

466	이행에 있어 → 이행에서
467	일괄 공사하는 것으로 변경과 추후 도로 굴착 공사 승인 등 ○○광역시와 직접 협의 처리하겠다는 → 일괄적으로 공사하는 것으로 변경하고 나중에 도로 굴착 공사를 승인하는 등 ○○광역시와 직접 협의하여 처리하겠다는
468	일자리 기업의 홍보 기회 → 기업의 일자리 홍보 기회
469	일체 응하지 않도록 주의하여 주시기 바랍니다. → 조사 행위에 절대 응하지 마시기 바랍니다.
470	송금 요망 → 송금하시기 바랍니다.
471	자율화 방안이 차질 없이 추진 중 → 자율화 방안을 차질 없이 추진하는 중 / 자율화 방안이 차질 없이 추진되는 중
472	자체안의 경우 → 자체안은
473	잡상 행위를 근절될 수 있습니다. → 잡상 행위를 없앨 수 있습니다.
474	잡상 행위자를 발견할 시 → 열차 안에서 물건을 파는 사람이 있으면
475	재난 및 재해 대비조치에는 단 한 번의 미비가 있을 수 없다는 것을 명심하여 주시기 바랍니다. → 재난 및 재해 대비에는 절대 허술함이 없어야 함을 명심하시기 바랍니다.
476	전 공직자 → 도내 공직자 등
477	전력 인입선 관로 포설 → 다른 말로 바꾸기
478	접수 → 제출(※응시자 처지일 때)
479	접수 → 접수되었음. 이와 관련하여
480	정당한 사유 없이 선거 벽보를 훼손하거나 철거한 때에는「공직선거법」에 의거 처벌될 수 있습니다. → 정당한 사유 없이 선거 벽보를 훼손하거나 철거하면「공직선거법」에 따라 처벌을 받습니다.
481	정부 혁신 → 정책 혁신 / 제도 혁신
482	정상회담 계기 공동성명을 통해 → 정상회담을 계기로 공동성명을 발표하여
483	제37조 및 ○○○○○○부 및 ○○○청 소관「비영리 법인의 설립 및 감독에 관한 규칙」 → 제37조 그리고 ○○○○○○부와 ○○○청 소관「비영리 법인의 설립 및 감독에 관한 규칙」
484	제공받을 → 받을
485	조사 내용은 모든 표본을 대상으로 조사하는 공통 조사 항목과 체류 자격에 따라 추가로 조사하는 항목들이 있습니다. → 조사 내용은 공통 조사 항목과 체류 자격에 따른 조사 항목으로 구성되어 있습니다.
486	조사 행위를 허가하고 있지 않습니다. → 조사 행위를 할 수 없습니다.
487	종사자에 대한 → 종사자에게
488	주관 부서 및 조사 대상 기관 → 주관 부서와 조사 대상 기관

489	주의가 요구됩니다. → 주의해야 합니다.
490	지렁이 먹이가 지렁이 사육 보다는 폐기물 처리 목적 우려 → 지렁이 먹이로 사용되기보다 폐기물로 전락할 우려가 있음.
491	지시 사항 이행 및 추진 상황 점검에 철저를 기하여 주시기 바랍니다. → 지시 사항 이행과 추진 상황 점검에 소홀함이 없도록 해 주시기 바랍니다.
492	지역에 있어서의 → 지역에서(의)/지역의
493	직원들에 대하여 → 직원들에게
494	차수시설이 설치 → 차수 시설이 설치됨
495	참석(최소 1인 이상)에 적극적으로 협조하여 주시기 바랍니다. → 최소 1명 이상 참석하여 주시기 바랍니다.
496	참석자들에 대하여 감사를 전하면서 → 참석자들에게 감사를 전하며
497	체제에 있어서의 → 체제에서(의)
498	추진 중인 지시 사항의 관리 카드를 매달 업데이트하고 → 추진 중인 지시 사항 관리 카드 갱신을 매달 진행해 주십시오. 또한
499	(부정행위자의 합격을) 취소할 수 있습니다. → 취소합니다.
500	취업 박람회 개최 등을 통해 → 취업 박람회를 개최하여
501	태풍 북상에 대비하여 철저한 사전대비와 대응조치 추진으로 총력 대응하여 시민의 생명과 재산을 보호하고 피해를 최소화 할 수 있다는 자신감과 자부심을 배양하여 왔습니다. → 태풍 북상에 철저히 대비하고 대응 조치를 취하였습니다. 이로써 시민의 생명과 재산을 보호하고 피해를 최소화할 수 있었습니다.
502	태풍 피해 복구 철저 → 태풍 피해 철저히 복구
503	통계 서비스를 개선시킬 → 통계 서비스를 개선할
504	통보 → 알림
505	투트랙 접근을 통한 브랜드 슬로건 대상 선정 → 두 가지 접근 방식을 적용하여 대표 구호 선정
506	판단 시 조사 대상 기관에 포함 요망 → 판단되면 조사 대상 기관에 포함하기 바람
507	평생교육지원기관간 정보공유시스템 구축 → 평생교육 지원 기관 사이의 정보 공유 체제 구축
508	피해 예방에 만전을 기해주시기 바랍니다. → 피해를 입지 않도록 철저히 대비하시기 바랍니다.
509	하여야 하며 → 해야 하며 참고 준말이 더 자연스러움.
510	학교, 지역사회가 함께 하는 → 학교와 지역사회가 함께하는
511	한 번 파종하면 두 번 수확할 수 있기 때문에 → 한 번 작물을 파종하면 두 번 수확할 수 있기 때문에
512	한식을 시도하기가 힘든 경우가 있었다 → 한식을 먹어 보려 해도 어려운 점이 있었다.

513	한자배우기 및 붓글씨 → 한자와 붓글씨 교육
514	한편, ○○국제우주대회는 60여개국 3,000여명의 우주관련 전문가 및 관련 업체가 참여하는 항공 우주 분야 최고의 행사로 '지속 가능한 평화와 발전을 위한 우주'를 주제로 열리는 이번 대회는 학술회의·전시회와는 별도로 일반 시민이 함께 즐길 수 있는 다양한 우주 축제가 진행될 예정이다. → 한편, ○○국제우주대회는 '지속 가능한 평화와 발전을 위한 우주'를 주제로 60여 개국 3,000여 명의 우주 관련 전문가와 관련 업체가 참여하는 행사이다. 이번 대회에서는 학술회의·전시회와는 별도로 일반 시민이 함께 즐길 수 있는 다양한 우주 축전도 함께 열린다.
515	합리적 조정해 → 합리적으로 조정해
516	행사 진행은 사회 복무 요원들의 미담 사례와 사회 복무 제도 전반에 대해 궁금한 점 등을 자유롭게 묻고 답하는 방식으로 이루어졌다. → 그리고 사회 복무 요원들의 미담 사례를 나누고, 사회 복무 제도의 궁금한 점 등을 자유롭게 묻고 답하는 방식으로 진행되었다.
517	향후 감사 시 → 앞으로 감사할 때
518	현장 방문을 통한 → 현장 방문으로
519	현장에서 필요로 하는 → 현장에서 필요한
520	현행 규정에 대한 교육 기준 및 시점과 → 현행 규정의 교육 기준과 교육 시점, 그리고
521	협력 회의 관련 → 협력 회의와 관련하여
522	협력을 지속 추진하여 → 협력을 지속적으로 추진하여
523	협력의 범위가 확대·심화되어 나가야 하며 → 협력의 범위를 확대·심화해 나가야 하며
524	화재 등의 비상 상황이 발생하면 안내 방송 및 피난 안내도에 따라 담당 직원의 지시를 받고 행동하여 주시기 바랍니다. → 화재 등의 비상 상황이 발생하면 담당 직원의 안내를 받으며 안내 방송을 잘 듣고, 피난 안내도에 따라 행동해야 합니다.
525	확대 간부 회의 시 → 확대 간부 회의
526	회의 시 참가자 직접 수령 → 회의 때 참가자가 직접 받음
527	후 6개월 이내에 → 6개월 내에
528	후보자에 대해 알아보기 → 후보자 알아보기

제2장 문제 풀이

관련 예시 문제

157 ⟨공공언어 바로 쓰기 원칙⟩에 따라 ⟨공문서⟩의 ㉠~㉣을 수정한 것으로 적절하지 않은 것은?

[2025 대비 9급 예시문제(1차)]

───── ⟨공공언어 바로 쓰기 원칙⟩ ─────

○ 중복되는 표현을 삼갈 것.
○ 대등한 것끼리 접속할 때는 구조가 같은 표현을 사용할 것.
○ 주어와 서술어를 호응시킬 것.
○ 필요한 문장 성분이 생략되지 않도록 할 것.

───── ⟨공문서⟩ ─────

한국의약품정보원

수신 국립국어원
(경유)
제목 의약품 용어 표준화를 위한 자문회의 참석 ㉠ 안내 알림

1. ㉡ 표준적인 언어생활의 확립과 일상적인 국어 생활을 향상하기 위해 일하시는 귀원의 노고에 감사드립니다.
2. 본원은 국내 유일의 의약품 관련 비영리 재단법인으로서 의약품에 관한 ㉢ 표준 정보가 제공되고 있습니다.
3. 의약품의 표준 용어 체계를 구축하고 ㉣ 일반 국민도 알기 쉬운 표현으로 개선하여 안전한 의약품 사용 환경을 마련하기 위해 자문회의를 개최하니 귀원의 연구원이 참석해 주시기를 바랍니다.

① ㉠: 안내
② ㉡: 표준적인 언어생활을 확립하고 일상적인 국어 생활의 향상을 위해
③ ㉢: 표준 정보를 제공하고 있습니다.
④ ㉣: 의약품 용어를 일반 국민도 알기 쉬운 표현으로 개선하여

풀이와 정답

정답 ②

풀이 ⓒ은 대등한 것끼리 접속한 경우이므로 각각 '목적어+서술어' 또는 각각 '관형어+체언'의 같은 구조로 바꾸어야 한다. 따라서 '표준적인 언어생활을 확립하고 일상적인 국어 생활을 향상하기 위해' 또는 '표준적인 언어생활의 확립과 일상적인 국어 생활의 향상을 위해'로 수정해야 한다.

오답

①: ㉠'안내 알림'은 중복되는 표현이므로 '안내'로 수정하는 것이 적절하다. '안내(案内)(생각 안, 안 내)'는 '어떤 내용을 소개하여 알려 줌. 또는 그런 일'을 뜻한다.

③: ⓒ은 문장 전체 주어인 '본원은'과 호응하지 않으므로 서술어와 호응을 위해 '표준 정보를 제공하고 있습니다'로 수정하는 것이 적절하다.

④: ㉣은 목적어가 생략된 경우이므로 '의약품 용어를'을 추가해야 한다. 그러면 '의약품의 <u>표준 용어 체계를 구축하고</u> / <u>의약품 용어를 ~ 개선하여</u>'가 되어 문장 성분의 호응이 적절하게 된다.

158 ⟨공공언어 바로 쓰기 원칙⟩에 따라 수정한 것으로 적절하지 않은 것은?

[2025 대비 9급 예시문제(2차)]

⟨공공언어 바로 쓰기 원칙⟩

○ 주어와 서술어의 호응
　- ㉠ <u>능동과 피동의 관계를 정확하게 사용함.</u>
○ 여러 뜻으로 해석되는 표현 삼가기
　- ㉡ <u>중의적인 문장을 사용하지 않음.</u>
○ 명료한 수식어구 사용
　- ㉢ <u>수식어와 피수식어의 관계를 분명하게 표현함.</u>
○ 대등한 구조를 보여 주는 표현 사용
　- ㉣ <u>'-고', '와/과' 등으로 접속될 때에는 대등한 관계를 사용함.</u>

---

① "이번 총선에서 국회의원 ○○○명을 선출되었다."를 ㉠에 따라 "이번 총선에서 국회의원 ○○○명이 선출되었다."로 수정한다.

② "시장은 시민의 안전에 관하여 건설업계 관계자들과 논의하였다."를 ㉡에 따라 "시장은 건설업계 관계자들과 시민의 안전에 관하여 논의하였다."로 수정한다.

③ "5킬로그램 정도의 금 보관함"을 ㉢에 따라 "금 5킬로그램 정도를 담은 보관함"으로 수정한다.

④ "음식물의 신선도 유지와 부패를 방지해야 한다."를 ㉣에 따라 "음식물의 신선도를 유지하고, 부패를 방지해야 한다."로 수정한다.

풀이와 정답

정답 ②

풀이 ②번은 반대로 설명한 경우이므로 고칠 필요가 없다. '시장은 건설업계 관계자들과 시민의 안전에 관하여 논의하였다.'가 중의적인 문장이다. '시장과 건설업계 관계자들이 만나서'인지, '건설업계 관계자들과 시민의 안전에 관하여 시장은 누군가와 만나서'인지 두 가지 뜻으로 해석되는 모호한 문장이다. 따라서 '시장은 시민의 안전에 관하여 건설업계 관계자들과 논의하였다.'가 중의성이 없는 적절한 문장이 된다.

오답
①: '~을 ~되다'는 잘못된 피동 표현이다. 피동 표현은 일반적으로 목적어와 함께 오지 않는다. 따라서 'ㅇㅇㅇ명이 선출되었다'로 고쳐 쓰는 것이 적절하다.
③: 관형어인 '5킬로그램 정도의'가 피수식어 중 '금'을 수식하는지, '보관함'을 수식하는지 분명하지 않다. 따라서 '금 5킬로그램 정도를 담은 보관함'으로 수정하는 것이 적절하다.
④: 서술어인 '방지해야 한다'는 '부패를'에만 해당할 뿐, '신선도 유지'를 받는 말이 아니다. 따라서 '신선도를 유지하고'라고 새로운 서술어를 만들어야 대등한 구조가 적절하게 된다.

관련 추가 문제

1 단계 문제

159 가장 자연스러운 문장은? [2021 국가직 9급]

① 날씨가 선선해지니 역시 책이 잘 읽힌다.
② 이렇게 어려운 책을 속독으로 읽는 것은 하늘의 별 따기이다.
③ 내가 이 일의 책임자가 되기보다는 직접 찾기로 의견을 모았다.
④ 그는 시화전을 홍보하는 일과 시화전의 진행에 아주 열성적이다.

풀이와 정답

정답 ①

풀이 '책이 잘 읽힌다(=읽게 되다=읽어지다)'는 피동 표현으로 적절하다. 만약, '읽혀진다'라고 했다면 이중의 피동이 되므로 적절하지 않은 경우가 된다.

오답
②: '속독(速讀)으로 읽는 것'이 중복된 표현이다. 따라서 '속독하는 것(=빠르게 읽는 것)'으로 고쳐야 한다.
③: '책임자를 직접 찾기로'로 목적어가 들어가야 한다.
④: '그는 시화전의 홍보와 진행에(=시화전을 홍보하는 일과 진행하는 일에) 아주 열성적이다.'로 고쳐야 한다.

160 다음 중 한 가지 뜻으로만 해석되는 것은?

[2021 국회직 9급]

① 영수는 모임에 혼자 안 갔다고 말했다.
② 그릇의 얼음이 다 녹을 때까지 가열하지 마세요.
③ 숲속에서 사슴 한 마리가 포수에게 쫓긴다.
④ 동생은 웃으며 떠나는 누나를 배웅했다.
⑤ 군사 기밀을 적에게 넘긴 대령의 애인에 관한 이야기다.

풀이와 정답

정답 ③

풀이 ③번은 한 가지 뜻으로만 해석되는 적절한 문장이다.
오답 나머지는 모두 두 가지로 해석되는 중의적인 문장이다.
　①: '둘이 갔다'인지 '혼자만 안 갔다'인지 모호하다.
　②: '다 녹기 전에 가열하라'인지 '다 녹고 난 후 가열하라'인지 모호하다.
　④: '웃으며'의 주체가 동생인지 누나인지 모호하다.
　⑤: '군사 기밀을 적에게 넘긴' 주체가 대령인지 애인인지 모호하다.

161 우리말 어법에 맞고 가장 자연스러운 문장은?   [2020 군무원 9급]

① 그의 하루 일과를 일어나자마자 아침 신문을 읽는 데서 시작한다.
② 저녁노을이 지는 들판에서 농부 내외가 조용히 기도하는 모습이 멀리 보였다.
③ 졸업한 형도 못 푸는 문제인데, 하물며 네가 풀겠다고 덤볐다.
④ 제가 여러분에게 당부하고 싶은 것은 주변 환경을 탓하지 마시기 바랍니다.

풀이와 정답

정답 ②

풀이 ②번은 주술 관계가 자연스러운 문장이다.
오답 ①: '그의 하루 일과는'으로 고쳐야 한다.
③: '하물며~네가 풀겠느냐?' 등으로 고쳐야 한다. '하물며'는 의문형을 수반하는 부사이다.
④: '당부하고 싶은 것은'이 주어이므로 서술어를 '말라는 것입니다' 등으로 고쳐야 한다.

162 밑줄 친 조사의 쓰임이 옳은 것은? [2021 지방직 9급]

① 언니는 아버지의 딸<u>로써</u> 부족함이 없다.
② 대화<u>로서</u> 서로의 갈등을 풀 수 있을까?
③ 드디어 오늘<u>로써</u> 그 일을 끝내고야 말았다.
④ 시험을 치는 것이 이<u>로서</u> 세 번째가 됩니다.

풀이와 정답 정답 ③

풀이 '오늘로써 그 일을 끝내고야 말았다.'는 조사의 쓰임이 옳다. 이때의 '로써'는 시간을 셈할 때 셈에 넣는 한계를 나타내거나 어떤 일의 기준이 되는 시간임을 나타내는 부사격 조사이다. 예를 들어, '고향을 떠난 지 올해로써 20년이 된다.' 등으로 쓰인다.

오답
①: '딸로서'로 고쳐야 한다. 이때의 '로서'는 지위나 신분 또는 자격을 나타내는 부사격 조사이다.
②: '대화로써'로 고쳐야 한다. 이때의 '로써'는 어떤 일의 수단이나 도구를 나타내는 부사격 조사이다.
④: '이로써'로 고쳐야 한다. 정답이 되는 ③번과 뜻이 같다.

2 단계 문제

163 ㉠~㉣에 해당하는 사례로 적절하지 않은 것은? [2020 국가직 7급]

> 문장 오류의 유형으로 ㉠ 서술어와 주어가 서로 호응하지 않는 경우, ㉡ 서술어와의 호응이 필요한 보어가 누락된 경우, ㉢ 서술어와의 호응이 필요한 목적어가 누락된 경우, ㉣ 서술어와의 호응이 필요한 필수적 부사어가 누락된 경우 등이 종종 관찰된다.

① ㉠: 내 말의 요점은 지속 가능한 기후 환경을 조성하기 위하여 우리 모두 열심히 노력하자.
② ㉡: 나는 이 일의 적임자를 찾는 것보다 내가 직접 되기로 결심했다.
③ ㉢: 겁이 많았던 나는 혼자 해외로 여행을 가는 것이 못내 무서워 동행하였다.
④ ㉣: 우리와 함께 살아가는 동물은 사람을 경계하기도 하지만 때때로 의지하기도 한다.

풀이와 정답

정답 ③

풀이 ③번 문장은 목적어가 누락된 경우가 아니라 '~와/과 동행하였다'라는 필수적 부사어가 누락된 경우이다.

오답
①: 주어가 '요점은'이므로 서술어는 '노력하자는 것이다'로 호응되어야 한다.
②: '~이/가 되기로 결심했다'가 되어야 서술어와의 호응이 적절하다. '되다' 앞에 오는 '이/가'가 보어이다.
④: '사람에게 의지하기도 한다'가 되어야 서술어와의 호응이 적절하다.

164 우리말의 어법에 맞고, 의미가 정확한 문장은? [2021 국회직 9급]

① 지하철 공사가 이제 시작됐으니, 언제 개통될지는 불투명하다.
② 수출 증대를 위해서는 이 제품의 장점과 단점을 보완해야 한다.
③ 그 문제를 논의하자면 오후에는 팀원 전체가 모여 회의를 가질 겁니다.
④ 다행히 비상문이 열려져 있어 인명 피해가 크지 않았습니다.
⑤ 선배가 농담으로 한 말이 그에게 큰 상처를 입혔습니다.

풀이와 정답

정답 ⑤

풀이 ⑤번의 '상처를 입혔다'는 사동 표현으로, 어법에 맞는 문장이다.

오답
①: '개통되다'의 주어가 없는 비문(非文)이다. '지하철이(철도가)' 등의 주어가 들어가야 한다.
②: '장점과'를 삭제해야 한다. '보완'하는 것은 단점이기 때문이다.
③: '회의를 할'로 고쳐야 한다. '회의를 가지다(=have)'는 번역 투의 표현이므로 의미가 정확하지 않다.
④: '열려져'는 이중의 피동이므로 '열려'로 고쳐야 한다.

165 다음 중 밑줄 친 부분의 설명이 적용될 수 있는 예로 가장 적절한 것은? [2024. 군무원 9급]

> 우리말 표현 중에는 문장의 의미가 두 가지 이상으로 해석될 수 있어 의사소통에 어려움을 초래하는 경우가 많다. 그중 하나가 <u>비교 구문에서 나타나는 중의성(重義性)</u>인데, 이는 비교 대상을 분명하게 하지 않아 발생하는 현상이다.

① 나는 내일 철수와 선생님을 만난다.
② 결혼식장에 손님들이 다 들어오지 않았다.
③ 그녀는 눈물을 흘리며 아버지의 그림을 어루만졌다.
④ 글쎄, 남편은 나보다 축구 중계를 더 좋아한다니까.

풀이와 정답   정답 ④

풀이 '남편은 나보다 축구 중계'의 비교가 대상('나를 좋아하기보다')인지 정도('내가 좋아하는 정도')인지 모호한 중의적인 문장이다.
참고 목적어가 누락된 예문은 '국산품과 수입품의 가격이 비슷하고 질적으로 차이가 없다면 가급적 애용하도록 하자.' 등이 있다. '국산품을 (애용하도록 하자)'과 같은 목적어가 들어가야 한다.
오답 나머지도 중의성이 나타난 문장이지만 구조적 중의성일 뿐, 비교 구문과는 관계가 없으므로 적절하지 않다.
①: '나는 내일 철수와 함께 선생님을 만난다.'인지 '나는 철수와 선생님 두 사람을 만난다.'인지 모호한 문장이다. 쉼표나 어순 변경을 통해 중의성을 해소할 수 있다.
②: '다 들어오지 않았다'가 '모두 오지 않은' 완전 부정인지, '일부가 오지 않은' 부분 부정인지 모호한 문장이다. 만약, '결혼식장에 손님들이 다 들어오지는 않았다.'라고 보조사 '는'을 추가한다면 부분 부정으로 한정되어 중의성이 사라지게 된다.
③: '아버지의 그림'이 '아버지가 그린 그림'인지, '아버지를 그린 그림'인지, '아버지가 가지고 있는 그림'인지 세 가지로 해석되는 중의적인 문장이다.

166 (가)~(라)를 고쳐 쓴 것으로 옳지 않은 것은?

[2022 국가직 9급]

> (가) 오빠는 생김새가 나하고는 많이 틀려.
> (나) 좋은 결실이 맺어졌으면 하는 바람입니다.
> (다) 내가 오직 바라는 것은 네가 잘됐으면 좋겠어.
> (라) 신은 인간을 사랑하기도 하지만 시련을 주기도 한다.

① (가): 오빠는 생김새가 나하고는 많이 달라.
② (나): 좋은 결실을 맺었으면 하는 바램입니다.
③ (다): 내가 오직 바라는 것은 네가 잘됐으면 좋겠다는 거야.
④ (라): 신은 인간을 사랑하기도 하지만 인간에게 시련을 주기도 한다.

풀이와 정답

정답 ②

풀이 '바램입니다'는 틀리고, '바람입니다'가 맞다. 이때의 '바람'은 '어떤 일이 이루어지기를 기다리는 간절한 마음'을 뜻하는 명사이다. 한편, '바램'은 '바래다'의 준말이며, '볕이나 습기를 받아 색이 변하다.'는 뜻의 동사이다. 참고로, '결실(結實)을 맺다'는 '결실을 보다' 등을 맞다고 하여 어법상 비문(非文)으로 보기도 하고, 국립국어원에 의하면 관용적으로 사용할 수 있다고 보기도 하므로 이 문제의 의도와는 관계가 없다.

오답
①: '생김새가 달라.'가 적절하다. '같지 않다'를 뜻할 때는 '다르다'이고, '맞지 않다'를 뜻할 때는 '틀리다'이다.
③: '~ 바라는 것은 ~다는 것이다'의 문장으로 고쳐야 주술 일치가 된다.
④: 필수 부사어인 '인간에게'가 들어가야 '주다'라는 서술어와 호응이 된다.

3 단계 문제

167 (가)~(라)의 고쳐 쓰기 방안으로 적절하지 않은 것은? [2021 지방직 9급]

> (가) 현재 우리 구청 조직도에는 기획실, 홍보실, 감사실, 행정국, 복지국, 안전국, 보건소가 있었다.
> (나) 오늘은 우리 시청이 지양하는 '누구나 행복한 ○○시'를 실현하기 위한 추진 방안을 논의합니다.
> (다) 지난달 수해로 인한 준비 기간이 짧았기 때문에 지역 축제는 예년보다 규모가 줄어들었다.
> (라) 공과금을 기한 내에 지정 금융 기관에 납부하지 않으면 연체료를 내야 한다.

① (가): '있었다'는 문맥상 시제 표현이 적절하지 않으므로 '있다'로 고쳐 쓴다.
② (나): '지양'은 어떤 목표로 뜻이 쏠리어 향한다는 의미인 '지향'으로 고쳐 쓴다.
③ (다): '지난달 수해로 인한'은 '준비 기간'을 수식하는 절이 아니므로 '지난달 수해로 인하여'로 고쳐 쓴다.
④ (라): '납부'는 맥락상 금융 기관이 돈이나 물품 따위를 받아 거두어들인다는 '수납'으로 고쳐 쓴다.

풀이와 정답

정답 ④

풀이 '공과금을 내다'는 의미이므로 '납부'가 맞고, '수납'은 틀리다. '납부(納付/納附)(들일 납, 줄 부)'는 '세금이나 공과금 따위를 관계 기관에 냄'을 뜻하고, '수납(收納)(거둘 수, 들일 납)'은 '돈이나 물품 따위를 받아 거두어들임'을 뜻한다.

오답
①: '현재'와 어울리는 시제는 '있다'이다.
②: '지양(止揚)(그칠 지, 오를 양)'은 '더 높은 단계로 오르기 위하여 어떠한 것을 하지 아니함'을 뜻하므로 (나)에 적절하지 않다. '어떤 목표로 뜻이 쏠리어 향한다'는 의미인 '지향(志向)(뜻 지, 향할 향)'으로 고쳐야 한다.
③ (다): '지난달 수해로 인한 준비 기간'은 의미상 적절하지 않다. '인하여'로 고쳐야 '(준비 기간이) 짧았다'를 수식하게 된다.

168 다음 <보기>를 참고할 때 문장의 표현이 가장 올바른 것은? [2021 경찰직 9급(2차)]

<보 기>

우리는 언어생활에서 문법요소를 잘못 사용한 경우가 많다. 높임법에서 높이지 않을 대상을 높이는 경우, 시제 표현에서 시간을 나타내는 형태소를 잘못 쓴 경우, 피동 표현에서 이중 피동 형태를 사용한 경우, 사동 표현에서 불필요하게 사동 표현을 쓴 경우가 대표적이다.

① 선생님께서 너 오라고 하시는구나.
② 그 사람이 말도 없이 벌써 갔는 모양이다.
③ 성실한 사람이 있으면 나에게 소개시켜 줄래.
④ 저는 그 말씀에 그처럼 생각되어지지 않습니다.

풀이와 정답 정답 ①

풀이 '선생님께서 너 오라고 하시는구나.'는 높임법에 맞는 표현이다. 참고로, '선생님께서 너 오시라고 했어.'라고 했다면 틀린 표현이 된다.

오답
②: '갔는 모양이다'는 시제 표현에서 시간을 나타내는 형태소를 잘못 쓴 경우이다. 과거 시제인 '-ㅆ(=았)'과 현재 시제인 '-는'은 함께 쓰일 수 없다. 따라서 '벌써 갔다' 또는 '가는 모양이다' 등으로 써야 한다.
③: '나에게 소개시켜 줄래'는 불필요하게 사동 표현을 쓴 경우이다. '나에게 소개해 줄래'로 고쳐야 한다.
④: '생각되어지지'는 이중 피동을 사용한 경우이므로 '생각되지'로 고쳐야 한다.

169 ㉠~㉣에 대한 고쳐 쓰기 방안으로 적절하지 않은 것은? [2022 국가직(지역인재) 9급]

> 미디어의 영향 아래에 ㉠<u>놓여진</u> 대중은 자신의 신념과 사고 활동의 번거로움을 포기하고 모든 평가와 판단을 ㉡<u>미디어에 맡긴다</u>. 자신의 평가와 판단을 미디어에 양도하는 사람은 시간을 효율적으로 사용할 수 있게 되어 더 빨리 성공할 수 있을지는 모른다. ㉢<u>그래서</u> 그들은 세상 밖의 진실을 볼 수 있는 기회를 갖지 ㉣<u>못할뿐만</u> 아니라 인생의 깊이도 얻지 못할 것이다.

① ㉠은 이중피동이 사용되었으므로 '놓인'으로 고쳐 쓴다.
② ㉡은 부적절한 표현이므로 '미디어를 배격한다'로 고쳐 쓴다.
③ ㉢은 접속부사가 잘못 사용되었으므로 '그러나'로 고쳐 쓴다.
④ ㉣은 띄어쓰기가 잘못되었으므로 '못할 뿐만'으로 고쳐 쓴다.

풀이와 정답   정답 ②

풀이 ㉡은 적절한 표현이며, '대중은 자신의 평가와 판단을 미디어에 양도(=의지=의존)한다.' 등으로 바꿀 수 있다. '배격(排擊)(밀칠 배, 칠 격)'은 '어떤 사상, 의견, 물건 따위를 물리침'을 뜻하므로 문맥상 전혀 관계가 없다.

오답
①: '놓여지다'는 '놓이다(피동)+-어지다(피동)'이므로 이중의 피동이 사용되었다. '놓이다'로 고쳐야 한다.
③: ㉢의 앞뒤 내용이 상반되므로 '그러나'로 고쳐야 한다.
④: ㉣의 '뿐'은 관형어 뒤의 의존 명사이므로 띄어 써야 한다.

참고 양도(讓渡)(사양할 양, 건널 도)하다: 권리나 지위 따위를 남에게 넘겨주다.
의지(依支)(의지할 의, 지탱할 지)하다: 다른 것에 몸을 기대다.
의존(依存)(의지할 의, 존재할 존)하다: 다른 것에 의지하여 존재하다.

170 다음 글의 ㉠~㉣을 〈지침〉에 따라 수정하는 방안으로 적절하지 않은 것은? [2023 지방직 7급]

제목: ㉠ △△시에서 개최하는 "△△시 취업 박람회"

1. 목적: ㉡ 지역 브랜드 홍보와 향토 기업 내실화로 지역 경제 활성화 도모
2. 행사 개요
   가. 일자: 2023. 11. 11.
   나. 장소: △△시청 세종홀
   다. 주요 행사: 구직자 상담 및 모의 면접, ㉢ △△시 취업 지원 센터 활동 보고
3. 신청 방식: ㉣ 온라인 신청서 접수

〈지침〉

○ 제목을 중복된 표현 없이 간결하게 쓴다.
○ 목적과 행사 개요를 행사의 주요 대상인 지역민과 지역 기업을 중심으로 작성한다.
○ 신청할 수 있는 방식을 다양하게 제시한다.

---

① ㉠을 '△△시 취업 박람회 개최'로 수정한다.
② ㉡을 '지역민의 취업률 제고'로 수정한다.
③ ㉢을 '△△시 소재 기업의 일자리 홍보'로 수정한다.
④ ㉣을 '행사 10일 전까지 시청 누리집에 신청서 업로드'로 수정한다.

풀이와 정답　　　　　　　　　　　　　　　　　　　　　　정답 ④

풀이 〈지침〉에 의하면 신청할 수 있는 방식을 다양하게 제시한다고 했으므로 '인터넷을 통한 온라인 접수'뿐만 아니라 '방문이나 우편을 통한 오프라인 신청서 접수'가 추가된 방식으로 수정해야 한다.

오답
①: '△△시'가 중복 사용되어 있으므로 간결하게 수정하는 것이 적절하다.
②: '지역 브랜드 홍보'는 '취업 박람관'이라는 행사의 목적에 어울리지 않으므로 '지역민의 취업률 제고'로 수정하는 것이 적절하다.
③: '△△시 취업 지원 센터 활동 보고'는 지역 기업을 중심으로 한 행사 개요에 적절하지 않으므로 '△△시 소재 기업의 일자리 홍보'로 수정해야 한다.

天衣無縫
정상국어

부록

1, 2차 예시문제를 기반으로 한 15개 문제 유형 집중 분석!

공무원 국어 7급·9급 시험대비

15개 영역 심화 50문제

1. '글의 중심 내용' 유형
2. '글의 이해' 유형
3. '글의 순서' 유형
4. '글 수정하기' 유형
5. '글의 빈칸에 들어갈 말' 유형
6. '문맥상 의미' 유형
7. '지시 대상이 같은 것' 유형
8. '대화 분석' 유형
9. '글의 추론' 유형
10. '글의 평가(강화/약화)' 유형
11. '명제' 유형 (반드시 참, P→Q, 모든/어떤)
12. '논증' 유형 (전제와 결론)
13. '개요 작성' 유형
14. '문법 독해' 유형
15. '공공언어 바로 쓰기 원칙' 유형

天衣無縫
정상국어

제 1 장 '글의 중심 내용' 유형

01 다음 글의 중심내용으로 가장 적절한 것은? [2023 지방직 9급]

> 교환가치는 거래를 통해 발생하는 가치이며, 사용가치는 어떤 상품을 사용할 때 느끼는 가치이다. 전자가 시장에서 결정된다는 점에서 객관적이라면, 후자는 개인에 따라 다르다는 점에서 주관적이다. 상품에는 사용가치와 교환가치가 섞여 있는데, 교환가치가 아무리 높아도 '나'에게 사용가치가 없다면 해당 상품을 구매하지 않을 것이다.
>
> 하지만 이 같은 상식이 통하지 않는 경우를 종종 볼 수 있다. 예를 들어 보자. 인터넷 커뮤니티에서 백만 원짜리 공연 티켓을 판매하는데, 어떤 사람이 "이 공연의 가치는 돈으로 환산할 수 없어요." 등의 댓글들을 보고서 애초에 관심도 없던 이 공연의 티켓을 샀다. 그에게 그 공연의 사용가치는 처음에는 없었으나 많은 댓글로 인해 사용가치가 있을 것으로 잘못 판단한 것이다. 안타깝게도, 그는 그 공연에서 조금도 만족하지 못했다.
>
> 이 사례에서 볼 때 건강한 소비를 위해서는 구매하려는 상품의 사용가치가 어떤 과정을 거쳐 결정된 것인지 곰곰이 생각해 봐야 한다. '나'에게 얼마나 필요한가에 대한 고민 없이 다른 사람들의 말에 휩쓸려 어떤 상품의 사용가치가 결정될 때, 그 상품은 '나'에게 쓸모없는 골칫덩이가 될 수 있다.

① 사용가치보다 교환가치가 큰 상품을 구매해야 한다.
② 상품을 구매할 때 사용가치와 교환가치를 두루 고려해야 한다.
③ 상품에 대한 다른 사람들의 평가를 반영해서 상품을 구매해야 한다.
④ 상품을 구매할 때 사용가치가 자신의 필요에 의해 결정된 것인지 신중하게 따져야 한다.

풀이와 정답

정답

풀이 제시문은 교환가치와 사용가치를 구별하여 설명한 후, 건강한 소비를 위해서는 필요에 의해 결정된 사용가치인지 곰곰이 생각해야 한다고 말하고 있다. 따라서 이 글의 주제는 ④번이 된다.

오답
①: 교환가치보다 사용가치가 큰 상품을 구매해야 한다.
②: 교환가치가 높아도 '나'에게 사용가치가 없다면 상품을 구매하지 않을 것이다.
③: 다른 사람의 평가에 휩쓸리지 말고 '나'에게 얼마나 필요한가를 고민해서 상품을 구매해야 한다.

02 다음 글의 중심 내용으로 가장 적절한 것은?

[2022 지역인재 9급(국가직)]

> 과거 농경 사회에서는 한 사람이 태어나서 죽을 때까지 반경 10킬로미터를 벗어나지 않았다고 한다. 그렇다 보니 마을 사람들은 서로 다 아는 사이였다. 이런 작은 마을에서는 일거수일투족이 감시를 당하고 뉴스거리가 될 수 있다. 반면 지금의 도시민들은 어디를 가든 내가 모르고 나를 모르는 사람들에게 둘러싸여 있다. 그래서 우리가 해외여행을 가서 느끼는 그런 편안함이 일상 속에 있는 것이 사실이다. 누군가는 이런 모습을 '군중 속의 외로움'이라고 했지만, 사실 이는 '군중 속의 자유'이기도 하다. 1980년대에 우리가 아파트로 이사 갔던 큰 이유 중 하나는 문을 잠그고 외출하는 게 가능했기 때문이다. 이는 다른 말로 하면 내가 집에 있으나 없으나 무슨 일을 하든지 주변인들이 간섭하지 않는 자유를 가졌다는 뜻이다. 그게 우리의 도시 생활이다.

① 과거에 비해 현대인들은 더 넓은 반경의 공간을 경험하고 있다.
② 자유를 누리기 위해 살던 곳을 벗어나 해외여행을 떠나야 한다.
③ 현대인들은 주로 아파트에서 살고 있고 이웃에 대해 잘 알지 못한다.
④ 도시에 살게 되면서 익명성에 따른 자유를 누릴 수 있게 되었다.

풀이와 정답

정답 ④

풀이 제시된 글은 현대 도시인의 삶을 '군중 속의 자유'라고 말하며, 익명(匿名. 이름을 숨김)의 자유를 편안한 삶으로 보고 있다.

오답 ①, ③: 글 속에 있는 지엽적인 정보일 뿐 중심 내용이 아니다.

03 다음 글의 제목으로 가장 적절한 것은? [2024 군무원 9급]

> 우리는 건축가가 된 다음에 집을 짓거나, 거문고 연주가가 된 다음에 거문고를 타게 되는 것은 아니다. 집을 지어봄으로써 건축가가 되고, 거문고를 타봄으로써 거문고 연주가가 되는 것이다. 마찬가지로 우리는 옳은 행위를 함으로써 옳게 되고, 절제 있는 행위를 함으로써 절제 있게 되며, 용감한 행위를 함으로써 용감하게 되는 것이다.
>
> 그런데 제비가 한 마리 날아왔다고 봄이 오는 것이 아니다. 실천은 성향이 되고 성향은 습관이 될 때 비로소 성품이 탄생하게 되는 것이다. 남과 사귀는 과정에서 우리가 늘 행하는 행위에 의해 우리는 올바른 사람이 되거나 옳지 못한 사람이 되며, 또 위험과 맞닥뜨렸을 때 무서워하거나 태연한 마음을 지니거나 하는 습관을 얻게 됨으로써 혹은 용감한 이가 되고 혹은 겁쟁이가 된다. 욕망이나 분노 같은 것도 이와 마찬가지이다. 즉 자기가 당한 처지에서 어떻게 행동하는가에 따라, 절제 있고 온화한 사람이 되기도 하고 혹은 방종하고 성미 급한 사람이 되기도 한다.

① 상황 판단의 합리성
② 올바른 성품의 중요성
③ 실천과 습관의 중요성
④ 자기반성과 자아실현의 의의

풀이와 정답

정답 ③

풀이 제시문은 행동이 성품을 만든다는 내용의 글이다. 행위는 성향을 형성하고, 성향은 습관이 되어 성품을 만든다고 본다. 옳은 행동을 통해 올바른 사람이 되고, 용감한 행동을 통해 용감해진다는 것이다. 결국, 제시된 글의 핵심은 '우리의 행동과 습관이 우리의 성품을 결정짓는다.'이다. 따라서 글의 제목은 '실천과 습관의 중요성'이 된다.

오답 ② '옳은 실천과 습관을 통해 올바른 성품이 만들어진다.'는 글은 '실천과 습관이 중요하다'는 것이지, '올바른 성품이 중요하다'는 것이 아니다. 올바른 성품은 '좋은 실천과 습관'의 결과일 뿐이기 때문이다. 따라서 ②번은 글 전체의 제목이 될 수 없다.

제2장 '글의 이해' 유형

04 다음 글을 이해한 내용으로 가장 적절한 것은? [2023 국가직 9급]

> 전 세계를 대표하는 항공기인 보잉과 에어버스의 중요한 차이점은 자동조종시스템의 활용 정도에 있다. 보잉의 경우, 조종사가 대개 항공기를 조종간으로 직접 통제한다. 조종간은 비행기의 날개와 물리적으로 연결되어 있어서 어떤 상황에서도 조종사가 조작한 대로 반응한다. 이와 다르게 에어버스는 조종간 대신 사이드스틱을 설치하여 컴퓨터가 조종사의 행동을 제한하거나 조종에 개입할 수 있게 설계되었다. 보잉에서는 조종사가 항공기를 통제할 수 있는 전권을 가지지만 에어버스에서는 컴퓨터가 조종사의 조작을 감시하고 제한한다.
>
> 보잉과 에어버스의 이러한 차이는 기계를 다루는 인간을 바라보는 관점이 서로 다른 데서 비롯된다. 보잉사를 창립한 윌리엄 보잉의 철학은 "비행기를 통제하는 최종 권한은 언제나 조종사에게 있다."이다. 시스템은 불안정하고 완벽하지 않기 때문에 컴퓨터가 조종사의 판단보다 우선시될 수 없다는 것이다. 반면 에어버스의 아버지라고 불리는 베테유는 "인간은 실수할 수 있는 존재"라고 전제한다. 베테유는 이런 자신의 신념을 토대로 에어버스를 설계함으로써 조종사의 모든 조작을 컴퓨터가 모니터링하고 제한하게 만든 것이다.

① 보잉은 시스템의 불완전성을, 에어버스는 인간의 실수 가능성을 고려하여 설계되었다.
② 베테유는 인간이 실수할 수 있는 존재라고 보지만 윌리엄 보잉은 그렇지 않다고 본다.
③ 에어버스의 조종사는 항공기 운항에서 자동조종시스템을 통제하고 조작한다.
④ 보잉의 조종사는 자동조종시스템을 사용하지 않고 항공기를 조종한다.

풀이와 정답　　　　　　　　　　　　　　　　　　　　　　　정답 ①

풀이 제시문은 〈보잉과 에어버스의 차이점〉에 대한 글이다. 대표적인 항공기들이지만 자동조종시스템의 활용 정도에 차이가 있다는 것이다. 보잉은 시스템이 완벽하지 않으므로 최종 권한은 조종사에게 있다고 보는 반면, 에어버스는 인간은 실수할 수 있는 존재라는 생각을 토대로 항공기를 설계하였다.

오답
② : 베테유는 인간이 실수할 수 있는 존재라고 보았다. 하지만 윌리엄 보잉이 그렇지 않다고 본 것은 아니며, 시스템이 불안정하기 때문에 조종사의 판단이 우선시된다는 것일 뿐이다.
③ : 자동조종시스템을 통제하고 조작하는 것은 에어버스가 아니라 보잉의 조종사이다.
④ : 보잉의 조종사는 자동조종시스템을 사용하지 않는 것이 아니라 활용은 하되 최종 권한이 조종사에게 있다는 것이다.

05 다음 글을 이해한 내용으로 적절하지 않은 것은? [2023 국가직 9급]

> 사람의 '지각과 생각'은 항상 어떤 맥락, 관점 혹은 어떤 평가 기준이나 가정하에서 일어난다. 이러한 맥락, 관점, 평가 기준, 가정을 프레임이라고 한다. 지각과 생각은 인간의 모든 정신 활동을 뜻한다. 따라서 우리의 모든 정신 활동은 진공 상태에서 일어나는 것이 아니라, 어떤 맥락이나 가정하에서 일어난다. 한마디로 우리가 프레임이라는 안경을 쓰고 세상을 보고 있음을 의미한다. 간혹 어떤 사람이 자신은 어떤 프레임의 지배도 받지 않고 세상을 있는 그대로, 객관적으로 본다고 주장한다면, 그 주장은 진실이 아닐 것이다.

① 인간의 정신 활동은 프레임 없이 일어나지 않는다.
② 프레임은 인간이 세상을 바라볼 때 어떤 편향성을 가지게 한다.
③ 인간의 지각과 사고를 확장하는 과정에서 프레임은 극복해야 할 대상이다.
④ 프레임은 인간의 정신 활동에 영향을 미치는 어떤 맥락이나 평가 기준이다.

풀이와 정답 정답 ③

풀이 인간의 지각과 사고가 '프레임(frame. 틀)'의 지배를 받는다는 것일 뿐 극복해야 할 대상이라는 것은 아니다.

오답
①: 마지막 부분(O).
②: '프레임이라는 안경을 쓰고 세상을 보고 있다'라는 구절을 통해 편향성(偏向性. 한쪽으로 치우친 성질)을 가지고 있다고 할 수 있다.
④: 첫 부분(O).

06 다음 글을 이해한 내용으로 가장 적절한 것은?

[2023 국가직 9급]

> 루카치는 그리스 세계를 신과 인간의 결합 정도를 가리키는 '총체성' 개념을 기준으로 세 시대로 구분하였다. 첫 번째 시대에서 후대로 갈수록 총체성의 정도는 낮아진다. 첫째는 총체성이 완전히 구현되어 있는 '서사시의 시대'이다. 호메로스의 『일리아드』와 『오디세이아』에서는 신과 인간의 세계가 하나로 얽혀 있다. 인간들이 그리스와 트로이 두 패로 나뉘어 전쟁을 벌일 때 신들도 인간의 모습을 하고 두 패로 나뉘어 전쟁에 참여했다. 둘째는 '비극의 시대'이다. 소포클레스나 에우리피데스의 비극에서는 총체성이 흔들려 신과 인간의 세계가 분리된다. 하지만 두 세계가 완전히 분리되지는 않고 신탁이라는 약한 통로로 이어져 있다. 비극에서 신은 인간의 행위에 직접 개입하지 않고 신탁을 통해서 자신의 뜻을 그저 전달하는 존재로 바뀐다. 셋째는 플라톤으로 대표되는 '철학의 시대'이다. 이 시대는 이미 계몽된 세계여서 신탁 같은 것은 신뢰할 수 없게 되었다. 신과 인간의 세계가 완전히 분리됨으로써 신의 세계는 인격적 성격을 상실하여 '이데아'라는 추상성의 세계로 바뀐다. 신의 세계와 인간의 세계는 그 사이에 어떤 통로도 존재할 수 없는, 절대적으로 분리된 세계가 되었다.

① 계몽사상은 서사시의 시대에서 철학의 시대로의 전환을 이끌었다.
② 플라톤의 이데아는 신탁이 사라진 시대의 비극적 세계를 표현한다.
③ 루카치는 각기 다른 기준에 따라 그리스 세계를 세 시대로 구분하였다.
④ 에우리피데스의 비극에 비해 『오디세이아』에서는 신과 인간의 결합 정도가 높다.

풀이와 정답

정답 ④

풀이 『오디세이아』는 '서사시의 시대'의 작품이며, 신과 인간의 세계가 하나로 얽혀 있다. 반면, 에우리피데스의 비극은 '비극의 시대'의 작품으로, 신과 인간의 세계가 분리된다. 따라서 에우리피데스의 비극에 비해 『오디세이아』에서는 신과 인간의 결합 정도가 높다고 할 수 있다.

오답
① : 철학의 시대는 이미 계몽된 세계라는 것일 뿐 계몽사상이 철학의 시대로의 전환을 이끌었다고 할 수 없다.
② : 플라톤의 이데아는 '비극의 시대'가 아니라 '철학의 시대'에 해당하며, 신탁이 사라진 시대이며 신과 인간이 분리된 세계가 되었다.
③ : 루카치는 '총체성' 개념을 기준으로 그리스 세계를 세 시대로 구분하였다.

07 다음 글을 이해한 내용으로 적절한 것은? [2023 국가직 9급]

> 디지털 트윈은 현실 세계와 똑같은 가상의 세계이다. 최근 주목받고 있는 메타버스와 개념은 유사하지만 활용 목적의 측면에서 구별된다. 메타버스는 가상 세계와 현실 세계가 융합된 플랫폼으로 이용자들에게 새로운 경제·사회·문화적 경험을 제공하는 데 목적을 둔다. 반면 디지털 트윈은 현실 세계에 존재하는 사물, 공간, 환경, 공정 등을 컴퓨터상에 디지털 데이터 모델로 표현하여 똑같이 복제하고 실시간으로 서로 반응할 수 있도록 한다. 그래서 디지털 트윈의 이용자는 가상 세계에서의 시뮬레이션을 통해 미래 상황을 예측할 수 있게 된다. 디지털 트윈에 대한 수요가 증가하면서 관련 시장도 확대되고 있으며, 국내외의 글로벌 기업들은 여러 산업 분야에서 디지털 트윈을 도입하여 사전에 위험 요소를 제거하고 수익 모델의 효율성을 높이고 있다. 디지털 트윈이 이렇게 주목받는 이유는 안정성과 경제성 때문인데 현실 세계를 그대로 옮겨 놓은 가상 세계에 데이터를 전송, 취합, 분석, 이해, 실행하는 과정은 실제 실험보다 매우 빠르고 정밀하며 안전할 뿐 아니라 비용도 적게 든다.

① 디지털 트윈을 활용함에 따라 글로벌 기업들의 고용률이 향상되었다.
② 디지털 트윈의 데이터 모델은 현실 세계의 각종 실험 모델보다 경제성이 낮다.
③ 디지털 트윈에서의 시뮬레이션으로 현실 세계의 위험 요소를 찾아내고 방지할 수 있다.
④ 디지털 트윈은 현실 세계의 이용자에게 새로운 문화적 경험을 제공하는 데 목적이 있다.

풀이와 정답

정답 ③

풀이 글에서 디지털 트윈의 이용자는 가상 세계에서의 시뮬레이션을 통해 미래 상황을 예측할 수 있게 되며, 국내외의 글로벌 기업들은 디지털 트윈을 도입하여 사전에 위험 요소를 제거하고 있다고 했다. 따라서 ③번은 글을 이해한 내용으로 적절하다.

오답
①: 디지털 트윈을 활용함에 따라 글로벌 기업들의 고용률이 낮아진다.
②: 디지털 트윈의 데이터 모델은 현실 세계의 각종 실험 모델보다 안정성과 경제성이 높다.
④: 메타버스는 현실 세계의 이용자에게 새로운 문화적 경험을 제공하는 데 목적이 있다. 반면, 디지털 트윈은 가상 세계에서의 시뮬레이션을 통해 이용자에게 미래 상황을 예측할 수 있게 해 준다.

참고 01 디지털 트윈(digital twin)(=가상 모형): 물리적 세계에 존재하는 대상을 가상으로 복제한 것.
참고 02 메타버스(Metaverse)(=확장 가상 세계): 현실세계를 의미하는 'Universe(유니버스)'와 '가공, 추상'을 의미하는 'Meta(메타)'의 합성어로, 3차원 가상 세계를 뜻한다.
참고 03 챗GPT(=언어생성형 인공지능): 오픈에이아이(Open AI)가 2022년 11월 30일 공개한 대화 전문 인공지능 챗봇으로, 챗은 채팅의 줄임말이고 GPT는 'Generated Pre-trained Transformer'의 앞 글자를 딴 것이다. '미리 학습(Pre-trained)'해서 문장을 '생성(Generative)'할 수 있는 AI라는 의미다. 챗GPT는 사용자가 대화창에 텍스트를 입력하면 그에 맞춰 대화를 함께 나누는 서비스로, 공개 단 5일 만에 하루 이용자가 100만 명을 돌파하면서 돌풍을 일으키기 시작했다. 특히 질문에 대한 답변은 물론 논문 작성, 번역, 노래 작사·작곡, 코딩 작업 등 광범위한 분야의 업무 수행까지 가능하다는 점에서 기존 AI와는 확연히 다른 면모를 보이고 있다.

08 다음 글의 내용에 대한 이해로 가장 적절하지 않은 것은?

[2023 군무원 9급]

2016년 3월을 생생히 기억한다. 알파고가 사람을 이겼다. 알파고가 뭔가 세상에 파란을 불러일으키지 않을까, 라고 상상하고 있던 시기였다. 이른바 '알파고 모멘텀' 이후 에이아이(AI) 산업은 발전했지만, 기대만큼 성장했다고 보긴 어렵다. 킬러 애플리케이션(Killer Application)이 나오지 않았기 때문이다. 에이아이(AI) 챗봇이 상용화됐지만, 알파고가 줬던 놀라움만큼은 아니다.
2022년 11월 또 다른 모멘텀이 등장했다. 오픈 에이아이(OpenAI)의 챗지피티(ChatGPT)다. 지금은 1억 명 이상이 챗지피티를 사용하고 있다. '챗지피티 모멘텀'이라고 불릴 만하다. 챗지피티가 알파고와 다른 점은 대중성이다. TV를 통해 알파고를 접했다면, 챗지피티는 내가 직접 체험할 수 있다.
많은 사람이 챗지피티는 모든 산업에 지각변동을 불러일으킬 것으로 기대한다. 챗지피티는 그 자체로 킬러 애플리케이션이다. 챗지피티는 알려진 바와 같이 2021년 9월까지 데이터만으로 학습했다. 그 이후 정보는 반영이 안 됐다. 챗지피티만으로는 우리가 원하는 답변을 얻기 힘들 수 있다. 오픈 에이아이는 챗지피티를 왜 이렇게 만들었을까?
챗지피티는 '언어 모델'이다. '지식 모델'은 아니다. 챗지피티는 정보를 종합하고 추론하는 능력은 매우 우수하지만, 최신 지식은 부족하다. 세상 물정은 모르지만, 매우 똑똑한 친구다. 이 친구에게 나도 이해하기 어려운 최신 논문을 주고, 해석을 부탁해 볼 수 있지 않을까? 챗지피티에 최신 정보를 전달하고, 챗지피티가 제대로 답변하도록 지시하는 일은 중요하다. 다양한 산업에 챗지피티를 적용하기 위해서도 그렇다. 챗지피티가 추론할 정보를 찾아오는 시맨틱 검색(Semantic Search), 정확한 지시를 하는 프롬프트 엔지니어링(Prompt Engineering), 모든 과정을 조율하는 오케스트레이터(Orchestrator), 챗지피티와 같은 대형 언어 모델(Large Language Model)을 필요에 맞게 튜닝하는 일 등 서비스 영역에서 새로운 사업 기회를 찾을 수 있다.
챗지피티와 같은 대형 언어 모델 기반의 에이아이 산업 생태계는 크게 세 개다. 첫째, 오픈에이아이, 마이크로소프트, 구글과 같이 대형 언어 모델 자체를 제공하는 원천기술 기업, 둘째, 대형 언어 모델이 고객 요청에 맞게 작동하도록 개선하는 서비스기업, 셋째, 특정 도메인에서 애플리케이션을 제공하는 기업이다. 현재 대형 언어 모델을 만드는 빅테크 기업들이 주목 받고 있지만, 실리콘밸리에서는 스케일에이아이(Scale AI), 디스틸에이아이(Distyl AI), 퀀티파이(Quantiphi) 등 서비스 기업들이 부상 중이다. 실제 업무에 활용하기엔 원천기술만으로는 부족하기 때문이다. 엘지씨엔에스(LG CNS)도 서비스 기업이다. 우리나라에서도 많은 서비스 기업이 나와서 함께 국가 경쟁력을 높여 나가기를 기대해 본다.

① 챗지피티는 알파고보다 훨씬 더 대중적인 놀라움을 주고 있다.
② 많은 사람들은 챗지피티가 모든 산업에 지각 변동을 불러일으킬 것으로 기대한다.
③ 챗지피티는 정보를 종합하여 추론하는 언어 모델이 아니라 최신 정보를 축적하는 지식 모델이다.
④ 현재 대형 언어 모델이 고객 요청에 맞게 작동하도록 개선하는 여러 서비스 기업이 부상 중이다.

풀이와 정답

정답 ③

풀이 챗지피티는 '지식 모델'이 아니라 정보를 종합하여 추론하는 '언어 모델'이다. ③번은 상반된 진술이며, 네 번째 단락을 통해 알 수 있다.
오답 ①: 두 번째 단락. ②: 세 번째 단락. ④: 마지막 단락.
참고 글의 출처: 이주열, 〈챗지피티(ChatGPT), 이제 서비스다〉(2023. 5. 5. 매일경제신문 칼럼)

제3장 '글의 순서' 유형

09 다음 중 (가)~(다)를 문맥에 맞는 순서대로 나열한 것은? [2024 군무원 9급]

> 사회 문제의 종류와 내용 및 그에 대한 관념은 시대와 사회에 따라 다르게 나타난다. 운명론을 예로 들어보자. 운명론은 한마디로 개인의 고통과 사회적 불평등을 하늘의 뜻으로 또는 당연히 주어진 것으로 받아들이는 태도이다.
>
> (가) 이러한 상황에서는 사람들이 겪는 고통이 '사회 문제'의 관념으로 발전하기 어렵다. 결과적으로 전통 사회에서는 기존 질서의 유지가 가장 중요한 사회적 관심사가 되고 따라서 '규범의 파괴'가 가장 핵심적인 사회 문제로 떠오르게 된다.
>
> (나) 한편, 오늘날 우리가 갖게 된 사회 문제의 관념은 운명론의 배격을 전제로 한다. 그것은 우선 사람의 고통은 여러 사람 공동의 노력으로 해결할 수 있다는 생각, 그것이 개인의 책임이 아니고 사회 제도와 체제의 책임이라는 관념, 나아가 모든 사람은 인간적인 대우를 받을 가치가 있다는 인식의 확산 없이는 이루어지지 못한다.
>
> (다) 따라서 운명론이 지배하는 사회에서는 개인이나 특정 집단이 겪는 고통은, 그것이 심한 사회적 통제와 불평등의 결과이기도 하지만, 사회의 잘못이 아닌 그들 개개인의 탓으로 돌려진다. '가난은 나라도 구제할 수 없다'는 생각이 그 단적인 예에 속한다.

① (나) → (가) → (다)
② (나) → (다) → (가)
③ (다) → (가) → (나)
④ (다) → (나) → (가)

풀이와 정답

정답 ③

풀이 제시문은 '운명론과 사회 문제의 관념 변화'에 관한 글이다. 운명론으로 시작한 첫 단락 이후에 (다)가 와야 하고, 이 운명론은 사회 문제가 아니라 개인의 탓으로 돌려진다는 (가)로 연결된다. 마지막으로 전통 사회의 운명론과 달리 오늘날 사회 문제는 운명론을 배격하고 공동의 문제로 관념이 변하였다는 (나)가 오면 된다. 따라서 답은 '(다)→(가)→(나)'가 된다.

10 다음 글이 〈보기〉의 ㉠~㉣ 중 들어가기에 가장 적절한 곳은? [2024 군무원 9급]

> 서양인이나 중동인은 해부학적으로 측면의 얼굴이 인상적인 이미지를 남긴다. 그래서 서양미술에서는 사람의 측면만 그리는 '프로필(프로파일)'이라는 미술 장르가 발달했다. 프로필이라는 말이 인물 소개를 뜻하게 된 것도 이 때문이다.

〈보 기〉

어떤 이집트 그림에서는 사람의 얼굴은 측면, 눈은 정면, 목은 측면, 가슴은 정면, 허리와 발은 측면으로 그려지곤 한다. 인간의 신체가 자연 상태에서 이렇게 보이는 경우란 있을 수 없다. 해부학적으로 불가능한 자세인 것이다.

그럼에도 이 그림을 처음 볼 때 우리는 별로 어색한 느낌이 들지 않는다. 왜 그럴까? 그것은 신체의 각 부위가 그 특징이 가장 잘 드러나는 부분 위주로 봉합되어 있기 때문이다. 넓은 가슴이나 눈은 정면에서 보았을 때 그 특징이 잘 살아난다. (㉠)

이렇게 각 부위의 중요한 면 위주로 조합된 인체상은 이상적인 부분끼리의 조합이므로 완전하고 완벽하며 장중한 형상이라는 느낌을 준다. 그러니까 흠 없는 인간, 영원히 썩지 않고 스러지지 않을 초월적 존재라는 인상을 준다. (㉡)

이집트 그림에서는 신과 파라오, 귀족만이 이렇게 그려지고 평범한 사람들은 곧잘 이런 법칙과 관계없이 꽤 사실적으로 그려졌다. (㉢) 이는 신과 파라오, 나아가 귀족은 오로지 '존재하는 자'이고, 죽을 운명의 범인들은 그저 '행위하는 자'라는 생각이 반영된 것이다.

범인들이 일하는 모습을 그릴 때 사실적으로, 그러니까 얼굴이 측면이면 가슴도 측면으로 자연스럽게 그리는 것은, 그들은 썩어 없어질 '찰나의 인생'이기 때문이다. (㉣) 반면 고귀한 신분은 삼라만상의 변화와 관계없이 영원한 세계의 이상을 반영하는 존재이므로 이상적 규범에 따라 불변의 양식으로 그려진다.

① ㉠
② ㉡
③ ㉢
④ ㉣

11 다음 글의 전개 순서로 가장 자연스러운 것은? [2022 국가직 9급]

> (가) 이 기관을 잘 수리하여 정련하면 그 작동도 원활하게 될 것이요, 수리하지 아니하며 노둔해지면 그 작동도 막혀 버릴 것이니 이런 기관을 다스리지 아니하고야 어찌 그 사회를 고취하여 발달케 하리오.
> (나) 이러므로 말과 글은 한 사회가 조직되는 근본이요, 사회 경영의 목표와 지향을 발표하여 그 인민을 봉합시키고 작동하게 하는 기관과 같다.
> (다) 말과 글이 없으면 어찌 그 뜻을 서로 통할 수 있으며, 그 뜻을 서로 통하지 못하면 어찌 그 인민들이 서로 이어져 번듯한 사회의 모습을 갖출 수 있으리오.
> (라) 그뿐 아니라 그 기관은 점점 녹슬고 상하여 필경은 쓸 수 없는 지경에 이를 것이니 그 사회가 어찌 유지될 수 있으리오. 반드시 패망을 면하지 못할지라.
> (마) 사회는 여러 사람이 그 뜻을 서로 통하고 그 힘을 서로 이어서 개인의 생활을 경영하고 보존하는 데에 서로 의지하는 인연의 한 단체라.
>
> — 주시경, 「대한국어문법 발문」에서 —

① (마) - (가) - (다) - (나) - (라)
② (마) - (가) - (라) - (다) - (나)
③ (마) - (다) - (가) - (라) - (나)
④ (마) - (다) - (나) - (가) - (라)

풀이와 정답

정답 ④

풀이 제시문에서 주시경은 언어를 사회의 핵심적 요소로 보고, 말과 글에 대한 교육의 필요성을 강조하였다. (마)는 도입 부분으로, 개인의 뜻이 통하여 이루어진 사회에 대해 언급하고 있다. 이어서 (다)는 이 사회를 이루기 위해 말과 글이 있어야 한다고 전개하고 있고, 이 결과 주제인 (나)에서 말과 글의 중요성을 강조하고 있다. '기관(機關)과 같다'는 표현을 부연 설명해 (가)('이 기관')와 (라)('그 기관')로 이어 가고 있다. 따라서 글의 순서는 '(마)-(다)-(나)-(가)-(라)'가 된다.

참고 01 주시경, 《대한국어문법(大韓國語文法)》(1906)

> 상동청년학교(尙洞靑年學校)의 국어강습소에서 학생들에게 가르친 교재로 한두 장씩 나누어준 것을 모아 엮어 사간본(私刊本)으로 간행한 책이다. 대한국어문법은 내제(內題)이고, 표제는 '국문강의(國文講義)'로, 그리고 판심서명(版心書名)은 '국문(國文)'으로 되어 있다. 애초에 국어문법 전반을 서술하려 하였다가 국문강의 부분만을 우선 묶게 되었기 때문이다. 문답식으로 엮어진 이 책의 체제는 약례(略例), 말과 글, 소리, 사람의 말소리, 국문을 만드심, 자모음의 분별 성질, 그리고 발문으로 되어 있고, 그 내용은 문자론과 음학 및 맞춤법을 삼위일체로 서술한 것이다. 즉 문자론적 음학으로 실천과학의 성격을 띠었다.

12 다음 문장이 들어가기에 가장 적절한 곳을 ㉠~㉣에서 고르면?

[2022 국가직 9급]

> 신분에 따라 문체를 고착화하는 것을 인정하지 않았던 것이다.

유럽이 교회로부터 정신적으로 해방된 것은 그리스와 로마의 고대 작가들에 대한 재발견을 통해서였다. ㉠ 그 이후 고대 작가들의 문체는 귀족 중심의 유럽 문화에서 모범으로 여겨졌다. ㉡ 이러한 상황은 대략 1770년대에 시작되는 낭만주의에서부터 변화하기 시작했다. ㉢ 이 낭만주의 시기에 평등과 민주주의를 꿈꿨던 신흥 시민계급은 문학에서 운문과 영웅적 운명을 귀족에게만 전속시키고 하층민에게는 산문과 우스꽝스러운 상황을 배정하는 전통 시학을 거부했다. ㉣ 고전 문학은 더 이상 문학의 규범이 아니었으며, 문학을 현실의 모방으로 인식하는 태도도 포기되었다.

① ㉠
② ㉡
③ ㉢
④ ㉣

풀이와 정답

정답 ④

풀이 제시문은 문예 사조의 변화를 말하고 있다. 고대의 작가들은 귀족 중심의 고전주의 경향을 나타냈으나 낭만주의 시기에 오면서 신분으로 문학을 나누는 것을 거부하게 되었다고 말한다. 따라서 '신분에 따라 문체를 고착화하는 것을 인정하지 않았던 것이다.'는 ㉣ 앞부분에 나오는 '귀족', '하층민'이 나온 다음 부분에 들어가야 한다.

제4장 '글 수정하기' 유형

13 ㉠~㉣의 고쳐 쓰기로 적절하지 않은 것은? [2017 지방직 9급]

> 봄이면 어김없이 나타나 우리를 괴롭히는 황사가 본래 나쁘기만 한 것은 아니었다. ㉠ <u>황사의 이동 경로는 매우 다양하다.</u> 황사는 탄산칼슘, 마그네슘, 칼륨 등을 포함하고 있어 봄철의 산성비를 중화시켜 토양의 산성화를 막는 역할을 했다. 또 황사는 무기물을 포함하고 있어 해양 생물에게도 도움을 줬다. ㉡ <u>그리고</u> 지금의 황사는 생태계에 심각한 해를 끼치는 애물단지가 되어 버렸다. 이처럼 황사가 재앙의 주범이 된 것은 인간의 환경 파괴 ㉢ <u>덕분이다.</u>
> 현대의 황사는 각종 중금속을 포함하고 있는 독성 황사이다. 황사에 포함된 독성 물질 중 대표적인 것으로 다이옥신을 들 수 있다. 다이옥신은 발암 물질이며 기형아 출산을 일으킬 수도 있는 것이다. 이러한 독성 물질을 다수 포함하고 있는 ㉣ <u>황사를</u> 과거보다 자주 발생하고 정도도 훨씬 심해지고 있어 문제이다.

① ㉠은 글의 논리적인 흐름을 방해하고 있으므로 삭제한다.
② ㉡은 앞뒤 내용을 자연스럽게 연결해 주지 못하므로 '그러므로'로 바꾼다.
③ ㉢은 어휘가 잘못 사용된 것이므로 '때문이다'로 고친다.
④ ㉣은 서술어와 호응하지 않으므로 '황사가'로 고친다.

풀이와 정답   정답 ②

풀이 ㉡의 앞에는 황사의 긍정적 역할을 설명했고 이후에는 황사의 부정적 측면을 설명했다. 따라서 ㉡에는 역접의 '그러나'가 들어가야 한다.

오답
①: 황사의 이동 경로는 글의 흐름과 관련이 없으므로 ㉠은 삭제해야 한다.
③: '덕분(德分)'은 '베풀어 준 은혜나 도움'을 뜻하는 긍정적 의미이므로 부정적인 문장에 어울리지 않는다. 따라서 긍정, 부정 모두 가능하되 주로 부정적으로 쓰이는 '때문'으로 고쳐야 한다.
④: 서술어 '문제이다'와 호응하는 주어로는 '황사가'가 적절하다.

14 ㉠~㉣을 고친 내용으로 적절하지 않은 것은?

[2016 국가직 9급]

> 자본주의 체제에서 모든 계층의 사람이 똑같이 많이 벌고 잘살기를 바랄 수는 없다. 어느 정도의 소득 격차는 경쟁을 유발하는 동기가 될 수 있다는 것을 부인할 수 없다. ㉠ <u>따라서</u> 우리와 같은 양극화 현상의 심화 추세를 그대로 방치한 채 자연 치유되도록 기다릴 수만은 없다. 그동안 단편적인 대책이 나오기는 했으나 ㉡ <u>떡 먹은 입 쓸어 치듯</u> 개선은 되지 않고 오히려 악화되어 가고 있음이 역력히 드러나고 있다. 과거의 실패를 거울삼아 저소득층 소득 향상을 통한 근본적인 빈부 격차 개선책을 제시하여 빈자에게 희망을 불어넣어야 한다. 그렇다고 고소득자와 대기업을 욕하거나 ㉢ <u>경원되어서는</u> 안 된다. 무엇보다 기업 투자와 내수 경기를 일으키는 일이 긴요하다. 그래야 일자리가 생기고 서민 소득도 늘어나게 된다. ㉣ <u>또한 자본의 원활한 흐름을 위해 고소득층의 해외 소비 활동도 촉진해야 한다.</u> 그리고 세제 개혁을 통한 재분배 정책을 추진할 필요가 있다. 세제만큼 유효한 재분배 정책 수단도 없다. 동시에 장기적인 관점에서 각 부문의 양극화 개선을 위해 경제 체질과 구조 개선을 서두르지 않으면 안 된다.

① ㉠ - 문맥에 맞도록 '그러나'로 수정한다.
② ㉡ - 의미가 통하도록 '아랫돌 빼서 윗돌 괴듯'으로 수정한다.
③ ㉢ - 어법에 맞도록 '경원을 사서는'으로 수정한다.
④ ㉣ - 문단의 통일성에 어긋나므로 삭제한다.

풀이와 정답

정답 ③

풀이 '경원되어서는'을 '경원시해서는'으로 고쳐야 한다. '고소득자와 대기업을 경원되다'나 '고소득자와 대기업을 경원을 사다'도 어법에 맞지 않다. '경원시(敬遠視)하다'는 '겉으로는 가까운 체하면서 실제로는 멀리하고 꺼림칙하게 여기다.'는 뜻이다.

오답 ② 떡 먹은 입 쓸어 치듯: 떡을 먹고도 안 먹은 듯 입을 쓸어 내며 시치미를 뚝 뗀다는 말.

15 다음 글을 고쳐 쓰기 위한 생각으로 적절하지 않은 것은? [2016 지방직 9급]

> 창의적 사고는 기존의 사고방식을 ㉠ 돌파하는 데서 출발한다. 기본적으로 기존의 이론과 법칙을 비판적으로 살펴보고 자신만의 독창적 아이디어를 만들어 내는 일이 중요하다. ㉡ 그러나 이러한 창의적 사고가 단순히 개인의 독특함에서만 비롯되는 것은 아니다. 더욱 중요한 것은 창의적 사고가 사회적·문화적 환경과 적절한 교육을 통해 ㉢ 길러진다. 따라서 ㉣ 자신의 창의성을 계발하기 위해 주변의 사물을 비판적이고 새로운 시각으로 보는 노력을 게을리해서는 안 된다.

① ㉠: 단어의 쓰임이 어색하므로 '탈피하는'으로 고친다.
② ㉡: 앞뒤 문장을 자연스럽게 잇지 못하므로 '또한'으로 고친다.
③ ㉢: 주술 호응이 되지 않으므로 '길러진다는 점이다'로 고친다.
④ ㉣: 주장을 포괄하지 못하므로 '환경과 교육의 중요성'을 강조하는 내용으로 고친다.

풀이와 정답 정답 ②

풀이 ㉡은 고칠 필요가 없다. ㉡의 앞뒤 관계가 역접이므로 그대로 '그러나'가 와야 한다. '또한'은 대등 관계이므로 적절하지 않다.

오답 ①: '돌파(突破)하다'는 쳐서 깨뜨려 뚫고 나아가다는 뜻으로 '장애나 어려움 따위를 이겨 내다'는 뜻이다. 그런데 문맥적으로는 '일정한 상태나 처지에서 완전히 벗어나다.'는 뜻의 '탈피(脫皮)하다'가 적절하다.

제5장 '글의 빈칸에 들어갈 말' 유형

16 다음 글을 읽고 필자의 서술 태도와 가장 거리가 먼 것은? [2023 군무원 9급]

> 겨울철에 빙판이 만들어지면 노인들의 낙상 사고가 잦아진다. 대부분의 노인들은 근육 감소로 인한 순발력 저하로 방어기제가 제대로 작동하지 않는다. 그런 사고를 당하면 운동이 부족해져 그나마 남아 있던 근육이 퇴화하고 노화가 빨라진다. 건강수명은 대부분 거기서 끝이다. 참으로 무서운 일이다. 그런데도 불구하고 노년층에게 적극적으로 근력운동을 처방하지 않는다. 우리의 주변을 둘러보라. 요양병원이 상당히 많이 늘어났다. 앞으로도 부가가치가 매우 높은 산업이라고 한다. 안타까운 일이다.

① 논리적
② 회고적
③ 비판적
④ 동정적

풀이와 정답 정답 ②

풀이 글쓴이는 글에서 '근력 운동을 통해 건강수명을 지켜야 한다.'고 말하고 있다. 그런데 '회고적'인 태도는 전혀 나타나지 않는다. 회고적(回顧的)은 '지나간 일을 돌이켜 생각하는 것'을 뜻한다.

오답
①: 글쓴이는 '노인들의 낙상 사고 원인과 결과'에 대해 '논리적(論理的. 논리에 맞는 것)'인 태도를 보이고 있다.
③: 글쓴이는 '노년층에 대해 적극적인 처방을 하지 않고 이윤을 추구하는 요양병원이 늘어나는 현실'을 '비판적(批判的. 현상이나 사물의 옳고 그름을 판단하여 밝히거나 잘못된 점을 지적하는 것)'으로 보고 있다.
④: 글쓴이는 '낙상사고를 당해 건강수명이 끝나는 노인들'에 대해 '동정적(同情的. 남의 어려운 처지를 안타깝게 여기는 것)'인 태도를 보이고 있다.

17 괄호 안에 들어갈 말로 가장 적절한 것은? [2020 국가직 7급]

> 판소리 사설은 운문과 산문이 혼합되어 있을 뿐 아니라 여러 계층의 청중들을 상대로 하여 (   )으로 발달한 까닭에 언어의 층위가 매우 다채롭다. 그 속에는 기품 있는 한문 취미의 대목이 있는가 하면 극도로 익살스럽고 노골적인 욕설·속어가 들어 있으며, 무당의 고사나 굿거리 가락이 유식한 한시구와 나란히 나오기도 한다. 이 밖에 민요, 무가, 잡가 등 각종 민간 가요가 판소리 사설 속에 많이 삽입되었다.

① 골계적(滑稽的)
② 연행적(演行的)
③ 우화적(寓話的)
④ 적층적(積層的)

풀이와 정답 정답 ④

풀이 판소리 사설은 여러 계층의 청중들을 상대로 하기에 언어의 층위가 다채롭다고 했다. 이러한 내용에 해당하는 말이 '적층적(積層的)(쌓을 적, 층 층, 적 적)'이다. '한 개인의 창작물이 아닌, 여러 사람의 이야기가 합쳐진. 또는 그런 것'을 뜻한다.

오답
① 골계적(滑稽的)(익살스러울 골, 헤아릴 계, 적 적): 익살을 부리는 가운데 어떤 교훈을 주는 것.
② 연행적(演行的)(펼 연, 다닐 행, 적 적): 연출하여 행하는 것.
③ 우화적(寓話的)(맡길 우, 말씀 화, 적 적): 인격화한 동식물이나 기타 사물을 주인공으로 등장시켜 그들의 행동 속에 풍자와 교훈의 뜻을 나타내는 것.

18 다음 글의 (가)에 들어갈 단어는?

[2023 군무원 7급]

한자는 늘 그 많은 글자의 수 때문에 나쁜 평가를 받아 왔다. 한글 전용론자들은 그걸 배우느라 아까운 청춘을 다 버려야 하겠느냐고도 한다. 그러나 헨드슨 교수는 이 점에 대해서도 명쾌하게 설명한다. 5만 자니 6만 자니 하며 그 글자 수의 많음을 부각시키는 것은 사람들을 오도한다는 것이다. 중국에서조차 1,000자가 현대 중국어 문헌의 90%를 담당하고, 거기다가 그 글자들이 뿔뿔이 따로 만들어진 것이 아니고 대부분 (가) 와/과 같은 방식으로 만들어져 그렇게 대단한 부담이 아니라는 것이다.

① 상형(象形)
② 형성(形聲)
③ 회의(會意)
④ 가차(假借)

풀이와 정답

정답 ②

풀이 한자의 원리 중 '형성(形聲)'은 두 글자를 합하여 새 글자를 만드는 방법으로, 한쪽은 뜻을 나타내고 다른 쪽은 음을 나타낸다. 예를 들어, '銅(구리 동)' 자에서 '金(쇠 금)'은 금속의 뜻을 나타내고 '同(같을 동)'은 음을 나타내는 따위이다. 따라서 '同(동)'이라는 한자의 음만 알면 '銅(구리 동)'이라는 음도 연결할 수 있는 것이 형성의 방법이다. 형성자는 한자의 약 80%가 이에 속하며, 가장 중요한 한자의 원리이다.

참고 한자 육서법(六書法) 중 나머지

1. 상형(象形): 물체의 형상을 본떠서 글자를 만드는 방법으로, 가장 원초적인 원리이다. 해를 본떠서 '日' 자를 만드는 따위이다.
2. 지사(指事): 사물의 추상적인 개념을 본떠 글자를 만드는 방법으로, 글자의 모양이 어떤 사물의 위치나 수량 따위를 가리킨다. '一'은 하나, '二'는 둘, '上'은 위, '下'는 아래를 가리키는 것 따위가 이에 속한다.
3. 회의(會意): 둘 이상의 한자를 합하고 그 뜻도 합성하여 글자를 만드는 방법이다. '日(일)'과 '月(월)'을 합하여 '明(명)' 자를 만들어 '밝다'는 뜻을 나타내는 것 따위이다.
4. 전주(轉注): 이미 있는 한자의 뜻을 확대·발전시켜 다른 뜻으로 쓰는 방법으로, 음이 바뀌기도 한다. '악(樂)'이 '락(樂)', '요(樂)' 자로 쓰이는 따위이다. 추가 예로, '도(道)'가 '길'이라는 의미도 있지만 '도리'라는 뜻으로 확대되어 쓰이는 것도 전주의 방식에 해당한다.
5. 가차(假借): 어떤 뜻을 나타내는 한자가 없을 때 뜻은 다르나 음이 같은 글자를 빌려 쓰는 방법으로, 원래 보리를 뜻하는 '來' 자를 빌려 '오다'를 뜻하는 글자로 쓰는 따위이다. 추가 예로, 프랑스를 '불란서(佛蘭西)', 이탈리아를 '이태리(伊太利)'로 적는 것도 가차의 방식이며, 이것은 잘못된 표기 방식에 해당한다.

19 다음 글의 맥락을 고려할 때 빈칸에 들어갈 내용으로 가장 적절한 것은? [2023 지방직 7급]

> 사람들은 법을 자유와 대립하는 것으로 착각하여 법을 혐오하는 경향이 있다. 그러나 모든 국민이 법 없이 최대의 자유를 누리는 이상적인 사회질서를 주장했던 자유 지상주의는 환상에 지나지 않는다. 몽테스키외는 인간이 법과 동시에 자유를 가졌다고 말했다. 또한 인간이 법 밖에서 자유를 찾으려 한다면, 주인의 집을 도망쳐 나온 정처 없는 노예처럼 된다고 하였다. 자유는 정당한 행위를 할 수 있는 상태를 의미한다. 그렇다면 자유는 정의를 실현하는 올바른 사회질서에 의해서만 보장될 수 있다. 따라서 법이 없다면 자유도 없다고 할 수 있다. 왜냐하면 [   ] 때문이다. 결국 자유와 법은 대립하는 것이 아니다.

① 법은 정당한 행위를 할 수 있는 상태의 실현 가능성을 높이기
② 자유가 없다면 정의를 실현하는 올바른 사회질서도 확립될 수 없기
③ 정의를 실현하는 올바른 사회질서는 법에 의해서만 확립될 수 있기
④ 법과 자유가 있다면 정의를 실현하는 올바른 사회질서가 확립될 수 있기

풀이와 정답 정답 ③

풀이 빈칸이 '왜냐하면' 이후이므로 앞 내용에 일반적 진술이 나와야 한다. '법이 없다면 자유도 없다.'는 내용은 곧 '법이 있어야 자유가 있다.'는 말과 같으며, 〈법의 중요성〉이 핵심 내용이다. 결국, '법에 의해서 정의를 실현하는 올바른 사회질서가 확립될 수 있기 때문이다.'가 뒷받침 진술로 나오면 된다.

오답 '실현 가능성', '자유의 중요성', '법과 자유를 통한 정의 실현'은 글의 맥락과 관계가 없다.

제 6 장 '문맥상 의미' 유형

20 다음에 제시된 단어의 의미에 맞게 쓴 문장으로 적절하지 않은 것은?   [2021 지방직 7급]

단어	의미	문장
풀다	모르거나 복잡한 문제 따위를 알아내거나 해결하다.	㉠
	어려운 것을 알기 쉽게 바꾸다.	㉡
	긴장된 분위기나 표정 따위를 부드럽게 하다.	㉢
	금지되거나 제한된 것을 할 수 있도록 터놓다.	㉣

① ㉠: 나는 형이 낸 수수께끼를 <u>풀다가</u> 결국 포기하고 말았다.
② ㉡: 선생님은 난해한 말을 알아들을 수 있게 <u>풀어</u> 설명하셨다.
③ ㉢: 막내도 잘못을 뉘우치니, 아버지도 그만 얼굴을 <u>푸세요</u>.
④ ㉣: 경찰을 <u>풀어서</u> 행방불명자를 백방으로 찾으려 하였다.

풀이와 정답   **정답** ④

풀이 ㉣에는 '구금을 풀다.', '통금을 풀다.' 등의 문장이 나와야 한다. 한편, ④번의 '경찰을 풀다'는 '사람을 동원하다.'는 의미이므로 적절하지 않다. '풀다'의 다의적 의미만 15가지 경우가 사전에 있으므로 예시와 함께 잘 확인해야 한다.

21 밑줄 친 말의 문맥적 의미와 가장 가까운 것은? [2018 국가직 7급]

> 나는 우리 회사의 장래를 너에게 걸었다.

① 이 작가는 이번 작품에 생애를 걸었다.
② 우리나라는 첨단 산업에 승부를 걸었다.
③ 마지막 전투에 주저 없이 목숨을 걸었다.
④ 그는 친구를 보호하기 위해 자신의 직위를 걸었다.

풀이와 정답

정답 ②

풀이 제시문의 (장래를) '걸다'는 '앞으로의 일에 대한 희망 따위를 품거나 기대하다.'를 뜻한다. 예를 들어, '아들에게 기대를 걸다.', '정보 산업에 미래를 걸다.' 등으로 쓰인다. ②번의 '(승부를) 걸다'와 의미가 가깝다.

오답 나머지는 '걸다'의 다의어로, 의미가 다르다. ①, ③, ④는 '목숨, 명예 따위를 담보로 삼거나 희생할 각오를 하다.'를 뜻한다.

22 밑줄 친 단어와 동일한 의미를 가진 것은? [2018 국회직 9급]

> 우리는 그 회사에 원자재를 <u>대고</u> 있습니다.

① 그 친구는 벽에 등을 <u>대고</u> 서 있었다.
② 영수는 아프다는 핑계를 <u>대고</u> 회사에 결근했다.
③ 그 녀석이 숨어 있는 곳을 바른대로 <u>대라</u>.
④ 네가 대학을 졸업할 때까지 모든 학비는 내가 <u>대마</u>.
⑤ 아버지는 논에 물을 <u>대러</u> 나가셨다.

풀이와 정답   정답 ④

풀이 '(원자재를) 대다'는 '돈이나 물건 따위를 마련하여 주다'는 뜻이다. ④번의 '(학비를) 대다'와 의미가 같다.
오답 나머지 '대다'는 또 다른 다의어이다.
　①: 무엇을 어디에 닿게 하다.
　②: 이유나 구실을 들어 보이다.
　③: 어떤 사실을 드러내어 말하다.
　⑤: 어떤 곳에 물을 끌어 들이다

제7장 '지시 대상이 같은 것' 유형

23 다음 글에서 사실(事實)과 사실(史實)의 구분 기준으로 가장 적절한 것은? [2018 지역인재(국가직) 9급]

> 인류 생활의 과거에는 수많은 일이 일어났다. 역사란 그 많은 사실(事實)들 중에서 그야말로 역사적 가치와 의미가 있는 사실들, 즉 사실(史實)을 뽑아 모은 것이라고 우선 말할 수 있다. 사실들 속에서 사실(史實)을 선택하는 것이 역사를 성립시키는 일차적인 작업인데, 역사의 사료로서 적절한 것을 선별해 내는지가 그 관건이다. 어떤 기준으로 수많은 사실들 속에서 유효한 사실(史實)을 가려내는가 하는 문제를 고민하지 않을 수 없는데, 대체로 역사를 기술하는 사람과 시대적 맥락에 그 기준을 둘 수밖에 없다. 다만 같은 시대의 사람들과, 더 나아가서 미래의 사람들에게까지 폭넓은 동의를 얻을 수 있어야 선택된 사실(史實)이 진실성을 가진 것으로 인정될 수 있을 것이다. 따라서 역사가가 진실성이 더 높은 사실(史實)을 뽑아내기 위해서는 우선 그 시대가 가진 역사적 요구가 무엇인지 정확하게 파악하는 노력이 필요하다.

① 대중의 동의가 진실한지 여부
② 역사적 가치와 의미가 있는지 여부
③ 유일한 가치와 대표성을 확보했는지 여부
④ 역사가의 사적인 견해가 반영되었는지 여부

풀이 제시된 글에 의하면 역사란 그 많은 '사실(事實)'들 중에서 그야말로 역사적 가치와 의미가 있는 사실들, 즉 '사실(史實)'을 뽑아 모은 것이다. 따라서 역사적 가치와 의미가 있는 것만을 '사실(史實)'로 구분할 수 있다.

24 ㉠~㉣ 중 밑줄 친 문장에서 강조하는 내용과 의미가 가장 가까운 것은? [2017 사회복지직 9급]

정보 통신 기술은 컴퓨터를 수단으로 하여 인간의 '두뇌와 신경'을 비약적으로 ㉠ 확장하였다. 정보 통신 기술의 발달은 전 세계적으로 정치, 경제, 산업, 교육, 의료, 생활양식 등 사회전반에 걸쳐 혁신적인 ㉡ 변화를 일으키고, 인간관계와 사고방식, 가치관에까지 영향을 미칠 것이 틀림없다. 그러나 그 이면에는 불평등과 불균형을 불러올 위험성도 있다.

사회학자 드 세토(De Certeau)는 "기술은 문을 열 뿐이고, 그 문에 들어갈지 말지는 인간이 결정한다."라는 말을 했다. 정보 통신 기술은 우리의 모든 생활 영역에 ㉢ 영향을 미치고 있다. 이 시점에서 우리에게 중요한 것은 정보 통신 기술을 어떻게 활용하느냐이다. 정보 통신 기술이 우리 사회를 변화시키고 있지만, 그 기술의 가치를 이해하고 ㉣ 선택하는 주체는 바로 우리이기 때문이다.

① ㉠
② ㉡
③ ㉢
④ ㉣

풀이와 정답 정답 ④

풀이 제시문은 정보 통신 기술의 발달이 우리 사회에 혁신적인 변화를 가져왔지만 그 기술의 가치를 이해하고 선택하는 주체는 인간이라고 말하고 있다. 따라서 ㉣'선택'의 주체는 인간이고, ㉠~㉢의 주체는 기술이다.

25 다음 글에서 다루고 있는 소재들의 관계가 다른 하나는? [2013 지방직 9급]

> 어떤 사람이 내게 말했다.
> "어제저녁, 어떤 사람이 몽둥이로 개를 때려 죽이는 것을 보았네. 그 모습이 불쌍해 마음이 매우 아팠네. 그래서 이제부터는 개고기나 돼지고기를 먹지 않을 생각이네."
> 그 말을 듣고 내가 말했다.
> "어제저녁, 어떤 사람이 화로에서 이[蝨]를 잡아 태워 죽이는 것을 보고 마음이 무척 아팠네. 그래서 다시는 이를 잡지 않겠다고 맹세를 하였네."
> 그러자 그 사람은 화를 내며 말했다.
> "이는 하찮은 존재가 아닌가? 나는 큰 동물이 죽는 것을 보고 불쌍한 생각이 들어 말한 것인데, 그대는 어찌 그런 사소한 것이 죽는 것과 비교하는가? 지금 나를 놀리는 것인가?"
> 나는 좀 구체적으로 설명할 필요를 느꼈다.
> "무릇 살아 있는 것은 사람으로부터 소, 말, 돼지, 양, 벌레, 개미에 이르기까지 모두 사는 것을 원하고 죽는 것을 싫어한다네. 어찌 큰 것만 죽음을 싫어하고 작은 것은 싫어하지 않겠는가? 그렇다면 개와 이의 죽음은 같은 것이겠지. 그래서 이를 들어 말한 것이지, 어찌 그대를 놀리려는 뜻이 있었겠는가? 내 말을 믿지 못하거든, 그대의 열 손가락을 깨물어 보게나. 엄지손가락만 아프고 나머지 손가락은 안 아프겠는가? 우리 몸에 있는 것은 크고 작은 마디를 막론하고 그 아픔은 모두 같은 것일세. 더구나 개나 이나 각기 생명을 받아 태어났는데, 어찌 하나는 죽음을 싫어하고 하나는 좋아하겠는가? 그대는 눈을 감고 조용히 생각해 보게. 그리하여 달팽이의 뿔을 소의 뿔과 같이 보고, 메추리를 큰 붕새와 동일하게 보도록 노력하게나. 그런 뒤에야 내가 그대와 더불어 도(道)를 말할 수 있을 걸세."
> — 이규보, '슬견설(蝨犬說)' 중에서

① 이[蝨] : 개 ② 벌레 : 개미
③ 달팽이의 뿔 : 소의 뿔 ④ 메추리 : 붕새

제 8 장　'대화 분석' 유형

26 다음 대화에서 나타난 말하기 방식을 설명한 것으로 적절하지 않은 것은?　[2023 국가직 9급]

> 백 팀장: 이번 워크숍 장면을 사내 게시판에 올리는 게 좋겠어요. 워크숍 내용을 공유하면 좋을 것 같아서요.
> 고 대리: 전 반대합니다. 사내 게시판에 영상을 공개하는 것은 부담스러워요. 타 부서와 비교될 것 같기도 하고요.
> 임 대리: 저도 팀장님 말씀대로 정보를 공유한다는 취지는 좋다고 생각해요. 다만 다른 팀원들의 동의도 구해야 할 것 같고, 여러 면에서 우려되긴 하네요. 팀원들 의견을 먼저 들어 보고, 잘된 것만 시범적으로 한두 개 올리는 것이 어떨까요?

① 백 팀장은 팀원들에 대한 유대감을 드러내는 표현을 사용하며 자신의 바람을 전달하고 있다.
② 고 대리는 백 팀장의 제안에 반대하는 이유를 명시적으로 밝히며 백 팀장의 요청을 거절하고 있다.
③ 임 대리는 발언 초반에 백 팀장 발언의 취지에 공감하여 백 팀장의 체면을 세워 주고 있다.
④ 임 대리는 대화 참여자의 의견을 묻는 의문문을 사용하여 자신의 의견을 간접적으로 드러내고 있다.

풀이와 정답
정답 ①

풀이 백 팀장은 워크숍 장면을 사내 게시판에 올려 정보를 공유(共有)하면 좋을 것 같다는 취지를 말한 것일 뿐 팀원들에 대한 유대감(紐帶感. 서로 밀접하게 연결되어 있는 공통된 느낌)을 드러낸 것이 아니다. 만약, '팀의 단합을 위해' 등을 강조했다면 서로 결합하게 하는 유대감을 드러냈다고 할 수 있다.

오답
②: 고 대리는 '부담스러워요(=부담스럽기 때문이다)', '타 부서와 비교될 것 같기도 하고요(=타 부서와 비교되기 때문이다)'라는 이유를 명시적으로 밝히며 반대하고 있다.
③: 임 대리는 백 팀장의 발언에 우선 동의한 후 조심스럽게 반박하고 있다. 이와 같은 말하기 방식은 팀장의 체면을 세워 주기 위한 것이다.

27 ㉠~㉣의 말하기 방식을 설명한 내용으로 가장 적절한 것은? [2023 지방직 9급]

> 김 주무관: AI에 대한 국민 이해도를 높이기 위해 설명회를 개최할 필요가 있다고 생각해요.
> 최 주무관: ㉠저도 요즘 그 필요성을 절감하고 있어요.
> 김 주무관: ㉡그런데 어떻게 준비해야 효과적으로 전달할 수 있을지 고민이에요.
> 최 주무관: 설명회에 참여할 청중 분석이 먼저 되어야겠지요.
> 김 주무관: 청중이 주로 어떤 분야에 관심이 있는지 알면 준비할 때 유용하겠네요.
> 최 주무관: ㉢그럼 청중의 관심 분야를 파악하려면 청중의 특성 중에서 어떤 것들을 조사하면 좋을까요?
> 김 주무관: ㉣나이, 성별, 직업 등을 조사할까요?

① ㉠: 상대의 의견에 대해 공감을 표현하고 있다.
② ㉡: 정중한 표현을 사용하여 직접 질문하고 있다.
③ ㉢: 자신의 반대 의사를 우회적으로 드러내고 있다.
④ ㉣: 의문문을 통해 상대의 의견을 반박하고 있다.

풀이와 정답   정답 ①

풀이 ㉠은 앞에서 말한 '설명회 개최의 필요성'에 대해 공감(共感)하고 있다.
오답 ③: ㉢은 앞에서 말한 '청중 분석'에 대해 구체적으로 묻고 있을 뿐 반대 의사를 드러낸 것이 아니다.

28 다음 대화에 대한 설명으로 가장 적절한 것은?

[2022 지방직 7급]

> 민서: 정국이 말이야. 우리한테는 말도 안 해 주고 자기 혼자 공모전에 신청했더라.
> 채연: 글쎄, 왜 그랬을까?
> 민서: 그러게 말이야. 정말 기분 나빠.
> 채연: 정국이도 나름대로 사정이 있었을 거야.
> 민서: 사정은 무슨 사정? 자기 혼자 튀어 보고 싶은 거겠지.
> 채연: 내가 지난 학기에 과제를 함께 해 봐서 아는데, 그럴 애가 아니야. 민서야, 정국이에 대해 다시 한번 생각해 보는 건 어때?
> 민서: 너 자꾸 이럴 거야? 도대체 왜 정국이 편만 드는 거야?

① 채연은 자신의 경험을 예로 들며 민서를 설득하고 있다.
② 채연은 민서의 의견을 수용하며 원만한 갈등 해소를 유도하고 있다.
③ 민서는 정국이의 상황과 감정을 고려하며 대화의 타협점을 찾고 있다.
④ 민서는 채연의 답변에서 모순점을 찾아내며 논리적으로 비판하고 있다.

풀이와 정답

정답 ①

풀이 채연은 정국과 함께 과제를 했던 경험을 예로 들어 그럴 애가 아니라고 민서를 설득하고 있다.

오답
②: 채연은 민서의 의견을 수용하는 것이 아니라 정국이에 대해 다시 한번 생각해 보라고 설득하고 있다.
③: 채연에 대한 설명이다.
④: 민서는 채연의 답변에 대해 서운한 감정을 드러내며 비판하고 있다.

제 9 장   '글의 추론' 유형

29 다음 글에서 추론한 내용으로 가장 적절한 것은?   [2023 국가직 9급]

> 공포의 상태와 불안의 상태를 구분하는 것은 쉽지 않다. 왜냐하면 두 감정을 함께 느끼거나 한 감정이 다른 감정을 유발할 때가 많기 때문이다. 가령, 무시무시한 전염병을 목도하고 공포에 빠진 사람은 자신도 언젠가 그 병에 걸릴지 모른다는 불안 상태에 빠지게 된다. 이처럼 두 감정은 서로 밀접하게 얽혀 있다는 점에서 혼동하기 쉽다. 하지만 두 감정을 야기한 원인을 따져 보면 두 감정을 명확하게 구분할 수 있다. 공포는 실재하는 객관적 위협에 의해 야기된 상태를 의미하고, 불안은 현재 발생하지 않았으며 미래에 일어날지 모르는 불명확한 위협에 의해 야기된 상태를 의미한다. 공포와 불안의 감정은 둘 다 자아와 관련되어 있지만 여기에서도 차이를 찾을 수 있다. 공포를 느끼는 것은 '나 자신'이 위험한 상황에 놓여 있다는 사실을 아는 것이고, 불안의 경험은 '나 자신'이 위해를 입을까 봐 걱정하는 것이다.

① 자신이 처한 위험한 상황을 정확히 인식하는 경우에는 공포감에 비해 불안감이 더 크다.
② 전기·가스 사고가 날까 두려워 외출하지 못하는 사람은 불안한 상태에 있는 것이다.
③ 시험에 불합격할 수 있다는 생각에 사로잡힌 사람은 공포감에 빠져 있는 것이다.
④ 과거에 큰 교통사고를 경험한 사람은 공포감은 크지만 불안감은 작다.

풀이와 정답   정답 ②

풀이 제시문은 〈공포(恐怖)와 불안(不安)의 차이〉를 설명하는 글이다. 그중 '불안'은 현재 발생하지 않은 일에 대해 '나' 자신이 위해를 입을까 걱정하는 것이므로 ②번은 적절한 추론이다.

오답
①: 자신이 처한 위험한 상황을 정확히 인식하는 경우에는 공포감이 더 크다.
③: 시험에 불합격할 수 있다는 생각에 사로잡힌 사람은 불안감에 빠져 있는 것이다.
④: 과거에 큰 교통사고를 경험한 사람은 미래에 대한 불명확한 위협에 의해 불안감이 더 크다.

30 다음 글에서 추론한 것으로 적절하지 않은 것은?

[2023 지역인재 9급(국가직)]

> 도파민은 쾌락, 욕망, 동기 부여, 감정, 운동 조절 등에 영향을 미치는 뇌의 신경 전달 물질이다. 스웨덴 아르비드 칼손 박사는 도파민이 과다하면 조현병이 발생하고, 지나치게 적으면 우울증이 생기는 인간의 두뇌 현상을 의학적으로 규명한 바 있다. 도파민은 생명 유지에 필수적이지만, 끊임없이 더 많은 쾌락과 자극을 추구하게 하여 각종 중독과 병리적 현상을 유발하기도 한다. 어떤 행동을 할 때 일정한 감각적 자극을 받으면 도파민이 분비되면서 만족감을 느끼고, 그 행동이 습관화된다. 도파민에 휩싸인 뇌가 그 자극에 적응하면, 더 많은 자극을 요구하게 된다. 최근 미국에서는 소셜미디어나 게임 중독에서 벗어나기 위해 도파민 단식에 돌입하는 사람들이 나타났다. 인간의 심리적 본능과 취약점을 노린 디지털 서비스 이용 방식에 대한 성찰에서 출발한 도파민 단식 방법은 가능한 한 모든 감각적 자극을 최소화하기 위하여 디지털 기기의 사용은 물론 음악 감상이나 격렬한 운동 등의 활동을 전면 중단하고, 가벼운 독서와 간단한 스트레칭 그리고 실내 산책 등으로 소일하는 것이다.

① 도파민이 과다하면 우울증에 시달릴 수 있겠군.
② 도파민 단식 방법으로 격렬한 운동을 중단할 수도 있겠군.
③ 뇌가 감각적 자극에 적응하면 더 강력한 쾌락을 추구하겠군.
④ 디지털 서비스 이용 과정에서 인간의 심리적 본능과 취약점이 드러날 수도 있겠군.

풀이와 정답

정답

풀이 제시문에 의하면 '도파민이 과다하면 조현병이 발생하고, 지나치게 적으면 우울증이 생긴다'고 했다. 따라서 ①번은 상반된 진술이므로 적절한 추론이 아니다.

오답
② : 글에서 '도파민 단식 방법은 감각적 자극을 최소화하기 위해 격렬한 운동을 중단하는 것이다.'라고 했다.
③ : 글에서 '뇌가 감각적 자극에 적응하면 더 많은 자극을 요구하게 되고, 더 강력한 쾌락을 추구하게 된다.'라고 했다.
④ : 글에서 '디지털 서비스가 인간의 심리적 본능과 취약점을 노린다.'라고 했다.

참고
- 조현병(調絃病): 사고의 장애나 감정, 의지, 충동 따위의 이상으로 인한 인격 분열의 증상이다. 현실과의 접촉을 상실하고 분열병성 황폐를 가져오는 병이다. 예전에는 '정신 분열증'이라고 불렀고, 거부감 등을 이유로 2011년 조현병으로 이름이 바뀌었다.
- 조울증(躁鬱症): 정신이 상쾌하고 흥분된 상태와 우울하고 억제된 상태가 교대로 나타나거나 둘 가운데 한쪽이 주기적으로 나타나는 병이다. 조현병과 함께 2대 정신병의 하나이다.

31. 다음 글에서 추론한 내용으로 가장 적절한 것은?

[2022 지방직 9급]

> 논리실증주의자들에 따르면, 만약 어떤 것이 과학일 경우 거기에서 사용되는 문장은 유의미하다. 그들은 유의미한 문장의 기준으로 소위 '검증 원리'라고 불리는 것을 제안했다. 검증 원리란, 경험을 통해 참이나 거짓을 검증할 수 있는 문장은 유의미하고 그렇지 않은 문장은 유의미하지 않다는 것이다. 다음 두 문장을 예로 생각해 보자.
> (가) 달의 다른 쪽 표면에 산이 있다.
> (나) 절대자는 진화와 진보에 관계하지만, 그 자체는 진화하거나 진보하지 않는다.
> 위 두 문장 중 경험을 통해 검증할 수 있는 것은 무엇인가? 비록 현실적으로 큰 비용이 들기는 하지만 (가)는 분명히 경험을 통해 진위를 밝힐 수 있다. 즉 우리는 (가)의 진위를 확정하기 위해서 무엇을 경험해야 하는지 알고 있다는 것이다. 이런 점에 근거하여 논리실증주의자들은 (가)는 검증할 수 있고, 유의미한 문장이라고 판단한다. 그럼 (나)는 어떠한가? 우리는 무엇을 경험해야 (나)의 진위를 확정할 수 있는가? 논리실증주의자들은 그런 것은 없다고 주장하고, 이에 (나)는 검증할 수 없고 과학에서 사용될 수 없는 무의미한 문장이라고 말한다.

① 논리실증주의자들에 따르면 무의미한 문장을 사용하는 것은 과학이 아니다.
② 논리실증주의자들에 따르면 과학의 문장들만이 유의미하다.
③ 검증 원리에 따르면 아직까지 경험되지 않은 것을 언급한 문장은 무의미하다.
④ 검증 원리에 따르면 거짓인 문장은 무의미하다.

풀이와 정답 정답 ①

풀이 글의 첫 문장은 '과학이면(P) 유의미하다(Q).'의 명제로 이루어져 있다. 이것은 대우(對偶) 명제인 '무의미한 문장을 사용하면(not Q) 과학이 아니다(not P).'와 완전한 참을 이룬다. 또한, 논리실증주의자들에 따르면 (나)는 경험을 통해 검증할 수 없는 무의미한 문장이고, 이것은 과학이 아니라고 했으므로 ①번은 적절한 추론이 된다.

오답
②: '과학의 경우 유의미하다'고 했지만, '과학의 문장들만 유의미하다'고 말하지 않았다. 경험을 통해 검증할 수 있는 것은 모두 유의미하다고 할 수 있다.
③: '경험을 통해 검증할 수 있는 것이 유의미하다'고 했을 뿐 '아직 경험되지 않은 것을 언급한 문장은 무의미하다'고 하지 않았다.
④: '경험을 통해 참과 거짓을 검증할 수 있는 문장은 유의미하다'고 했을 뿐 '검증 원리에 따라 거짓인 문장은 무의미하다'고 하지 않았다.

32 다음 글에서 추론할 수 있는 것만을 〈보기〉에서 모두 고르면?

[2022 지방직 9급]

컴퓨터에는 자유의지가 있을까? 나아가 컴퓨터에 도덕적 의무를 귀속시킬 수 있을까? 컴퓨터는 다양한 전기회로로 구성되어 있고, 물리법칙, 프로그래밍 방식, 하드웨어의 속성 등에 따라 필연적으로 특정한 초기 상태로부터 다음 상태로 넘어간다. 마찬가지로 두 번째 상태에서 세 번째 상태로 이동하고, 이러한 과정이 계속해서 이어진다. 즉 컴퓨터는 결정론적 법칙의 지배를 받는 시스템이라는 것이다. 그럼 이러한 시스템에는 자유의지가 있을까?

결정론적 법칙의 지배를 받는 시스템의 중요한 특징은 주어진 조건에 따라 결과가 하나로 고정된다는 점이다. 다시 말해, 이러한 시스템에는 항상 하나의 선택지만 있을 뿐이다. 그런 뜻에서 결정론적 지배를 받는다는 것과 자유의지를 가진다는 것은 양립할 수 없음이 분명하다. 어떤 선택을 할 때 그것과 다른 선택을 할 수도 있다는 것은 자유의지의 필요조건이기 때문이다. 결국 결정론적 법칙의 지배를 받는 시스템은 자유의지를 가지지 않는다. 또한 자유의지를 가지지 않는 시스템에 도덕적 의무를 귀속시킬 수 없음은 당연하다.

〈보 기〉

ㄱ. 컴퓨터는 자유의지를 가지지 않으며 도덕적 의무의 귀속 대상일 수도 없다.
ㄴ. 도덕적 의무를 귀속시킬 수 있는 시스템은 결정론적 법칙의 지배를 받지 않는다.
ㄷ. 어떤 선택을 할 때 그것과 다른 선택을 할 수 없는 시스템은 자유의지를 가지지 않는다.

① ㄱ, ㄴ
② ㄱ, ㄷ
③ ㄴ, ㄷ
④ ㄱ, ㄴ, ㄷ

풀이와 정답

정답 ④

풀이 글의 핵심은 '결정론적 지배를 받는다는 것과 자유의지를 가진다는 것은 양립할 수 없다.'이다. 따라서 결정론적 지배를 받는 시스템인 컴퓨터는 항상 하나의 선택지만 있을 뿐이며, 자유의지가 없고 나아가 도덕적 의무를 귀속시킬 수 없다고 글쓴이는 단언하고 있다. 이 논리에 의하면 ㄱ, ㄴ, ㄷ은 모두 옳은 추론이 된다.

ㄱ: 글에 의하면 컴퓨터는 결정론적 지배를 받는 시스템이므로 주어진 조건에 따라 결과가 하나로 고정된다. 그러므로 컴퓨터는 자유의지를 가지지 않으며 도덕적 의무의 귀속대상일 수도 없다.

ㄴ: 마지막 문장에 의하면 자유의지를 가지지 않는 시스템에 도덕적 의무를 귀속시킬 수 없다. 이 말은 도덕적 의무를 귀속시킬 수 있는 시스템은 자유의지를 가지는 시스템이며, 결정론적 법칙의 지배를 받지 않는다고 할 수 있다.

ㄷ: 마지막의 두 번째 문장에 의하면 어떤 선택을 할 때 그것과 다른 선택을 할 수도 있는 것은 자유의지의 필요조건이라고 했다. 이 말은 어떤 선택을 할 때 그것과 다른 선택을 할 수 없는 시스템은 자유의지를 가지지 않는다고 할 수 있다.

33 다음 글에서 추론한 내용으로 적절하지 않은 것은? [2021 지방직 7급]

> 고대 로마에서 사람들의 평균 수명은 불과 21세였다. 아동기를 넘긴 성인은 보통 70~80세 정도 살았지만 출생아의 1/3이 1세 전에, 그 이후 살아남은 아이의 절반이 10세 전에 사망했다. 이렇게 아동 사망률이 높았던 것은 미생물로 인한 질병 때문이었는데, 이를 밝혀 치료의 길을 연 사람은 파스퇴르였다.
>
> 파스퇴르는 1861년 미생물이 활동한 결과로 발효가 일어난다는 것을 밝히고, 이후 음식물의 발효나 부패가 공기 중의 미생물 때문에 일어남을 증명했다. 이는 음식물에서 저절로 새로운 생명체가 생겨나 음식물을 발효·부패시킨다는 자연발생설을 반박하고 미생물의 존재를 명확히 한 것이다. 1863년에는 음식물의 맛과 질감을 변화시키지 않으면서 살균하는 방법인 '파스퇴리제이션(pasteurization)'을 발견했다. 이것은 끓는점보다 낮은 온도에서 장시간 가열하는 방식으로, 우유의 경우 밀폐한 채로 63~65℃에서 30분 정도 가열하는 살균법이다.
>
> 이러한 연구에 이어 파스퇴르는 사람과 가축에게 생기는 질병의 원인이 미생물임을 밝혔다. 나아가 이를 예방할 수 있는 백신을 처음으로 만들어 사용하고 치료법도 제시하였다. 광견병, 탄저병 등에 대한 연구는 그의 큰 업적으로 남아 있다.

① 고대 로마인의 평균 수명이 낮았던 것은 아이들이 질병으로 많이 죽었던 것이 한 원인이었다.
② 파스퇴르는 음식물의 발효와 부패에 대해 자연발생설을 부인하였다.
③ 끓는점 이하로 가열하는 파스퇴리제이션 살균법은 음식물의 맛과 질감을 높인다.
④ 파스퇴르의 미생물 연구는 질병으로 인한 아이들의 사망률을 줄이는 데에 기여했다.

풀이와 정답 정답 ③

풀이 지문의 두 번째 단락에 의하면 '끓는점 이하로 가열하는 파스퇴리제이션 살균법은 음식물의 맛과 질감을 변화시키지 않는다.'라고 했다. 따라서 음식물의 맛과 질감을 높인다고 본 것은 적절한 추론이 아니다.
오답 ①, ④: 첫 번째 단락. ②: 두 번째 단락.

제10장 '글의 평가(강화/약화)' 유형

34 다음 글의 ㉠과 ㉡에 대한 평가로 적절한 것만을 <보기>에서 모두 고르면?

[2022 국가직 7급 PSAT 언어논리]

> 18세기에는 빛의 본성에 관한 두 이론이 경쟁하고 있었다. ㉠ <u>입자이론</u>은 빛이 빠르게 운동하고 있는 아주 작은 입자들의 흐름으로 구성되어 있다고 설명한다. 이에 따르면, 물속에서 빛이 굴절하는 것은 물이 빛을 끌어당기기 때문이며, 공기 중에서는 이런 현상이 발생하지 않기 때문에 결과적으로 물속에서의 빛의 속도가 공기 중에서보다 더 빠르다. 한편 ㉡ <u>파동이론</u>은 빛이 매질을 통하여 파동처럼 퍼져 나간다는 가설에 기초한다. 이에 따르면, 물속에서 빛이 굴절하는 것은 파동이 전파되는 매질의 밀도가 달라지기 때문이며, 밀도가 높아질수록 파동의 속도는 느려지므로 결과적으로 물속에서의 빛의 속도가 공기 중에서보다 더 느리다.
>
> 또한 파동이론에 따르면 빛의 색깔은 파장에 따라 달라진다. 공기 중에서는 파장에 따라 파동의 속도가 달라지지 않지만, 물속에서는 파장에 따라 파동의 속도가 달라진다. 반면 입자이론에 따르면 공기 중에서건 물속에서건 빛의 속도는 색깔에 따라 달라지지 않는다.
>
> 두 이론을 검증하기 위해 다음과 같은 실험이 고안되었다. 두 빛이 같은 시점에 발진하여 경로 1 또는 경로 2를 통과한 뒤 빠른 속도로 회전하는 평면거울에 도달한다. 두 개의 경로에서 빛이 진행하는 거리는 같으나, 경로 1에서는 물속을 통과하고, 경로 2에서는 공기만을 통과한다. 평면거울에서 반사된 빛은 반사된 빛이 향하는 방향에 설치된 스크린에 맺힌다. 평면거울에 도달한 빛 중 속도가 빠른 빛은 먼저 도달하고 속도가 느린 빛은 나중에 도달하게 되는데, 평면거울이 빠르게 회전하고 있으므로 먼저 도달한 빛과 늦게 도달한 빛은 반사 각도에 차이가 생기게 된다. 따라서 두 빛이 서로 다른 속도를 가진다면 반사된 두 빛이 도착하는 지점이 서로 달라지며, 더 빨리 평면거울에 도달한 빛일수록 스크린의 오른쪽에, 더 늦게 도달한 빛일수록 스크린의 왼쪽에 맺히게 된다.

――― <보 기> ―――

ㄱ. 색깔이 같은 두 빛이 각각 경로 1과 2를 통과했을 때, 경로 1을 통과한 빛이 경로 2를 통과한 빛보다 스크린의 오른쪽에 맺힌다면 ㉠은 강화되고 ㉡은 약화된다.

ㄴ. 색깔이 다른 두 빛 중 하나는 경로 1을, 다른 하나는 경로 2를 통과했을 때, 경로 1을 통과한 빛이 경로 2를 통과한 빛보다 스크린의 왼쪽에 맺힌다면 ㉠은 약화되고 ㉡은 강화된다.

ㄷ. 색깔이 다른 두 빛이 모두 경로 1을 통과했을 때, 두 빛이 스크린에 맺힌 위치가 다르다면 ㉠은 약화되고 ㉡은 강화된다.

① ㄱ   ② ㄴ   ③ ㄱ, ㄷ
④ ㄴ, ㄷ   ⑤ ㄱ, ㄴ, ㄷ

풀이와 정답

정답 ⑤

풀이 'ㄱ, ㄴ, ㄷ'의 설명이 모두 적절하다.

- 'ㄱ.' (O): 입자이론에 의하면 물속에서의 빛의 속도가 공기 중에서보다 더 빠르다. 그리고 실험에 의하면 더 빨리 평면거울에 도달한 빛일수록 스크린의 오른쪽에 맺히게 된다. 이것은 입자이론을 강화하는 결과이다. 따라서 색깔이 같은 두 빛이 각각 경로 1('물속')과 2('공기')를 통과했을 때, 경로 1을 통과한 빛이 경로 2를 통과한 빛보다 스크린의 오른쪽에 맺힌다면 입자이론인 ㉠은 강화되고 파동이론인 ㉡은 약화된다. 결국, 'ㄱ'은 ㉠과 ㉡에 대한 평가로 적절하다.

- 'ㄴ.' (O): 파동이론에 의하면 물속에서의 빛의 속도가 공기 중에서보다 더 느리다. 그리고 실험에 의하면 두 빛이 서로 다른 속도를 가진다면 더 늦게 도달한 빛일수록 스크린의 왼쪽에 맺히게 된다. 이것은 파동이론을 강화하는 결과이다. 따라서 색깔이 다른 두 빛 중 하나는 경로 1('물속')을, 다른 하나는 경로 2('공기')를 통과했을 때, 경로 1을 통과한 빛이 경로 2를 통과한 빛보다 스크린의 왼쪽에 맺힌다면 입자이론인 ㉠은 약화되고 파동이론인 ㉡은 강화된다. 결국, 'ㄴ'은 ㉠과 ㉡에 대한 평가로 적절하다.

- 'ㄷ.' (O): 색깔이 다른 두 빛이 모두 경로 1('물속')을 통과했을 때, 두 빛이 스크린에 맺힌 위치가 다르다면 두 빛의 속도가 다르다는 뜻이다. 이것은 빛의 색깔이 파장에 따라 달라지고 물속에서 파장에 따라 파동의 속도가 달라진다는 파동이론을 강화한다. 따라서 입자이론인 ㉠은 약화되고 파동이론인 ㉡은 강화된다. 결국, 'ㄷ'은 ㉠과 ㉡에 대한 평가로 적절하다.

35 다음 글의 논증에 대한 평가로 적절한 것만을 <보기>에서 모두 고르면?

[2023 국가직 7급 PSAT 언어논리]

> 사람의 특징 중 하나는 옷을 입는다는 것이다. 그렇다면 사람은 언제부터 옷을 입기 시작했을까? 사람이 옷을 입기 시작한 시점을 추정하기 위해 몇몇 생물학자들은 사람에 기생하는 이에 주목하였다. 사람을 숙주로 삼아 기생하는 이에는 두 종이 있는데, 하나는 옷에서 살아가며 사람 몸에서 피를 빨아 먹는 '사람 몸니'이고 다른 하나는 사람 두피에서 피를 빨아 먹으며 사는 '사람 머릿니'이다.
>
> 사람 몸니가 의복류에 적응한 것을 볼 때, 그것들은 아마 사람이 옷을 입기 시작했던 무렵에 사람 머릿니에서 진화적으로 분기되었을 것이다. 생물의 DNA 염기서열은 시간이 지나면서 조금씩 무작위적으로 변하는데 특정한 서식 환경에서 특정한 염기서열이 선택되면서 해당 서식 환경에 적응한 새로운 종이 생겨난다. 그러므로 현재 사람 몸니와 사람 머릿니의 염기서열의 차이를 이용하여 두 종의 이가 공통 조상에서 분기된 시점을 추정할 수 있다. 이를 위해 우선 두 종의 염기서열을 분석하여 두 종 간의 염기서열에 차이가 나는 비율을 산출한다. 그러나 이것만으로 두 종이 언제 분기되었는지 결정할 수는 없다.
>
> 사람 몸니와 사람 머릿니의 분기 시점을 추정하기 위해 침팬지의 털에서 사는 침팬지 이와 사람 머릿니를 이용할 수 있다. 우선 침팬지 이와 사람 머릿니의 염기서열을 비교하여 두 종 간의 염기서열에 차이가 나는 비율을 산출한다. 침팬지와 사람이 공통 조상에서 분기되면서 침팬지 이와 사람 머릿니도 공통 조상에서 분기되었다고 볼 수 있고, 화석학적 증거에 따르면 침팬지와 사람의 분기 시점이 약 550만 년 전이므로, 침팬지 이와 사람 머릿니 사이의 염기서열 차이는 550만 년 동안 누적된 변화로 볼 수 있다. 이로부터 1만 년당 이의 염기서열이 얼마나 변화하는지 계산할 수 있다. 이렇게 계산된 이의 염기서열의 변화율을 사람 머릿니와 사람 몸니의 염기서열의 차이에 적용하면, 사람이 옷을 입기 시작한 시점을 설득력 있게 추정할 수 있다. 연구 결과, 사람이 옷을 입기 시작한 시점은 약 12만 년 전 이후인 것으로 추정된다.

──────── <보 기> ────────

ㄱ. 염기서열의 변화가 일정한 속도로 축적되는 것이 사실이라면 이 논증은 강화된다.

ㄴ. 침팬지 이와 사람 머릿니의 염기서열의 차이가 사람 몸니와 사람 머릿니의 염기서열의 차이보다 작다면 이 논증은 약화된다.

ㄷ. 염기서열 비교를 통해 침팬지와 사람의 분기 시점이 침팬지 이와 사람 머릿니의 분기 시점보다 50만 년 뒤였음이 밝혀진다면, 이 논증은 약화된다.

① ㄴ
② ㄷ
③ ㄱ, ㄴ
④ ㄱ, ㄷ
⑤ ㄱ, ㄴ, ㄷ

풀이와 정답

정답 ⑤

풀이

'ㄱ'(O): 침팬지와 사람의 분기 시점이 약 550만 년 전이라는 화석학적 증거를 이용하여, 침팬지 이와 사람 머릿니 사이의 염기서열 차이가 550만 년 동안 일정한 속도로 누적된 변화로 인식했다. 그리고 이를 통해 1만 년당 염기서열의 변화율을 계산하여 사람 머릿니와 사람 몸니의 염기서열의 차이에 적용하면, 사람이 옷을 입기 시작한 시점을 추정할 수 있다. 따라서 염기서열의 변화가 일정한 속도로 축적되는 것이 사실이라면 이 논증은 강화된다. 그러므로 'ㄱ'의 내용은 옳다.

'ㄴ'(O): 화석학적 증거에 따른 침팬지와 사람의 분기 시점을 이용해 침팬지 이와 사람 머릿니의 염기서열의 차이가 550만 년 동안 누적된 변화로 인식했다. 이를 통해 1만 년당 염기서열의 변화율을 계산하고 사람 머릿니와 사람 몸니의 염기서열의 차이에 적용하여 사람이 옷을 입기 시작한 시점이 약 12만 년 전 이후라고 추정했다. 그런데 침팬지 이와 사람 머릿니의 염기서열의 차이가 사람 몸니와 사람 머릿니의 염기서열의 차이보다 작다면 침팬지와 사람의 분기 시점보다 사람 몸니와 사람 머릿니의 분기 시점이 더 오래 되어 침팬지와 사람이 공통 조상에서 분기되기 전에 사람이 옷을 입기 시작했다는 잘못된 추정을 하게 된다. 따라서 'ㄴ'의 내용은 옳다.

'ㄷ'(O): 화석학적 증거에 따른 침팬지와 사람의 분기 시점을 이용해 침팬지 이와 사람 머릿니의 염기서열의 차이가 550만 년 동안 누적된 변화로 인식했다. 이를 통해 1만 년당 염기서열의 변화율을 계산하고 사람 머릿니와 사람 몸니의 염기서열의 차이에 적용하여 사람이 옷을 입기 시작한 시점이 약 12만 년 전 이후라고 추정했다. 그런데 염기서열 비교를 통해 침팬지와 사람의 분기 시점이 침팬지 이와 사람 머릿니의 분기 시점보다 50만 년 뒤였음이 밝혀진다면, 침팬지와 사람이 공통 조상에서 분기되면서 침팬지 이와 사람 머릿니도 공통 조상에서 분기되었다는 전제에 오류가 발생한다. 또한 사람이 옷을 입기 시작했던 무렵에 사람 몸니가 사람 머릿니에서 진화적으로 분기되었을 것이라는 전제에도 오류가 발생할 수 있다. 따라서 'ㄷ'의 내용은 옳다.

제11장 '명제' 유형 (반드시 참, P→Q, 모든/어떤)

36 다음 글의 내용이 참일 때, 반드시 참인 것만을 〈보기〉에서 모두 고르면?

[2023 국가직 7급 PSAT 언어논리]

> 국제해양환경회의에 5명의 대표자가 참석하여 A, B, C, D 4개 정책을 두고 토론회를 열었다. 대표자들은 모두 각 정책에 대해 찬반 중 하나의 입장을 분명하게 표명했으며, 각자 하나 이상의 정책에 찬성하고 하나 이상의 정책에 반대한 것으로 드러났다. 그들의 입장을 정리한 결과는 다음과 같다.
> ○ A에 찬성하는 대표자는 2명이다.
> ○ A에 찬성하는 대표자는 모두 B에 찬성한다.
> ○ B에 찬성하는 대표자 중에 C에 찬성하는 사람과 반대하는 사람은 동수이다.
> ○ B와 D에 모두 찬성하는 대표자는 아무도 없다.
> ○ D에 찬성하는 대표자는 2명이다.
> ○ D에 찬성하는 대표자는 모두 C에 찬성한다.

〈보 기〉

ㄱ. 3개 정책에 반대하는 대표자가 있다.
ㄴ. B에 찬성하는 대표자는 2명이다.
ㄷ. C에 찬성하는 대표자가 가장 많다.

① ㄱ
② ㄴ
③ ㄱ, ㄷ
④ ㄴ, ㄷ
⑤ ㄱ, ㄴ, ㄷ

풀이와 정답   정답 ⑤

풀이 경우의 수와 관련된 문제이다. 5명의 대표자를 임의로 'ㄱ, ㄴ, ㄷ, ㄹ, ㅁ'으로 설정하고, A, B, C, D 4개의 정책을 두고 찬반의 입장을 표명한다는 입장을 정리한다. 'A에 찬성하는 대표자는 2명이다.'와 'A에 찬성하는 대표자는 모두 B에 찬성한다.'를 통해 A에 찬성하는 사람은 'ㄱ, ㄴ'이고, A에 반대하는 사람이 'ㄷ, ㄹ, ㅁ'임을 알 수 있으며, B에 찬성하는 사람은 최소 'ㄱ, ㄴ'임도 알 수 있다.

그리고 'B에 찬성하는 대표자(최소 'ㄱ, ㄴ') 중에 C에 찬성하는 사람과 반대하는 사람은 동수이다.'를 통해 C 찬성은 최소 'ㄱ'이고, C 반대는 최소 'ㄴ'임을 알 수 있다. 이때, B에 찬성하는 사람이 네 명일 수도 있고, 따라서 C에 찬성하는 사람과 반대하는 사람이 각각 한 명씩이 아니라 두 명씩일 수도 있으니 다음 나머지 결과들도 살펴야 한다.

그리고 'B와 D에 모두 찬성하는 대표자는 아무도 없다.'를 통해 B에 찬성한 사람 'ㄱ, ㄴ'은 D에 반대한다는 것을 알 수 있다. 그리고 'D에 찬성하는 대표자는 2명이다.'를 통해 D에 반대하는 대표자는 3명이며, 앞의 'ㄱ, ㄴ'과 대립되는 'ㄷ, ㄹ'이 D에 찬성한다는 것을 알 수 있다. 이때, 'ㅁ'은 반대하는 대표자 3명에 포함되어 결국 'ㄱ, ㄴ, ㅁ'이 D에 반대하게 된다. 또한, 앞에서 정리한 결과들로 B에 찬성한 사람이 'ㄱ, ㄴ' 두 사람이 되므로, B에 반대한 사람은 'ㄷ, ㄹ, ㅁ'이 된다. 마지막으로, 'D에 찬성하는 대표자는 모두 C에 찬성한다.'를 통해 D에 찬성하던 'ㄷ, ㄹ'과 기존에 있던 최소 'ㄱ'을 합하여 C를 찬성하는 사람은 'ㄱ, ㄷ, ㄹ' 세 사람이 된다. 이때, 앞에서 'B와 D에 모두 찬성하는 대표자는 아무도 없다.'라고 했으므로 B와 D 찬성 인원은 중복되지 않으니 C 찬성에 'ㄱ, ㄷ, ㄹ'이 배치되고, 반대에는 'ㄴ, ㅁ'이 들어감을 최종 정리할 수 있다.

최종해설

따라서 〈보기〉의 'ㄱ. 3개 정책에 반대하는 대표자가 있다.'는 'ㅁ'이다. ㅁ은 A, B, C, D 4개 정책에 모두 반대하므로 3개 정책에 반대한다는 말도 반드시 참이 된다. 그리고 〈보기〉의 'ㄴ. B에 찬성하는 대표자는 2명이다.'는 'ㄱ, ㄴ'이므로 반드시 참이 된다. 마지막으로, 〈보기〉의 'ㄷ. C에 찬성하는 대표자가 가장 많다.'는 'ㄱ, ㄷ, ㄹ'로 3명이므로 반드시 참이 된다.

이 내용을 표로 정리하면 다음과 같다.
○ A에 찬성하는 대표자는 2명이다.

정책 종류	A	B	C	D
찬성	ㄱ, ㄴ			
반대	ㄷ, ㄹ, ㅁ			

○ A에 찬성하는 대표자는 모두 B에 찬성한다.

정책 종류	A	B	C	D
찬성	ㄱ, ㄴ	ㄱ, ㄴ		
반대	ㄷ, ㄹ, ㅁ			

○ B에 찬성하는 대표자 중에 C에 찬성하는 사람과 반대하는 사람은 동수이다.

정책 종류	A	B	C	D
찬성	ㄱ, ㄴ	ㄱ, ㄴ	ㄱ	
반대	ㄷ, ㄹ, ㅁ		ㄴ	

○ B와 D에 모두 찬성하는 대표자는 아무도 없다.

정책 종류	A	B	C	D
찬성	ㄱ, ㄴ	ㄱ, ㄴ	ㄱ	
반대	ㄷ, ㄹ, ㅁ		ㄴ	ㄱ, ㄴ

○ D에 찬성하는 대표자는 2명이다.

정책 종류	A	B	C	D
찬성	ㄱ, ㄴ	ㄱ, ㄴ	ㄱ	ㄷ, ㄹ
반대	ㄷ, ㄹ, ㅁ	ㄷ, ㄹ, ㅁ	ㄴ	ㄱ, ㄴ, ㅁ

○ B와 D에 모두 찬성하는 대표자는 아무도 없다.
위 조건에 따라 B 정책에 찬성하지 않는 ㄷ과 ㄹ을 D 정책 찬성에 두고, ㄷ과 ㄹ을 B 정책 반대에 둔다. ㅁ은 D 정책 반대가 된다.

○ B에 찬성하는 대표자 중에 C에 찬성하는 사람과 반대하는 사람은 동수이다.
이미 B 정책 반대 인원이 최소 2명(ㄹ, ㅁ)이기 때문에 B 찬성 인원은 4명이 될 수 없다. 따라서 B 정책 찬성 대표자는 2명인 ㄱ과 ㄴ이다. 따라서 B 정책 반대 인원은 ㄷ, ㄹ, 그리고 ㅁ이 된다.

○ D에 찬성하는 대표자는 모두 C에 찬성한다.

정책 종류	A	B	C	D
찬성	ㄱ, ㄴ	ㄱ, ㄴ	ㄱ, ㄷ, ㄹ	ㄷ, ㄹ
반대	ㄷ, ㄹ, ㅁ	ㄷ, ㄹ, ㅁ	ㄴ, ㅁ	ㄱ, ㄴ, ㅁ

○ B와 D에 모두 찬성하는 대표자는 아무도 없다.
위 조건에 따라 B와 D 찬성 인원은 중복되지 않으니 C 찬성에 ㄱ, ㄷ, ㄹ이 배치된다. 그리고 반대에는 ㄴ, ㅁ이 된다.

37 다음 글의 '이론 X'에 근거한 판단으로 적절한 것만을 〈보기〉에서 모두 고르면? [2021 지방직 7급]

> 이론 X에 따르면, 'A가 B의 원인이다.'는 '만약 A가 일어나지 않았더라면 B도 일어나지 않았을 것이다.'와 같다. 예를 들어 '기온이 낮아진 것이 온도계 눈금이 내려간 원인이다.'는 '만약 기온이 낮아지지 않았더라면 온도계 눈금은 내려가지 않았을 것이다.'와 같다.
>
> 이론 X에서 '만약 A가 일어나지 않았더라면 B도 일어나지 않았을 것이다.'의 의미는 무엇인가? 그것은, A가 일어나지 않고 B가 일어난 상황보다, A가 일어나지 않고 B도 일어나지 않은 상황이 A가 일어나고 B도 일어난 사실과 더 유사하다는 것이다. 가령 '만약 기온이 낮아지지 않았더라면 온도계 눈금은 내려가지 않았을 것이다.'라는 것은, 기온이 낮아지지 않고 온도계 눈금이 내려간 상황보다, 기온이 낮아지지 않고 온도계 눈금이 내려가지 않은 상황이 기온이 낮아졌고 온도계 눈금이 내려간 사실과 더 유사하다는 것이다.

〈보 기〉

ㄱ. 갑의 흡연이 갑의 폐암의 원인이라면, 갑이 흡연하지 않았더라면 갑은 폐암에 걸리지 않았을 것이다.
ㄴ. 갑이 홈런을 치지 않고 갑의 팀이 승리한 상황보다, 갑이 홈런을 치지 않고 갑의 팀이 승리하지 않은 상황이 갑이 홈런을 치고 갑의 팀이 승리한 사실과 더 유사하다는 것은, 갑의 홈런이 그 팀의 승리의 원인이라는 것이다.
ㄷ. 까마귀가 날자 배가 떨어졌음에도 까마귀가 난 것이 배가 떨어진 원인이 아니라는 것은, 까마귀가 날지 않고 배가 떨어지지 않은 상황보다, 까마귀가 날지 않고 배가 떨어진 상황이 까마귀가 날고 배가 떨어진 사실과 더 유사하다는 것이다.

① ㄱ, ㄴ
② ㄱ, ㄷ
③ ㄴ, ㄷ
④ ㄱ, ㄴ, ㄷ

풀이와 정답

정답 ①

풀이 '이론 X'에 따르면, 'A면 B이다.'와 'Not A면 Not B이다.'는 같다. 다만, 'Not A면 B이다.'와는 다르다. 이 이론 X에 근거하여 판단하면 ㄱ과 ㄴ이 적절하다. ㄱ은 '흡연을 하면(A면) 폐암에 걸린다(B이다).'이므로 '흡연하지 않았더라면(Not A면) 폐암에 걸리지 않았을 것이다(Not B이다).'로 판단하는 것이 참이다. 또한 ㄴ도 '갑이 홈런을 치지 않았더라면(Not A면) 팀이 승리하지 않았을 것이다(Not B이다).'와 '갑이 홈런을 치면(A면) 팀이 승리한다(B이다).'의 상황이 유사하다고 판단하고 있으므로 참이 된다.

오답 ㄷ은 속담의 의미상 인과 관계를 부정하는 진술이므로 '이론 X'에 근거한 판단이 아니다. 까마귀가 날지 않았더라도 배가 떨어지는 상황을 설정한 것은 'Not A더라도 B이다.'에 어울리며, 이것은 이론 X와 상반된 견해에 해당한다. 참고로, ㄷ이 이론 X에 근거하려면 까마귀가 날지 않고(Not A면) 배가 떨어지지 않은(Not B이다) 상황이 까마귀가 날고(A면) 배가 떨어진(B이다) 사실과 유사하다고 판단해야 한다.

제 12 장 '논증' 유형 (전제와 결론)

38 다음 글 바로 뒤에 이어질 결론으로 타당한 것은?   [예상 문제]

> 엔트로피(Entropy)는 흔히 '무질서의 정도'를 뜻하는 것으로 이해되어 왔다. 하지만 엔트로피를 더욱 더 정확히 이해하려면 거기에 물질과 열의 성질을 보여 주는 물리량이라는 개념이 보태져야 한다. 다시 말하면 엔트로피란 자연계에 놓인 물질과 열의 무질서의 정도로 이해할 수 있으며, 그것은 언제나 증가하는 경향이 있고, 결코 감소하는 쪽으로는 진행되지 않는 성질을 지니고 있다는 것이다. 이러한 엔트로피 개념으로 우리는 우리 삶의 새로운 전기를 마련할 수 있다. 우리는 엔트로피 개념을 사용함으로써 자연 현상을 더욱 체계적으로 이해하고, 뉴턴의 역할이 빚어낸 오류를 수정할 수도 있으며, 따라서 현대 사회가 맞이하고 있는 생태학적 위기에 대한 철학적 안목도 갖출 수 있다.
>
> 모든 자연 현상은 엔트로피가 증대하는 방향으로 이루어진다고 하는 엔트로피의 법칙으로 볼 때, 생명체는 그것이 죽지 않는 한 이러한 엔트로피가 적용되지 않는 것처럼 보인다. 그러나 생명체 역시 엔트로피의 적용을 받으며 물질과 열을 외부 환경과 교환하는 개방계(開放系)에 속하여 살아 있는 동안에 끊임없이 생성되는, 생명체의 유지에 필요하지 않은 여분의 엔트로피를 배설물과 체온 등의 형태로 바깥으로 내보내고 있다. 그리고 생명체의 몸에서 발산된 열 엔트로피는 물에 흡수되는데 물은 수증기가 되어 상승하고, 상승하면 단열 팽창(斷熱膨脹)하여 냉각되고 다시 물이 된다. 이때 수증기가 물이 되면서 발산하는 열은 물이 증발할 때 받은 열량과 같은데, 이렇게 방출되는 열을 '장파장 방사(長波長放射)'라고 부른다. 그리고 이 열은 적외선(赤外線)으로서 지구에서 우주로 방사되며 그것은 지구에서 발생한 엔트로피의 전체 양과 같다. 우주에 엔트로피를 버린 물은 다시 저(低) 엔트로피의 자원으로 지상에 내려와 생명체의 엔트로피를 모으는 과정을 되풀이하게 된다.
>
> 오늘날 우리가 맞고 있는 생태학적 위기는 이러한 순환적 엔트로피에 대해 잘 몰랐기 때문이라 할 수 있다. 수없이 많은 자동차와 공장에서 나오는 열과 가정에서 태우는 열은 지하자원이라는 저 엔트로피를 이용하여 얻은 것이다. 지하자원은 과거 수억 년에 걸쳐 형성된 태양 에너지의 통조림과 같은 것인데 문제는 현대 사회가 이 통조림을 한꺼번에 열어 버린 데 있다. 그런데 한 번 소비한 지하자원을 원상 복구시키는 것은 또 다른 엄청난 에너지가 필요하기 때문에 불가능하며, 열을 우주로 내보내는 것은 원적외선을 통한 방법밖에 없으며 그 양은 한정되어 있다.

① 뉴턴 역학의 단점을 보완한 새로운 과학 이론이 필요하다.
② 에너지의 효과적 사용으로, 파괴된 자연의 재순환 과정이 회복될 시간이 필요하다.
③ 낮에 엔트로피 자원을 사용하여 가용(可用)한 에너지의 고갈을 막아야 한다.
④ 우주로 내보내는 원적외선의 방출량을 늘리는 기술에 대한 집중 투자가 필요하다.

| 풀이와 정답 | 정답 ② |

풀이 글 뒤에 이어질 결론은 마지막 단락의 요지에서 찾아야 한다. 글에서는 오늘날 우리가 맞고 있는 생태학적 위기에 대한 해결책을 순환적 엔트로피에서 찾고 있으므로, 에너지를 효과적으로 사용하여 파괴된 자연이 순환할 수 있도록 해야 한다는 내용이 나와야 한다.

오답 나머지는 핵심 내용이 아니므로 적절하지 않다.

참고 출전: 제레미 리프킨, 〈엔트로피(Entropy)〉

39 〈보기〉에 이어질 내용으로 가장 적절한 것은? [2019 서울시 7급]

〈보 기〉

미디어의 첫 혁명이라고 불릴 수 있는 인쇄술의 발전은 지식 제도 면에서 몇 가지 중요한 변화를 가져왔다. 그 가운데 가장 현저한 변화는 학교와 교사의 기능에서 생겨났다. 다시 말해서, 학교와 교사 없이도 독학을 할 수 있는 '책'이 나왔던 것이다. 독서에 의한 학습이 이루어짐으로써 학교 제도, 또는 기억이라는 개인의 습관에 대한 의존도가 낮아지게 되었다. 기억의 관습에 가한 변화는 인쇄술 발달이 가져온 중요한 업적이다.

인쇄술의 발달로 당연히 책이 양산되고 책값 역시 저렴해졌을 뿐 아니라, 주해자/주석자의 중요성은 반감된 채 다양한 책들이 서점과 서가에 등장하게 되었다. 그 결과 여러 텍스트를 대조하고 비교할 수 있는 기회가 많아졌으며, 자연스레 지식 사회에 대한 비판과 검증이 가능해졌다.

① 독점적인 학설이나 학파의 전횡도 줄어들 수밖에 없었고, 특정 학설의 권위주의적인 행보도 긴 생명을 가질 수 없게 되었다.
② 교사의 권위는 책의 내용을 쉽게 설명해 줌으로써 독서를 용이하게 해 주는 방식으로 더욱 공고해졌다.
③ 독서 대중의 비판과 검증에 대응하기 위해 지식 사회는 지식의 독점과 권력화에 매진하게 되었다.
④ 저자의 권위가 높아짐으로써 책의 내용을 있는 그대로 받아들이는 수동적인 독서 대중이 탄생하였다.

| 풀이와 정답 | 정답 ① |

풀이 이 글은 '인쇄술의 발전 → 책의 등장 → 지식 사회에 대한 비판과 검증 가능'으로 전개되고 있다. 따라서 뒤에 이어질 내용은 '서적으로 인해 지식을 공유하게 되면서 독점적인 학설이나 전횡이 줄어들고 특정 학설의 권위주의적 행보도 불가능하게 되었다.'는 문장이 나와야 한다.

오답 나머지는 글의 흐름과 상반되는 내용이므로 적절하지 않다.

제13장 '개요 작성' 유형

40 다음은 보고서의 목차이다. 내용상 적절하지 않은 것은? [2015 지방직 7급]

> 제목: 세계화 시대의 한국어 발전 방안
> Ⅰ. 세계화의 개념 및 사업의 배경
>   1. 세계화의 정의 및 유관 개념
>   2. 세계 문자사와 한글의 창제 원리 ·················· ㉠
>   3. 한국어 세계화 사업의 필요성 ·················· ㉡
> Ⅱ. 한국어 세계화 사업의 실태
>   1. 정부 기관에 의한 세계화 사업
>   2. 민간 기관에 의한 세계화 사업 ·················· ㉢
> Ⅲ. 기존 사례들의 문제점 검토
>   1. 예산의 부족과 전문가 확보의 미비
>   2. 한류 중심의 편향적 사업 계획
>   3. 장기적 전망이 결여된 사업 진행 ·················· ㉣
> Ⅳ. 한국어 세계화를 위한 개선 방안
>   ⋮

① ㉠   ② ㉡
③ ㉢   ④ ㉣

풀이와 정답

정답 ①

풀이 '세계화 시대의 한국어 발전 방안'이라는 제목과 서론인 '세계화의 개념 및 사업의 배경'에 비추어 볼 때 '세계 문자사와 한글의 창제 원리'는 내용상 관계가 없다. 따라서 포괄적 전제인 ㉠은 삭제되어야 한다.

41 다음과 같이 글쓰기 계획을 세워 보았다. 세부 내용으로 적절하지 않은 것은? [2009 법원직 9급]

> ㉠ 주제: 출산율 증가를 위하여 정부와 관련 단체는 적극적인 노력을 기울여야 한다.
> 　가. 문제 인식: 출산율이 해가 갈수록 급감하고 있다.
> ㉡ 나. 예상 독자 설정: 출산을 앞둔 산모와 직장 여성
> 　다. 논지 전개 방향: 실례와 통계 자료를 바탕으로 문제 제기 → 이러한 문제가 가정과 사회에 미치는 영향을 분석하여 개선 노력 촉구
> 　라. 원인 분석
> 　　• 취업 여성의 경우 직장생활과 육아를 병행하기 어렵다.
> 　　• 육아 지원 서비스를 위한 사회 기반 시설이 취약하다.
> 　마. 자료 조사
> 　㉢ • 최근 30여 년 간의 유·초·중등학교의 취학 학생 수의 변화를 조사한다.
> 　　• 직장 여성들을 인터뷰해서 실상을 듣는다.
> 　바. 해결 방안 제시
> 　　• 육아는 사회의 공동 책임이라는 인식을 고취한다.
> ㉣ • 직장 내 보육 시설 설치를 법제화하여 직장 여성들이 충분한 육아 지원 서비스를 받을 수 있도록 한다.

① ㉠
② ㉡
③ ㉢
④ ㉣

풀이와 정답　　　　　　　　　　　　　　　　　　　　　　　　　　　　　　　정답 ②

풀이 주제가 출산율 증가를 정부와 관련 단체의 노력이라면 현재 출산을 앞두고 있는 산모나 직장 여성을 예상 독자로 설정하는 것은 적절하지 않다. ㉡은 출산 관련 업무와 관련된 부처와 관련 단체 종사자로 고쳐야 타당하다.

42
다음은 '문화 산업을 육성하자'라는 주제로 글을 쓰기 위해 작성한 개요이다. 이 개요를 수정하기 위해 제기한 의견으로 가장 적절하지 않은 것은?   [2014 경찰직 9급(1차)]

> ■ 주제: 문화 산업을 육성하자.
> Ⅰ. 도입: 문화 산업이 미래를 이끌어갈 차세대 산업으로 부상하고 있다.
> Ⅱ. 전개 1: 문화 산업 발전을 육성하기 위한 방안
>   (가) 창의적인 아이디어를 펼칠 수 있는 예술 창작 기회의 마련
>   (나) 지적 재산권 보호를 통해 예술가들의 창작 의지를 고취
>   (다) 예술적 아이디어와 상업적 자본의 결합을 통한 대형 예술 기획 체제 마련
> Ⅲ. 전개 2: 문화 산업을 육성시켜야 하는 이유
>   (가) 전통적인 경제 체제에서의 수익을 능가하는 경제적 이익
>   (나) 문화 산업은 고부가가치 고성장 산업
>   (다) 타 산업에 대한 파급효과가 크고 국가 이미지 제고에도 기여
> Ⅳ. 요약 및 마무리: 문화 산업을 발전시키기 위한 국민적 공감대 형성 당부

① 주제가 분명히 드러날 수 있도록 '문화 산업을 육성하자.'를 '문화 산업을 육성하기 위한 대책을 마련하자.'로 바꾼다.
② 'Ⅰ. 도입'에 '한류 문화가 우리나라 경제에 미치는 파급 효과나 세계 문화에 끼치는 영향력' 등의 예를 들어 흥미를 유발시킨다.
③ 'Ⅱ. 전개 1'의 '(다)'는 이 글의 취지와 맞지 않으므로 삭제한다.
④ 글의 전체 흐름에 맞추어 볼 때, 'Ⅱ. 전개 1'과 'Ⅲ. 전개 2'의 내용은 순서를 바꾼다.

풀이와 정답 정답 ③

풀이 (다)는 문화 산업 발전을 육성하기 위한 방안에 해당하므로 삭제하지 않고 그대로 두어야 한다.
오답 나머지는 수정하기 위해 제기한 의견으로 적절하다.

43 다음은 '직원들의 기부 참여도, 어떻게 높일 것인가?'라는 제목으로 글을 쓰기 위한 계획이다. ㉠에 들어갈 내용으로 가장 옳은 것은?

[2015 서울시 7급]

> **글쓰기 계획**
> - 현상: 우리 회사 직원들의 기부 참여도가 낮음
> - 문제 의식: 관심이 없어서일까? 방법을 몰라서일까?
> - 조사 내용: 기부에 대한 직원들의 인식, 직원들의 기부 참여 유형
> - 조사 결과: 기부 활동의 필요성과 당위성에 대한 직원들의 인식은 높으나 직원들이 참여하는 기부 유형은 두세 가지로 한정되어 있음
> - 결과 분석: 인식과 참여의 괴리는 기부 유형에 대한 직원들의 정보 부족 때문임
> - 서술 방향: (㉠)

① 직원들의 실제 기부 참여도가 낮은 것을 지적하고, 그 이유로 특정 기부 유형에 대한 개인적 선호를 제시한다.
② 기부에 대한 직원들의 무관심을 지적하고, 기부가 개인과 사회에 미치는 긍정적 영향을 환기한다.
③ 기부 참여도가 낮았던 이유는 직원들이 다양한 기부 유형을 알지 못하기 때문임을 밝히고, 구체적인 참여 프로그램을 소개한다.
④ 직원들이 생각은 있지만 기부에 적극적으로 참여하지 않는 현실을 지적하고, 의식과 실천의 합일을 촉구한다.

풀이와 정답   **정답** ③

풀이 글을 쓸 때는 제목과 원인, 결과 분석을 고려해야 한다. 기부 참여도가 낮은 원인이 직원들의 정보 부족 때문이었으므로 다양한 기부 유형과 참여 프로그램을 소개한 ③번이 서술 방향에 어울린다.
오답 나머지는 모두 조사 결과나 분석과 일치하지 않는다.

제14장 '문법 독해' 유형

44 〈보기〉의 ㉠과 ㉡을 모두 충족하는 예로 가장 적절한 것은? [2023 법원직 9급]

―――――〈보 기〉―――――

파생어는 어근에 파생접사가 결합하여 만들어진다. 이때 접사가 어근의 앞에 결합하는 경우도 있고, ㉠접사가 어근의 뒤에 결합하는 경우도 있다. 또한 어근에 파생접사가 결합하여 새로운 단어가 형성될 때 ㉡어근의 품사가 바뀌는 경우도 있고, 바뀌지 않는 경우도 있다.

① 오늘따라 저녁노을이 유난히 <u>새빨갛다</u>.
② 아군의 사기를 <u>높여야</u> 승산이 있습니다.
③ 무엇보다 그 책은 쉽고 재미있게 <u>읽힌다</u>.
④ 나는 천천히 <u>달리기</u>가 더 어렵다.

풀이와 정답

정답 ②

풀이 '높여야(높이다)'는 형용사 '높다'에 접미사 '-이-'가 붙어 동사가 된 경우이므로 ㉠과 ㉡을 모두 충족하는 예이다. 비슷한 예로, '낮추다(동사→형용사), 우습다(동사→형용사), 무덤(동사→명사)' 등이 있다.

오답
①: '새빨갛다'는 형용사 '빨갛다'에 접두사 '새-'가 붙어 그대로 형용사가 된 경우이므로 ㉠, ㉡ 모두 해당하지 않는다.
③: '읽히다'는 동사 '읽다'에 접미사 '-히-'가 붙어 그대로 동사가 된 경우이므로 ㉡에 해당하지 않는다.
④: '(천천히) 달리기'는 동사 '달리다'에 명사형 전성 어미 '-기'가 붙어 그대로 동사가 된 경우이므로 ㉠, ㉡ 모두 해당하지 않는다. 참고로, '달리기 (시합)'이었다면 접미사 '-기'가 붙어 명사가 된 경우이므로 ㉠, ㉡을 모두 충족하게 된다.

45 다음 대화를 참고할 때 파생어가 아닌 것은? [2023 국회직 9급]

> 학생: 선생님! 합성어와 파생어의 구분이 어려워요. 어떻게 구분하면 쉬울까요?
> 교사: 어근끼리 결합해 형성된 단어를 '합성어'라고 해. 그리고 어근에 접사가 붙어서 형성된 단어를 '파생어'라고 해.
> 학생: 그러면 논밭은 합성어인가요?
> 교사: 그렇지! 논과 밭 모두 실질적인 의미를 갖고 있는 어근이기 때문에, 어근과 어근이 결합한 합성어야.
> 학생: 그러면 덮밥은요?
> 교사: 덮밥도 실질적인 의미를 가지고 있는 용언 어간 '덮'과 어근 '밥'이 합쳐져 만들어진 합성어야.
> 학생: 그러면 풋사랑은요?
> 교사: 풋사랑은 '처음 나온', 또는 '덜 익은' 정도의 의미를 가지는 접사 '풋'과 어근 '사랑'이 결합해 만들어진 단어이기 때문에 파생어야.

① 애당초
② 말벌
③ 날짐승
④ 맨발
⑤ 내분비

풀이와 정답

정답 ③

풀이 '날짐승'은 실질적인 의미를 가지고 있는 용언 어간 '날-'과 어근 '짐승'이 합쳐져 만들어진 합성어이다.

오답
①: '애당초(-當初)'는 '맨 처음'의 뜻을 더하는 접두사 '애-'와 명사 '당초'가 합쳐져 만들어진 파생어이다. '일의 맨 처음'을 뜻하는 '당초'를 강조하여 이르는 말이다.
②: '말벌'은 '큰'의 뜻을 더하는 접두사 '말-'과 명사 '벌'이 합쳐져 만들어진 파생어이다. 꿀벌과의 곤충인 '호박벌'을 일상적으로 이르는 말이다. 비슷한 예는 '말개미, 말매미' 등이 있다.
④: '맨발'은 '다른 것이 없는'의 뜻을 더하는 접두사 '맨-'과 명사 '발'이 합쳐져 만들어진 파생어이다.
⑤: '내분비(內分泌)'는 '안'의 뜻을 더하는 접두사 '내-'와 명사 '분비'가 합쳐져 만들어진 파생어이다. 비슷한 예는 '내출혈(內出血)' 등이 있다. '내분비'는 의학에서, '몸 안에서 생긴 호르몬과 생물학적 활성 물질을 도관(導管)을 거치지 아니하고 직접 몸속이나 핏속으로 보내는 작용'을 뜻한다.

46 높임 표현의 쓰임이 적절하지 않은 것은?

[2019 지방직 7급]

① 부장님, 넥타이가 잘 어울리시네요.
② 어머님, 아비가 아직 안 들어왔습니다.
③ 선생님, 어머니께서 위임장을 주셨습니다.
④ 시장님, 저에게 여쭤보셨던 내용을 검토했습니다.

풀이와 정답

정답 ④

풀이 '시장님, 저에게 물어보셨던 내용을 검토했습니다.'로 고쳐야 한다. '저에게 물어보다(낮춤법)', '시장님께 여쭤보다(높임말)'가 적절한 높임 표현이다.

오답
① : '넥타이가 잘 어울리시네요.'는 주체의 사물을 높이는 간접 높임법으로 적절하다.
② : 압존법(壓尊法)에 적절한 표현이다. 청자인 '어머님'을 높이고 주체인 남편을 '아비'라고 낮춘 경우이다.
③ : 주체인 '어머니'와 상대인 '선생님'을 모두 높인 표현으로, 적절하다. 선생님과 어머니는 모두 높임의 대상이므로 압존법과 상관없으며, 모두 높여야 한다. 가족 이외의 다른 사람에게 부모를 말할 때는 언제나 높여야 한다.

47 높임 표현에 대한 설명으로 가장 적절한 것은?

[2019 국가직 7급]

① "제 말씀 좀 들어 보세요."에서의 '말씀'은 '말'을 높여 이르는 단어이므로 '말'로 바꾸는 것이 바람직하다.
② "혜정아, 할아버지께서는 생전에 당신의 장서를 진짜 소중히 여기셨어."에서의 '당신'은 3인칭 '자기'를 아주 높여 이르는 말이다.
③ 남에게 말할 때는 자기와 관계된 부분을 낮추어 '저희 학과', '저희 학교', '저희 회사', '저희 나라' 등과 같이 표현해야 한다.
④ 요즈음 흔히 들을 수 있는 "그건 만 원이세요.", "품절이십니다."에서의 '-세요', '-십니다'는 객체를 높이는 새로운 표현 방식이다.

풀이와 정답

정답 ②

풀이 ②번의 '당신'은 앞 대상인 '할아버지'를 가리키며, 3인칭 '자기'를 높여 이르는 말이다.

오답
①: '제 말씀'의 '말씀'은 자기의 말을 낮추어 이르는 단어이므로 '말'로 바꿀 수 없다.
③: '저희 나라'가 아니라 '우리나라'로 표현해야 한다. '나라'는 낮추어 표현할 필요가 없다.
④: 가격이나 물건 등에 불필요하게 '-시-'를 남용한 경우이므로 "그건 만 원입니다.", "품절입니다."로 고쳐야 한다. 참고로, 높여야 할 대상의 신체 부분, 성품, 심리, 소유물과 같이 주어와 밀접한 관계를 맺고 있는 대상을 통하여 주어를 간접적으로 높이는 '간접 존대'에는 '눈이 크시다.', '걱정이 많으시다.', '선생님, 넥타이가 멋있으시네요.'처럼 '-시-'를 동반한다.

48 다음 설명을 참고로 할 때, 주동문을 '파생적 사동문'으로 바꾸기 어려운 것은? [예상 문제]

> 문장은 주어가 동작이나 행위를 직접 하느냐, 아니면 다른 사람에게 하도록 하느냐에 따라 주동문과 사동문으로 나뉜다. 주어가 동작을 직접 하는 것을 주동문이라고 하고, 주어가 남에게 동작을 하도록 시키는 것을 사동문이라고 한다.
> 그런데 국어에서는 주동사에 대응하는 사동사가 제한적으로 존재하는데, 특히 접미사로 실현되는 '파생적 사동문'에서 더욱 두드러지게 나타난다.

① 철수가 짐을 졌다.
② 손에 먼지가 묻었다.
③ 아침 일찍 잠을 깼다.
④ 땅에 쓰레기를 묻었다.

풀이와 정답

정답 ④

풀이 파생적 사동문은 주동사의 어간에 사동 접사 ' -이-, -히-, -리-, -기-, -우-, -구-, -추-' 등을 붙여 만들 수 있다. ④를 사동문으로 만들고자 한다면 '묻다'를 '묻게 하다(통사적 사동)'만 가능하므로 파생적 사동문이 불가하다. 참고로, ④번과 상관없이 '쓰레기가 땅에 묻히다.'로 쓰이는 '묻히다'는 파생적 피동문에 해당한다.

오답 ① '짐을 지다' → '짐을 지우다' ② '묻다' → '묻히다(: 흔적을 묻게 하다.) ③ '깨다' → '깨우다'.

제15장 '공공언어 바로 쓰기 원칙' 유형

49 다음 중 가장 적절한 문장은? [2020 군무원 9급]

① 인생을 살다 보면 남을 도와주기도 하고 도움을 받기도 한다.
② 형은 조문객들과 잠시 환담을 나눈 후 다시 상주 자리로 돌아왔다.
③ 가벼운 물건이라도 높은 위치에서 던지면 인명 사고나 차량 파손을 일으킬 수 있다.
④ 중인이 보는 앞에서 병기에게 친히 불리어서 가까이 가는 것만 해도 여간한 우대였다.

풀이와 정답

정답 ③

풀이 ③번은 어법에 맞는 문장이다. '인명 사고나 차량 파손'은 '일으키다'는 동일한 서술어에 호응이 된다.
오답
①: '도움을 받기도 한다' 앞에 '남에게'라는 부사어가 들어가야 한다.
②: '환담(歡談)(기쁠 환, 말씀 담)'은 '정답고 즐겁게 서로 이야기함. 또는 그런 이야기'이므로 조문(弔問)의 상황과 어울리지 않는다. ②번은 '대화를 나눈 후'로 고쳐야 한다. 참고로, '환담'은 '오늘 오전 사장과 직원들 간의 환담은 시종 화기애애한 분위기로 이어졌다.' 등의 형태로 쓰인다.
④: '여간한 우대가 아니었다'로 고쳐야 한다. '여간하다(如干—)'는 '이만저만하거나 어지간하다.'는 뜻의 형용사이며, '아니다', '않다' 등의 부정어 앞에 쓰인다.

50 다음 중 의미 중복이 없는 문장은?

[2019 지방직 7급]

① 투고한 원고는 돌려주지 않습니다.
② 나는 아무 생각 없이 길거리를 도보로 걸었다.
③ 요즈음 남자들의 절반은 담배를 피우지 않는다.
④ 버스 안에 탄 승객은 우리와 자매결연을 맺은 분들이다.

풀이와 정답

정답 ③

풀이 ③번은 어법에 맞는 문장으로, 의미의 중복이 없다.

오답
①: '투고한 원고'가 중복된 표현이다. '투고(投稿)(던질 투, 원고 고)'는 '의뢰를 받지 아니한 사람이 신문이나 잡지 따위에 실어 달라고 원고를 써서 보냄. 또는 그 원고'를 뜻하므로 '투고한 글' 또는 그냥 '보낸 원고'로 고쳐야 한다.
②: '도보로 걸었다'가 중복된 표현이다. '도보(徒步)(걸어다닐 도, 걸음 보)'는 '탈것을 타지 않고 걸어감'을 뜻하며, '걷기', '걸음'으로 순화하는 단어이다. 따라서 '도보했다' 또는 '걸었다'로 고쳐야 한다.
④: '자매결연을 맺은'이 중복된 표현이다. '자매결연(姉妹結緣)(윗누이 자, 누이 매, 맺을 결, 인연 연)'은 '한 지역이나 단체가 다른 지역이나 단체와 서로 돕거나 교류하기 위하여 친선 관계를 맺는 일'을 뜻한다. 따라서 '자매결연을 한'으로 고쳐야 한다.

天衣無縫
정상국어

"꿈은
날짜와 함께 적으면 목표가 되고,
목표를 잘게 나누면 계획이 되며,
계획을 실행에 옮기면 꿈은 실현된다."

당신의 합격메이커 에듀피디